Springer
Berlin
Heidelberg
New York
Barcelona
Budapest
Hongkong
London
Mailand
Paris
Santa Clara
Singapur
Tokio

Bernd Heinrichs

Multimedia im Netz

Mit 91 Abbildungen und 6 Tabellen

 Springer

Bernd Heinrichs
Ericsson Eurolab Deutschland GmbH
Fixed Network Development
Ericsson Allee 1
52134 Herzogenrath

ISBN 3-540-58349-1 Springer-Verlag Berlin Heidelberg New York
ISBN 0-387-58349-1 Springer-Verlag New York Berlin Heidelberg

Die Deutsche Bibliothek – CIP-Einheitsaufnahme
Heinrichs, Bernd: Multimedia im Netz: mit 6 Tabellen/ Bernd Heinrichs. - Berlin; Heidelberg;
New York; Barcelona; Budapest; London; Mailand; Paris; Santa Clara; Singapur; Tokio:
Springer, 1996
ISBN 3-540-58349-1

Umschlaggestaltung: Künkel + Lopka Werbeagentur, Ilvesheim
Satz: Reproduktionsfertige Vorlage vom Autor
SPIN 10475621   33/3142 – 5 4 3 2 1 0 – Gedruckt auf säurefreiem Papier

Vorwort

Verteilte Multimediaanwendungen gewinnen zunehmend an Bedeutung. Die immense Leistungsfähigkeit moderner PCs und Workstations ist theoretisch zur Unterstützung dieser Anwendungen ausreichend. Doch die von Kommunikationsmedien wie Sprache und Bild geforderten Leistungskenngrößen und Funktionalitäten übersteigen bei weitem die von den rein auf Datenkommunikation ausgelegten Protokollen erbrachten Dienste.

Ein Redesign von Protokollen und Diensten auf Transport-, Vermittlungs- und Netzzugangsebene ist daher unumgänglich. Die von den Anwendungen geforderte Dienstqualität ist nicht nur auf die Garantie von Leistungskenngrößen wie z.b. Durchsatz, Verzögerung, Jitter, Bitfehler- und Paketverlustrate beschränkt, sondern verlangt zusätzlich eine vielseitige, dynamisch adaptierbare Funktionalität. Weiterhin müssen neuartige Dienste wie etwa Mehrpunktkommunikation effizient realisiert werden.

Doch nicht alleine die Protokollverarbeitung in den Endsystemen ist ausschlaggebend für die Akzeptanz neuer Anwendungen. Genauso wichtig ist das zugrundeliegende Übertragungssystem. Es deuten viele Anzeichen darauf hin, daß neben dem Internet oder zukünftig als Grundlage des Internet, dem *ad hoc* Netz der Computerindustrie, ATM (Asynchronous Transfer Mode) der neue Transportmechanismus für private und weltweite Kommunikation sein wird.

Angefangen bei der Beschreibung von Anforderungen, die neue Anwendungen an die zugrundeliegenden Netze stellen, bis hin zur detaillierten Darstellung von aktuellen Standardisierungsaktivitäten im Bereich Benutzersignalisierung und Verkehrsmanagement, gibt dieses Buch einen Einblick in eine Vielzahl von Protokollmechanismen auf Transport-, Vermittlungs- und Netzzugangsebene und bewertet deren Eignung im Hinblick auf Multimediaunterstützung.

Ohne das optimale Arbeitsumfeld bei EED (Ericsson Eurolab Deutschland GmbH), insbesondere im "Fixed Network Department", wären verschiedene Teile des Buchs nicht in der hier vorliegenden Form entstanden. Obwohl ich mich bei all meinen Kollegen bedanke, möchte ich drei besonders hervorheben: Mein besonderer Dank gilt Herrn Dr. Arno Spinner. Er hat maßgeblich den Signalisierungsteil des Kapitels 7 verfaßt und mir somit sein Wissen und seine Erfahrung, die er als Ericsson-Repräsentant bei der ITU-T mitbringt, zur Verfügung gestellt. Daneben haben meine Kollegen Ralf Büppelmann und Frank Conrads durch intensives Korrekturlesen einige Bugs aus diesem Buch entfernt.

Zusätzlich zu meinen Kollegen prägen zwei ehemalige Diplomanden, Markus Rossmann und Gregor Bautz, dieses Buch. Das Kapitel zur Bildcodierung ist im Rahmen der Arbeit von Gregor Bautz entstanden. Diese Arbeit lief in Kooperation mit dem Lehrstuhl für Informatik IV der RWTH Aachen. Die Ausführungen zum Verkehrsmanagement basieren auf der Diplomarbeit von Markus Rossmann. Diese Arbeit entstand in Zusammenarbeit mit dem Fachbereich 17 der Universität Gesamthochschule Paderborn.

Ganz besonders danken möchte ich meiner Frau und meiner Tochter, ohne deren Verständnis und Unterstützung dieses Buch mit Sicherheit nicht entstanden wäre. Leider haben viele Wochenenden und Nächte für dieses Buch hergehalten.

Aachen, im Januar 1996

Bernd Heinrichs

Inhaltsverzeichnis

1 Einleitung

Mehr als 50 Millionen Menschen haben weltweit Zugang zum Internet, dem *ad hoc* Netz der Computerindustrie, das weder Eigentümer noch Kontrollen kennt. PCs und Workstations mit der Fähigkeit, multimediale Information zu verarbeiten und darzustellen, können angeschlossen werden. Es sind also nicht nur industrielle Kunden, sondern auch Privatkunden (interaktive Unterhaltung wie Video on Demand, Home Shopping und Spiele), die derzeit den Zugang zu Kommunikationsnetzen suchen. Doch multimediale Kommunikation ist mit der dem Internet zugrundeliegenden Technologie nur bedingt möglich.

Stattdessen wird eine Technologie benötigt, die in der Lage ist, unterschiedliche Kommunikationsmedien wie Sprache, Video und Daten in unternehmensweiten, lokalen städtischen und weltweiten Netzen zu übertragen.

Kommunikationsverbindungen sollen schnell aufgebaut werden, aber auch längere Zeit bestehen können (Tage, Stunden). Die tatsächliche Übertragungsverzögerung darf einen bestimmten Maximalwert nicht überschreiten. Zur digitalen Sprachübertragung ist sogar Isochronität notwendig, damit die Information vom Empfänger verstanden werden kann. Anwendungen müssen zu jedem Zeitpunkt mit der Bandbreite versorgt werden, die sie benötigen. Ansonsten muß die zugrundeliegende Technologie einfache Erweiterungsmöglichkeiten zur Verfügung stellen.

Um derart vielseitige und dynamische Anforderungen unterstützen zu können, müssen die für die Codierung und den Transport der Informationen zuständigen Protokolle und Technologien eine breite Funktionalität, große Flexibilität und hohe Leistungsfähigkeit mitbringen. Es reicht dabei nicht aus, eine optimale Netztechnologie einzusetzen. Ebenso wichtig sind Ende-zu-Ende-Signalisierungs- und Transportprotokolle und die darauf aufsetzenden Codierungsverfahren. Sie bieten zusätzliche Funktionalität, die die Anwendung benötigt oder der Teilnehmer verlangt:

- Garantie von Ende-zu-Ende-Leistungsgrößen auf heterogenen Netzen,

- Sicherheitsmechanismen (Verschlüsselung, Zugangsberechtigung),

- Multicast-Verbindungen, die aufgrund ihrer Zuverlässigkeit unterschieden werden können,

- Synchronisierung zwischen verschiedenen Medien (z.B. intermediale Synchronisierung zwischen Audio und Video),

- Auswahl verschiedener Verbindungsarten wie verbindungslos, verbindungsorientiert oder transaktionsorientiert,

- Änderung der Dienstqualität während des Bestehens einer Verbindung, sowie

- dynamische Ressourcenverwaltung.

Einen Ausschnitt aus dem derzeitigen Entwicklungsstand von Ende-zu-Ende-Transportprotokollen und Diensten, von ATM (Asynchronous Transfer Mode) als Basistechnologie für zukünftige Netze und von Signalisierungs- und Verkehrsmanagement-Verfahren liefern die zentralen Kapitel 5, 6 und 7 dieses Buchs.

ATM wird hier als einzige Netztechnologie vertieft vorgestellt, da es langfristig die einzige Technologie ist, die auch weiter wachsenden Anforderungen gerecht wird. In allernächster Zukunft wird die ATM-Entwicklung wesentlich durch die Verbreitung im LAN-Bereich geprägt. Hier besteht der größte Bedarf an leistungsstarken Netzen, wobei keine Behinderung durch prohibitive Gebühren zu befürchten ist. Der WAN-Bereich wird mit der Deregulierung der europäischen Telekomgesellschaften zum Ende dieses Jahrzehnts seine größte Entwicklung haben.

Die Beschreibung von ATM beschränkt sich bewußt auf die gängigen Protokolle und Dienste. Der Bereich der Vermittlungstechnologie wird ausgespart, da er ein eigenständiges Buch verlangen würde. Die Protokoll- und Dienstbeschreibungen können bzgl. ihrer Details keine Normungstexte ersetzen. Vielmehr haben sie das Ziel, einen Einblick in die Thematik zu vermitteln und darüberhinaus, verschiedene Ansätze miteinander zu vergleichen.

Neben ATM als zukünftiger Übertragungstechnologie werden Transport und Vermittlungsprotokolle benötigt, die auf Ende-zu-Ende-Basis, insbesondere in heterogenen Netzen die von den Anwendungen geforderten Dienstqualitäten erbringen. Dazu gehören Dienste zur Gruppenkommunikation, zum netzübergreifenden Management von Ressourcen oder zur gezielten Umsetzung von quantitativen und qualitativen Benutzeranforderungen in Protokolloperationen. Erbracht werden müssen diese Dienste durch Protokolle, die in der Lage sind, auf unterschiedlichen Netzen die geforderte Vielfalt von Diensten anzubieten, ohne daß die

Spezifika der Übertragungssysteme die Dienstqualität zu offensichtlich beeinträchtigen.

Die Abbildung 1.1 verdeutlicht, daß die einzelnen zu übertragenden Medien
(Video, Audio, Daten) vom Kommunikationssystem jeweils die Bereitstellung
dedizierter Dienste verlangen. Die derzeitigen Protokolle der OSI- und Internet-
Welt sind jedoch ausschließlich dazu in der Lage, einen fehlerfreien, aber
ineffizienten Punkt-zu-Punkt-Dienst anzubieten. Es wird nicht möglich sein,
sämtliche Realzeitanforderungen oder Durchsatzanforderungen durch einen
einzelnen Dienst abzudecken. Es fehlt nicht nur das passende Protokoll, sondern
genauso die Fähigkeit der Anwender, ihre Anforderungen zu spezifizieren.

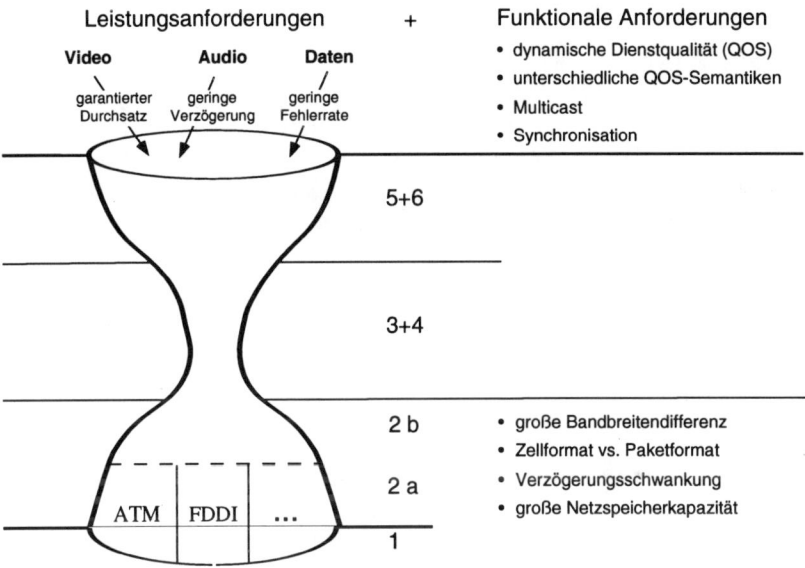

Abbildung 1.1: Zwischen Multimedia und Hochgeschwindigkeit

In den Kapiteln 2 und 3 werden die Anforderungen an Transportsysteme, die sich
aufgrund von multimedialen Anwendungen und heterogenen Netzen ergeben,
vorgestellt. Kapitel 2 konzentriert sich vor allem auf Sprach- und Videodaten und
deren Charakteristik, die insbesondere hohe Anforderungen an das
Kommunikationssystem stellt. Der Bereich Videodaten wird im Kapitel 4 weiter
vertieft.

2 Multimedia

Ein Multimedia-System ist gekennzeichnet durch die rechnergesteuerte und integrierte Erzeugung, Speicherung, Darstellung und Manipulation von Informationen und deren Austausch zwischen Kommunikationspartnern [144]. Multimediainformationen müssen sowohl kontinuierliche (Video, Audio) als auch diskrete (Text, Grafik) Bestandteile aufweisen. Besitzt der Anwender die Möglichkeit, den Empfang und die Darstellung der Informationen zu kontrollieren, so spricht man von interaktiven Multimediasystemen [151].

Eine kommunikationsorientierte Klassifizierung von Multimedia-Anwendungen ergibt sich aus der in [179] angegebenen Einteilung von Breitband-Kommunikationsdiensten in Dienstklassen. Es wird zwischen interaktiven Diensten und Verteilungdiensten unterschieden, die den möglichen Anwendungen zur Verfügung gestellt werden.

Interaktive Dienste:

- Dienste mit Realzeitcharakter ohne Zwischenspeicherung (*Conversational Services*):

  Videokonferenzen, Videotelefonie oder Videoüberwachungssysteme sind Beispiele für Conversational Services. Diese Dienste sind vor allem bidirektional ausgelegt, unterstützen jedoch auch unidirektionale Verbindungen.

- Nachrichtenvermittlungsdienste mit Zwischenspeicherung zum Austausch von Informationen zwischen Anwendern (*Messaging Services*):

  Die Anwendung, die von dieser Dienstklasse unterstützt wird, ist die elektronische Post. Mittels eines erweiterten X.400-Dienstes [208] können Anwendungen wie Multimedia-Mail realisiert werden.

- Anfragedienste, die dem Anwender das Abrufen von gespeicherten Informationen aus einer öffentlichen Informationszentrale zu jeder Zeit ermöglichen (*Retrieval Services*):

    Ein renommierter Dienst aus diesem Bereich ist der Videotext-Dienst. Anwendungen, die damit realisiert werden können, sind Tele-Shopping und Medizinische Bildübertragung.

Verteilungsdienste:

- Verteilungsdienste ohne Kontrolle durch den Empfänger:

    Zu dieser Dienstklasse gehören sämtliche Funk- und Fernsehübermittlungstechniken sowie Dienste zur Verteilung von Dokumenten (Elektronische Zeitung). Der Informationsfluß wird durch einen zentralen Sender gesteuert. Beginn, Ende und Reihenfolge der Informationen sind nicht durch den Anwender einstellbar.

- Verteilungsdienste mit Kontrolle durch den Empfänger:

    Distance Learning ist eine Anwendung, die diese Dienstform benötigt. Der Anwender kann in fast beliebiger Form auf die Informationsbereiche zugreifen, die für ihn von Interesse sind.

2.1   Bestandteile multimedialer Dokumente

Nach der Illustration verschiedener Multimediadienste und -anwendungen werden in den nächsten Abschnitten einige Aspekte der Sprach- und Videodatenübertragung genauer betrachtet, bevor deren Auswirkungen auf die darunterliegenden Kommunikationssysteme (Transfersysteme und Hochge-schwindigkeitsnetze) näher beschrieben werden.

2.1.1   Sprachdaten

Sprachdaten sind ein möglicher Bestandteil von Multimediadokumenten. Zudem stellt Sprache in Kombination mit Video- und Bilddatenübertragung eine wichtige Komponente in vielen Multimediaanwendungen dar (z.B. Videokonferenz, Cooperative Work). Die zugrundeliegenden Signale sind zeit- und wertkontinuierlich. Um aus einem solchen Signal einen digitalen Zahlenstrom zu gewinnen, müssen sowohl der Wertebereich als auch die zeitliche Auflösung in diskrete Bereiche überführt werden. Diese Abbildung und die Repräsentation der einzelnen Werte durch Zahlen bezeichnet man als Digitalisierungs- bzw. Codierungsverfahren.

Um ein kontinuierliches Sprachsignal in einen zeit- und wertdiskreten Datenstrom umzuwandeln, werden dem Signal zu regelmäßigen Zeitpunkten Abtastwerte (engl. Samples) entnommen, die anschließend einer Quantisierung unterzogen und somit einem diskreten Wert zugeordnet werden. Falls diese Werte danach noch binär codiert werden, so spricht man von *PCM-Codierung* (Pulse Code Modulation).

Die Anzahl der Quantisierungsstufen entscheidet über die Güte der Codierung. Je mehr bits zur Codierung eines Samples zur Verfügung stehen, desto genauer kann die Näherung an das analoge Signal erfolgen. Neben der Quantisierung beeinflußt die Abtastfrequenz die Güte des codierten Signals. Aufgrund zu niedriger Abtastfrequenz können Störsignale entstehen, die im ursprünglichen Signal nicht enthalten waren.

Beim digitalen Telefon wird eine Abtastrate von 8000 Hz eingesetzt. Zusammen mit einer Codierung der einzelnen Abtastwerte durch 8 bit genügt dies den Ansprüchen der Sprachübertragung in Telefonqualität. Es ergibt sich somit eine für die Übertragung notwendige Datenrate von 64 kbit/s. Für die Übertragung von Tonsignalen in CD-Qualität wird eine Abtastrate von 44,1 kHz und eine Quantisierung mit 16 bit eingesetzt. Für Stereosignale erhält man für die Übertragung eine Datenrate von ca. 1,4 Mbit/s. Soll eine entsprechende Audiosequenz mit einer Minute Dauer gespeichert werden, so benötigt man einen Speicherplatz von ca. 10,6 MB.

Eine Möglichkeit zur Reduzierung der benötigten Raten stellen *Differenz-PCM-Verfahren* (DPCM - Differential Pulse Code Modulation) dar. Dabei werden die statistischen Bindungen zwischen benachbarten Abtastwerten berücksichtigt und somit nur wenige bit, welche die Differenz zwischen dem aktuellen und dem vorherigen Abtastwert angeben, übertragen. Besitzen diese Verfahren eine feste Änderungsgröße, so liefern sie zumeist nur unzureichende Ergebnisse. Ist diese Größe zu klein, ist DPCM nicht reaktionsschnell genug, bei zu großem Änderungswert ist die Reaktion zu stark.

Eine Verbesserung stellen *adaptive Differenz-PCM-Verfahren* (ADPCM - Adaptive Differential Pulse Code Modulation) dar. Hierbei wird die Änderungsgröße zur Beschreibung der Diskrepanz zwischen Abtastwert und Referenzwert adaptiv angepaßt [146].

In jüngster Zeit wurden weitere Verfahren (LP - *Linear Prediction-Verfahren*) entwickelt, die eine Übertragung von Audiosignalen mit noch geringeren Datenraten (2,4 - 16 kbit/s) ermöglichen. Während bei (A)DPCM-Verfahren die Beziehung zwischen aufeinanderfolgenden Abtastwerten ausgenutzt wird, nutzen diese Verfahren die Tatsache, daß aufeinanderfolgende Abtastfolgen i.allg. nur geringe Veränderungen aufweisen. Solche Verfahren benötigen zunächst die Aufzeichnung einer gewissen Menge an Abtastwerten, um Aussagen über das periodische Verhalten dieser Werte zu gewinnen. Dementsprechend müssen Vorlaufverzögerungen bis zu 60 ms einkalkuliert werden, und zusätzlich beinhalten diese Verfahren einen größeren Rechenaufwand. Deshalb sind sie zur Zeit nur begrenzt für Echtzeitanwendungen geeignet. Aus diesem Grund und da eine ausführliche Beschreibung dieser Verfahren den Rahmen dieser Übersicht sprengen würde, wird hier auf eine eingehende Betrachtung verzichtet. Für eine weitergehende Beschreibung sei unter anderem auf [160] verwiesen.

Die folgende Tabelle 2.1 faßt die Quantisierungstiefe, die Abtastfrequenz sowie die notwendige Datenrate einiger normierter Verfahren zusammen. Bei der Berechnung der benötigten Datenraten für die beiden Defakto-Standards für CD und DAT-Abspielung wird von Stereosignalen ausgegangen.

Tabelle 2.1: Normen für Audioübertragung bzw. Speicherung

Norm	Verfahren	Quantis-ierung	Abtastrate	Datenrate
CCITT G.711	PCM	8 bit	8 kHz	64 kbit/s
CCITT G.721	ADPCM	8 bit	8 kHz	32 kbit/s
CCITT G.723	ADPCM	8 bit	8 kHz	24 kbit/s
CCITT G.722	ADPCM	14 bit	16 kHz	64 kbit/s
CCITT G.728	LD-CELP	-	-	16 kbit/s
Compact Disk	PCM	16 bit	44,1 kHz	1,411 Mbit/s
DAT (Digital Audio Tape)	PCM PCM	16 bit 16 bit	32 kHz 48kHz	1 Mbit/s 1,536 Mbit/s

Da sich Sprachsequenzen aus einer Abfolge von aktiven Phasen und passiven Stillephasen zusammensetzen, versucht man, mittels Sprachaktivitätserkennung die Übertragung von Stillephasen zu vermeiden und damit die zu übertragende Datenmenge zu reduzieren. Bereits in den 50er Jahren hatten Telefon-gesellschaften die Idee, Stillephasen von Telefongesprächen zu nutzen. Bei einem normalen Telefongespräch benötigt jeder der beiden Teilnehmer seinen Kommunikationskanal zu weniger als der Hälfte der Zeit. Zusätzlich legt ein Teilnehmer, wie in Abbildung 2.1 angedeutet, Pausen zwischen Phrasen, Wörtern oder gar einzelnen Silben ein. Diese Pausen sind dadurch gekennzeichnet, daß der Signalpegel unter einen gewissen Schwellwert fällt. Unterhalb dieses Wertes ist das Signal für den Zuhörer nicht mehr registrierbar.

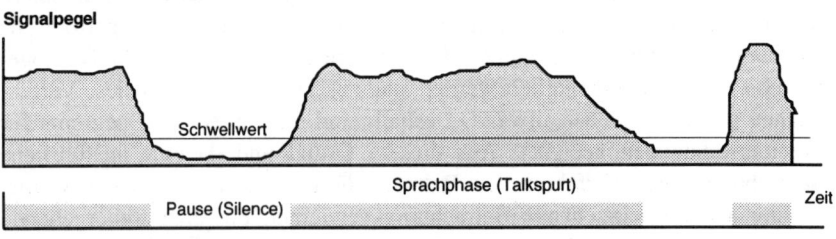

Abbildung 2.1: Prinzip der Sprachaktivitätserkennung

Mit der Einführung digitaler Telekommunikationsnetze und zur optimalen Ausnutzung teurer physikalischer Verbindungen wie Tiefseekabel und Satellitenstrekken haben sprachaktivitätserkennende Systeme an Bedeutung gewonnen, da sie bei Einsatz von statistischem Multiplexen mehr Verbindungen zulassen, als Kanäle vorhanden sind (TASI [26], DSI [102]).

Die sich bei der Sprachaktivitätserkennung ergebenden Aktiv-/Passivphasen sind in vielen Studien analysiert worden. Beispielhaft seien hier die grundlegenden Arbeiten von Paul Brady [21][22] angeführt. Darin wurde ein sehr komplexes Sprachmodell entwickelt, das vielen nachfolgenden Arbeiten als Ausgangspunkt gedient hat. Brady ermittelte u.a. durchschnittliche Längen und Verteilungen von Sprachzuständen während Telefongesprächen („Sprachphase eines Sprechers", „Stillephase eines Sprechers", „beide Teilnehmer sprechen gleichzeitig" oder „keiner der beiden Teilnehmer spricht").

Im folgenden wird die Funktionsweise von Sprachaktivitätserkennungssystemen kurz erläutert und auf einige Schwierigkeiten bei der Übertragung der Ergebnisse auf Audiokommunikation in paketvermittelnden Systemen einge-gangen.

Brady verwendete bei seinen Analysen ein analoges Spracherkennungssystem: Das Audiosignal wird gleichgerichtet und ungefiltert an einen Schwellwertschalter geleitet. Dieser wird gesetzt, wenn der Schwellwert überschritten wird. Der Zustand des Schalters wird alle 5 ms abgefragt, aufgezeichnet und anschließend zurückgesetzt. Die Schaltung liefert eine Folge von Nullen (Silence) und Einsen (Talkspurts), die den jeweiligen Aktivitäts-zustand des Sprachsignals beschreiben. Alle Talkspurts, die kürzer als 15 ms sind, werden ignoriert, um Impulsstörungen auszuschalten. Folgen von Nullen, die kürzer als 200 ms sind, werden durch Einsen ersetzt, um kurzzeitige Unterbrechungen zu eliminieren.

Bei modernen digitalen Telekommunikationssystemen mit Sprachaktivitätserkennung erfolgt die Unterscheidung von Stille, Hintergrundrauschen und Sprache in algorithmischer Form. Das analoge Signal wird gefiltert und digitalisiert. Der sich ergebende Strom von Abtastwerten (Samples) S wird in Intervalle (Frames) fester Länge k eingeteilt. Typischerweise liegt die Zeitdauer dieser Intervalle bei 5 ms, was bei einer Abtastrate von 8 kHz und einer Auflösung von 8 bit pro Abtastwert einer Intervall-Länge von k = 40 Bytes entspricht. Für jedes Intervall wird anhand verschiedener Kriterien ermittelt, ob es Sprache enthält oder nicht. Die meisten Verfahren nutzen dazu eines oder mehrere der folgenden Charakteristika:

- **Kurzzeit-Signalpegel** (Short-Time Signal Magnitude, Short-Time Signal Energy):

    Die Signalstärke (gemessene Spannung am Eingang des A/D-Wandlers) innerhalb eines Intervalls wird folgendermaßen ermittelt:

$$a = \frac{1}{k} \cdot \sum_{j=1}^{k} |S_j|$$

mit S_j : j-ter Abtastwert im aktuellen Abtastintervall

Überschreitet a einen bestimmten Wert, wird das Intervall einem Talkspurt zugerechnet. Mit diesem Kriterium lassen sich stimmhafte Laute (Vokale, Nasale) zuverlässig erkennen, da sie einen hohen Signalpegel liefern. Zischlaute, die einen hohen Rauschanteil enthalten, werden jedoch durch die für die Digitalisierung unumgängliche Tiefpaßfilterung zum Teil soweit abgesenkt, daß sie sich durch dieses Kriterium nicht zuverlässig vom Hintergrundrauschen unterscheiden lassen.

- **Variation des Kurzzeit-Signalpegels**:

  Da der Kurzzeit-Signalpegel von Sprachsignalen im Gegensatz zum Leitungsrauschen Schwankungen unterliegt, läßt sich die Pegeldifferenz jeweils aufeinanderfolgender Intervalle zum Auffinden von Talkspurts heranziehen. Überschreitet diese Differenz einen gewissen Schwellwert, wird von einem Sprachsignal ausgegangen. Zu bedenken ist jedoch, daß auch kurze Störgeräuschspitzen zu Signalpegelschwankungen und somit zu einem unerwünschten Ansprechen des Systems führen.

- **Nulldurchgangsrate** (Zero-Crossing Rate):

  Bei diesem Verfahren wird die Anzahl von Nulldurchgängen des Signals innerhalb eines Intervalls gemessen. Die Nulldurchgangsrate ist für stimmhafte Laute niedrig. Stimmlose Sprachbestandteile enthalten jedoch hohe Frequenzanteile, so daß hier häufig Nulldurchgänge erwartet werden können. Etwas niedriger liegt die typische Nulldurchgangsrate des Leitungsrauschens [62]. Die Unterscheidung zwischen stimmlosen Lauten und Hintergrundrauschen ist jedoch von der Qualität der Audioelektronik und der Intensität und Färbung des Leitungsrauschens abhängig.

Da Audiosignale starke Pegelschwankungen aufweisen, sollten für auf Schwellwerten basierende Kriterien zwei Schwellwerte, ein oberer und ein unterer, definiert werden (s. Abbildung 2.2).

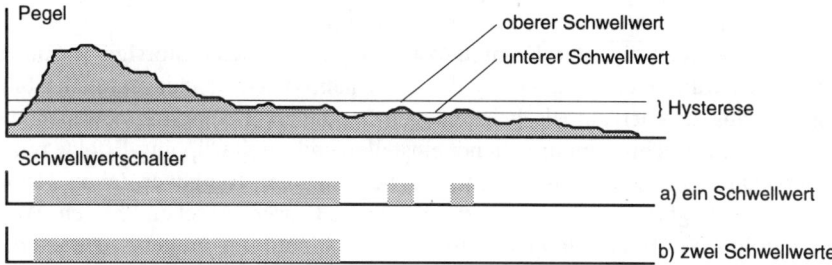

Abbildung 2.2: Schwellwertschalter mit Hysterese

Der obere Schwellwert gibt dabei die Einschaltschwelle an; der um einen gewissen Betrag (Hysterese) unter diesem liegende untere Schwellwert die Ausschaltschwelle. Dieser Mechanismus verhindert bei Signalen, deren Pegel ständig im Bereich einer der beiden Schwellwerte liegt, ein mehrfaches Ansprechen (Flattern). Problematisch bei der Realisierung von zuverlässigen und effektiven Sprachaktivitätserkennungssystemen ist die Bestimmung der einzelnen Schwellwerte. Sind sie zu niedrig, spricht das System zu häufig auf Störsignale an. Zu hohe Schwellwerte führen zur Verminderung der Sprachverständlichkeit. Insbesondere am Anfang und am Ende eines Talkspurts liegende Sprachanteile, die eine geringere Lautstärke aufweisen, werden abgeschnitten (Front-End-/Back-End-Clipping). Möglichkeiten zur Reduzierung dieser Effekte stellen neben der optimalen Wahl der Schwellwerte sogenannte *Fill-In-* und *Hangover-Verfahren* dar. Beim Fill-In werden, wie in Abbildung 2.3 angedeutet, Pausen, die eine bestimmte Länge unterschreiten, eliminiert. Das heißt, es werden für eine gewisse Zeit weitere Audiopakete übertragen, obwohl eine Pause erkannt wurde. Beim Hangover wird der Sendekanal eine bestimmte Zeit nach Abschluß eines Talkspurts offengehalten.

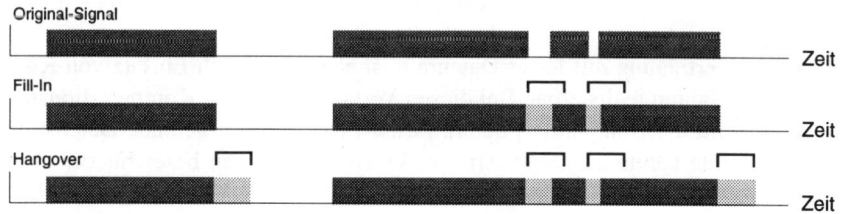

Abbildung 2.3: Fill-In und Hangover

Fill-In läßt sich aufgrund des Realzeitcharakters telekommunikativer Anwendungen nur für sehr kurze Pausen einsetzen, da erst beim Beginn des nachfolgenden Talkspurts oder nach dem Verstreichen der Fill-In-Zeit entschieden werden kann, ob weitere Pakete übertragen werden sollen oder nicht. Dies bedingt eine Verzögerung der Ausgabe der Audiosignale auf den Kommunikationskanal, die bei Realzeitkommunikation nur sehr klein sein darf [62].

Bei modernen digitalen Kommunikationssystemen treten Störsignale, die zu einem unerwünschten Ansprechen des Sprachaktivitätserkennungssystems führen, weitaus seltener auf als bei analogen Systemen. Dadurch lassen sich die Schwellwerte erheblich empfindlicher einstellen und somit Clipping-Effekte reduzieren. Dies ermöglicht eine drastische Senkung der Hangover-Zeiten [159]. Dadurch bedingt treten allerdings vermehrt kurze Pausen zwischen Phrasen, Worten und Silben (z.B. bei Stoppkonsonanten oder stimmlosen Lauten) während der Sprachphase eines Sprechers auf.

2.1.2 Videodaten

Bei der Untersuchung von Videodatenströmen muß unterschieden werden, ob es sich um fernseh- oder rechnerbasierte Videoanwendungen handelt. TV-Video basiert auf analoger Technologie sowie Standards zur Verteilung und Darstellung von Bildern. Computervideo basiert auf digitaler Technologie. Im Speicher von Grafikadaptern in Rechensystemen befinden sich die aktuell auf dem Bildschirm dargestellten grafischen Informationen im sogenannten bitmap-Format, d.h., jedem Bildpunkt ist eine Anzahl von bits im Videospeicher zugeordnet, die dessen Farbe bzw. Helligkeit angibt. Derzeit vermischen sich beide Videotechnologien durch die Einführung von HDTV (High Definition TeleVision).

Zur Übertragung und Speicherung sind zwei verschiedene Prinzipien der Codierung von Videoinformationen zu unterscheiden. Es besteht die Möglichkeit, Videodaten unkomprimiert und somit mit fester Rate zu übertragen. Doch die ausschließliche Übertragung eines „10-Sekunden-Full-Size-/Full-Motion-Video-Clips" verlangt bereits die Übertragung einer sehr großen Datenmenge in kürzester Zeit. Full-Size-/Full-Motion-Video würde eine Datenrate von ca. 30 Mbit/s beanspruchen [151]. Dies ist mehr als heutige primitive Multimedia-Stationen (wie Apple Macintosh und PC) verarbeiten können. Der NuBus eines Macintosh ist z.B. in der Lage, mit einer Transferrate von ca. 13 Mbit/s zu übertragen. Dies ist nicht einmal die Hälfte des verlangten Durchsatzes.

Eine Übertragung mit fester Datenrate ist ebenfalls durch Einsatz von Kompressionsverfahren realisierbar. Bei diesen Verfahren wird der Kompres-sionsfaktor (und somit die Bildqualität) derart variiert, daß der resultierende Datenstrom eine feste Rate annimmt. Diese Art von Videodatenströmen bezeichnet man als CBR-Video (Constant-Bit-Rate). Die Nachteile von CBR-Video sind offensichtlich: Die Bandbreite muß so gewählt werden, daß bei der maximal zu erwartenden Änderung zwischen aufeinanderfolgenden Bildern der für die Einhaltung der Bandbreite notwendige Kompressionsfaktor nur so groß wird, daß der resultierende Qualitätsverlust durch die Komprimierung in einem erträglichen Rahmen bleibt. Insgesamt führt dies dazu, daß bei wenig dynamischen Bildsequenzen die Bildqualität besser als notwendig ist, da der Kompressionsfaktor zur Ausnutzung der Bandbreite sehr niedrig gewählt werden kann, während bei (den i.allg. wichtigeren) Bildsequenzen mit viel Bewegung die Bildqualität stark abnimmt. Anders verhält es sich bei VBR-Video (Variable-bit-Rate). Hier werden Kompressionsverfahren mit konstantem Kompressionsfaktor verwendet. Dies führt dazu, daß für jedes Einzelbild der Videosequenz unterschiedliche Datenmengen (bei gleichbleibender Bildqualität) entstehen. Die Größe dieser Datenblöcke ist dabei abhängig von den Unterschieden des Bildinhalts zwischen dem vorhergehenden und dem momentan zu übertragenden Einzelbild (Interframe-Coding).

Der MPEG-Standard (Moving Picture Experts Group [213][100]) erfreut sich in diesem Bereich immer größerer Beliebtheit. Der zugrundeliegende Codierungsalgorithmus wurde zunächst zur Speicherung komprimierter Videosequenzen entwickelt, unterstützt aber auch die Codierung und Übertragung von Audiosequenzen. MPEG basiert auf einer Kombination von Inter- und Intraframe-Codierung. Bei der Intraframe-Codierung wird die Tatsache ausgenutzt, daß benachbarte Bildpunkte in der Regel nur geringe Farb- und Helligkeitsunterschiede aufweisen. Ähnlich wie bei DPCM-Verfahren für Audiosignale wird hier die benötigte Bandbreite dadurch reduziert, daß anstelle der vollständigen Farbinformationen eines Bildpunkts nur die Unterschiede zu benachbarten Punkten übertragen werden. Mittels Interframe-Codierung werden Ähnlichkeiten aufeinanderfolgender Einzelbilder für die Komprimierung ausgenutzt. Insbesondere bei Videosequenzen ohne Filmschnitte und Kameraschwenks, wie sie in Kommunikationsanwendungen zu erwarten sind (z.B. Videokonferenz), bleiben große Teile des Bildinhalts aufeinanderfolgender Einzelbilder gleich. Diese Redundanzen beinhalten ein großes Komprimierungspotential.

Der von einem MPEG-Codierer erzeugte Verkehr ist abhängig von zwei Parametern, dem Verhältnis N der Anzahl von Interframes zu Intraframes und dem Skalierungsparameter q für die Quantisierung der Signale. Da die Codierung der Intraframes unabhängig von vorhergehenden Frames ist, bestimmt der Quotient N die Robustheit der Codierung. Je kleiner N, desto robuster ist die Codierung, da die Rückwärtsabhängigkeit verringert wird. Der Parameter q dient der Einstellung der Qualität des Videos. Je mehr Quantisierungsstufen, desto höher wird die Qualität des Videos. MPEG erlaubt die Übertragung von Informationen mit einer Datenrate bis zu 1,2 bzw. 1,5 Mbit/s. Damit ist z.B. die Übertragung von „Full-Motion-Farbfilmen" in CD-Qualität bei 30 Bildern pro Sekunde möglich. MPEG komprimiert das zugrundeliegende Bildmaterial um einen Faktor 50, bevor eine Verschlechterung der Qualität eintritt. Prinzipiell möglich sind sogar Kompressionsfaktoren um 200.

Im Gegensatz zum MPEG-Standard basiert der JPEG-Standard (Joint Photographic Experts Group, [213][121]) auf der ausschließlichen Codierung von Einzelbildern. Ein Bild wird in 8x8-Pixel große Flächen zerlegt, die dann mathematisch beschrieben werden. Die binäre Beschreibung beansprucht weit weniger als 64 bit. Kompressionsfaktoren bis 20 werden erreicht und resultieren ab einer Größe von 10 in einer merklichen Verschlechterung der Bildqualität.

Für Kommunikationssysteme, die in der Lage sind, Bandbreite dynamisch zu vergeben, wie z.B. paketvermittelnde Netze, sind VBR-Video-Codierungsverfahren vorzuziehen. VBR-Datenströme lassen sich durch zwei wichtige Kenngrößen charakterisieren. Die erste Kenngröße ist die Autokorrelationsfunktion [114]. Sie stellt ein Maß für die Veränderungen zwischen aufeinanderfolgenden Einzelbildern und somit für das zeitliche Verhalten der Größen der codierten Einzelbilder (Framegrößen) dar. Für Datenströme mit konstanter Rate wie z.B. CBR-Video ist die Autokorrelation gleich 1. Neben dem zeitlichen Verhalten der codierten Einzelbilder spielen auch die Verteilung der Framegrößen bei der Codierung von Videoquellen sowie die DAR (Deviation-to-Average Ratio) und PAR (Peak-to-Average Ratio) eine Rolle. Letztere ist ein Maß für die Burstiness der Quelle.

Um die Autokorrelationswerte und die Blockgrößenverteilung zu ermitteln, sind Messungen an realen Systemen notwendig. Solche Messungen sind in mehreren Studien durchgeführt und beschrieben worden [31][58][76][92][96][114] [119][152]. Als nachteilig erweist sich bei vielen dieser Studien, daß verschiedene Kompressionsverfahren eingesetzt werden, und daß das untersuchte Videomaterial weder aus realitätsnahen Anwendungen stammt, noch genügend umfangreich ist (häufig wenige Sekunden).

Eine genauere Diskussion der Funktionsweise der teilweise sehr komplexen Video-Kompressionsalgorithmen erfolgt in Kapitel 4. Eine Übersicht über technische Aspekte der Komprimierung und die Arbeitsweise gebräuchlicher Verfahren findet sich in [89].

2.2   Anforderungen an Kommunikationssysteme

2.2.1   Garantierte Dienstqualität

Die Dienstqualität (engl. Quality of Service, QOS) entspricht nach [179][180] „dem gemeinsam von verschiedenen Dienstleistungen erbrachten Effekt, dessen Güte und Nutzen vom Anwender beurteilt wird". Diese Definition ist zu allgemein, um irgendeine Aussagekraft zu besitzen. Daher wird das Dienstqualitätskonzept im folgenden erläutert.

Jeder Kommunikationsverbindung kann vom Endteilnehmer eine Liste von QOS-Parametern zugeordnet werden, die den Dienst zwischen den beteiligten Kommunikationsinstanzen beschreibt. Nach [179] kann QOS am besten durch Parameter beschrieben werden, die

- in keiner Weise abhängen vom unterliegenden Netz,

- sämtliche Dienstaspekte in Betracht ziehen, die am Dienstzugangspunkt gemessen werden können,

- am Dienstzugangspunkt durch den Dienstanbieter bereitgestellt werden können.

Zu diesen Parametern können u.a. der geforderte Durchsatz, die Übertragungsverzögerung und die Fehlertoleranz (Bitfehler und Paketverluste) gehören. Falls möglich, wird über die zu erbringende Dienstqualität beim Verbindungsaufbau zwischen den beteiligten Kommunikationsinstanzen und dem Diensterbringer verhandelt. Kann die beim Verbindungsaufbau ausgehandelte Dienstqualität anschließend nicht mehr verändert werden, so spricht man nach [70] von einem flexiblen Kommunikationssystem. Flexible Protokollarchitekturen besitzen somit im Gegensatz zu statischen die Möglichkeit, während des Verbindungsaufbaus den Anforderungen entsprechend konfiguriert zu werden. Kann auch während der bereits laufenden Verbindung eine Neuverhandlung der Dienstqualität durchgeführt werden, so spricht man von adaptiven Systemen.

Eine umfangreiche QOS-Parameterliste wird in der OSI-Transportdienstspezifikation [216] vorgestellt. Neben der Anforderung einer fehlerfreien Übertragung können auch Durchsatzwerte und Verzögerungszeiten vom Anwender spezifiziert werden. Doch hier kann eigentlich nur von einem Wunsch nach einer gewissen Dienstqualität die Rede sein, denn weder das Protokoll selbst noch der zugrundeliegende Netzwerkdienst sehen Verfahren zur Garantie der Dienstqualität vor. Vom Diensterbringer wird hier nur verlangt, daß er sein Bestes gibt, um den Teilnehmer zufriedenzustellen (engl. Best Effort QOS). Für die Anwendung besteht keine Möglichkeit zur direkten Messung und Verifizierung. Das OSI-Transportprotokoll ist nur ein Beispiel für die unzureichende Unterstützung eines geforderten Dienstes. Alternative Ansätze wie XTP [158], VMTP [30], HSTP [215] oder das Vermittlungsprotokoll ST-II [149] stellen kaum Verbesserungen dar, da auch hier keine Mechanismen zur Überwachung und Bereitstellung der geforderten Dienstqualität spezifiziert sind. Für AMTP [67] ist hingegen ein Dienst spezifiziert, der die Überwachung der Dienstqualität vorsieht und durch Einsatz einer der Telefonvermittlung nachempfundenen Call Blocking-Strategie die Beeinträchtigung aktiver Verbindungen minimiert.

Neue verteilte Anwendungen tolerieren unzuverlässige Dienste nicht. Jede der Anwendungen hat unterschiedliche QOS-Anforderungen und verlangt somit einen anderen Dienst. Einige Anwendungen benötigen einen garantierten Mindestdurchsatz oder die Einhaltung einer maximalen Verzögerung, während sie eine gewisse Paketverlustrate tolerieren. Andere Anwendungen verlangen eine zuverlässige Multicast-Übertragung ohne jeglichen Paketverlust.

Die Anzahl unterschiedlicher QOS-Konzepte entspricht derzeit ungefähr der Anzahl unterschiedlicher Protokolle. Mit [217] ist jedoch ein Rahmenwerk gelungen, das für Punkt-zu-Punkt-Kommunikation ein ausreichendes QOS-Konzept spezifiziert und durchaus als Basisreferenz für neue Entwicklungen dienen kann.

Mit der Zunahme zeitsensitiver Datenübertragung müssen die zumeist auf die unteren Ebenen des OSI-Referenzmodells beschränkten QOS-Konzepte auf sämtliche Komponenten des verteilten Systems erweitert werden. Zu diesen Kompenten gehören u.a. die Kommunikationsprotokolle, die Endsysteme sowie die Codierungsverfahren. In diesem Sinne generieren Anwendungsprozesse die QOS-Anforderungen, die sie in Form von QOS-Parametern an andere Systemkomponenten weiterreichen. Nachdem sämtliche Systemkomponenten unterrichtet wurden, setzt ein Verhandlungsprozeß ein, der festlegt, ob die geforderte Dienstqualität erbracht werden kann.

Offensichtlich sind die Endteilnehmer über die von ihnen genutzten Anwendungen die Initiatoren für QOS-Anforderungen. Da es einem Endteilnehmer jedoch nicht zugemutet werden kann, sämtliche Dienstparameter für seine Anwendung zu spezifizieren, ist das erste Muß bei der Realisierung multimedialer Kommunikation eine geeignete Benutzerschnittstelle. Diese kann nur dann erfolgreich sein, wenn sie eine Abbildung der vom Teilnehmer wahrnehmbaren Dienstqualität auf interne Systemparameter vornimmt.

2.2.2   Gruppenkommunikation

Mehrpunktkommunikation (Gruppenkommunikation) ist ein aktuelles Schlagwort im Bereich der Daten- und Telekommunikation. Unter diesem Begriff versteht man die enge Zusammenarbeit verschiedener Kommunikationsteilnehmer, Anwendungsprotokollinstanzen oder Prozesse zur Bereitstellung eines gemeinsamen Dienstes. Mehrpunktkommunikation ist somit die allgemeinste Form der Datenübertragung: Ein oder mehrere Sender übertragen ihre Daten an eine beliebige Gruppe von Empfängern. Die zur Gruppenkommunikation eingesetzten Protokolle basieren neben den üblichen Punkt-zu-Mehrpunkt-Verbindungen, die als Multicasting bezeichnet werden, auf der Übertragung von Nachrichten einer Gruppe an einen Empfänger (auch Concentration genannt). Sonderfälle vom Multicasting sind Punkt-zu-Punkt-Kommunikation und Broadcasting; ein Sender überträgt an genau einen Empfänger bzw. an alle möglichen Empfänger (s. Abbildung 2.4). Die dritte und allgemeinste Kommunikationsform wird mittels Mehrpunkt-zu-Mehrpunkt-Verbindungen realisiert, wo anstelle eines Senders bzw. eines Empfängers Sender- bzw. Empfängergruppen betrachtet werden. Die in Abbildung 2.4 skizzierten Pfeile symbolisieren die dominierende Datenübertragungsrichtung.

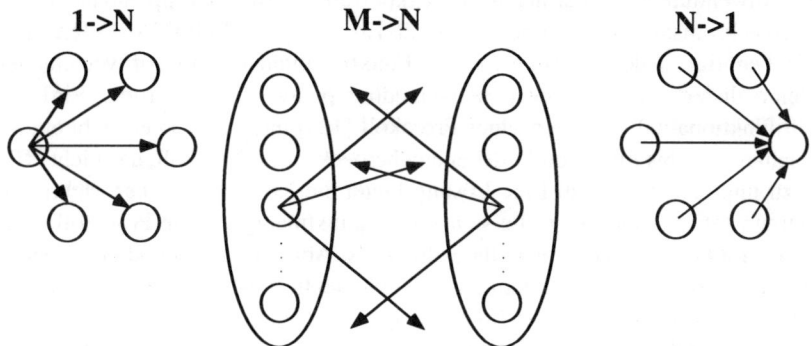

Abbildung 2.4: Mehrpunktverbindungsszenarien

Es existiert eine Vielzahl von Anwendungen, die diese grundlegende Kommunikationssemantik benötigt, aber insbesondere in *Store-and-Forward*-Netzen im Weitverkehrsbereich nicht zur Verfügung gestellt bekommt. Die weltweit zunehmende Vernetzung erfordert jedoch die Ausweitung der Mehrpunktkommunikation von lokalen Umgebungen auf Weitverkehrsnetze, was die Lösung einer Vielzahl von Problemen wie Adressierung, Routing, Intra- bzw. Intermedia-Synchronisation, Zuverlässigkeits- und Fehlerkontrolle, etc. erschwert, aber voraussetzt.

Viele lokale Netze, wie z.b. einfache und gefaltete Busse (Ethernet, Token-Bus, DQDB) oder Ring-Topologien (FDDI), sowie die entsprechenden Medienzugangsprotokolle besitzen inhärente Broadcast-Eigenschaft. Kommunikationsprotokolle der Ebenen 3 bis 5 verbergen z.Z. jedoch diese nützlichen Dienste vor den Anwendungen. Ein Multicast-Dienst wird durch das ineffiziente Senden von n aufeinanderfolgenden identischen Punkt-zu-Punkt-Nachrichten und durch das anschließende Warten auf n Quittungen realisiert. Es wäre vorteilhaft, die vorhandene Funktionalität der unteren Ebenen zu nutzen, um eine zuverlässige und effiziente Gruppenkommunikation zu ermöglichen.

Zur Realisierung einer funktionsfähigen Gruppenkommunikation ist somit die Bereitstellung einer Architektur notwendig, die Ebenenübergreifend Mehrpunkt-Kommunikation mit einem gegenüber dem ISO/OSI-Referenzmodell abgeschwächten Abstraktionsprinzip unterstützt. Unter Abstraktion wird die Nichtberücksichtigung von Signalen verstanden, die zwischen Protokollen unterschied-licher Ebenen gemäß ISO/OSI-Referenzmodell ausgetauscht werden. Konzepte und Technologien zur Realisierung von Gruppenkommunikation beeinflussen demzufolge sowohl die Anwendungssoftware, die darunterliegenden Verteilten Systeme, Kommunikationsprotokolle und Übertragungssysteme.

Neben eindeutiger Sicherungs- und Vermittlungsebenenfunktionalität (Informationsverteilung, Routing, Adressierung) werden Transportebenenfunktionen zur Ende-zu-Ende-Fluß- und Fehlerkontrolle, Transferebenenfunktionen (empfän-

gergesteuerte QOS-Unterstützung, Bedienstrategien, Zugangskontrolle aufgrund
von Anwendungsanforderungen, Ratenkontrolle) sowie Gruppenmanagement-
und Synchronisationsfunktionen (oberhalb Ebene 4 gemäß ISO/OSI-Referenzmo-
dell) benötigt. Jede der angegebenen Funktionalitäten kann auf verschiedene
Arten realisiert oder zumindest unterschiedlich parametrisiert werden. Wird diese
Multifunktionalität in ein einzelnes Protokoll [124] integriert, so entsteht ein auf-
geblähtes, drei bis fünf Protokollebenen überdeckendes Protokoll, das nicht effizient zu implementieren ist. Eine Lösung bietet die Konzeption einer Mehrpunktkommunikationsarchitektur, die sich schwerpunktmäßig auf die Protokollebenen
3-5 des ISO/OSI-Referenzmodells erstreckt (s. Abbildung 2.5) und entsprechend
dem modularen Aufbau feingranular implementiert ist [66]. Die Architektur
besteht aus verschiedenen leichtgewichtigen und adaptiven Bausteinen (in der
Abbildung sind die für eine fortgeschrittene Mehrpunktkommunikation relevanten Funktionen angegeben), die je nach den Bedürfnissen des Anwenders zusammengestellt werden können.

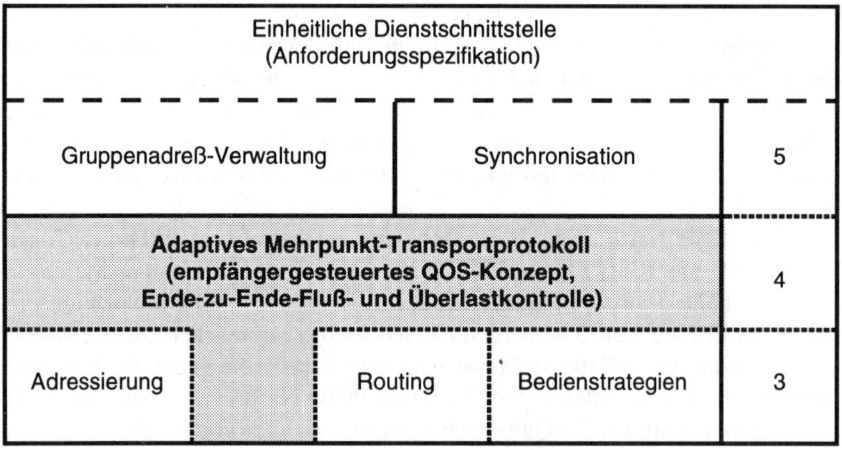

Einheitliche Dienstschnittstelle (Anforderungsspezifikation)		
Gruppenadreß-Verwaltung	Synchronisation	5
Adaptives Mehrpunkt-Transportprotokoll (empfängergesteuertes QOS-Konzept, Ende-zu-Ende-Fluß- und Überlastkontrolle)		4
Adressierung	Routing Bedienstrategien	3

Abbildung 2.5: Mehrpunktkommunikationsarchitektur

Stellvertretend für eine Vielzahl weiterer Anwendungen werden im folgenden
einige Beispiele skizziert, die unterstützende Mechanismen zur Gruppenkommunikation benötigen. Ein Großteil der vorgestellten Anwendungen fällt unter die
Bezeichnung Computerunterstützte Gemeinschaftsanwendungen (CSCW, Computer Supported Cooperative Work). CSCW ist als Motivation für eine Vielzahl
von Entwicklungen im Bereich der Gruppenkommunikation zu sehen. CSCW-
Anwendungen sind u.a. Joint Editing, Projektmanagement oder -planung. Beim
Joint Editing, der gemeinsamen Dokumentenverarbeitung, ist es z.B. erwünscht,
gemeinsam ein Dokument (Katalog, Technischer Bericht, Schaltplan, Zeichnungen, etc.) zu bearbeiten, während die Teilnehmer sich unterhalten und sich auf
dem Bildschirm sehen können.

Gruppenkommunikationsanwendungen können nach [116] in asynchrone und synchrone Anwendungen aufgeteilt werden. Bei asynchroner Kommunikation (Verteilungsdienste) müssen nicht sämtliche Gruppenmitglieder zur gleichen Zeit aktiv sein, während dies bei synchroner Kommunikation (Verteilte Simulation oder Interaktive Dienste wie Videokonferenz) gewährleistet sein muß. Ebenso besitzen asynchrone Anwendungen keine Anforderungen bzgl. Diensterbringung innerhalb enger Zeitgrenzen. Somit erübrigt sich bei asynchronen Gruppen-kommunikationsanwendungen die Bereitstellung eines ausgereiften Dienstquali-tätskonzepts, da keine gehobenen Ansprüche bzgl. der Garantie von Leistungskenngrößen (außer der Fehlerkontrolle) gestellt werden. In der folgen-den Auflistung werden einige exemplarische Anwendungen skizziert, die vom unterliegenden Kommunikationssystem eine Mehrpunktsemantik benötigen und erwarten.

Verteilte (Betriebs-) Systeme

Charakteristika:

Verteilte Systeme profitieren in besonderem Maße von der Bereitstellung eines Gruppenkommunikationsdienstes. Trotz einer erheblichen Qual-itätssteigerung der Rechnertechnologie in den letzten Jahrzehnten können Ausfälle und Fehlverhalten von Rechnerkomponenten bzw. kompletten Systemen nicht ausgeschlossen werden. Es gibt jedoch Anwendungsgebi-ete, die eine hundertprozentige Verfügbarkeit und Korrektheit von Rechen-systemen verlangen. Um einen solchen Dienst auch bei Ausfall bestimmter Komponenten zu gewährleisten, werden fehlertolerante Rechensysteme benötigt. Verteilte Systeme, bei denen mehrere Kommunikationssysteme miteinander kooperieren, um einen gemeinsamen Zweck zu erfüllen, bieten eine attraktive Möglichkeit, Fehlertoleranz zu realisieren. Dies ergibt sich aus der Vielzahl vorhandener Ressourcen, die zur Implementierung der notwendigen Redundanz eingesetzt wird. Anwendungen auf Verteilten Systemen, die vervielfachte Daten konsistent halten müssen [19], profit-ieren somit von einer funktionierenden Gruppenkommunikation. Der Ein-satz von Gruppenkommunikation ist außerdem sinnvoll zum Aufbau und zur Verwaltung verteilter Datenbanken [147]. Verteilte Datenbanken sind eine spezielle Art Verteilter Systeme, wobei Kopien der gleichen Daten auf verschiedenen weit entfernten Systemen gehalten werden. Ein Problem stellt das simultane Aktualisieren der Datenbestände aller Systeme dar, auf denen Kopien der Daten lagern.

Anforderungen:

Verteilte Rechensysteme und Verteilte Datenbanken stellen neben einer Vielzahl übereinstimmender auch voneinander unabhängige Anforderun-gen an die zugrundeliegende Kommunikationsarchitektur. Während Verteilte Rechensysteme nur harte zeitliche Schranken zur Verteilung von Informationen zulassen, um dem lokalen Benutzer den Eindruck zu vermitteln, er würde an seinem Arbeitsplatz arbeiten und nicht räumlich entfernte Rechenkapazität nutzen, ist die zeitliche Anforderung bei Datenbankzugriffen nicht ganz so strikt. Da für beide Anwendungen die Gruppensicht für sämtliche Stationen zu jedem Zeitpunkt konsistent sein muß, ist eine Synchronisation der Gruppenverwaltung nötig. Dies impliziert, daß jedes System die Nachrichten in der richtigen Reihenfolge erhält. Eine solche Forderung wird durch atomares Multicast oder Broadcast [19][99][109] realisiert.

Management von Routing-Informationen

Charakteristika und Anforderungen:

Router benötigen zur Bestimmung optimaler Wege zu jeder Zeit den Überblick über die aktuellen Leistungskenngrößen des Netzes. Dafür ist die Übermittlung von aktuellen Routing-Informationen bzw. Gruppenmitgliedschaften an eine Multicast-Adresse, die allen benachbarten Routern bekannt ist, eine notwendige Voraussetzung. Diese Informationen müssen zuverlässig und mit geringer Verzögerung übertragen werden. Dazu benötigen Internet-Protokolle wie IP, RIP (Routing Information Protocol, [64]) oder OSPF (Open Shortest Path First, [112]) die Unterstützung durch einen Multicast-Dienst, der zuverlässig und effizient die für das Routing notwendigen Informationen weiterleitet und abliefert. Als einer der ersten veröffentlichte Aguilar [1] Ideen zum Multi Destination Routing im Internet. MOSPF (Multicast Open Shortest Path First, [113]) unterstützt IP mit einem Multicast-Dienst, der jedoch weder zuverlässig ist, noch irgendwelchen anderen Leistungsanforderungen genügt. MOSPF nutzt mittels der Bildung eines „minimal spannenden Baums" die Übereinstimmung der Pfade zu den einzelnen Empfangsstationen aus und verzweigt erst möglichst kurz vor den Zielstationen. Die Multicast-Bäume können je nach gewählter Metrik (Verzögerung, Durchsatz bzw. Zuverlässigkeit) unterschiedlich sein.

Netzwerkmanagement

Charakteristika:

Die Verteilung von umfangreichen Netzwerkmanagementreports (zur Konfigurierung von Stationen und Netzen) sowie kurzen, aber oftmals zeitkritischen Alarmmeldungen (wie z.B. Hardwarefehler, Überlast, Speicherengpaß), profitiert von der Unterstützung durch Multicast-Protokolle. Netzwerkmanagementereignisse müssen an andere Netzwerke, Systemmanager und Verwalter gesendet werden. Die Empfängergruppe ist bekannt und zumeist statisch. Derzeit verlassen sich Netzwerkmanager dabei auf Kommunikationssysteme, die bei weitem nicht der Relevanz der zu übertragenden Daten gerecht werden.

Anforderungen:

Vollständige Zuverlässigkeit ist bei der Übertragung von Managementnachrichten ein Muß. Übertragungszeiten sollten insbesondere für Alarmmeldungen so kurz wie möglich sein, abhängig natürlich von der gewählten Zuverlässigkeitsklasse und Priorität der Daten. In [212] sind Alarmmeldungen spezifiziert, die nur bei strikter Einhaltung von Zeitschranken als Netzwerkmanagementfunktionalität von Nutzen sind. Für Alarmmeldungen ist zudem eine zeitgleiche Ablieferung bei den verschiedenen Empfängern vorteilhaft, damit die Reaktion dieser Stationen möglichst konsistent abläuft und keine Unfairneß entsteht. Sollen Stationen z.B. aufgrund einer Überlastung bestimmter Netzkomponenten dazu gebracht werden, ihre Datenübertragungsrate und damit ihren Bandbreitenverbrauch zu reduzieren, sollte dies möglichst allen Stationen gleichzeitig übermittelt werden, damit nicht eine Station die Situation weiter ausnutzen kann.

Für die Übertragung von Netzwerkmanagementreports ist die zeitgleiche Ablieferung der Informationen nicht so kritisch. Ein größeres Problem stellen hier die zu übertragenden Datenmengen dar. Übertragungscharakteristiken besagen, daß Netzwerkmanagementreports üblicherweise zwischen 10 und 20 KByte Länge aufweisen und jeder Host im Mittel eine Übertragung pro Minute initiiert [128].

Verteilte Simulationen

Charakteristika:

Zur Leistungsbewertung von Rechensystemen können neben Messungen und mathematischen Analysen Simulationen eingesetzt werden. Simulationen basieren auf den Vorgaben eines abstrakten Modells, das weitaus detaillierter sein kann als Modelle für analytische Untersuchungen. Aufgrund der zunehmenden Komplexität der Simulationsmodelle reicht die Rechenleistung einer einzelnen Workstation in vielen Fällen nicht für eine zufriedenstellende Abarbeitung aus. Vielmehr muß hier versucht werden, durch Einsatz verteilter und paralleler Ansätze eine Effizienzsteigerung gegenüber sequentiellen Simulationstechniken zu erzielen [104].

Anforderungen:

Für einige Simulationsereignisse (Ereignisse, die von allgemeiner Relevanz sind) ist es nötig, sie an alle Simulationsteilnehmer zu übertragen, um einen konsistenten Überblick über die Simulation zu haben und weitere Aktionen bzw. Ereignisse folgen zu lassen. Für die Unterstützung einer solchen Anwendung sind daher best-effort oder semi-zuverlässige Multicast-Dienste unzureichend: Der Dienst sollte vielmehr zu jedem Empfänger reihenfolgeerhaltend, fehlerfrei und vollständig zuverlässig sein. Um eine Verteilte Simulation derart zu unterstützen, ist ein vollständig zuverlässiger

N->N-Dienst mit totaler Ordnung nötig. Totale Ordnung einer Mehrpunkt-verbindung bedeutet, daß sämtliche aktiven Mitglieder einer Gruppe alle in Übertragung befindlichen Pakete in der gleichen Reihenfolge empfangen.

Eine andere Anforderung, die Verteilte Simulationen an das zugrundeliegende Kommunikationsnetz stellen, ist neben der Zuverlässigkeit die zu erbringende hohe Leistung. Lange Verzögerungen führen zu erheblichen Synchronisationsverzögerungen, die den Vorteil einer verteilten Ausführung eines Simulationsprogramms auf verschiedenen Rechnern abschwächen würden.

X.400-Mitteilungsdienste

Charakterisitika:

Die in [209][181] definierten X.400-Mitteilungsdienste haben gegenüber den in [208] beschriebenen Diensten eine Erweiterung erhalten, die die grundlegende Unterstützung von Punkt-zu-Mehrpunkt-Kommunikation gewährleistet: die Möglichkeit des Einsatzes von Verteilerlisten. Mittels dieser Funktionalität ist ein Sender in der Lage, Meldungen an eine Gruppe von Empfängern zu senden. Dazu bedarf es nicht mehr der Auflistung sämtlicher Adressaten (direkte Adressierung), sondern des Einsatzes eben dieser Verteilerliste. Verteilerlisten können in Adreßverzeichnissen („Directory Systems", [210]) aufgeführt und durch „Message Transfer Agents" (MTA) zur Expansion der Adreßliste abgefragt werden. Jeder Verteilerliste ist eine Adresse zugeordnet, die den Expansionsort angibt, an dem die Mitteilung u.U. auf verschiedenen Übertragungswegen weitergeleitet wird. Diese Verteilerlisten können sowohl Adressen von Empfängern als auch Namen weiterer Verteilerlisten enthalten.

Anforderungen:

Dieser asynchrone Anwendungsdienst besitzt weder harte zeitliche Anforderungen (Verzögerung, Jitter), noch setzt er das Aktivsein der end-gültigen Empfänger voraus. Diese Möglichkeit besteht allerdings erst, seit-dem in [208] ein „Message Store" eingeführt worden ist, der zu jeder Zeit die ankommen Nachrichten empfängt und die eigentliche Endstation entlastet. Aus Anwendersicht kann der darunterliegende Kommunikations-dienst somit durchaus mittels einer Vielzahl nebenläufiger Punkt-zu-Punkt-Verbindungen anstelle einer effizienteren Multicast-Verbindung realisiert werden. Aus Netzwerksicht hingegen ist eine Multicast-Verbindung vorzu-ziehen, da die per „elektronischer Post" verschickten Daten durchaus ein sehr großes Datenvolumen aufweisen können.

Das Hinzufügen weiterer Adressaten in eine Verteilerliste muß auf die darunterliegende Multicast-Verbindung abgebildet werden; d.h., der einge-setzte Multicast-Algorithmus sollte ein senderinitiiertes Hinzufügen wei-terer Empfänger unterstützen. Dieses Hinzufügen ist nicht während der aktiven Kommunikation nötig, sondern kann getrennt davon erfolgen. Die

Gruppenmitgliedschaft kann daher als statisch bezeichnet werden. Die Übertragung der Daten sollte möglichst fehlerfrei sein, was den Einsatz von Fehlerkontrollverfahren im Transportsystem nötig macht. Nicht autorisierten Teilnehmern sollte der Zugriff auf die Daten verwehrt werden.

Multimedia-Konferenzen

Charakterisitika:

Sämtliche Standardisierungsgremien haben erkannt, daß die Entwicklung eines funktionierenden Multimediakonferenzdienstes die Bereitstellung eines vollkommen neuen Standardwerkes erfordert. CCITT beschäftigt sich daher u.a. in den Study Groups (SGs) I, VII, VIII und XV mit der Standardisierung von Diensten, die in der Lage sind, Multimediakonferenzen mit Audio, Video, Bild, Daten und Kontrollfunktionalität bereitzustellen. Die Netzwerkumgebungen, für die diese Dienste konzipiert sind, beschränken sich derzeit auf Schmalband-ISDN, X.25-basierte paketvermittelnde Netze sowie lokale Netze. Die entsprechenden Dokumente sind in den T- und H-Empfehlungen erschienen. Die wichtigsten werden im folgenden erläutert:

In der T-Serie spezifiziert T.124 (Generic Conference Control, GCC) Konferenzkontrollfunktionen zum Auf- und Abbau von Konferenzen sowie zur Bildung von Subkonferenzen. T.124 benötigt die in T.122 (Multipoint Communication Services, MCS) spezifizierte Funktionalität, die u.a. Dienste zum Multicasting auf Anwendungsebene beschreibt. T.123 definiert die in T.124 und T.122 genannten Anwendungsprotokolle.

Die Empfehlungen der H-Serie beschäftigen sich vor allem mit der Beschreibung der auf den Kommunikationsebenen unterhalb der Anwendung zu erbringenden Dienste. H.221 definiert z.B. eine Rahmenstruktur zum Multiplexen sowie Demultiplexen von Audio, Video und Daten auf Kanäle mit Bandbreiten zwischen 64 Kbit/s und 2 Mbit/s. Zusätzlich definiert H.221 eine *Inband*-Signalisierungsmethode zum Austausch von Informationen über die Konfiguration der Endsysteme sowie einen Synchroni-sationsmechanismus zur zeitlichen Abstimmung zwischen verschiedenen Kommunikationskanälen. Die Realisierung eines Multiplexing-Verfahrens auf Kanälen mit höherer Bandbreite ist in Empfehlung H.261 spezifiziert.

Für den Aufbau und das Management von Mehrpunktverbindungen auf ATM-Basis wurde CMAP (Connection Management Access Protocol, [45]) entwickelt. Dienste für den Datentransport oder andere Dienste der Transportschicht wie Fehlererkennung und Neuübertragung sind nicht integriert. Vielmehr wird davon ausgegangen, daß ein entsprechendes Transportprotokoll existiert. CMAP gehört zur Klasse der ATM UNI-(User Network Interface) Signalisierungsprotokolle und stellt Dienste zur

Verfügung, die es den Teilnehmern erlauben, Mehrpunktverbindungen einzurichten, aufzulösen und zu manipulieren. Manipulationen können z.b. Änderungen der Bandbreite einer Verbindung sein.

Anforderungen:

Sämtlichen Arten von Konferenzanwendungen muß eine Grundmenge von Diensten bereitgestellt werden, welche die unterschiedlichen Typen der Interaktion und Kommunikation, die in realen Konferenzen auftreten, unterstützt. Es sollte möglich sein, in eine bestehende Konferenz dynamisch neue Teilnehmer mit einzubeziehen oder sie auszuschließen. Ebenfalls von Nutzen sind Aktionen zur Bildung von Untergruppen bzw. zum Verbinden unterschiedlicher Gruppen. Audio- und Videosequenzen sollten nur kurze Verzögerungen mit möglichst geringer Varianz erfahren und über eine garantierte Mindestbandbreite verfügen dürfen. Lippensynchronisation sollte gewährleistet sein, wobei geringfügige Abweichungen zwischen Audio- und Videokanal vom Empfänger toleriert werden (ca. 80 ms), wie Untersuchungen ergeben haben [145].

Die Liste der skizzierten Anwendungen deckt in keiner Weise das komplette Spektrum der Anwendungen ab, die eine Multicast-Unterstützung von der darunterliegenden Kommunikationsarchitektur verlangt. Die obigen Anwendungen wurden ausgewählt, da sie eine Vielzahl unterschiedlicher funktionaler Anforderungen sowie Leistungsanforderungen stellen und Dienste sämtlicher Schichten gemäß ISO/OSI-Referenzmodell in Anspruch nehmen.

Bezüglich der Leistungsparameter stellen die Anwender und Anwendungen die gleichen Anforderungen an die darunterliegende Mehrpunktkommunikationsarchitektur wie an herkömmliche Punkt-zu-Punkt-Kommunikationsszenarien (z.b. hohe Zuverlässigkeit, hoher Durchsatz, kurze Übertragungs- und Umlaufzeiten). Darüber hinaus müssen Multicast-Protokolle eine Vielzahl zusätzlicher Anforderungen erfüllen, die insbesondere in heterogenen Weitverkehrsnetzen schwierig zu befriedigen sind.

Für Netze ohne inhärente Multicast-Eigenschaft müssen u.a. explizite Mechanismen zur Reduzierung unnötiger Duplikate, die bereits beim Sender oder in Zwischenknoten generiert werden, entwickelt werden. Das Ziel ist die Reduzierung des nötigen Verkehrs auf ein Niveau, das möglichst nah an das Optimum auf Netzen mit inhärenter Multicast-Fähigkeit heranreicht. Ein anderes Problem, das beim Design einer Mehrpunktkommunikationsarchitektur gelöst werden muß, ist die Bereitstellung von Mechanismen zur Adreßzuweisung. Es wird vorgeschlagen [158][23], die Adreßauswahl nicht in das Transportsystem zu integrieren, sondern einer übergeordneten Instanz oder der Anwendung zu überlassen. Die Adreßverwaltung beschränkt sich jedoch nicht nur auf die Vergabe einer Adresse. Ebenso schwierig ist die Realisierung eines Mechanismus, der ein Multicast-Paket bei jeder zu einer Gruppe gehörenden Empfänger-Instanz abliefert. Erschwert wird diese Aufgabe dadurch, daß sich die Gruppenmitgliedschaft dynamisch ändern kann, somit die Gruppenadresse nicht immer die gleiche Empfängerschar anspricht. Ein weiteres Problem ist das Design eines geeigneten Multicast-Routing-Verfahrens. Eine Gruppenadresse muß auf eine oder mehrere Sicherungsebenen-Adressen abgebildet werden, die möglicherweise auf unterschiedlichen Netzen in unterschiedlichen Adreßformaten vorliegen. Das eingesetzte Routing-Protokoll sollte ein mehrfaches Kreisen der Nachrichten verhindern und die Anzahl der an eine Gruppe zu sendenden Pakete minimieren. Außerdem sollten Routing-Algorithmen in der Lage sein, ihre Tabellen dynamisch zu aktualisieren, da die Gruppenzugehörigkeit, wie bereits erwähnt, wechseln kann. Des weiteren erfordert die derzeit forcierte Verbreitung von Audio- und Videoanwendungen die Unterstützung von Punkt-zu-Punkt-Verbindungen und Mehrpunktverbindungen mit Realzeit- und anderen Dienstqualitätsanforderungen. Bei der Betrachtung von Konzepten zur Unterstützung von QOS-Anforderungen durch Kommunikationsprotokolle (vgl. Kapitel 5, Transfersysteme) wird ersichtlich, wie weit man noch von realen Implementierungen entfernt ist.

2.2.3 Flußkontrolle

Um den Datenfluß zwischen Endstationen mit sehr unterschiedlichen Leistungsmerkmalen zu optimieren, werden Verfahren eingesetzt, die den Empfänger vor einer durch ihn nicht zu bewältigenden Paketflut und damit vor Pufferüberlauf bewahren. Flußkontrolle dient primär der Vermeidung der Überlastung des Empfängers durch den Sender und nicht der Optimierung des Datenflusses auf dem darunterliegenden Netz. Es wird also zumeist eine Übereinkunft zwischen Sender und Empfänger getroffen, die unabhängig vom zugrundeliegenden Kommunikationssystem ist. Es wäre jedoch statt dessen sinnvoll, eine engere Kopplung zwischen Verfahren zur Fluß- und Lastkontrolle anzustreben, wie es ansatzweise bereits in Protokollen wie XTP [158] angedacht wurde und in AMTP [66] umgesetzt worden ist.

Prinzipiell wird zwischen zwei Ansätzen zur Flußkontrolle unterschieden: Auf der einen Seite existieren die fensterbasierten Flußkontrollverfahren, auf der anderen Seite die ratenbasierten Verfahren. Beim Einsatz von Fenstermechanismen werden Datenmengen spezifiziert, die der Sender ohne Erhalt einer Quittung übertragen darf. Die entsprechende Fenstergröße ist dabei zumeist in Abhängigkeit von der Größe der Empfangspuffer gewählt, so daß die Überlaufwahrscheinlichkeit Null oder gering ist. Das Verfahren kann sender- oder empfängergesteuert ablaufen. Somit kann je nach ausgewähltem Verfahren der Sender oder der Empfänger über den Zeitpunkt der Generierung von Quittungspaketen entscheiden. Aus den darin enthaltenen Informationen und aus dem Wissen über die von ihm bereits abgesendeten Daten kann der Sender sein aktuelles Flußfenster berechnen.

Basierend auf der Quittierungsstrategie des Empfängers können die fensterbasierten Flußkontrollverfahren weiter unterschieden werden. Bei der *Sliding Window*- Strategie generiert der Empfänger nach jedem empfangenen Paket ein entsprechendes Quittungspaket, das zu einer Verschiebung des Sendefensters führt. Bei der *Pacing Window*-Strategie werden ganze Paketblöcke mit einem

Quittungspaket quittiert. Die *Blast Window*-Strategie verlangt die Quittung erst nach Übertragung des gesamten Sendefensters. Die Blast Window-Strategie resultiert somit in einem *Stop & Wait*-Verhalten, da der Sender auf die Quittierung durch den Empfänger warten muß. Wird die Quittierung durch ein im Vergleich zum Sendefenster kleineres Empfangsfenster angestoßen, so gelangt man zur Pacing Window-Methode. Sowohl die Sliding Window-Strategie als auch die Blast Window-Strategie sind somit Spezialfälle der Pacing Window-Strategie mit Empfangsfenstergröße 1 bzw. mit einer dem Sendefenster angepaßten Empfangs-fenstergröße.

Im Gegensatz zu den fensterbasierten Flußkontrollmechanismen nimmt der Sender bei einer ratengesteuerten Übertragung keinen Einfluß auf die zu übertragende Datenmenge, sondern auf die Datenrate. Je nach Art des Protokolls (Transfer- oder Transportprotokoll) kann die Senderate in Abstimmung mit den möglichen Verarbeitungsgeschwindigkeiten der Empfänger und Zwischensysteme oder ausschließlich auf Ende-zu-Ende-Basis bestimmt werden. Ratenkontrolle hat somit zum Ziel, die beteiligten Zwischen- und Endsysteme vor zu schnell aufeinanderfolgenden Dateneinheiten zu bewahren, d.h. *Back-to-Back*-Übertragung der Pakete zu verhindern. Die Rate kann grundsätzlich auf zwei verschiedene Arten angegeben werden: Die beteiligten Stationen können sich auf eine Übertragungsrate und einen Wert einigen, der die maximale Anzahl aufeinanderfolgender Datenpakete angibt. Dadurch wird ein Sendemuster spezifiziert, das zu äquidistanten Zeitpunkten eine maximale Anzahl von Paketen so schnell wie möglich überträgt. Anstelle dieses Verfahrens können sich die beteiligten Stationen auch auf eine Zwischenpaket-Wartezeit einigen. Diese Größe gibt die minimale Zeitspanne nach dem Senden eines Pakets bis zum nächsten Absendezeitpunkt an. Ist die Paketgröße konstant, ist die zweite Methode ein Spezialfall des ersten Ratenkontrollverfahrens.

3 Hochgeschwindigkeitsnetze

Hochgeschwindigkeitsnetze repräsentieren eine Generation von Netzwerken, deren Eigenschaften nicht mit hohen Signallaufgeschwindigkeiten assoziiert werden dürfen, wie die Bezeichnung irrtümlich vermuten läßt. Zwar sind die reinen Bearbeitungszeiten in den Netzknoten stark reduziert, doch hat dies keineswegs zu einer Verkürzung der physikalischen Ausbreitungsgeschwindigkeiten bzw. von Ende-zu-Ende-Antwortzeiten geführt. Aufgrund der weltweit voranschreitenden Vernetzung haben sich vielmehr die Signallaufzeiten erheblich verlängert. Eine passendere Bezeichnung für diese Art von Netzen wäre „Hochleistungsnetze", da diese Übertragungssysteme primär durch ihre hohe Bandbreite charakterisiert sind.

Existierende und zukünftige Hochgeschwindigkeitsnetze bzw. Medienzugangsprotokolle bieten Übertragungsbandbreiten bis in den Gigabitbereich bei gleichzeitig niedrigen Bitfehlerraten an (wie z.B. FDDI und FDDI II [40][41][54][105] mit jeweils 100 Mbit/s, DQDB [49] mit 45 und 150 Mbit/s, HIPPI [77] mit 800 Mbit/s bzw. 1,6 Gbit/s, CRMA II [6][7] und Metaring [33] im Gigabitbereich). Der SONET-Standard [12] definiert Datenraten im Multigigabitbereich. ATM [182] unterstützt gemäß der Synchronen Digitalen Hierarchie (SDH) Datenraten von 155 Mbit/s und 622 Mbit/s [183].

Deutlich zu erkennen ist die Tendenz hin zu asynchronen paketvermittelnden Netzen und die Distanzierung von synchronen Übertragungssystemen. Beim Synchronen Transfer-Modus (STM) erfolgt die Identifikation einzelner Kanäle innerhalb des gesamten Multiplexsignals durch Angabe der relativen zeitlichen Lage zu einer Zeitmarke, z.B. dem Beginn des Synchronrahmens. Bedingt durch die strenge Periodizität des Synchronrahmens ist die Bitrate eines Kanals konstant. Die STM-Vermittlung ist aus dem Schmalband-ISDN bekannt. Sie ist skalierbar und damit auch für Breitbandsignale geeignet. Bei ausreichender Dimensionierung der Koppelnetze und Leitungen entsteht praktisch keine Blockierung. Es schien lange Zeit, daß sich die STM-Technik als zukünftige Vermittlungsstrategie für Breitbandnetze würde durchsetzen können. Doch einige Nachteile der STM-Technik verhindern dies:

- Da die von zukünftigen Anwendungen produzierten Bitraten noch nicht bekannt sind und zumindest ein großes Spektrum ausfüllen werden, ist eine feste Zuteilung der Kanalbitraten wie bei STM nicht optimal.

- Aufgrund der festen Kanalbitraten ist STM eher für die Übermittlung kontinuierlicher Signale (Audio, CBR-Video) geeignet als für Datenkommunikation mit ihrem *Bursty Traffic*-Verhalten.

Die STM-Technik bildet nach [51] zwar künftig weltweit die Grundlage der Synchronen Digitalen Hierarchie (SDH) im öffentlichen Netz. Für die Vermittlungstechnik, die sich auf die Transfersysteme auswirkt, spielt sie jedoch nur eine untergeordnete Rolle. Beeinflußt durch die Erfahrungen mit paketvermittelnden Netzen im lokalen Netzbereich, hat sich in den letzten Jahren ein Trend in Richtung paket- bzw. zellenorientierter Vermittlung durchgesetzt.

Da Transfersysteme aufgrund der auch in Zukunft existierenden heterogenen Netzlandschaft sowohl auf zellenbasierten als auch auf aus dem LAN-Bereich stammenden paketvermittelnden Netzen eingesetzt werden, wird im folgenden jeweils ein Repräsentant aus beiden Bereichen kurz vorgestellt: ATM als zellenbasiertes Netz für den lokalen und globalen Netzbereich sowie FDDI als Hochgeschwindigkeits-LAN. Im Vordergrund der Beschreibung steht die Skizzierung der angebotenen Dienste. In den Kapiteln 6 und 8 folgt eine detaillierte Beschreibung von Breitbandkommunikation auf ATM-Basis. Im Falle von FDDI sei auf die Vielzahl spezieller Literatur verwiesen.

Aufgrund der möglichen „kostengünstigen" Realisierung von FDDI mit Konzentratoren und Kupferkabeln besitzt dieser Hochgeschwindigkeitsstandard durchaus Potential für die Vernetzung von Workstations. FDDI könnte sich somit als ein möglicher Nachfolger des weiterhin dominierenden Ethernet und als eine mögliche Alternative zum derzeit diskutierten *Switched Ethernet* erweisen. Die kontinuierliche technische Entwicklung und steigende Netzanforderungen stimulieren aber schon jetzt die Entwicklung einer neuen Generation lokaler Netze. Sowohl die Verbreitung verteilter Rechensysteme und Anwendungen als auch die Einführung von Multimediasystemen stellen neue Anforderungen an die Netze. Gleichzeitig steigt der Bedarf, LANs lokal und global miteinander zu verbinden. Damit nehmen insbesondere die Marktchancen von ATM zu, da es gleichzeitig als LAN- wie auch als WAN-Lösung in Frage kommt und somit eine Netzkopplung erleichtern würde.

3.1   FDDI-Dienstangebot

FDDI (Fibre Distributed Digital Interface) entstand zu Beginn der 80er Jahre im Rahmen der Arbeitsgruppe ANSI ASC X3T9.5. Die daraus resultierenden Standards beziehen sich auf die unteren beiden Ebenen des ISO/OSI-Referenzmodells. FDDI wurde ursprünglich als Back-End-Interface für die Hochgeschwindigkeitsübertragung zwischen Großrechnern und schnellen Massenspeichern geplant. Zur Zeit wird FDDI allerdings als Backbone-Netz für langsamere lokale Netze eingesetzt. Der Direktanschluß von schnellen Workstations ist mittlerweile ebenfalls möglich.

Als Dienste bietet FDDI sowohl eine synchrone wie auch eine asynchrone Übertragungsform an. Die meisten verfügbaren Produkte bieten allerdings ausschließlich den asynchronen Dienst an.

Der synchrone Dienst besitzt die höhere Priorität. Die Datenpakete können mit fester Länge über Verbindungen mit reservierter Bandbreite übertragen werden. Dabei wird zusätzlich eine maximale Verzögerungsobergrenze garantiert. Anwendungen mit regelmäßigem Datenaufkommen und Realzeitanforderungen benutzen daher den synchronen Dienst zur Übertragung (falls vorhanden). Zur Verteilung der synchronen Bandbreite setzt FDDI ein Softwarepaket ein, das die gesamte Managementfunktionalität des Medienzugangsprotokolls ausführt. Dieser SMT-Baustein (Station Management) koordiniert zudem die drei Hardwarebestandteile eines FDDI-Netzwerkadapters, die Medienzugangseinheit (MAC), die Einheit zur Codierung und Decodierung der zu übertragenden Daten (PHY) sowie die Anbindung an das Glasfasernetz (PMD).

Der asynchrone Dienst läßt eine Übertragung von Datenpaketen variabler Länge zu. Dabei kann allerdings weder eine feste Bandbreite noch ein zeitlicher Zusammenhang zwischen Absendezeitpunkt und Empfang angegeben werden. Isochrone Daten können nur durch die Unterstützung von Protokollen höherer Ebenen gemäß ISO/OSI-Referenzmodell erfolgreich übertragen werden.

Der FDDI-Medienzugang wird durch Sendeberechtigungsmarken (Token) geregelt, die von Station zu Station weitergereicht werden. Das zur Vergabe und Verwaltung der Token eingesetzte Protokoll ist das sogenannte Timed Token Rotation Protocol. Das Einbehalten des Tokens und die damit verbundene alleinige Sendeberechtigung einer Station ist an verschiedene Regeln gebunden:

- Es werden zwei Token-Typen unterschieden, restricted und unrestricted. Auf unrestricted Token kann jede Station zugreifen. Dabei wird die für den asynchronen Verkehr verfügbare Bandbreite allen Stationen im Zeitschlitzverfahren zugeteilt. Über das restricted Token hat jeweils nur eine kleine Anzahl von Stationen die Kontrolle. Ihnen wird die verfügbare asynchrone Bandbreite explizit zugeordnet, wobei jeder weitere mögliche asynchrone Verkehr unterbunden wird. Dadurch werden dialogorientierte Übertragungen zwischen ausgewählten Stationen unterstützt.

- Durch zwei Timer werden der Zugriff auf das Token geregelt und Fehlerfälle entdeckt. Zum einen wird der Token Rotation Timer (TRT) eingesetzt, der die Zwischenankunftszeit zwischen vorhergehendem und aktuellem Token kontrolliert. Zum anderen wird im Token Holding Timer (THT) die Zeit summiert, in der das Senden von asynchronen Rahmen zulässig ist.

Zusätzlich existiert eine Absolutzeit, die Target Token Rotation Time (TTRT), die die während der Ringinitialisierung ausgehandelte maximale Umlaufzeit eines Tokens speichert.

FDDI-II stellt eine Erweiterung von FDDI dar, welche die Übertragung isochroner Daten ermöglicht. Während FDDI in der Lage ist, maximale Verzögerungszeiten für synchrone Übertragungen einzuhalten, kann mit Hilfe von FDDI-II [41] sogar eine konstante Verzögerungszeit garantiert werden.

3.2   ATM-Dienstangebot

Einer der Schlüsselfaktoren für den Erfolg von Breitband-ISDN wird die Unterstützung verteilter Anwendungen zur Übertragung von Multimediadaten in einer effizienten Form sein. ATM (Asynchronous Transfer Mode) ist der Standard, der vom CCITT (jetzt ITU-T) für die Implementierung von breitbandigen Weitverkehrsnetzen zugrundegelegt wird. ATM basiert auf dem Multiplexen und Vermitteln von Paketen fester Größe, die ATM-Zellen genannt werden. ATM-Netze arbeiten mit Datenraten in der Größenordnung von 155 bzw. 622 Mbit/s. Die Attraktivität von ATM liegt insbesondere in den folgenden Merkmalen begründet:

- ATM besitzt ein großes Angebot unterschiedlicher Diensttypen, das ein breites Spektrum von verbindungslosen bis zu verbindungsorientierten Diensten abdeckt.

- ATM bietet ein weltweit einheitliches Standard-Interface.

- Das Architekturprinzip der virtuellen Pfade bietet die Möglichkeit, die Netzstruktur flexibel zu gestalten.

- ATM erlaubt aufgrund des asynchronen Transfer-Modus die Realisierung flexibler Bandbreitenallokierung für einzelne bzw. mehrere Verkehrsquellen.

- Aufgrund des „absichtlichen Überbuchens" der Kapazitäten wird das statistische Multiplexen von Zellen möglich. Dazu müssen eine Vielzahl von Kontrollmechanismen eingesetzt werden: Bandbreitenallokierung, Pufferallokierung, Policing und Shaping, Service Scheduling, Selektives Verwerfen von Zellen, Ende-zu-Ende-Fenstermechanismen, Dynamisches Routing u.a.

Im Gegensatz zum synchronen Transfer-Modus (STM) basiert ATM auf der asynchronen Übertragung von Blöcken fester Länge (Zellen). Bei der asynchronen Multiplextechnik wird die Zuordnung von Zellen zu Kanälen durch das Mitführen von Kanalkennzeichen (Virtual Channel Identifier, VCI) gewährleistet. Da aufeinanderfolgende belegte Zellen eines Kanals nicht periodisch, sondern asynchron übertragen werden, kann die Nutzbitrate eines Kanals variabel gehalten werden und ist durch die momentane Zellenrate bestimmt. Zusätzlich zu den rein übertragungstechnischen Möglichkeiten bietet ATM mit Hilfe der ATM Adaptation Layers (AAL) eine Funktionalität zur Paketierung der Nutzerdaten in Zellen an. Die AALs stellen den Zugangspunkt der Transfersysteme auf ATM dar und repräsentieren somit den vom darunterliegenden ATM-Netz bereitgestellten Dienst. Die Dateneinheiten des Transferprotokolls werden dabei in eine Form gebracht, die vom darunterliegenden ATM-Übertragungssystem bearbeitet werden kann. Die Frage nach der Anzahl nötiger AALs ist bisher noch nicht beantwortet. Nach [117] befürworten einige Entwickler und Wissenschaftler das Weglassen der AALs, so daß jede Anwendung ihre eigene ATM-Verbindung aufbaut und ihre Zellen derart formatieren kann, wie es am geeignetsten erscheint. Ein solches Vorgehen behindert jedoch die Interoperabilität. Eine andere Gruppe befürwortet den Einsatz eines einzelnen AALs [53]. Trotz der dann gegebenen Interoperabilität wird eine flexible Diensterbringung durch eine hohe Komplexität dieses einzelnen AALs erkauft. Das CCITT hat sich für die Entwicklung verschiedener AALs entschieden. Basierend auf der Einteilung der vom Breitband-ISDN geforderten Dienste in

- Dienste mit konstanter Bitrate,

- Dienste mit variabler Bitrate,

- Dienste mit verbindungsorientierter Datenübertragung sowie

- Dienste mit verbindungsloser Datenübertragung,

wurden die unterschiedlichen AALs definiert. Derzeit werden fünf AALs unterschieden, wobei die AALs 3 und 4 aufgrund ihrer großen Ähnlichkeit zusammengefaßt worden sind und AAL 2 bisher nicht standardisiert worden ist.

AAL 1 realisiert einen verbindungsorientierten Dienst für zeitsensitive Daten mit konstanter Bitrate (z.B. PCM-Audio). Ein Byte der verfügbaren 48 Byte Nutzerdaten wird zur korrekten Reassemblierung der Zellen in Protokolldateneinheiten der höheren Ebenen eingesetzt. Die zeitliche Kontrolle basiert auf dem Einsatz von Zeitstempeln im Datenbereich.

AAL 2 realisiert einen verbindungsorientierten Dienst für zeitsensitive Daten mit variabler Bitrate (z.B. VBR-Video). Der AAL-Kopf enthält Sequenznummern und Kennzeichen darüber, ob die betreffende Zelle den Anfang oder das Ende einer Nachricht darstellt. Der AAL-Kopf beinhaltet zudem eine Längenangabe über die Anzahl Nutzerbytes in der Zelle und eine Prüfsumme.

AAL 3/4 (vgl. Kapitel 6) realisiert sowohl einen verbindungsorientierten als auch einen verbindungslosen Dienst für zeitinsensitive Daten mit variabler Bitrate (z.B. Kopplung von LANs). Erheblicher Aufwand wird für die Fehlersicherung je Zelle getrieben. Der Anteil der Kontrollinformationen an der Gesamtlänge einer Zelle beträgt hier 17% (inkl. ATM-Overhead). Zusätzlich werden pro Protokolldateneinheit 8 Byte Overhead-Informationen im Konvergenzlayer hinzugefügt.

AAL 5 (vgl. Kapitel 6) reduziert den in AAL 3/4 durchgeführten Aufwand zur Fehlersicherung erheblich. AAL 5 realisiert einen verbindungsorientierten Dienst für Datenkommunikationsanwendungen wie File Transfer. Ausschließlich in der letzten zu einer Protokolldateneinheit gehörenden Zelle wird ein 8 Byte langer Trailer, der primär zur Fehlerbehandlung eingesetzt wird, zusätzlich zum ATM-Overhead hinzugefügt. Dadurch wird der Zellen-Overhead deutlich reduziert und die Bearbeitung der Zellen in den Endstationen erheblich vereinfacht.

ATM kann als Kompromiß aus synchronem Transfer-Modus, Leitungsvermittlung und Paket-Transfer betrachtet werden. Die vom Netzwerk zur Verfügung gestellte Bandbreite kann effizient aufgeteilt werden. Verzögerung und Jitter, die durch die Bearbeitung in den Switches entstehen, sind sehr gering, da nur minimale Funktionalität in einem Switch gefordert ist. Andererseits stellt sich für ATM-basierte Netze die Frage, inwieweit Segmentlängen von 53 Byte für Gigabitmedien sinnvoll sind. Die vorteilhafte dynamische Bandbreitenzuteilung und die durch Multiplexing effizient nutzbare Bandbreite können auch mit größeren Segmentlängen erzielt werden. Der Bearbeitungsaufwand in Endsystemen und Vermittlungsknoten ist für derartig kleine Informationssegmente sehr hoch und könnte erheblich reduziert werden. Aufgrund einer tolerierbaren Ende-zu-Ende-Verzögerung von ca. 200 bis 500 ms für die meisten zeitsensitiven Anwendungen wäre durchaus die Generierung längerer Segmente in Erwägung zu ziehen, ohne auf die vorhandenen Vorteile kleiner Segmentlängen verzichten zu müssen.

Zahlreiche Hersteller, insbesondere aus dem Computerbereich, haben sich jedoch zur Unterstützung und Forcierung der internationalen Normung und zur Förderung von ATM-basierten Anwendungen bereits im ATM-Forum zusammengeschlossen. Dies ist eine wesentliche Voraussetzung für die praktische Realisierung von ATM-Komponenten und ATM-Netzen.

3.3   Einfluß auf Kommunikationsprotokolle

3.3.1   Leistung

Während die Voraussetzungen, die zur Entwicklung von Transportprotokollen wie z.B. OSI TP4 oder TCP geführt haben, geringe Übertragungskapazitäten und fehleranfällige Übertragung waren, hat die technologische Entwicklung des letzten Jahrzehnts die dem Protokollentwurf zugrundeliegenden Prämissen vollständig verändert. Die Übertragungskapazitäten haben stärker zugenommen als die Prozessorleistung, und die Fehlerraten des Übertragungsmediums sind aufgrund des Einsatzes von Glasfaser erheblich verringert worden. Um höhere Leistung zu erzielen, muß zunächst die Syntax der Protokolle, d.h. der Aufbau der Protokollköpfe, optimiert werden. Aus diesem Grund besitzen neue Protokolle im Gegensatz zu OSI TP4 und TCP ein fixes Format für den Nachrichtenkopf, wobei die einzelnen Felder auf Wortgrenzen beginnen und somit die Zugriffs- und Verarbeitungszeit verringern.

Neben den zunehmenden Übertragungsbandbreiten hat sich aufgrund der weltweit voranschreitenden Vernetzung die Dauer der Signalumlaufzeiten vergrößert. Das Produkt dieser beiden Größen entspricht der Speicherkapazität des Übertragungssystems. Dieser Wert ist in den letzten Jahren extrem angestiegen und erfordert grundlegende Modifikationen der eingesetzten Transportprotokolle.

Go-Back-N-Fehlerbehebung führt zur Wiederübertragung von Datenmengen, die in der Größenordnung der Kanalspeicherkapazität liegen. Bei selektiver Neuübertragung geht die Effizienz auch bei steigender Übertragungskapazität nur unmerklich zurück.

Der TCP-Header ermöglicht eine maximale Fenstergröße von 64 KByte, da ein 16-Bit langes Feld zur Vereinbarung der Fenstergrößen bereitsteht. Da die Größe des Sendefensters die maximale Anzahl unquittierter, abgeschickter Daten bestimmt, läßt sich ein maximaler Durchsatz nur dann erreichen, wenn das Sendefenster die Größe der Kanalspeicherkapazität annimmt. Durch Einführen der „Window-Scale-Option" [84] erlauben zukünftige TCP-Implementierungen Fenstergrößen bis zu 1 GByte, was in neueren Protokollen bereits zum Standardangebot gehört.

Um einen kontinuierlichen Ablauf der Übertragung zu gewährleisten und die verfügbaren Übertragungskapazitäten in Anspruch nehmen zu können, müssen Sendefenster gewählt werden können, die größer sind als die Kanalspeicherkapazität. Andererseits kann ein erhöhtes Sendefenster zu einer Überlastung des Netzes führen, da mehr Daten mit maximaler Übertragungsrate auf das Netz geschickt werden, als verarbeitet werden können. Alternative Methoden wie Ratenkontrolle sind hier mögliche Lösungen.

3.3.2   Überlastkontrolle

Da Hochgeschwindigkeitsnetze nicht als isoliert auftretende Netze betrachtet werden können, sondern als Backbone-Netze zur Kopplung verschiedener Netze mit niedrigerer Bandbreite und später auch als Netze mit direktem Zugang für den Endbenutzer eingesetzt werden, bildet sich eine heterogene Netzlandschaft, in der unterschiedlichste Netztypen mit unterschiedlichsten Leistungsmerkmalen (Kapazität, Medienzugangszeit, Fehlerraten) gekoppelt sind. Dieser Heterogenität wird derzeit durch ATM entgegengewirkt. Inwieweit ATM eine erfolgreiche oder vorteilhafte Entwicklung ist, werden die nächsten Jahre zeigen. Da ATM-Technologie derzeit sowohl im lokalen als auch im Weitverkehrsbereich untersucht und immens von der Industrie unterstützt wird, könnte es zu einer Dominanz dieses Netztyps in den nächsten Jahren kommen. Aber trotz dieser möglichen Dominanz einer einzelnen Netzwerktechnologie wird es in naher Zukunft keine Reduzierung der Bandbreitendifferenz geben. Diese wird in den nächsten Jahren vielmehr weiter zunehmen, da der Lebenszyklus auch eines langsamen Netzes nicht unter zehn Jahre sinken wird. Zudem garantiert eine einheitliche Technologie wie ATM noch lange keine einheitliche Bandbreite. Die zunehmende Diskrepanz der Bandbreiten zwischen unterschiedlichen Übertragungsmedien (herkömmlicherweise zwischen mehreren Kbit/s und 1 Gbit/s) in heterogenen Netzen führt zu häufigen Paketver-

lusten in den Zwischensystemen (Router, Brücken und Gateways), die zur Kopplung der Netze eingesetzt werden. Daher müssen Protokollmechanismen
entwickelt werden, die das Ziel haben, Überlastsituationen auf der Netzinfrastruk-
tur zu vermeiden oder zumindest abzubauen. Das heißt, es wird versucht, die Zwischensysteme vor dem Überlaufen ihrer Empfangs- und/oder Sendepuffer zu
bewahren. Diese Aufgabe fällt der Last- oder Überlastkontrolle zu. Sie basiert im
wesentlichen auf der Kooperation zwischen Protokollen der Vermittlungs- und
Transportebene.

Eine Überlast resultiert nicht nur aus der bereits erwähnten zunehmenden
Diskrepanz der Bandbreiten der Übertragungsmedien, sondern hängt im wesentlichen ab vom ungünstigen Zusammenspiel der Fehler- und Flußkontrollmechanismen auf Transportebene und den Routing- und Bedienverfahren auf
Vermittlungsebene, sowie von der dynamischen Variation der Dienstqualitätsanforderungen (insbesondere Durchsatzanforderungen) durch die Anwendungen.

Eine Überlast auf dem darunterliegenden Netz zeichnet sich ab, wenn der
Durchsatz einer Verbindung trotz einer höheren angebotenen Last stagniert, die
Übertragungszeit (abgeleitet aus der Umlaufzeit bis zum Erhalt einer Quittung,
was eine sehr ungenaue Abschätzung ist) dagegen erheblich zunimmt (vgl. Abbildung 3.1a,b). Wird diese Situation rechtzeitig erkannt, so kann mit präventiven
Strategien versucht werden, den möglichen Überlastkollaps zu vermeiden. Der
Überlastkollaps ist dann eingetreten, wenn die Durchsatzwerte trotz hoher ange-
botener Last gegen Null approximieren und die Übertragungszeiten extrem lang
werden. Diese Situation kann zum Zusammenbruch von Endbenutzerverbindun-
gen führen. Ohne Einsatz spezieller lastregulierender Algorithmen kann der
Datendurchsatz nicht mehr erhöht werden. Diese nach einem bereits eingetretenen
Überlastkollaps einsetzbaren lastregulierenden Maßnahmen haben dann jedoch
nur noch reaktiven Charakter. Die reaktive Natur einer Vielzahl traditioneller
Techniken zur Lastkontrolle ist für Hochgeschwindigkeitsnetze (insbesondere für
Netze mit großem Produkt aus Bandbreite und Signallaufzeit) nur bedingt geeignet. Hier werden aufgrund der hohen Datenraten während der Zeitspanne zwischen dem Auftreten und dem Erkennen einer Überlastsituation sehr große
Datenmengen übertragen, die aufgrund der Überlast mit hoher Wahrscheinlichkeit
verworfen werden. Die Abbildung 3.1 verdeutlicht zum einen die Abhängigkeit
des Durchsatzes von der angebotenen Last und zum anderen die Abhängigkeit der
oberhalb der Transportschicht gemessenen Ende-zu-Ende-Übertragungszeit von
der Last.

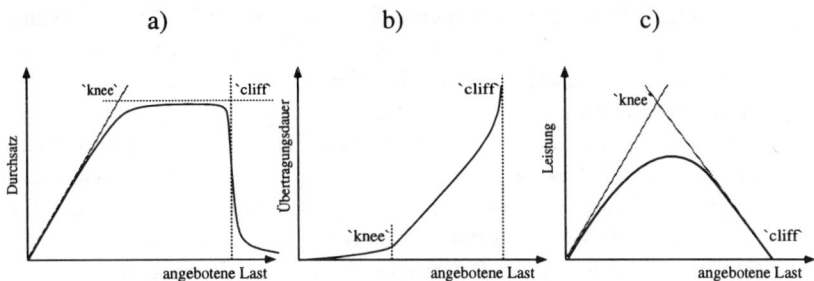

Abbildung 3.1: (a) Durchsatz/Last-, (b) Übertragungsdauer/Last-, (c) Leistung/Last-Kurve

Wird die Angebotslast über eine gewisse Größe («knee») hinaus erhöht, so sinkt die Gesamtleistung des Kommunikationssystems, die sich als Quotient aus Durchsatz und Übertragungszeit ergibt, stark ab (vgl. Abbildung 3.1c). Das Ziel der Überlastkontrolle ist somit gleichbedeutend mit der Maximierung des Verhältnisses zwischen Durchsatz und Übertragungszeit einer Kommunikationsverbindung. Da andere aktive Kommunikationsverbindungen den Grad der Überlast im Netz mit beeinflussen, muß eine wirksame Überlastkontrolle diese Verbindungen berücksichtigen. Als Lösungsansätze zur Reduzierung der Überlast-Kollapsgefahr existieren verschiedene Ansätze, die jeweils für spezielle Anwendungen und Netze ihre Vor- und Nachteile aufweisen [85][86]. Traditionelle Techniken zur Überlastkontrolle sind u.a.:

- Die Reservierung von Ressourcen; ein Ansatz der ausschließlich auf verbindungsorientierte Kommunikation beschränkt ist [149][161]. Es werden z.B. Pufferbereiche in den zu durchlaufenden Zwischensystemen entsprechend der ausgewählten Flußfenstergröße reserviert. Eine Reservierung von Ressourcen beim Verbindungsaufbau ist nur sinnvoll bei langen, kontinuierlichen Sitzungen, während eine im Verlauf der aktiven Verbindung durchgeführte Reservierung für kurzen „burstartigen" Verkehr geeignet ist. Die Technik der Reservierung beim Verbindungsaufbau führt zu einer unbefriedigenden Ausnutzung der verfügbaren Ressourcen, da diese zumeist statisch den Verbindungen zugeordnet sind, unabhängig von der aktuellen Aktivität der Verbindung.

- Eine Alternative bieten Verfahren, die eng mit der fensterbasierten Flußkontrolle gekoppelt sind. Es werden Ressourcen entsprechend dem Mittelwert der Fenstergrößen einer Verbindung reserviert. Dadurch werden die Teilnehmer mit einem kurzfristig hohen Bedarf jedoch sehr stark limitiert. Andererseits trägt eine Reservierung von Ressourcen basierend auf Spitzenwerten relativ wenig zur Überlastkontrolle bei.

- Des weiteren können Alarmsignale (Choke-Pakete, Source Quenches) eingesetzt werden, um im Fall einer Überlast den Sender der Pakete aufzufordern, seine Last zu reduzieren (ICMP, [127]). Da dieses oder ähnliche Verfahren erst einsetzen, wenn das Netz bereits in einer Überlastphase steckt, generieren sie zusätzlichen Verkehr genau dann, wenn eigentlich die Last reduziert werden soll. Zur Vermeidung zusätzlichen Verkehrs können jedoch auch *Piggybacking*-Alarmbits in Paketen gesetzt werden, die den Engpaß in Richtung Sender durchlaufen (Decbit [129], Random Early Detection [55]). Der Indikator für das Generieren eines Alarmsignals kann eine hohe Auslastung der Puffer eines Zwischensystems sein oder der nur geringe Durchsatz auf den abgehenden Leitungen.

- Im Gegensatz zu diesen drei Verfahren kann ein Zwischensystem auch lokal die Überlastsituation bereinigen, indem es Pakete verwirft (Random Drop, Drop Tail, Random Early Detection [55]). Diese Verfahren können nur für Verbindungen effizient eingesetzt werden, bei denen ein gewisser Informationsverlust unabhängig von der Codierung der Daten toleriert wird. Haben die Daten unterschiedliche Wichtigkeit oder darf nur eine bestimmte Anzahl aufeinanderfolgender Pakete verworfen werden, so entsteht aufgrund der notwendigen Interaktion mit höheren Ebenen eine unter Umständen erhebliche Beeinträchtigung der Nutzdatenübertragung.

- Eine weitere Alternative bietet der Einsatz von Bedienstrategien (z.B. Fair Queueing oder Static Priorities, vgl. [46]). Diese können eine gleichmäßige Bearbeitung der Pakete der unterschiedlichen Verbindungen realisieren oder auch prioritätengesteuert zwischen verschiedenen Verbindungen gewichtet sein. Zusätzlich kann die Abarbeitung der Pakete einer einzelnen Verbindung noch abgestuft sein, da Pakete unterschiedlicher Wichtigkeit zu einer Verbindung gehören können. Durch Bedienstrategien kann zwar die Überlast nicht verhindert werden. Die resultierenden Paketverluste können jedoch gezielter auf Verbindungen konzentriert werden, die die entsprechende Verlusttoleranz aufweisen.

Die Verfahren zur Überlastkontrolle können in Strategien mit impliziter und expliziter Meldung der Überlastsituation unterteilt werden. Bei Verfahren mit impliziter Meldung des Überlastzustands handelt es sich um Ansätze, die ausschließlich senderbasiert arbeiten, d.h., die Überlast wird aufgrund eines ablaufenden Quittungs-Timers festgestellt. Bei Verfahren mit expliziter Meldung werden entweder Alarmbits in Paketen gesetzt, die den Engpaß in Richtung Sender durchlaufen [129], oder spezielle Kontrollpakete generiert (wie die oben skizzierten Choke-Pakete).

Überlastkontrollverfahren können nach den folgenden Gütekriterien bewertet werden: Stabilität, Robustheit, Oszillation, Konvergenzgeschwindigkeit, Effizienz und Fairness. Verfahren werden als stabil bezeichnet, falls sie auf vergleichsweise geringe Lastschwankungen nicht oder nur sehr zurückhaltend reagieren. Die

Robustheit eines Verfahrens spiegelt sich in der Beeinträchtigung durch unkooperative Benutzer wider. Ein Verfahren ist umso robuster, je geringer die Beeinflus-
sung durch nicht schemakonforme Benutzer ausfällt. Maßnahmen gegen sich
absichtlich unfair verhaltende Benutzer können nicht in den Endsystemen getroffen werden, sondern gehören in den Verantwortungsbereich des Netzes. Hohe
Oszillation des Durchsatzes und eine große Zahl periodischer Paketverluste sind
Nachteile vieler Lastkontrollverfahren. Die Geschwindigkeit, mit der eine Strategie die aktiven Verbindungen bei gleichbleibenden Randbedingungen zum optimalen Arbeitspunkt (hoher Durchsatz, kurze Verzögerungszeiten) führt,
bezeichnet man als Konvergenzgeschwindigkeit des Verfahrens. Zur effizienten
Auslastung eines Hochgeschwindigkeitsnetzes (möglichst 100 % Nutzdatenübertragung, [118]) sind sehr große Empfangspuffer notwendig. Die damit verbundenen großen Flußfenster führen jedoch häufig zur Überlastung von Zwischensystemen, was wiederum unnötige Paketverzögerungen, unnötige Paketneuübertragungen oder Paketverluste zur Folge hat. Die Fairness eines Verfahrens ist
schwer feststellbar und realisierbar. Fairness muß nicht Gleichverteilung der vorhandenen Ressourcen an alle vorhandenen Verbindungen bedeuten. Diese Strategie würde zuviele Ressourcen vergeuden. Vielmehr müssen die Ressourcen den
Anforderungen der Anwendungen entsprechend vergeben werden, wobei die
Dominanz einzelner Verbindungen unterbunden werden muß.

Für den erfolgreichen Abbau von Überlast bzw. die Vermeidung von Überlast
genügt nicht der Einsatz von Vermittlungs- und Transportprotokollen, vielmehr ist
das Zusammenwirken verschiedener Algorithmen in Zwischen- und Endsystemen
erforderlich. In verbindungslosen Transportdiensten kann beispielsweise mit Routing-Algorithmen dafür gesorgt werden, daß Datenpakete über andere als die
gerade überlasteten Pfade zum Empfänger geleitet werden. In diesem Zusammenhang sei auf die von der ISO eingeführte Management Information Base (MIB)
hingewiesen. Es können Daten bzgl. Leitungsauslastung, mögliche Wegewahl
usw. in ihr gesammelt werden und den Kommunikationspartnern zur Verfügung
gestellt werden. Hieraus ergeben sich jedoch Probleme wegen veralteter Datenbestände und zentraler Datenhaltung, die hier nicht weiter betrachtet werden.

Protokolle der OSI-Verbindungsebene tragen ebenfalls zum Überlastabbau
bei, z.B. eignet sich Backpressure [85] zur Beseitigung kurzzeitiger Engpässe. In
Ebene fünf und höheren Ebenen sollten verschiedene Aktionen angestoßen werden, wenn eine Transportverbindung der gewünschten Qualität nicht aufgebaut
oder aufrechterhalten werden kann (z.B. durch selbständige Minderung der
Dienstqualitätsanforderungen oder Information der initiierenden Anwendung).

4 Bildcodierung und Videokommunikation

Die Bildverarbeitung nimmt eine immer bedeutendere Rolle in einer Vielzahl von Wirtschaftszweigen ein. Bei einem Großteil der heute anfallenden Daten handelt es sich um Bilddatenmaterial. Dargestellt werden zumeist zweidimensionale Bilder oder Projektionen von dreidimensionalen Bildern. Dies reicht vom geschriebenen Text über Luftbilder und Röntgenaufnahmen bis hin zu so abstrakten Bildern wie Landkarten und räumlichen biochemischen Informationen aus der Kernspinresonanz. Nicht nur Einzelbilder, die aufgrund ihrer zunehmenden Auflösung immer größere Datenmengen ergeben, sondern insbesondere Bewegtbilder, die primitiv als Aneinanderreihung von Einzelbildern oder mittels effizienterer Verfahren codiert, je nach Anwendung in Realzeit übertragen werden sollen, stellen immer höhere Anforderungen an die Kommunikationssysteme. Im folgenden werden daher Ansätze zur Bildcodierung und Bewegtbildübertragung vertieft betrachtet.

4.1 Bildverarbeitung

Unter dem Begriff Bildverarbeitung sind i. allg. alle Operationen zusammengefaßt, die auf Bildern, d.h. zweidimensionalen Abbildungen der visuellen Welt, ausgeführt werden. Als häufigste Operationen gelten dabci das Abtasten („samplen"), Vergrößern und Verkleinern von Bildern sowie Verfahren zur Mustererkennung und Codierung.

Auf Bildern können weitere Operationen ausgeführt werden. Dazu zählen die Speicherung oder die Übertragung eines Bildes sowie Bewegungserkennung zwischen verschiedenen Bildern [120]. Es wird grundsätzlich zwischen analoger und digitaler Bildverarbeitung unterschieden. Aufgrund schnellerer Rechner und effizienterer Algorithmen nimmt die Bedeutung der digitalen Bildverarbeitung ständig zu. Eine typische Konfiguration zur Bildverarbeitung setzt sich zusammen aus

einem Coder (oder Codierer), der einen A/D-Konverter und die eigentliche Codie-
rungseinheit enthält, sowie einem Decoder (oder Decodierer), der aus einem D/A-
Konverter und der Decodierungseinheit besteht.

Neben der Bilderfassung, -wiedergabe, -speicherung und -übertragung ist die
Bildcodierung ein Kernproblem der Bildverarbeitung [4]. Im folgenden werden
daher verschiedene Verfahren zur Codierung und Kompression von Standbildern
und insbesondere von Bewegtbildern oder Videosequenzen vorgestellt. Anwendung finden diese Verfahren in den wichtigsten Standards zur Bildcodierung, auf
die anschließend eingegangen wird. Namentlich sind dies der zur Standbildkom-
pression entwickelte JPEG-Standard (JPEG: Joint Photographic Experts Group,
[121][213]), der von der CCITT für Videokonferenzen und Videotelephonie definierte H.261-Standard [166] und der von der Moving Pictures Experts Group festgelegte MPEG-Standard [100][214][218] zur Codierung qualitativ hochwertiger
Videosequenzen.

Video-Codecs (Codierer/Decodierer) werden entweder als reine Software-
Lösungen oder mit Hardware-Unterstützung realisiert. Bei software-basierten
Codecs ist die CPU des Rechners zuständig für die Decodierung und die Darstellung der Bildinformationen, während hardware-unterstützte Codecs ausgewählte
Funktionalitäten durch Hardware-Bausteine realisieren. Damit erzielen die letzteren aufgrund ihrer höheren Komplexität eine bessere Qualität. Die Abbildung 4.1
illustriert das Verhältnis zwischen Qualität und Komplexität bei software- bzw.
hardware-basierten Video-Codecs.

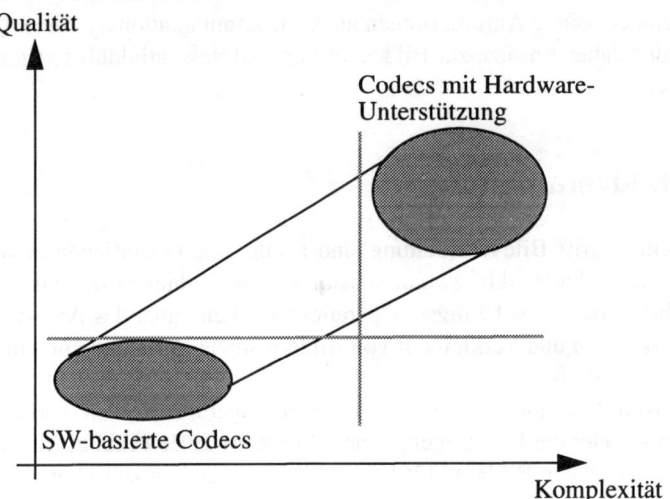

Abbildung 4.1: Qualität vs. Komplexität von Video-Codecs [135]

In obiger Abbildung gibt die horizontale gepunktete Linie eine Art obere Quali-
tätsschranke für software-basierte Codecs an, während die vertikale gepunktete

Linie die Mindestkomplexität von hardware-unterstützten Codecs symbolisiert. Beide Linien sind natürlich nicht als fest positioniert zu sehen.

Neben der Abhängigkeit der Qualität von der Komplexität des Codierungs-verfahrens besteht eine Abhängigkeit zwischen Qualität und Kompressionsfaktor. Je höher die Kompressionsrate eine Video-Codecs, desto größer ist die Wahr-scheinlichkeit für eine schlechtere Bildqualität. Diese ist derzeit nur subjektiv meßbar, da keine Metriken zur Messung der Bildqualität existieren.

Zur effektiven Übertragung von Bildern ist eine Datenkompression notwen-dig. Wenn z.b. mehrere Ärzte eines Krankenhauses gleichzeitig auf eine Röntgen-bild-Datenbank zugreifen, kann es leicht zu Engpässen kommen, so daß die Übertragung einzelner Bilder länger als ein paar Sekunden dauert. Durch geeig-nete, insbesondere kontextsensitive Codierung kann die Datenmenge um 2/3 reduziert werden.

4.2   Warum Bildcodierung?

Ein Ziel der Bildcodierung ist es, das vorhandene digitale Bild eindeutig mit einer möglichst kleinen Menge an Daten darzustellen. Man unterscheidet ganz allge-mein zwischen *verlustbehafteter* ('lossy') und *verlustfreier* Codierung. Die ver-lustfreie Codierung ermöglicht eine exakte Wiederherstellung des Originalbildes. Aus Bildern, die verlustfrei codiert sind, d.h. mit einem Verfahren zur *Datenkom-pression* verarbeitet worden sind, kann das Original wieder eindeutig und fehler-frei rekonstruiert werden. Im Gegensatz dazu steht die verlustbehaftete Codierung. Kennzeichnendes Merkmal der verlustbehafteten Codierung ist die Nichtberücksichtigung von irrelevanter Information für den jeweiligen Anwen-dungsfall. Das Originalbild kann nur in einer Näherung wiederhergestellt werden. Letztere Verfahren fallen unter den Begriff der *Datenreduktion*.

Schlüssel für eine Datenkompression ist eine Eliminierung von Redundanz und zusätzlich bei verlustbehafteter Codierung eine Eliminierung von Irrelevanz. *Redundanz* ist dann vorhanden, wenn Informationen dem Decodierer a priori bekannt sind oder wenn Informationen mehrfach vorhanden sind. *Irrelevanzelimi-nierung* beschreibt das Weglassen von irrelevanten, d.h. für den Menschen nicht oder kaum wahrnehmbaren Informationen. Durch die zusätzliche Irrelevanzre-duktion erreichen verlustbehaftete Verfahren i.allg. eine erheblich bessere Kom-pressionsrate.

Weitere wichtige Zielsetzungen zur Datenkompression wurden von Le Gall in [100] zusammengetragen:

1) *Bildfehlerkorrektur.* Da nicht nur bei der Übertragung von Daten über Netzwerke, sondern auch bei jeglicher Art der Abspielung und Speicherung, Fehler auftreten können, soll sich das Codierungsschema schnell und kontrolliert von diesem Fehler erholen können.

2) *Skalierbarer Codier-/Decodieraufwand.* Je nach Anforderung der Anwen-dung soll es möglich sein, Bild(-sequenzen) mit niedrigem Aufwand (z.B.

in Echtzeit) unter eventueller Einbuße an Qualität zu codieren und decodieren.

3) *Format- und Auflösungsvielfalt*: Unterschiedliche Formate und Auflösungen sollen unterstützt werden.

4) Der Algorithmus soll *kostengünstig*, d.h. mit vertretbarem Aufwand in Hardware realisiert werden können.

Zusätzlich zur Einzelbildcodierung ergeben sich bei der Codierung von Videosequenzen weitere Anforderungen an das Codierungverfahren:

5) *Wahlfreier Zugriff*. Unabhängig vom verwendeten Medium muß es möglich sein, auf jedes einzelne Bild zum Editieren zugreifen zu können. Hierzu sind festgelegte Zugriffspunkte notwendig.

6) *Schneller Vor-/Rücklauf* bei gleichzeitigem Anzeigen der Sequenz oder besser von einzelnen Bildern aus der Sequenz

7) Das *Rückwärtsabspielen* soll ermöglicht werden, dies ist insbesondere für Videospiele, Lernsoftware und andere interaktive Anwendungen von großer Bedeutung.

8) *Audiovisuelle Synchronisation*. Die Synchronisation von Audio- und Videosequenzen soll ermöglicht werden, selbst wenn beide Sequenzen leicht auf unterschiedlichen Zeitbasen getaktet werden.

4.3   Verfahren zur Videocodierung

4.3.1   Aufnahme und Digitalisierung

Das Entstehen eines (digitalen) Bildes ist ein komplizierter Prozeß: Die Szene wird über eine Optik auf einen Sensor abgebildet und in ein elektrisches Signal verwandelt. Das zuerst analoge Signal muß anschließend in Ort, Amplitude und Zeit diskretisiert, d.h. abgetastet und quantisiert werden. Die so entstehende Bildmatrix kann, nach eventueller Signalkorrektur, in einem digitalen Speicher abgelegt und weiter verarbeitet werden.

4.3.2   Bildformate und Repräsentation

Digitale Bilder bestehen aus einer Matrix mit *Pixelwerten*. Ein Pixelwert enthält die Information, die zur Darstellung eines Punktes benötigt wird. Im Falle von Schwarzweißbildern kann der jeweilige Pixelwert durch '0' bzw. '1' dargestellt werden. Graustufenbilder benötigen zur Darstellung der verschiedenen Graustufen mehrere Bits, üblich sind 8, 12, 16 oder gar 24 bit.

Farbige Bilder werden in verschiedene *Farbkomponenten* zerlegt: Im Druckbereich wird für qualitativ äußerst hochwertige Bilder eine subtraktive Farbmischung der Farben/Komponenten Cyan, Magenta, Gelb und Schwarz verwendet.

Für Digitalrechner als besonders geeignet hat sich die additive Mischung der Farben Rot, Grün und Blau erwiesen, bezeichnet als *RGB-Format*. Jede dieser Farbkomponenten wird i.allg. mit einer Genauigkeit von 8 bit dargestellt.

Die Repräsentation des Farbsignals in den Komponenten Rot, Grün und Blau ist jedoch ineffizient, da alle drei Farbsignale in der gleichen örtlichen Auflösung abgetastet werden müssen, obwohl das Vermögen des menschlichen Betrachters zur Auflösung der Farben unter dem des Helligkeitssignals liegt [4].

Aus diesem Grunde wird das RGB-Signal in andere Komponenten transformiert. Eine häufig verwendete Darstellungsform ist die Repräsentation des Signals in einer Komponente für die *Luminanz Y* ('Helligkeit') und zwei Komponenten *U, V* für die *Chrominanz* ('Farbigkeit'). Die Komponenten *U* und *V* werden auch mit C_R und C_B für den Rot- bzw. Blauanteil der Farbkomponenten bezeichnet.

Folgende Matrixmultiplikation führt die invertierbare Transformation des RGB- in den YUV-Bereich durch:

$$\begin{bmatrix} Y \\ U \\ V \end{bmatrix} = \begin{bmatrix} 0.299 & 0.587 & 0.114 \\ -0.1687 & -0.3313 & 0.5 \\ 0.5 & -0.4187 & -0.0813 \end{bmatrix} \begin{bmatrix} R \\ G \\ B \end{bmatrix}$$

Durch diese Transformation werden die Signale zueinander dekorreliert, darüber hinaus findet eine Konzentration der Signalenergie im Luminanzsignal statt. Andererseits wird es somit möglich, daß nur das Luminanzsignal in voller örtlicher, die Chrominanzsignale mit reduzierter örtlicher Auflösung abgetastet werden.

Eine weitere gebräuchliche RGB-YUV-Umwandlung wird für H.261 und MPEG verwendet. Der Wertebereich für die Luminanz liegt hier zwischen 16 und 235 und 16 bis 240 für die Chrominanz. Im Prinzip handelt es sich nur um eine Verkleinerung und einen Shift des Wertebereichs:

$$Y' = \frac{219}{255} \cdot Y + 16, \ U' = \frac{224}{255} \cdot U + 128, \ V' = \frac{224}{255} \cdot V + 128$$

4.3.3 Das menschliche Auge

Zur Komprimierung von Bildern werden die Eigenschaften des menschlichen Auges genutzt: Insbesondere ist hier die unterschiedliche Wahrnehmungsfähigkeit von Helligkeit und Farbe zu nennen. Physiologische Untersuchungen [120] haben ergeben, daß das Auge nicht mehr als jeweils 256 Abstufungen der Farben Rot, Grün und Blau wahrnehmen kann. Andere 'technische Daten' des menschlichen Auges sind in [4] aufgeführt:

1) Der Mensch kann bis zu 660 Helligkeitsstufen unterscheiden. Die Wahrnehmbarkeitsschwelle für Luminanzdifferenzen ist aber nicht konstant, sondern hängt vom absoluten Luminanzpegel der Umgebung ab, d.h., man kann nur ein Kontrastverhältnis von ca. 200:1 wahrnehmen.

2) 60.000 Farbstufen können unterschieden werden.

3) Für hohe Luminanzwerte ist ab einer Bildwiederholfrequenz von 70 Hz ein Flackern kaum wahrnehmbar.

4) Örtliche, zeitliche und Amplitudenauflösung (d.h. Intensität von Luminanz und Chrominanz) stehen in gegenseitiger Abhängigkeit: Eine volle örtliche Auflösung wird vom Auge nur bei ruhenden oder vorhersehbar bewegten Bildinhalten erzielt. Sehr langsame Bewegungen können nicht wahrgenommen werden, bei schnellen Bewegungen sinkt die Wahrnehmungsfähigkeit für Helligkeit und Farbe.

4.3.4   Quellencodierung

Die Codierung, oft auch *Quellencodierung* genannt, verläuft in vier Phasen, wobei nicht jede Phase bei jedem Verfahren vorhanden sein muß:

- Vorverarbeitung

- reversible Transformation

- Quantisierung

- Umcodierung zur Kompression

Der Sinn der *Vorverarbeitung* (pre-processing) ist eine Verbesserung der Bildparameter, so daß die erreichbare Kompression größer wird. Hierunter fallen Filterung des Bildes, Löschen unerwünschter Bildabschnitte aber auch Transformation der Bildelemente. Im zweiten Schritt findet eine *reversible Transformation* der Bildelemente auf eine andere Menge an Bildelementen statt. Als Beispiele hierfür enthält [4] zum einen eine Abbildung der Bildmatrix auf Lauflängen. Es werden aufeinanderfolgende Pixel, die den gleichen Wert besitzen, durch das Paar (Pixelwert, Anzahl) codiert. Zum anderen kann eine Abbildung des räumlichen Pixelbereichs in den Frequenzbereich, z.B. mit Hilfe von Fourier- oder Kosinustransformationen (s.u.) vorgenommen werden. Die dritte Phase, *Quantisierung*, führt die Irrelevanzreduktion durch: Sie ist bei den verlustfreien Verfahren nicht vorhanden. Zum Abschluß werden die transformierten und evtl. quantisierten Bildelemente *umcodiert*, so daß idealerweise häufig vorkommende Elemente kurze, selten vorkommende Elemente lange Codes erhalten. Beispiele für diese Art der *Entropiecodierung* sind Huffman- oder arithmetische Codierung. Diese Phase eliminiert die Redundanz zwischen den einzelnen Bildelementen.

Vor einer kurzen Skizzierung der Huffman-Codierung sei der Begriff „Entropie" erklärt. Werden sämtliche Kontextannahmen bei der Codierung eines Bildes außer acht gelassen, so kann ein Maß für den Informationsgehalt, die untere Schranke für eine verlustfreie Codierung einer Nachricht, angegeben werden. Nach Shannon entspricht die Entropie der unteren Schranke für die Codelänge einer Codekomprimierung ohne Beachtung eines Kontextes.

Der Standardansatz zur Codierung und Speicherung von Schwarzweiß- bzw. Grauwert-Pixelbildern ist der Huffman-Code. Die Grundidee liegt darin, Pixelwerten, die mit hoher Wahrscheinlichkeit auftreten, kurze Codeworte zuzuordnen.

Während der Huffman-Algorithmus als statisches Codierungsverfahren bezeichnet wird, existieren bereits Verfahren mit dynamischem und adaptivem Verhalten. Dynamische Verfahren können dadurch charakterisiert werden, daß ein häufig auftretender Grauwert auf ein kurzes Codewort abgebildet wird. Tritt nun dieser Grauwert im Laufe der Codierung seltener auf, so wird er durch ein anderes längeres Codewort repräsentiert. Den entsprechenden Verfahren liegt ein Modell zugrunde, anhand dessen die Wahrscheinlichkeit für das Auftreten bestimmter Grauwerte ermittelt werden kann. Zu Beginn der Codierung werden die Wahrscheinlichkeitswerte für alle Graustufen gleichgesetzt. Wird nun ein Grauwert codiert, so erfolgt gleichzeitig eine Aktualisierung des Codierungsmodells. Flexible Modelle „erlernen" somit die Charakteristika der zu codierenden Bilddaten und können sich wechselnden Bildgegebenheiten anpassen. Allerdings ist der zur Anpassung der Wahrscheinlichkeiten notwendige Aufwand nicht unerheblich. Erste Verfahren wurden in [148] und [150] vorgestellt.

4.3.5 Transformation

Die Transformation der Pixelwerte liefert den Grundstein für die Kompression der Bilddaten. Als Beispiel für die anfallende Datenmenge sei die digitale Studionorm CCIR 610 angeführt: Bei einer Auflösung (Luminanz:Chrominanz:Wiederholfrequenz) von 864:432:50 Hz (interlaced) in Europa und 858:429:60Hz (interlaced) in den USA und einer Quantisierung auf 256 Werte ergibt sich eine Datenrate von 210 Mbit/s [4]. Fernsehbilder werden i.allg. *interlaced* übertragen, d.h., jedes Bild besteht aus zwei Halbbildern, wovon das erste die Zeilen mit ungeraden, das zweite die Zeilen mit geraden Nummern enthält. Dieses Verfahren wird auch als *Zeilensprungverfahren* bezeichnet.

Ein nicht unerheblicher Aufwand an Forschung wurde bisher betrieben, um möglichst effektive und schnelle Verfahren zur Codierung und Kompression zu entwickeln. Zu den wichtigsten gehören [120]:

1) die Discrete Cosine Transformation (DCT),
2) die Differential Pulse Code Modulation (DPCM) sowie
3) die Motion Compensation.

Als Verfahren zur Bild- und Videokompression, die sich noch in der Entwicklung befinden, seien die fraktale und modellbasierte Codierung angeführt, die sehr hohe Kompressionsraten erzielen und z.B. bei der Übertragung von Bildinforma-

tion über einen Mobilfunkkanal oder bei Bilddatenbanken eine Rolle spielen können. Auf diese Verfahren wird an dieser Stelle nicht näher eingegangen.

DCT - Discrete Cosine Transformation. Die DCT erzeugt keinerlei Reduktion
der Datenmenge, sondern transformiert das vorliegende Bild derart, daß durch
Quantisierung und weitere Kompressionsverfahren wie z.b. arithmetische oder
Huffman-Codierung eine drastische (und skalierbare) Reduktion erreichbar ist.
Die DCT bildet das zweidimensionale Signal in den Frequenzbereich ab.
Zunächst wird jede Komponente (Y,U,V) des Bildes in Blöcke aufgeteilt. Meist
werden hierzu quadratische Blöcke einer Größe von 8x8 Bildpunkten verwendet.

Anschließend wird auf jeden dieser Blöcke die zweidimensionale FDCT,
Forward Discrete Cosine Transformation, angewandt. Somit werden die Pixelwerte aus dem zweidimensionalen Bereich in den Frequenzbereich transformiert.

Zur näheren Beschreibung der DCT betrachte man zunächst eine eindimen-
sionale Transformation auf den Spalten eines jeden Blockes. Die zweidimensionale Transformation ergibt sich dann durch nochmalige Anwendung auf die
resultierenden Zeilen.

Die DCT ist eine spezielle Form der diskreten Fouriertransformation. Die
acht relevanten Fourierkoeffizienten (zur näheren Beschreibung siehe [20]) sind
komplex. Sei s_x ein Vektor, der acht Pixelwerte enthält, dann hat die Fouriertransformation folgende Form:

$$F(u) = \sum_{x=0}^{7} s_x e^{-\frac{2\pi i u x}{8}} = \sum_{x=0}^{7} s_x \cos\frac{2\pi u x}{8} - i \sum_{x=0}^{7} s_x \sin\frac{2\pi u x}{8}$$

i sei die erste komplexe Einheitswurzel, also i · i = -1. Betrachtet man den Real-
und Imaginärteil getrennt, so fällt auf, daß obige Operation durch eine Matrixmultiplikation ausgeführt werden kann. Ist weiterhin der Vektor s_x symmetrisch, so
fällt der imaginäre Anteil weg. Genau dieses Prinzip verfolgt man bei der DCT:
Gedanklich wird der Vektor s_x in der Länge verdoppelt und die neu entstandenen
Elemente werden mit den 'gespiegelten' Werten gefüllt, d.h. $s_{15-i} = s_i$, $i=0..7$,
so daß nun die Werte symmetrisch angeordnet sind. Nach Anwendung der 16-ele-
mentigen Fouriertransformation erhält man nun 16 reelle Fourierkoeffizienten, die
dann auch wieder symmetrisch sind.

Somit ergibt sich nach Weglassen der nicht relevanten Werte:

$$F(u) = \frac{1}{2}C(u) \sum_{x=0}^{7} s_x \cos\frac{(2x+1)ux}{16}$$

mit $C(u) = \frac{\sqrt{2}}{2}$ für $u = 0$ bzw. $C(u) = 1$ für $u \neq 0$.

In der Formel kommen als Werte für die Kosinusfunktion nur ganzzahlige Vielfache von $\pi/16$ vor, diese werden im voraus berechnet. Sei

$$c_j = \cos\frac{j\pi}{16}$$

Die DCT kann wie die Fouriertransformation als Matrixmultiplikation aufgefaßt werden. Diese Matrix enthält als Werte nur die c_j. Es ergibt sich also insgesamt für die DCT:

$$
\begin{bmatrix} F_0 \\ F_1 \\ F_2 \\ F_3 \\ F_4 \\ F_5 \\ F_6 \\ F_7 \end{bmatrix} = \frac{1}{2}
\begin{bmatrix}
c_4 & c_4 & c_4 & c_4 & c_4 & c_4 & c_4 & c_4 \\
c_1 & c_3 & c_5 & c_7 & -c_7 & -c_5 & -c_3 & -c_1 \\
c_2 & c_6 & -c_6 & -c_2 & -c_2 & -c_6 & c_6 & c_2 \\
c_3 & -c_7 & -c_1 & -c_5 & c_5 & c_1 & c_7 & -c_3 \\
c_4 & -c_4 & -c_4 & c_4 & c_4 & -c_4 & -c_4 & c_4 \\
c_5 & -c_1 & c_7 & c_3 & -c_3 & -c_7 & c_1 & -c_5 \\
c_6 & -c_2 & c_2 & -c_6 & -c_6 & c_2 & -c_2 & c_6 \\
c_7 & -c_5 & c_3 & -c_1 & c_1 & -c_3 & c_5 & -c_7
\end{bmatrix}
\begin{bmatrix} s_0 \\ s_1 \\ s_2 \\ s_3 \\ s_4 \\ s_5 \\ s_6 \\ s_7 \end{bmatrix}
$$

In Matrixschreibweise bedeutet dies $F = C \cdot s$, wobei der Faktor $1/2$ in die Matrix C hereingezogen ist. Ferner sollte die erste Zeile laut Formel nur die Werte $C(0)c_0$ enthalten. Da $c_0 = 1$ und $C(0) = c_4$ wird hier diese Vereinfachung benutzt. Bildet man nun das Skalarprodukt von zwei Zeilen i und j, so gilt: $C_i \cdot C_j = \delta_{i,j}$, wobei $\delta_{i,j}$ die Kronecker-Funktion ist. Anders ausgedrückt: $C \cdot C^T = id$, also stellt die Matrix C eine Rotation im achtdimensionalen Raum dar.

Zur Beschreibung der zweidimensionalen DCT sei angenommen, daß das zu codierende Bild ein Graustufenbild mit 256 verschiedenen Stufen sei. Ferner sei $f(x, y)$ eine Abbildung, die in einem festen Block jedem Paar (x, y), $0 \le x, y \le 7$ den entsprechenden Grauwert aus dem Block zuordnet. Die zweidimensionale DCT kann in Matrixschreibweise durch $F = C \cdot f \cdot C^T$ ausgedrückt werden. Die ausgeschriebene Version dieser Formel findet man in vielen Büchern und Standards [110][213][214]:

$$F(u, v) = \frac{1}{4} \cdot C(u) \cdot C(v) \cdot \sum_{x=0}^{7} \sum_{y=0}^{7} f(x, y) \cos\frac{(2x+1)u\pi}{16} \cos\frac{(2y+1)v\pi}{16}$$

Die inverse Transformation ist sehr ähnlich:

$$f(u, v) = \frac{1}{4} \cdot \sum_{x=0}^{7} \sum_{y=0}^{7} C(x)C(y)F(x, y)\cos\frac{(2x+1)\,u\pi}{16}\cos\frac{(2y+1)\,v\pi}{16}$$

Da die direkte Implementierung mit Gleitkommazahlen zu langsam ist, wurden Algorithmen entwickelt, die Ganzzahlarithmetik verwenden und hochoptimiert sind [32].

Der Koeffizient an der Stelle $(0, 0)$ wird normalerweise als DC-Koeffizient, die anderen 63 Koeffizienten als AC-Koeffizienten bezeichnet. Die DCT konzentriert die Signalenergie eines Blockes in den 'niedrigen' Koeffizienten, ein Großteil dieser Energie wird im DC-Koeffizient gesammelt. Somit ist diesem und den umliegenden AC-Koeffizienten besondere Bedeutung beizumessen, die höheren AC-Koeffizienten sind meist 0 oder fast 0.

Quantisierung. Wie bereits erwähnt, erzielt die reine DCT keinerlei Kompression. Zur Komprimierung durch Irrelevanzreduktion wird eine Quantisierung durchgeführt. Der Sinn der Quantisierung besteht u.a. darin, die Qualität des Bildes dem gewünschten Kompressionsfaktor anzugleichen. Der Verlust an Präzision zieht eine Verschlechterung der Bildqualität mit sich. Deshalb bezeichnet man diese Art der Kompression als verlustbehaftet (lossy).

Durch Quantisierung werden verschiedene eng beieinander liegende Werte auf ein Level zusammengefaßt. Konkret wird hierbei der Wert $F(u, v)$ aus der DCT durch die Quantisierungsschrittgröße $Q(u, v)$ geteilt und zur nächsten ganzen Zahl gerundet:

$$F^Q(u, v) = \left\lfloor \frac{F(u, v)}{Q(u, v)} + \frac{1}{2} \right\rfloor$$

Der umgekehrte Schritt, die Dequantisierung, liegt auf der Hand:

$$F'(u, v) = F^Q(u, v) \cdot Q(u, v)$$

Die angeführte allgemeine Formel läßt es zu, daß für jeden der Koeffizienten eine eigene Quantisierungsschrittgröße vorgegeben wird. So kann die Relevanz der einzelnen Koeffizienten berücksichtigt werden: Der DC-Koeffizient und die niedrigen AC-Koeffizienten werden mit relativ großer Genauigkeit, d.h. mit kleiner Quantisierungsschrittgröße quantisiert, während die hohen AC-Koeffizienten fast alle zu 0 bei der durchgeführten Quantisierung werden.

In den meisten der hier beschriebenen Standards ist keine feste Quantisierungstabelle vorgeschrieben, diese ist der Anwendung und/oder dem Benutzer überlassen [154].

Die quantisierten Werte werden anschließend durch Huffman-Codierung oder andere Codierungsverfahren komprimiert.

DPCM - Differential Pulse Code Modulation. Die DPCM ist eine *Prädiktions-transformation*, d.h. es wird aus der Kenntnis bereits abgetaster Bildpunkte eine Vorhersage (Prädiktion) für den aktuellen Punkt gemacht. Der transformierte Wert ergibt sich als Differenz zwischen Prädiktion und tatsächlichem Wert und wird als *Prädiktionsfehler* bezeichnet.

Die bereits abgetasteten Punkte können in den zwei Bilddimensionen, aber auch in der zeitlichen Dimension (z.B. im vorherigen Bild) im Falle von Videose-quenzen liegen. Die *temporale Prädiktion* spielt vor allem in der Videocodierung eine große Rolle und soll hier als einzige dargestellt werden.

Durch die Prädiktionstransformation entsteht eine Matrix gleicher Dimen-sion, deren Werte aber weniger korreliert sind und nur eine kleine Varianz aufwei-sen, so daß eine abschließende Entropiecodierung höhere Kompressionsraten erzielen kann.

Der Empfänger invertiert den gesamten Prozeß durch Anwendung des glei-chen Prädiktors: Zur Vorhersage, die aus denselben bereits decodierten Punkten gebildet wird, aus denen der Sender die Prädiktion berechnet, wird der decodierte Vorhersagefehler addiert (vgl. Abbildung 4.2).

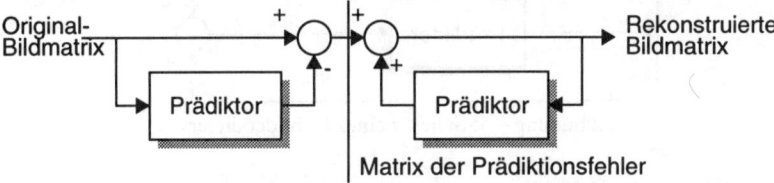

Abbildung 4.2: Schema der Prädiktionstransformation

Da sich der durch anschließende Quantisierung (vgl. Abschnitt 4.3.7) der Prädik-tion entstehende Fehler bei wiederholter Anwendung der DPCM und Quantisie-rung fortpflanzen kann, wird schon auf der Codiererseite die Prädiktion auf Basis der quantisierten Prädiktionsfehler realisiert (s.a. Abbildung 4.3).

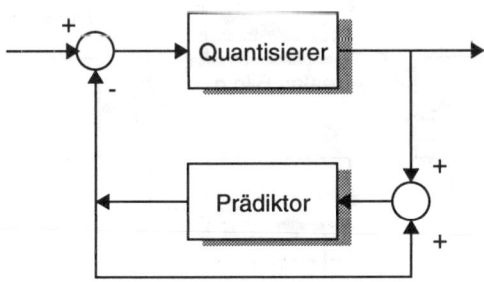

Abbildung 4.3: DPCM-Schema

4.3.6   Hybridcodierung

Allgemein bezeichnet Hybridcodierung die Anwendung zweier oder mehrerer Codierungsverfahren. Diese Art der Codierung wurde speziell auf Bildsequenzen zugeschnitten [4]. Zwischen den einzelnen Bildern erfolgt eine Prädiktion, die Prädiktionsmatrix wird mit Hilfe der DCT weiter transformiert und die entstehenden Koeffizienten quantisiert (vgl. Abbildung 4.4).

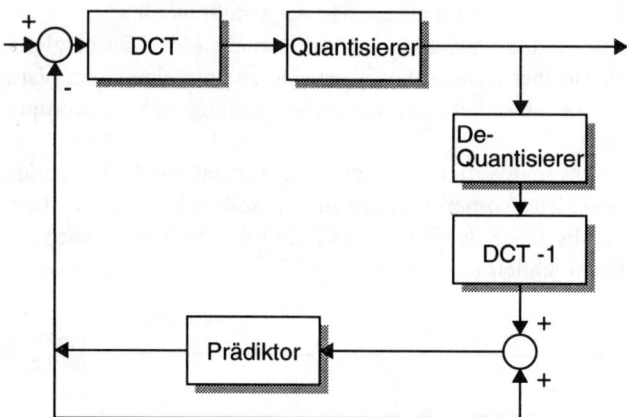

Abbildung 4.4: Schema eines Hybridcodierers

4.3.7   Bewegungskompensation

Eine Prädiktion der Bewegung von Objekten ermöglicht eine weitere Komprimierung. Dazu ist es notwendig, die Bewegung von Objekten oder von Bildteilen von einem zum nächsten Bild zu erfassen (vgl. Abbildung 4.5).

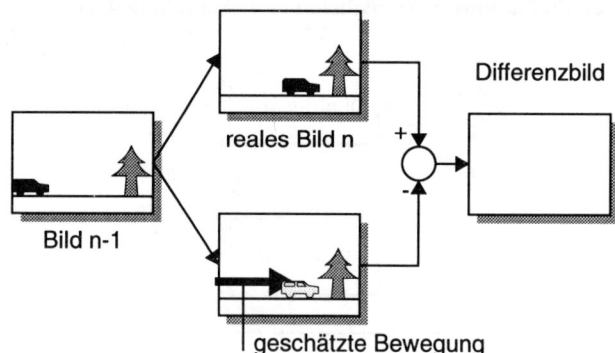

Abbildung 4.5: Wirkungsweise der bewegungskompensierten Prädiktion

Die Prädiktion wird aus entsprechend versetzten Bildpunkten des vorherigen Bildes gewonnen. Differenzen entstehen nur, wenn neue Bildinhalte auftreten. Die im Bild enthaltenen Objekte sind meist jedoch keine Abbilder physikalischer Objekte, sondern Luminanzblöcke fester Größe.

4.4   JPEG

Der JPEG-Standard wurde von einem gemeinsamen Gremium von ISO und CCITT, der **J**oint **P**hotographic **E**xperts **G**roup, definiert und findet sich im ISO-Standard ISO/IEC JTC1 10918 [213] wieder. Der Standard enthält Verfahren zur verlustfreien und verlustbehafteten Kompression von Standbildern. Da die verlustfreie Methode für die Übertragung von Videosequenzen keine Rolle spielt, erfolgt hier eine Beschränkung auf die zweite Methode. Der JPEG-Standard unterteilt jedes Bild in Komponenten: Im Falle von Graustufenbildern ist nur eine Komponente vorhanden, bei Farbbildern meist drei (Y, C_R, C_B). Diese Komponenten besitzen i.allg. unterschiedliche horizontale und vertikale Auflösungen, gebräuchlich sind 4:1:1 und 4:2:2. Jeder Wert einer Komponente kann mit 8 oder 12 bit Tiefe dargestellt werden, die 12 bit Tiefe wird nur in medizinischen Anwendungen höchster Güte benutzt. Die folgende Abbildung 4.6 skizziert den Aufbau eines JPEG-Codecs.

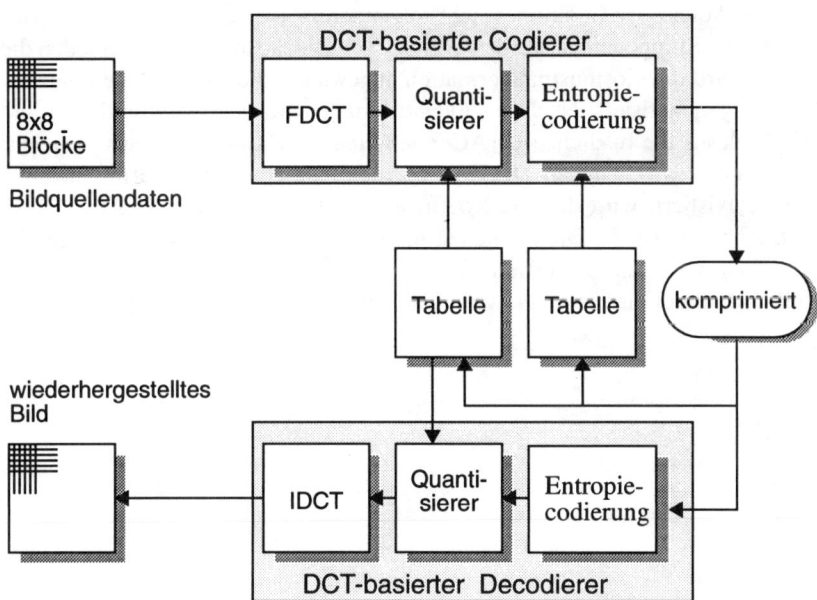

Abbildung 4.6: JPEG-Codec: FDCT = forward DCT, IDCT = inverse DCT

Die verlustbehaftete Codierung ist noch weiter unterteilt [154]:

1) *Sequentielle Codierung*: Jede Bildkomponente wird in einem Durchgang von links oben nach rechts unten codiert. Dieses Verfahren wird auch als 'Baseline Method' bezeichnet.

2) *Progressive Codierung*: Das Bild wird in mehreren Durchgängen codiert, so daß zuerst die wichtigen (DC- und niedrige AC-Koeffizienten) Komponenten codiert werden. Dies ermöglicht durch Nachlieferung der unwichtigen Koeffizienten eine schrittweise Verbesserung der zunächst recht schlechten Qualität.

3) *Hierarchische Codierung*: Das Bild wird in mehreren Auflösungen codiert, so daß zuerst die niedrigen Auflösungen decodiert und angezeigt werden können, ohne das Bild komplett zu decodieren.

Kombinationen der progressiven und hierarchischen Codierung sind ebenfalls möglich, wurden jedoch wegen der höheren Komplexität bisher eher selten eingesetzt. Die hierachische Codierung wird (wenn überhaupt) im drucktechnischen Bereich verwendet, z.B. um ein mit hoher Auflösung gescanntes und auszudruckendes Bild auf einem Monitor mit erheblich geringerer Auflösung darzustellen.

Die Aufteilung eines Bildes in verschiedene Schichten wie bei der progressiven und hierarchischen Codierung bezeichnet man i.allg. als *Schichtencodierung* oder engl. *layered coding*. Die Schichtencodierung ist insbesondere geeignet, unterschiedliche Ansprüche an die Qualität eines Bildes zu berücksichtigen.

Der Ablauf der Codierung sieht folgendermaßen aus: Nach der Aufspaltung in einzelne Komponenten werden diese in 8x8-Blöcke aufgeteilt. Auf jeden dieser Blöcke wird die Kosinustransformation angewandt, die Koeffizienten gemäß der Matrix Q quantisiert. Nach der Quantisierung wird der DC-Koeffizient anders behandelt als die restlichen 63 AC-Koeffizienten. Da normalerweise eine starke Korrelation zwischen den DC-Koeffizienten zweier aufeinanderfolgender 8x8-Blöcke existiert, wird der DC-Koeffizient als Differenz zum Vorgänger codiert (vgl. Abbildung 4.7). Die restlichen 63 AC-Koeffizienten werden entsprechend dem Zick-Zack-Muster sortiert. So werden die hohen Koeffizienten, die meist Null sind, hinter die niedrigen, von Null verschiedenen Koeffizienten sortiert.

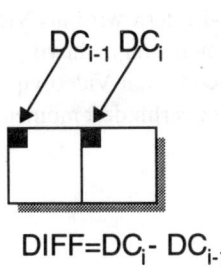
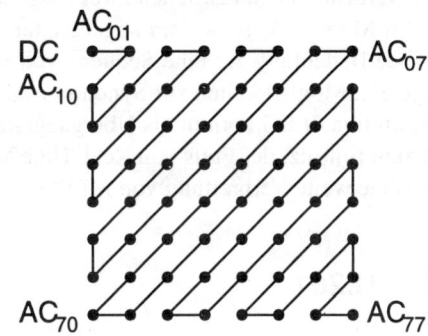

DIFF=DC_i- DC_{i-1}

Abbildung 4.7: Differentielle DC-Codierung und Zick-Zack-Reihenfolge

Ab diesem Schritt unterscheiden sich sequentielle und progressive Codierung. Bei der sequentiellen Codierung werden zuerst der DC-Koeffizient, dann alle 63 AC-Koeffizienten der entsprechend Zick-Zack-Reihenfolge Huffman-codiert. Die so entstehenden Daten können gespeichert, übertragen und durch den inversen Prozeß wieder in ein Bild decodiert werden.

Bei der progressiven Codierung stehen zwei Möglichkeiten zur Verfügung:

- *spectral selection*: Nur ein vorher spezifizierter Teil der Zick-Zack-Sequenz wird in verschiedenen Durchgängen Huffman-codiert, z.B. im ersten Durchgang nur der DC-Koeffizient, im zweiten die nächsten zwei AC-Koeffizienten, im dritten die darauffolgenden drei bis sieben AC-Koeffizienten und im vierten und letzten Durchgang der Rest.

- *successive approximation*: Im ersten Durchgang werden von jedem Koeffizienten nur die höchsten n bit (most significant bits) Huffman-codiert, die restlichen unteren Bits folgen in den anschließenden Durchgängen.

Ein Nachteil der progressiven Codierung ist offensichtlich: Es wird ein Puffer benötigt, um die Ausgabe der Kosinustransformation zwischenzuspeichern.

JPEG verwendet eine Runlength-Huffman-Codierung. Wie jede Huffman-Codierung haben die häufig vorkommenden Werte kurze Huffman-Codes.

Weiterhin wurde im JPEG-Standard ein Austauschformat definiert, das verschiedenen Anwendungen erlauben soll, Bilder untereinander auszutauschen. In diesem Format werden nicht nur die komprimierten Bilddaten, sondern auch die Quantisierungs- und Huffman-Tabellen abgespeichert. Eine ausführliche Darstellung des JPEG-Austauschformates kann in [121] gefunden werden.

Richardson und Riley beschreiben in [132] die Effekte von ATM-Zellverlusten auf progressiv codierte JPEG-Datenströme. Einzelne Abtastungen eines kompletten Bildes werden über Verbindungen mit unterschiedlichen Verlustwahrscheinlichkeiten übertragen und der Einfluß auf die Bildqualität untersucht. Verluste in den ersten beiden Abtastsequenzen bringen erhebliche Qualitätsverluste mit sich, Verluste in den restlichen zwei Abtastsequenzen sind kaum wahrnehmbar.

Im Moment kommt dem sogenannten *Motion-JPEG* de-facto Standard eine gewisse Bedeutung zu: eine Sequenz von Baseline JPEG-Bildern wird als Video aufgefaßt, Möglichkeiten zur Synchronisation mit Audiodaten sind nicht vorgesehen. Motion-JPEG kommt als Übergangsstufe zu MPEG-codierten Videosequenzen zum Einsatz, der Preis von Real-Time MPEG-Encodern verhindert momentan noch eine weite Verbreitung von MPEG.

4.5   H.261

Der von der ITU verabschiedete Standard H.261 [166] definiert einen Video-Codec für audiovisuelle Dienste bei p · 64 kbit/s (p=2..30). Er wurde entwickelt, um Videokonferenzen und Videotelephonie über 2 bis 30 N-ISDN B-Kanäle abzuwickeln. Eine schematisierte Darstellung eines H.261-Codecs ist in Abbildung 4.8 zu finden.

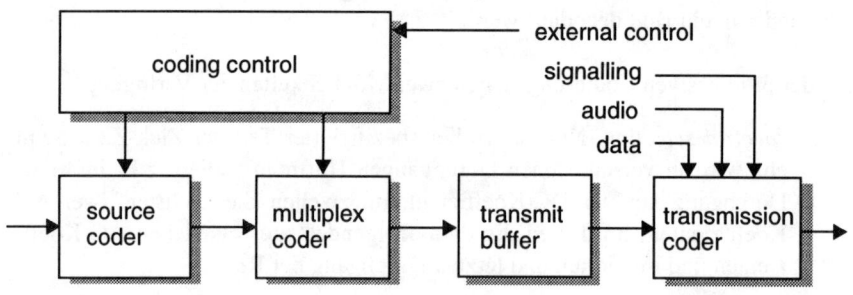

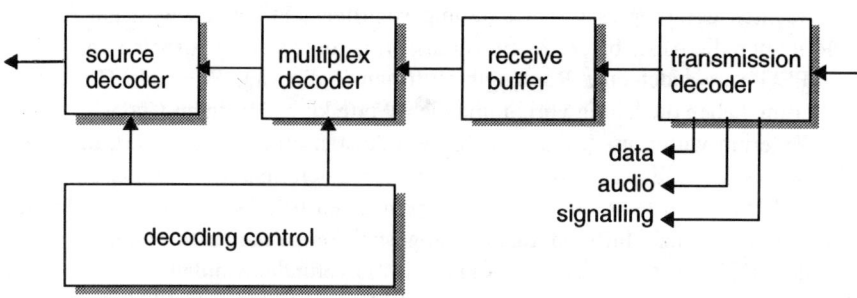

Abbildung 4.8: Blockdiagramm eines H.261-Codecs

Der Videocoder besteht aus einem Quellen-, einem Multiplex- und einem Über-tragungscodierer. Aufgabe des Quellencodierers ist es, die örtlichen und zeitli-chen Redundanzen des Eingangssignals durch Anwendung eines hybriden DPCM/DCT-Verfahrens zu reduzieren [141].

Um Unterschiede zwischen den verschiedenen Fernsehnormen zu umgehen, wurden als Eingangsformate das Common Intermediate Interchange Format (CIF) und das Quarter-CIF (QCIF) gewählt. Ein (Q)-CIF-Frame besteht aus Werten Y für Luminanz und C_B, C_R Werten für die Blau-Rot-Chrominanz, abgetastet im Verhältnis 4:1:1. Bilder im CIF-Format haben eine Auflösung von 360x288 Pixel-werten für Luminanz und 180x144 für Chrominanz. Hiervon werden jedoch pro Zeile nur 352 bzw. 176 Pixel codiert. Für QCIF werden diese Werte halbiert, so daß sich eine Auflösung von 180x144 Pixelwerten für Luminanz und 90x72 für die Chrominanz ergibt. Hiervon werden ebenfalls nur 176 bzw. 88 Pixel pro Zeile codiert.

Bei einer Bildwiederholfrequenz von maximal 30000/1001 (ca. 29,97) Bil-dern pro Sekunde ergibt sich eine unkomprimierte Datenrate von 36,45 Mbit/s für CIF und 9,115 Mbit/s für QCIF [100]. Laut H.261-Standard sollte der Codec in der Lage sein, die Bildwiederholfrequenz zu verändern, indem zwischen zwei übertragenen Bildern null bis drei Bilder nicht übertragen werden.

Jeder Codec muß fähig sein, mit Bildern im QCIF-Format umzugehen, CIF-Format ist optional. Während das CIF-Format eher für qualitativ hochwertige Videokonferenzen entwickelt wurde, läßt sich mit einer Bildwiederholrate von 10 Bildern/s bereits die Videoübertragung für ein Videotelephonat über einen 64 kbit/s Kanal realisieren.

4.5.1 Quellencodierer

Der wichtigste Teil eines H.261-Codecs ist der Quellencodierer. Wie bereits erwähnt, ist dieser ein hybrider DPCM/DCT-Codierer (differential pulse code modulation), dessen Hauptfunktionen 'interframe prediction' (unterstützt durch optionale Bewegungsabschätzung), Blocktransformation und Quantisierung sind (vgl. Abbildung 4.9). Der Codierer erzeugt zwei verschiedene Arten von Bildern: Inter- und Intra-Frames. Die Intra-Frames benötigen keine weitere Information, um decodiert zu werden, sie sind (im Prinzip) Standbilder. Die Inter-Frames sind 'Zwischen-Bilder', d.h. in Inter-Frames wird nicht das Bild selbst, sondern nur die Differenz zum vorigen Intra-Frame (mit optionaler Bewegungsinformation) über-tragen. Intra-Frames werden (optimalerweise) bei Beginn einer Übertragung und bei einem Szenenwechsel verwendet, die Auswahlstrategie ist jedoch nicht vorge-schrieben, sondern der Implementierung überlassen. Inter-Frames ermöglichen eine höhere Komprimierungsrate, da im Gegensatz zu den Intra-Frames nicht nur die räumliche sondern auch die zeitliche Redundanz verringert wird.

Im einzelnen setzt sich ein H.261-Quellencodierer, wie in Abbildung 4.9 dar-gestellt, zusammen.

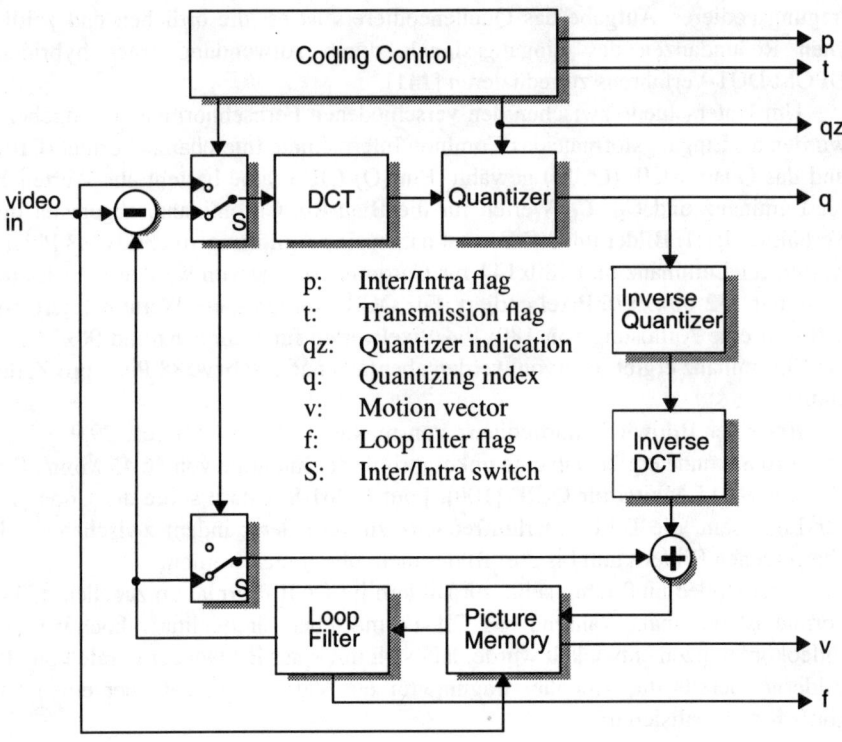

Abbildung 4.9: Blockdiagramm eines H.261-Quellencodierers [101]

Analog zu JPEG wird das hereinkommende Bild in 8x8-Blöcke aufgeteilt. Anschließend werden vier Luminanz- und die beiden entsprechenden Chrominanzblöcke zu einem Makroblock zusammengefaßt (vgl. Abbildung 4.10).

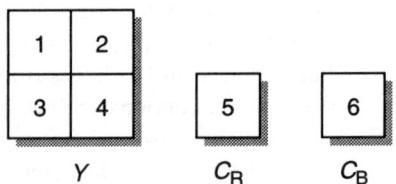

Abbildung 4.10: Aufbau eines Makroblocks

Soll ein Intra-Frame codiert werden, so wird dieser zuerst transformiert, dann quantisiert. Die quantisierten Daten werden an den Videomultiplexer weitergereicht (q). Dieselben Daten werden gleichzeitig wieder dequantisiert, und die inverse Transformation wird auf sie angewandt. Genau das Bild, das der Benutzer am anderen Ende der Leitung sieht, befindet sich nun im Bildspeicher und kann als Referenzbild für die nächste Prädiktion genutzt werden.

Soll ein Inter-Bild codiert werden, so wird zuerst die Differenz zwischen dem aktuellen Bild und dem Bild aus dem Bildspeicher berechnet. Diese Differenz wird nun transformiert, quantisiert und an den Videomultiplexer weitergeleitet. Gleichzeitig findet auch der umgekehrte Prozeß statt, aber anstatt die Differenz im Bildspeicher abzulegen, wird diese auf den Bildspeicher addiert, so daß sich wiederum das Empfängerbild im Bildspeicher befindet.

Wird die optionale Bewegungskompensation eingesetzt, wird jeder Makroblock (nur Luminanz) mit jedem Makroblock eines bestimmten Suchbereichs des vorherigen Bildes verglichen. Derjenige mit der geringsten Abweichung wird ausgewählt und die Bewegungsvektoren werden als Zusatzinformation übertragen (v). Beide Richtungen der Translation können Pixelwerte zwischen -15 bis +15 annehmen. Zusätzlich zur Bewegungskompensation kann noch ein Filter zugeschaltet werden, der scharfe Ecken ausgleicht, die entstehen können, wenn ein Block verschiedene Objekte mit verschiedenen Bewegungsrichtungen besitzt.

Nachdem die Blöcke mit Hilfe der oben beschriebenen DCT transformiert worden sind, werden sie quantisiert. Im Gegensatz zum JPEG-Standard kann bei der Quantisierung nicht für jeden Koeffizienten eine eigene Schrittgröße gewählt werden. Insgesamt gibt es 32 verschiedene Schrittgrößen, wovon eine für den DC-Koeffizient reserviert ist. Die restlichen 63 AC-Koeffizienten werden alle mit dem gleichen Quantisierungsfaktor quantisiert. Die Wahl des Q-Faktors ist im Standard nicht vorgeschrieben, sie hängt im wesentlichen von dem Pufferfüllstand des Output-Buffers ab, so daß bei fast vollem Puffer durch großzügigere Quantisierung eine Reduktion des Datenaufkommens erzielt werden kann.

Die Coding-Control-Einheit hat die Aufgabe, die ausgehende Datenrate des Quellencodierers zu steuern. Als Hilfsmittel hierzu kann sie die Bewegungskompensation an- und abschalten, den Quantisierungsfaktor verändern und auch ganze Bilder auslassen.

4.5.2 Videomultiplexcodierer

Der Videomultiplexcodierer empfängt die quantisierten DCT-Koeffizienten vom Quellencodierer und führt eine Variable-Length Entropiecodierung durch. Hierzu stehen insgesamt fünf VLC-Tabellen (Variable Length Codes) zur Verfügung: zur Makroblockadressierung, zur Typdefinition eines Makroblockes, für die Bewegungsvektoren, für den CBP (Coded Block Pattern) (s. [166]) und schließlich zur Codierung der Koeffizienten. Die Codierung der Koeffizienten ist ähnlich der im JPEG-Standard verwendeten Runlength-Codierung, jedoch werden extrem unwahrscheinliche, d.h. lange Codes, nicht eingefügt, sondern durch eine Escape-Sequenz ersetzt.

Die zweite Aufgabe des Multiplexcodierers besteht darin, den Bitstrom aufzusplitten und mit den korrekten Headern zu versehen. Zur Übertragung werden

vier Schichten verwendet: (a) Picture, (b) Group of Blocks (GOB), (c) Makroblock (MB) und (d) die Blockschicht. (vgl. Abbildung 4.11).

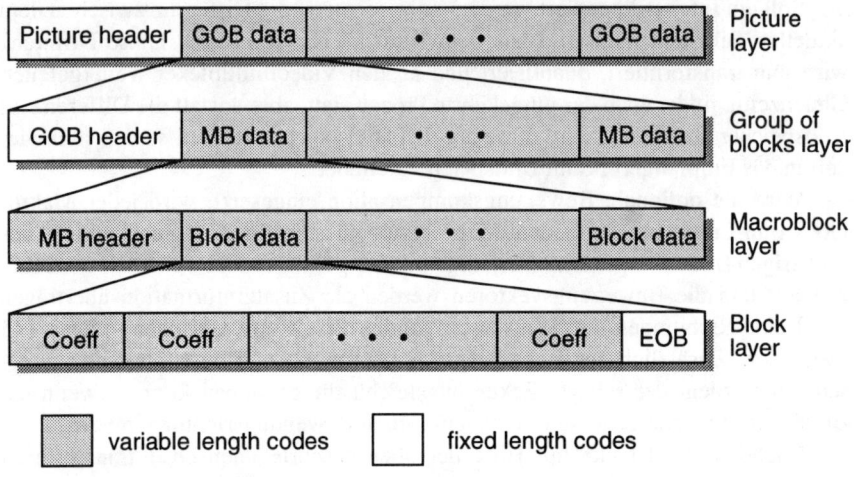

Abbildung 4.11: Vereinfachte Darstellung der Datenstruktur des Multiplexcodierers

Jedes Bild besteht aus einem Picture Header gefolgt von einer Anzahl GOBs. Der
Picture Header zeigt den Start eines Bildes an und ist somit wichtigstes Mittel zur
Synchronisation. Ebenso wird hier der Typ des Bildes (CIF, QCIF) festgelegt.

Die GOB-Schicht teilt das Bild auf in zwölf GOBs für CIF und drei GOBs für
QCIF. Der Header enthält eine GOB-Nummer und legt einen Default-Quantisierer
fest.

Jede GOB wird in der Makroblockschicht in 33 Makroblöcke aufgeteilt. Jeder
dieser Makroblocks enthält seine relative Adresse in der GOB, eine Typbeschrei-
bung und abhängig davon noch Informationen über die Quantisierung und den
Bewegungsvektor (Zur Erinnerung: Jeder Makroblock besteht aus vier 8x8 -Blök-
ken für Luminanz und zwei Blöcken für Chrominanz). Falls keine Veränderungen
des Makroblocks zum entsprechenden Makroblock des vorherigen Bildes stattgefunden haben, wird dieser Makroblock auch nicht übertragen, deshalb das Adres-
sierungsfeld. In jedem Makroblock befindet sich auch noch das CBP-Feld,
welches angibt, in welchen der 8x8-Blöcke sich von Null verschiedene Koeffizienten befinden.

Die Koeffizienten der DCT werden schließlich durch die Blockschicht nach
dem auch bei JPEG üblichen Zick-Zack-Muster sortiert und übertragen.

4.5.3   Übertragungscodierer

Der Output des Multiplexcodierers besitzt eine variable Bitrate, der Codec soll jedoch eine konstante Bitrate von p · 64 kbit/s erzeugen. Hierzu dient der Übertragungspuffer und -codierer. Dieser verfährt nach dem *leaky bucket*-Prinzip: Bildlich kann man sich einen Eimer vorstellen, der unten ein Loch besitzt. Eingefülltes Wasser verläßt den Eimer durch das Loch mit ungefähr gleichem Durchsatz (wenn man vom erhöhten Druck bei vollem Eimer absieht). Wird der Puffer zu voll, veranlaßt der Übertragungscodierer den Quellencodierer, die Bitrate zu senken. Dies kann, wie bereits erwähnt, durch gröbere Quantisierung oder durch Auslassen von Frames erreicht werden.

Weitere Aufgaben sind die Steuerung der Codierungsverzögerung (insgesamt) und je nach Implementierung eine optionale Forward-Error-Correction.

Eine weitere Funktion des Übertragungscodierers ist das Hinzufügen von Audio- und sonstigen Daten. Näheres dazu ist in den CCITT Recommendations H.221(Frame structure for a 64 to 1920 kbit/s channel in audiovisual teleservices), H.230 (Frame-synchronous control and indication signals for audiovisual systems), H.242 (System for establishing communication between audiovisual terminals using digital channels up to 2 Mbit/s) und H.320 (Narrow-band visual telephone systems and terminal equipment) zu finden (vgl. Abbildung 4.12). Im Falle von zwei B-Kanälen stehen dazu 64 kbit/s für Audio gemäß G.711 (Abtastbandbreite 3,4 kHz, PCM-Codierung) oder 48 kbit/s, 56kbit/s, 64 kbit/s gemäß G.722 (Abtastbandbreite 7,1 kHz, Teilband-ADPCM-Codierung) zur Verfügung, der Rest der Kapazität abzüglich In-Band-Signalisierungsinformation kann für Videodaten benutzt werden. Sollen Daten (z.B. Bilder einer Dokumentenkamera) übertragen werden, so wird i.allg. die Audio- und/oder Videoübertragung unterbrochen.

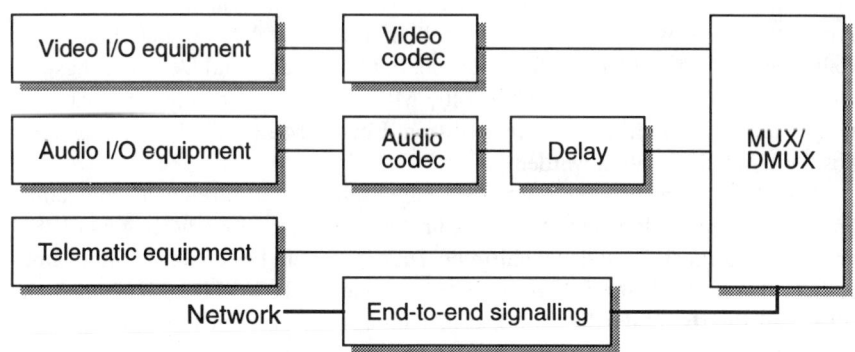

Abbildung 4.12: Visuelles Telefonsystem(Ausschnitt aus H.320)

4.6 MPEG

Ziel der Entwicklung des MPEG-Standards durch die Moving Pictures Expert Group von ISO/IEC, die dem Standard seinen Namen verlieh, war es, einen Algorithmus zur Videokompression, die damit verbundene Audiokompression und deren Synchronisation zu definieren [214]. Ist der H.261-Standard im Hinblick auf Videotelefonie, Videokonferenzen und die damit verbundenen geringen Übertragungskapazitäten und somit Qualitätseinbußen von N-ISDN entwickelt worden, so soll durch MPEG bei höheren Bitraten eine erheblich bessere Qualität erreicht werden. Der ISO-Standard ISO11172, der Ende 1990 verabschiedet wurde, wird normalerweise als MPEG-I oder einfach als MPEG-Standard bezeichnet. Ein weiterer Standard, genannt MPEG-II (manchmal auch MPEG Phase 2, ISO13818), der weitere Qualitätsverbesserungen bei ebenso höherer Bitrate definiert, ist Ende 1993 festgelegt worden.

MPEG-I definiert einen Kernparametersatz: Eine Auflösung von 720x576 Pixeln/Bild bei einer Bitrate von 1,5 Mbit/s. Diese Bitrate entspricht in etwa der Bitrate, die eine CD-ROM oder ein DAT-Bandlaufwerk erzielen können, entsprechende Bandbreite steht auch schon über LANs und teilweise auch über WANs (z.B. N-ISDN Primäranschluß) zur Verfügung.

Grundlage des MPEG-Standards ist zum einen der JPEG-Standard als auch der oben beschriebene H.261-Standard. Insbesondere sollte MPEG eine Erweiterung des H.261-Standards sein, bzw. nur geringere Abweichungen beinhalten, so daß eine beide Standards implementierende Hardware entwickelt werden kann.

Ferner wurden bei MPEG die hohen Anforderungen an die Codierungsverzögerung gelockert, je nach Qualität des zu codierenden Bildes ist erheblich mehr Rechenaufwand notwendig. Somit erfüllt der MPEG-Standard die Bedürfnisse asymmetrischer Videoanwendungen, d.h. Anwendungen, die einmal aufgenommen, mit einigem Aufwand codiert und oft wiedergegeben werden. Beispiele hierzu sind Unterhaltungsvideos, Präsentationen, Animationen in Lexika, etc. Symmetrische Anwendungen, wie Videokonferenzen, -telefonie und auch Video Mail, haben die charakteristische Eigenschaft, Codierungs- und Decodierungsprozesse gleichsam zu nutzen, deshalb sollte MPEG auch in der Lage sein, Anwendungen mit engen Zeitlimits zu unterstützen. Ebenso sollten alle Forderungen aus Abschnitt 4.3 eingehalten werden.

Um die folgenden gegensätzlichen Eigenschaften zu erreichen, zum einen eine hohe Kompressionsrate, die nicht nur durch Intraframe-Codierung à la JPEG erzielt wird, zum anderen den wahlfreien Zugriff, der am besten durch Intraframe-Codierung verwirklicht wird, verwendet man wie bei H.261 eine Mischform aus Intra- und Interframe-Codierung. Darüber hinaus finden zwei Interframe-Codierungstechniken Anwendung, nämlich vorhersagende und interpolative, die durch Bewegungskompensation weitere Kompression ermöglichen.

Analog zu H.261 beruht MPEG auf blockbasierter (16x16-Blöcke) Bewegungskompensation und auf der diskreten Kosinustransformation zur Minimierung der zeitlichen bzw. der räumlichen Redundanz.

DCT-Koeffizienten und Bewegungsvektoren werden abschließend einer Variable-Length Entropiecodierung unterzogen.

4.6.1   Interframe-Codierung

Wie die Abbildung 4.13 zeigt, unterscheidet MPEG drei Arten von Bildern und somit auch drei Arten von Frames:

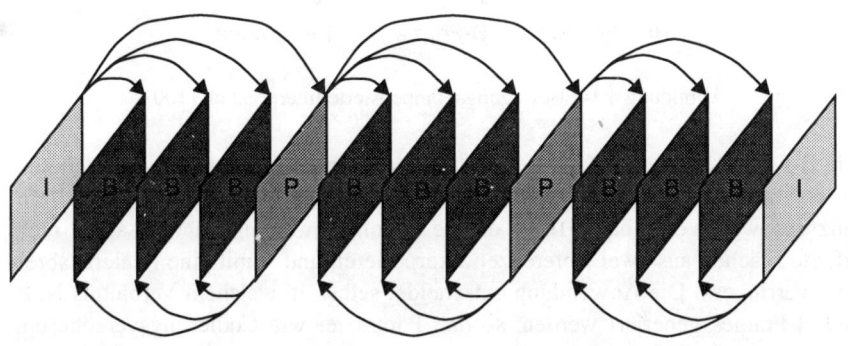

☐ Intra-Frame   ▨ Forward-Predicted Frame   ▨ Bidirectional-Predicted Frame

Abbildung 4.13: Bewegungskompensationsmodell für MPEG

1) *Intra-Frames (I-Frames)* sind Bilder, die keinerlei weitere Information zum Decodieren benötigen, sie sind Standbilder. Sie werden als Zugriffspunkte für wahlfreien Zugriff und schnelles Vor- und Zurückspulen verwendet.

2) *Forward-Predicted Frames (P-Frames)* werden durch Differenzbildung zum vorherigen Referenzbild berechnet. Sie werden ebenso wie die I-Frames als Referenzbilder verwendet. P-Frames werden auch als 'predictive frames' bezeichnet.

3) *Bidirectional-Predicted Frames (B-Frames)* erreichen die höchste Kompressionsrate, benötigen aber zur Berechnung sowohl ein vorheriges als auch ein zukünftiges Bild (vgl. Abbildung 4.14).

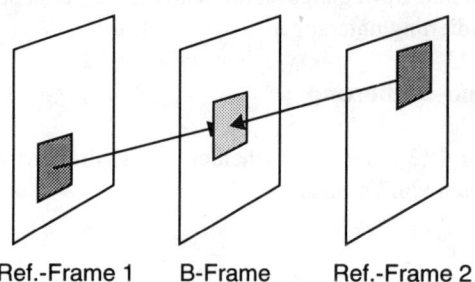

Ref.-Frame 1   B-Frame   Ref.-Frame 2

Abbildung 4.14: Bewegungskompensierte Interpolation [100]

Die B-Frames werden nie als Referenzbild verwendet. Eine andere Bezeichnung für B-Frames ist 'interpolated frames'. B-Frames sind wegen ihrer Doppelreferenz insoweit vorteilhaft [100], da sie durch Bewegungskompensation nicht erfaßte Flächen aus zwei Referenzen interpolieren und somit eine Fehlerausbreitung verringern. Die Anwendung entscheidet selbst, in welchem Verhältnis I-, P- und B-Frames generiert werden, so daß Parameter wie Codierungsverzögerung oder Anzahl der Möglichkeiten für wahlfreien Zugriff gesteuert werden können.

B-Frames erzeugen die höchste Kompressionsrate. Um schnelle Szenenwechsel zu ermöglichen, sollte ca. alle 1/10 s ein Referenzbild eingefügt werden. Eine typische Sequenz ist z.b.

I B B P B B P B B .. I B B P B B P B B .. I

Die Bilder werden allerdings nicht in dieser Reihenfolge übertragen, sondern zuerst ein I-Frame, dann der nächste P-Frame, es folgen die interpolierenden B-Frames. Weiter geht es mit dem nächsten P-Frame und den darauffolgenden B-Frames usw.

4.6.2   Bewegungskompensation

MPEG verwendet zur Bewegungskompensation wie der H.261-Standard 16x16-Pixel große Luminanzblöcke, deren Dislokation zum vorherigen (und nächsten) Referenzbild berechnet wird. Diese Blöcke (und die zugehörigen Chrominanzblöcke) werden als Makroblock (vgl. Abbildung 4.10) bezeichnet. Die Länge der Bewegungsvektoren ist jedoch nicht wie bei H.261 auf ±15 Pixel pro 16x16-Block beschränkt, sondern erlaubt eine Verschiebung über das gesamte Bild. Die Bewegungsvektoren werden als Differenz zu dem Bewegungsvektor des vorherigen Makroblocks codiert, da nah beieinanderliegende Makroblöcke mit hoher Wahrscheinlichkeit nur geringfügig unterschiedliche Bewegungsvektoren besitzen. Die Art und Weise, wie die Bewegungsvektoren berechnet werden, ist im Standard nicht vorgeschrieben. So kann der Aufwand für Bewegungskompensation von der Anwendung selbst bestimmt werden. Vor allem die Verwendung von neu entwickelten Verfahren zur Bewegungsabschätzung wird nicht durch den MPEG-Standard blockiert. Ebenso können anhand der Bewegungskompensation (und der daraus resultierenden Bildqualität) Produkte verschiedener Hersteller miteinander verglichen werden.

4.6.3 Kosinustransformation

Wie alle bisher beschriebenen Verfahren verwendet auch MPEG die 8x8-Kosinustransformation mit nachfolgender Quantisierung. Zur Quantisierung stehen je nach Bildart (I-, P- oder B-Frame) verschiedene Quantisierungsmatrizen zur Verfügung. Diese können von der Anforderung spezifiziert werden, Default-Tabellen sind ebenfalls vorhanden. Jeder Koeffizient kann einzeln quantisiert werden.

4.6.4 Entropiecodierung

Ähnlich wie H.261 verwendet MPEG eine Variable-Length Entropiecodierung, sehr unwahrscheinliche (RUNLENGTH, AMPLITUDE)-Paare werden mit Hilfe von Escape-Sequenzen codiert. Diese besitzen eine feste Länge. Die Codes sind sogar eine Übermenge der von H.261 verwendeten Codes, so daß eine Hardwareimplementierung beider Standards einfach vonstatten geht.

4.6.5 Schichtenmodell

Um eindeutiges Decodieren und leichte Editierbarkeit der Videosequenz zu garantieren, teilt MPEG den Datenstrom in verschiedene Layer (Schichten) auf.

1) Der *Video sequence layer* enthält wichtige Signalisierungsinformation wie Dimensionierung der Frames, Bildwiederholfrequenz, die benutzten Quantisierungsmatrizen sowie Informationen, die für die gesamte Videosequenz von Bedeutung sind.

2) Der *Group-of-pictures layer* unterstützt das Editieren einer Videosequenz. Er besteht aus einer Gruppe von Bildern (ca. 6-8 Bilder, Dauer 1/5 1/4 s, obwohl im Standard nicht fest vorgeschrieben), die nur Referenzen auf Bilder in der eigenen Gruppe besitzen.

3) Der *Picture layer* beschreibt die Position des aktuellen Frames in der Group-of-pictures, den Typ des Bildes sowie Synchronisierungsinformation.

4) Der *Slice layer* befindet sich direkt unter dem Picture layer. Er wird verwendet, um ein Bild in mehrere *Slices* aufzuteilen, so daß bei Übertragungsfehlern wieder bei Beginn eines Slices aufgesetzt werden kann, anstatt das gesamte Bild zu verwerfen.

5) Die Slices sind zusammengesetzt aus *Makroblocks*. Die Makroblocks enthalten Luminanz- und Chrominanzdaten im Verhältnis 4:1:1, der Aufbau

ist derselbe wie der eines H.261-Makroblockes (vgl. Abbildung 4.10). Im MPEG-Standard ist dieses Verhältnis mit 4:2:0 angegeben. Damit wird ausgedrückt, daß die Chrominanzwerte durch Mittelwertberechnung der jeweiligen umliegenden Chrominanzwerte berechnet werden.

6) Zuunterst befindet sich der *Block layer,* der nur noch die 8x8-Blöcke mit DCT-Koeffizienten enthält.

4.6.6   Qualität der Videosequenz

Le Gall beschreibt die Qualität von MPEG-(I)-codierten Videosequenzen ähnlich VHS-Videos [100]. Als Grundlage hierfür wurde eine horizontale Auflösung von 360 Pixeln/Zeile verwandt, die Datenrate lag bei 1,2 Mbit/s. Neue Verfahren zur Bewegungskompensation und vor allem schnellere Hardware relativieren diese Feststellung   von 1991. Auf der CeBit-Messe 1994 wurden Echtzeit-MPEG-Codierer vorgestellt, die ohne Verwendung von B-Frames eine erheblich bessere Bildqualität als VHS erkennen ließen.

Weiterhin läßt MPEG die Verwendung von beliebigen Bildgrößen zu, insbesondere HDTV-Signale (1920x1080 Pixel, 30Hz) können mit einer Bitrate von ca. 30-40 Mbit/s codiert werden.

Die zweite Phase der MPEG-Standardentwicklung beschäftigt sich hauptsächlich mit der Codierung und Komprimierung von Signalen mit höherer Auflösung, insbesondere wurden Verfahren entwickelt, um interlaced Videosignale, die in der Fernsehwelt verwendet werden, zu codieren. Während MPEG nur die Verwendung von 4:2:0 Makroblöcken zuläßt, können in MPEG-2 auch weitere Blockformate z.B. 4:2:2 oder sogar 4:4:4 verwendet werden. Ein anderer Schwerpunkt ist die Codierung von Audiodaten in HiFi-Qualität und deren Synchronisation mit den entsprechenden Videosequenzen.

4.7   Geschichtete Bildcodierung

Der bekannteste Vertreter geschichteter Codierungsverfahren (engl. layered coding) ist der MPEG-2-Standard [218][219], dessen hierarchische Codierungsmodi im folgenden vorgestellt werden. Neben der ISO hat auch ITU-T die Entwicklung der MPEG-2-Empfehlungen mitbeeinflußt und wird den Standard in die H.222 sowie H.262 Recommendations integrieren.

Als Grund für die Verwendung hierarchischer Codierung ist vor allem die Skalierbarkeit zu nennen: Die Übertragung von Videodaten wird durch die Vielfalt und Leistungsfähigkeit von Netzwerken und Endgeräten (z.B. Workstations, digitale Fernsehgeräte, ...) geprägt. Um die verschiedensten Kombinationen zu unterstützen, wurde schon früh an geschichtete Codierung gedacht. Als Beispiel sei hier ein Endgerät aufgeführt, das lediglich über einen 2 Mbit/s ISDN-Primäranschluß erreichbar ist, aber an der Übertragung eines „main level" MPEG-2-Videodatenstroms (6-8 Mbit/s) teilnehmen möchte. Einfachste Lösung ist es, einen separaten Videodatenstrom schlechterer Qualität und niedrigerer Bitrate zu übertragen. Das hierbei entstehende Problem ist offensichtlich: Bandbreite wird mit zunehmender Anzahl verschiedener Anforderungen in erheblichem Maße vergeudet.

Ein weiterer Vorteil geschichteter Codierung ist die i.allg. größere Unempfindlichkeit gegen Verlust von Daten. Ein Videodatenstrom, der Videosequenzen geringer Qualität transportiert, kann mit einer hohen Priorität versehen werden. Kommt es zu Engpässen auf dem Übertragungsnetzwerk, so kann ein Router/ Switch Pakete oder Zellen niedriger Priorität zuerst verwerfen. Somit kann beim Empfänger ein immerhin noch erkennbares Bild dargestellt werden. Bei zufälligem Verwerfen von Paketen aus einem Datenstrom sind die Auswirkungen auf das decodierte Bild erheblich stärker.

Mit den Vorteilen geschichteter Codierung kauft man sich auch einen nicht unerheblichen Nachteil ein: Die Codierungs- und Decodierungsprozeduren werden komplexer, weiterhin muß für die Synchronisation der Videodatenströme beim Empfänger gesorgt werden.

4.7.1   MPEG-2 - Multiresolution Coding

Multiresolution Coding bezeichnet eine Art der Codierung von Bild- und Videodaten, bei der durch Decodierung eines Teils der codierten Daten eine Bildsequenz geringerer räumlicher, zeitlicher oder qualitativer Auflösung rekonstruiert werden kann. Abbildung 4.15 zeigt die verschiedenen Arten der Skalierbarkeit.

Qualitative oder *SNR-Skalierbarkeit* (SNR= Signal-to-Noise Ratio) bezeichnet die Rekonstruktion eines Bilds mit gleicher räumlicher Auflösung, jedoch schlechterer Qualität, z.B. mit weniger Farbwerten. Insbesondere zwei Techniken zum Multiresolution Coding wurden in den letzten Jahren verfolgt: Teilband-Codierung und Pyramiden-Codierung.

Der Grundgedanke dieses Verfahrens besteht darin, das Gesamtsignal in spektrale Teilbänder aufzuspalten. Dadurch wird folgendes erreicht [4]:

1) Jedes Teilsignal kann an die jeweilige Statistik angepaßt codiert werden, d.h. jeder Kanal kann gemäß seiner Signaleigenschaften individuell quantisiert und mit angepaßter Bitrate codiert werden.

2) Die Quantisierung eines jeden Kanals kann individuell die spektrale Empfindlichkeit des menschlichen Sehsinnes berücksichtigen, so daß unempfindliche Spektralbereiche gröber quantisiert werden können als empfindliche.

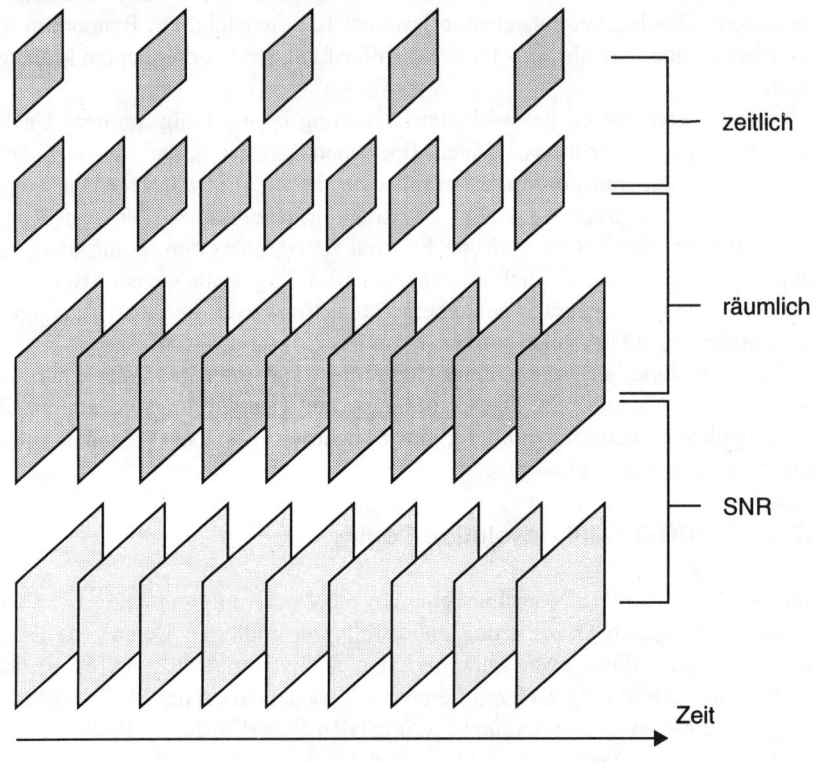

Abbildung 4.15: Verschiedene Arten der Skalierbarkeit

Die Nachteile der Teilband-Codierung sollen nicht verschwiegen werden [29]:

1) Die Bitraten der einzelnen Schichten können nur sehr ungenau kontrolliert werden, eine feine Granularität wie durch gröbere Quantisierung der DCT-Koeffizienten ist nicht möglich.

2) Verfahren zur Teilband-Codierung tun sich sehr schwer bei zusätzlicher Verwendung von Bewegungskompensation oder bei der Codierung von interlaced Video.

3) Subjektive Tests mit Testpersonen zeigen eine Unterlegenheit gegenüber DCT-basierten Verfahren.

4) Die Implementierung von Teilband-Codierung in Hardware wirft wegen der kaum möglichen Parallelisierbarkeit große Probleme bzgl. der Rechenzeit auf.

Das Signal wird mit mehreren niedrigeren räumlichen Auflösungen abgetastet. Aus dem Signal mit der niedrigsten Auflösung wird ein Signal mit höherer Auflösung interpoliert, und die Differenz zwischen dem interpolierten und dem tatsächlichen Signal wird als zweite Schicht zusätzlich zu der niedrigsten Auflösung übertragen. Dieser Prozeß wird mehrmals wiederholt, um verschiedene Stufen zu erhalten:

1) Taste das ursprüngliche Signal mit verschiedenen Auflösungen ab. Der Abtastfaktor ist ein Vielfaches von zwei.

2) Codiere das Signal mit der niedrigeren Auflösung mittels DCT und Quantisierung.

3) Decodiere das vorher codierte Signal und interpoliere es zu einem Signal mit der nächst höheren Auflösung.

4) Verwende diese Interpolation als Prädiktion für das Bild in dieser Auflösung. Der Prädiktionsfehler (Differenz) wird mit DCT und Quantisierung wieder codiert.

5) Wiederhole Schritte 3) und 4) so oft, bis das Bild in seiner ursprünglichen Auflösung codiert wurde.

Der MPEG-2-Standard unterteilt verschiedene Codierungsformen nach „*Levels*" und „*Profiles*". Es ist zwar möglich, beliebige räumliche Auflösungen zu codieren, soweit sie ein Vielfaches von 16 sind, die Level wurden dennoch definiert, um einheitliche Auflösungen für Standardanwendungen (TV, HDTV, ...) festzulegen. In [110] wird die folgende Tabelle für die Levels angegeben:

- High Level(1): 1920x115260 fps (frames per second)

- High Level(2): 1440x115260 fps

- Main Level: 720x57630 fps

- Low Level: 288x35230 fps

Somit ist der „Main Level" geeignet, Standard-TV-Signale (z.B. PAL oder NTSC mit jeweils 768x484) zu codieren.

Die *Profiles* definieren die Möglichkeiten, die zur Codierung bzw. Decodierung verwendet werden können: Das *Main Profile* stellt einen Kompromiß zwischen Funktionalität und Codierungsaufwand dar. Abgesehen von der räumlichen Auflösung entspricht dieses Profil weitgehend MPEG-1: Das Chrominanz-Luminanz-Verhältnis ist immer 4:2:0, die Bitrate zwischen 2 - 15Mbit/s und hierarchische Codierung wird nicht unterstützt. Das *Simple Profile* ist ähnlich wie das Main Profile, jedoch erlaubt es keine Verwendung von B-Frames. Der Vorteil der Verwendung des Simple Profiles liegt in dem geringeren Codierungsaufwand und der geringeren zeitlichen Verzögerung, ist also geeignet zur Übertragung von Live-Videos. Die restlichen drei Profile *SNR*, *Spatial* und *High* erlauben die Verwendung von verschiedenen hierarchischen Codierungstechniken und ein 4:2:2 Chrominanz-Luminanz-Verhältnis.

MPEG-2 unterstützt die Codierung von Videodaten mit Übertragungsraten zwischen 1,5 Mbit/s und im Höchstfall 60 Mbit/s.

4.7.2   MPEG-4

Die „vierte" Phase der MPEG-Entwicklung hat das Ziel, neue Funktionalitäten zu integrieren. Unter anderem soll die Manipulation des Inhalts von audiovisuellen Daten erleichtert werden. Desweiteren werden im Rahmen der MPEG-4-Standardisierung eine deskriptive Sprache und verschiedene audiovisuelle Codierungswerkzeuge entwickelt. Dies ermöglicht den Einsatz einer Vielzahl von inhaltsgesteuerten Decodierungsalgorithmen.

4.8   Zusammenfassung und Fazit

In diesem Kapitel wurde eine Übersicht über die heute verwendeten State-of-the-art Bild- und Videokomprimierungsverfahren gegeben. Aufbauend auf der diskreten Kosinustransformation und Quantisierung zur Reduzierung der räumlichen Redundanz, verwenden die vorgestellten Verfahren eine Run-Length-Entropiecodierung (abgeleitet von der Huffman-Codierung), um eine weitere Datenreduktion zu erzielen.

Spezielle Verfahren zur Videokompression wie der H.261-Standard und MPEG versuchen die zeitliche Redundanz zwischen aufeinanderfolgenden Bildern durch Differenzbildung und Bewegungskompensation zu eliminieren.

Während der JPEG-Standard nur ein einzelnes Austauschformat definiert, findet bei H.261 und MPEG eine Aufteilung in Schichten statt. Diese sind wesentliches Hilfsmittel zur Synchronisation.

Weitere Verfahren wie fraktale Bildkompression befinden sich noch in der Entwicklung, versprechen jedoch hohe Kompressionsraten bei gleichzeitiger einfacher und schneller Decodierbarkeit.

Neben den hier vorgestellten Verfahren zur Bild- und Videocodierung entsteht zunehmend Bedarf nach Beschreibungsmethoden der Beziehung zwischen unterschiedlichen Teilen von multimedialer Information. Die Standardisierung dieser strukturierten Information ist Aufgabe der Multimedia Hypermedia Information Coding Experts Group (MHEG) [107].

MHEG basiert auf dem Architekturprinzip der von der ISO definierten Darstellungsebene, in der eine Aufteilung in abstrakte Syntax und Transfersyntax definiert ist. MHEG bietet Beschreibungshilfen, mit denen die zeitliche und räumliche Abfolge unterschiedlicher Informationsmedien gesteuert werden kann.

5   Transfersysteme

Jedes Transfersystem besitzt Basisfunktionalitäten, die gemäß OSI-Vermittlungs-(Netzwerk-) und OSI-Transportebene erbracht werden. Sind die beiden Protokolle gemeinsam aktiv, d.h., das Transportprotokoll oberhalb des Vermittlungsprotokolls, so stellt die Transportdienstschnittstelle den Zugang des Benutzers zum System dar (z.B. OSI TP, TCP, UDP, NETBLT, VMTP, TP++, RTP), während bei einem Verschmelzen der beiden ursprünglichen Schichten in ein Protokoll von der Transferdienstschnittstelle die Rede ist (z.B. XTP, PATROCLOS, AMTP). Wie Abbildung 5.1 zeigt, besteht bei einem Transfersystem, das aus separatem Vermittlungsprotokoll und Transportprotokoll zusammengesetzt ist, i.allg. nicht die Möglichkeit, die in der Übertragung befindlichen Daten gemäß der vom Transportdienstbenutzer spezifizierten Dienstanforderungen in den zu durchquerenden Zwischensystemen zu bearbeiten. Dies resultiert aus der in den meisten Fällen nur unzureichenden Zusammenarbeit zwischen Vermittlungs- und Transportprotokoll. Im Gegensatz dazu sehen reine Transferprotokolle (s. Abbildung 5.2), die im folgenden als monolithisch bezeichnet werden, eine durch den Benutzer spezifizierte Unterstützung in den Zwischensystemen vor und bieten daher eine gezieltere und effektivere Realisierung der angeforderten Dienste.

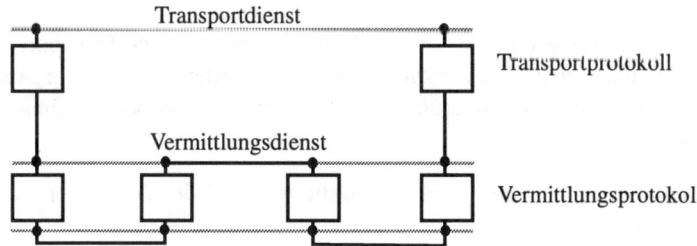

Abbildung 5.1: Zusammengesetztes Transfersystem

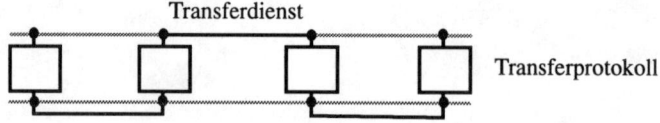

Abbildung 5.2: Monolithisches Transfersystem

Im folgenden werden zunächst die gemäß [216] definierten Basisdienste eines Transportprotokolls vorgestellt und anschließend die von ausgewählten Protokollen erbrachten Erweiterungen, insbesondere im Hinblick auf die Unterstützung von Realzeitkommunikation, Bild- und Video-Übertragung sowie Gruppenkommunikation.

5.1   Die Transportdienstschnittstelle

Der OSI-Transportdienst wird in drei Phasen eingeteilt:

- Verbindungsaufbau,

- Datenübertragung und

- Verbindungsabbau.

Beim Aufbau einer Verbindung vereinbaren die beiden Transportinstanzen, wie die angeforderte Transportdienstqualität erbracht werden kann. Folgende Möglichkeiten stehen laut [216] zur Verfügung:

- Auswahl des geeigneten Vermittlungsdienstes,

- Auswahl einer geeigneten Transportprotokollklasse,

- Entscheidung darüber, ob ein Multiplexen mehrerer Transportverbindungen über eine Netzwerkverbindung stattfindet oder ob die Aufspaltung einer Transportverbindung über mehrere Netzwerkverbindungen vorgenommen wird,

- Auswahl geeigneter Funktionen, die während der Datenübermittlung ausgeführt werden,

- Vereinbarung einer geeigneten maximalen Länge der Protokolldateneinheiten der Transportschicht,

- Abbildung der Anwenderadressen auf das Adressierungsschema des Vermittlungsdienstes,

- Bereitstellung von Mitteln, mit denen Anwenderverbindungen voneinander unterschieden werden können.

Beim Auf- und Abbau einer Verbindung können zusätzlich Nutzdaten begrenzter Länge übertragen werden. Eine Verbindung kann jederzeit bedingungslos abgebaut werden. Während der Datenübertragungsphase können die folgenden Funktionen ausgeführt werden. Dies geschieht zum Teil in Abhängigkeit von den beim Aufbau der Verbindung getroffenen Vereinbarungen:

- Identifizieren der Transportverbindung,

- multiplexen und demultiplexen mehrerer Transportverbindungen über einer Netzverbindung,

- aufspalten (engl. splitting) und sammeln (engl. recombining) einer Transportverbindung über mehreren Netzwerkverbindungen,

- verketten (engl. concatenation) und trennen (engl. separation) von Protokolldateneinheiten der Transportschicht,

- aufteilen (engl. segmentation) und zusammenfügen (engl. reassembling) von Protokolldateneinheiten der Transportschicht, wobei i.allg. keine Rücksicht auf Anforderungen der Dienstbenutzer genommen wird,

- erkennen und beheben von Fehlern: Dies wird nur dann ausgeführt, wenn es beim Verbindungsaufbau mit dem entfernten Dienstbenutzer vereinbart wurde,

- übertragen von Vorrangdaten (engl. expedited data) begrenzter Länge und deren gesonderte Flußkontrolle.

Jedes existierende und im folgenden vorgestellte Transport- bzw. Transferprotokoll bietet einen Großteil dieser gemäß [216] definierten Basisfunktionalität. Dies impliziert nicht, daß zur Erbringung der entsprechenden Dienste die gleichen Protokollmechanismen eingesetzt werden. Vielmehr gibt das von der ISO spezifizierte Rahmenwerk die Möglichkeit, eine Vielzahl unterschiedlicher Strategien zur Realisierung der Dienste einzusetzen. Zusätzlich bieten viele der neuen Protokolle Erweiterungen des hier skizzierten Dienstkonzeptes, die eine adäquatere Unterstützung der Anwendungen zum Ziel haben.

Neben der Funktionalität des Protokolls, die entscheidenden Einfluß auf die Einsetzbarkeit und Leistung eines Protokolls in unterschiedlichen Umgebungen hat, beeinflußt die Syntax, d.h. das Format der Protokolldateneinheiten, die Leistung des Protokolls.

Im Hinblick auf hohe Leistung weisen neuere Transport- bzw. Transferprotokollansätze wie NETBLT (Network Block Transfer Protocol [34]), XTP (Xpress Transfer Protocol [156][158]), VMTP (Versatile Message Transfer Protocol

[153]), TP++ [16] oder AMTP [66] eine erheblich modifizierte Syntax auf. Kontrollfelder in Header und Trailer besitzen eine feste Größe und sind auf 4- oder 8-Byte-Grenzen positioniert. Prüfsummen sind so in die Pakete integriert, daß „on the fly"-Kalkulation möglich und kein „Backpatching" erforderlich ist [69] [123]. Eine alternative Philosophie besagt, daß Header so kurz wie möglich sein sollen, um Leistungseinbußen durch Protokoll-Overhead zu minimieren. Insbesondere bei Audio-Anwendungen, die über längere Zeit regelmäßig kurze Pakete erzeugen, kann die Anzahl der Header-Bytes von bisherigen Protokollen nah an die Anzahl der eigentlichen Datenbytes heranreichen oder diese sogar überschreiten (z.B. XTP mit 40 Bytes). Daher sind alternative flexible Header-Konzepte in der Diskussion (z.B. bei RTP [140]), bei denen je nach Anwendung nur die notwendigen Komponenten in den Header integriert werden.

Neben der Leistung von Protokollen sollten auch die Funktionalitätsvielfalt und der orthogonale Aufbau zum Vergleich herangezogen werden. Der orthogonale Aufbau, d.h. mehrere Mechanismen stehen für einen Dienst zur Auswahl, bietet den Vorteil, ein Protokoll für bestimmte Anwendungskontexte und Netzwerkszenarien dynamisch konfigurieren zu können.

Die Abbildung 5.3 zeigt einen Ausschnitt aus der Evolution der Transport-bzw. Transferprotokolle seit 1977 mit der Einführung von TCP. Ausgewählt wurden vieldiskutierte Protokolle, die aufgrund besonderer Neuerungen herausragen. Die Daten entsprechen den ersten Veröffentlichungen zum entsprechenden Protokoll.

Die Markierungen in dem dargestellten Gitterdiagramm zeigen den direkten Einfluß eines Protokolls auf das an der jeweiligen Pfeilspitze angegebene Protokoll. Es sind ausschließlich Transport- und Transferprotokolle dargestellt. Auf die Auflistung der unterliegenden Vermittlungsprotokolle ist hier verzichtet worden, da diese Protokolle nicht in diese Evolution passen. Etwas außerhalb der eigentlichen Funktionalität von Transport- oder Transferprotokollen befindet sich auch RTP. RTP bietet jedoch interessante funktionale Erweiterungen zu den herkömmlichen Transport- bzw. Transferdiensten, über deren Integration in Zukunft nachgedacht werden muß.

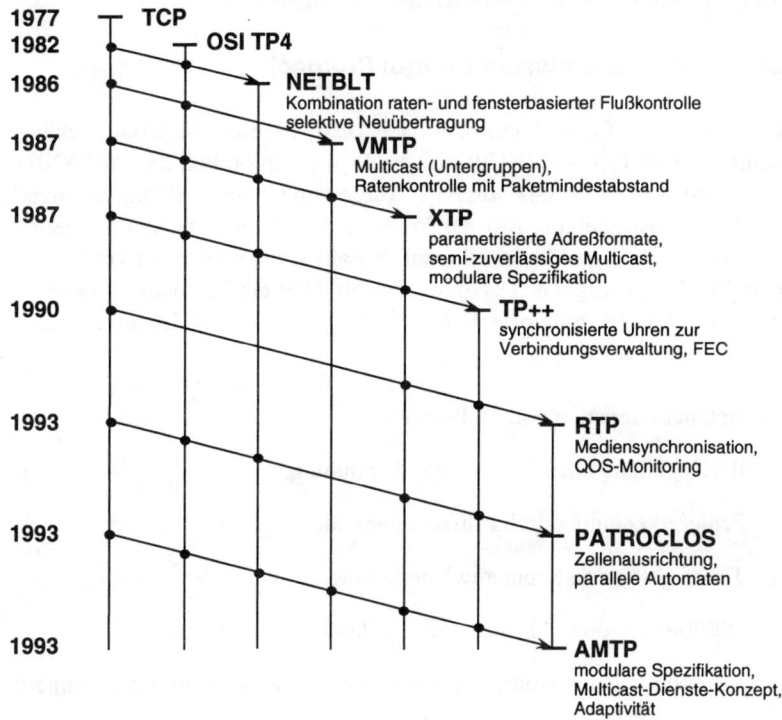

Abbildung 5.3: Evolution von Transport- und Transferprotokollen

Bei der Beschreibung ausgewählter Protokollmechanismen oder bestimmter Dienste der nun folgenden Transport- bzw. Transfersysteme ist eine Einteilung in klassische, anwendungsspezifische und konfigurierbare Ansätze vorgenommen worden. Sämtliche der hier vorgestellten konfigurierbaren Ansätze entsprechen dabei einem monolithischen Transfersystem. Für die derzeitige Version von XTP gilt dies jedoch nicht mehr. Um die Verbreitung von XTP zu forcieren, wurde auf die Integration der Netzwerkebene verzichtet und ein reines Transportprotokoll ist entstanden. Da jedoch der eigentliche Nutzen von XTP erst zum Tragen kommt, wenn XTP-Pakete in den Netzknoten (Routern) bearbeitet werden, wird diese halbherzige Änderung des Designs nicht den gewünschten Erfolg bringen.

5.2   Klassische Ansätze

Auf eine Beschreibung der beiden grundlegenden Transportprotokolle, TCP und OSI TP4, soll an dieser Stelle nicht verzichtet werden, da die in diesen Protokol-

len angebotenen Basisdienste zum Verbindungsauf- und -abbau sowie zur Datenübertragung auch in neueren Protokollen vorhanden sind.

5.2.1 TCP - Transmission Control Protocol

Das Transmission Control Protocol TCP [126] ist eine Weiterentwicklung des
Network Control Protocol (NCP), das als Transportprotokoll des ARPANET eingesetzt wurde. Beim Einsatz von NCP wurde von einem vollkommen zuverlässigen Subnetz ausgegangen. Mit der Weiterentwicklung zum ARPA Internet und
der Kopplung einer ständig zunehmenden Zahl von Netzwerken verringerte sich
jedoch die Zuverlässigkeit. Daher wurde mit TCP ein Protokoll entwickelt, das
einen zuverlässigen byte-orientierten Datentransport auf Ende-zu-Ende-Basis
garantiert.

Die Hauptcharakteristika von TCP sind

-    Bereitstellung einer Vollduplex-Verbindung,

-    Fehlererkennung durch Prüfsummenbildung,

-    Timer-gesteuerte Segmentwiederholung,

-    „Sliding Window-" Prinzip zur Flußkontrolle sowie

-    Adressierung der Transportdienstbenutzer mittels 16-bit Portnummern.

Trotz seiner nur eingeschränkten Funktionalität hat sich TCP als erstaunlich
anpassungsfähig erwiesen. Eine Vielzahl von Erweiterungen sind in die Protokollspezifikation und auch in viele Implementierungen eingeflossen (Slow Start, Congestion Avoidance, Header Prediction). Daher ist TCP auch heute noch das
weitverbreitetste Transportprotokoll. Ein Grund für diesen Erfolg bildet sicherlich
die Spezifikation, die dem Implementierer zahlreiche Freiheiten läßt und somit die
Anpassung an unterschiedliche Einsatzumgebungen erlaubt.

Der Einsatz von TCP in Netzen mit großem Produkt aus Übertragungskapazität und Signalumlaufzeit zeigt jedoch die Grenzen des Protokolls auf. Probleme
bereiten die nur geringe maximale Fenstergröße von 64 KByte, die nicht eindeutige Schätzung der Umlaufzeit und der beschränkte Sequenznummernbereich.
Zudem fehlen Mechanismen wie selektive Quittierung und Neuübertragung,
ratenbasierte Flußkontrollverfahren oder Algorithmen zur Unterstützung eines
Multicast-Dienstes. Die meisten Implementierungen lassen eine Adaption von
Protokollparametern nur eingeschränkt beim Verbindungsaufbau zu. Zumeist verhält sich das Protokoll statisch, d.h., es übernimmt die betriebssystemabhängige
Einstellung der Protokollparameter. Einige Charakteristika von TCP werden im
folgenden näher erläutert.

Aufbau eines TCP-Segments. TCP ist ein „header-basiertes" Protokoll. Die gesamte Kontrollinformation ist im Segment-Header positioniert. Wie in der folgenden Abbildung skizziert, ist auch die Prüfsumme (checksum) in den Header eingegliedert. Daher ist ein Rückgriff auf den Header erforderlich, nachdem die Daten bereits bearbeitet sind. Für ein Protokoll wie TCP, das ausschließlich in Software realisiert ist, stellt dieses „Backpatching" auf den Header allerdings keinen großen Leistungseinbruch dar. Bei Protokollen, die im Hinblick auf eine spätere VLSI-Realisierung entwickelt werden, sollte diese Problematik jedoch berücksichtigt werden.

Die Felder eines TCP-Segments sind nicht gleich lang. Es existieren sowohl zwei als auch vier Byte lange, sowie Felder variabler Länge (options).

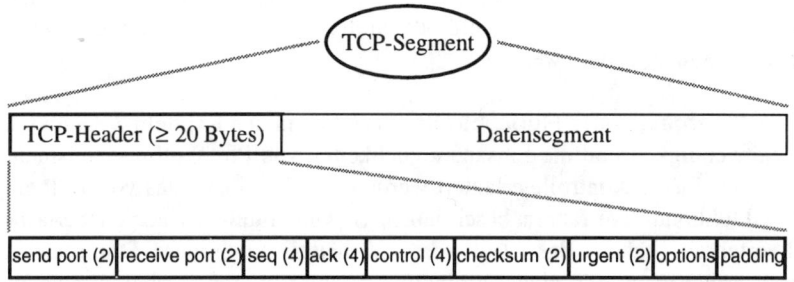

Abbildung 5.4: Aufbau eines TCP-Segments

Die beiden Portadressen (send port und receive port) bilden einen Bestandteil eines Adreßtripels, das zur eindeutigen Adressierung von Endsystemen ausreicht. Neben der physikalischen Adresse (Ethernet-, FDDI- oder ATM-Adresse) und der Hostadresse (Internet-Adresse) identifizieren die Portadresse die Transportverbindungen, die gleichzeitig auf einer Maschine existieren können.

Die Sequenznummer (seq) gibt die Nummer des ersten Datenbytes eines Segments an. Die Quittungsnummer (ack) gibt die Nummer des nächsten erwarteten Datenbytes der Gegenrichtung an.

Das Kontrollfeld (control) beinhaltet zum einen eine Längenangabe des Headers. Hierbei werden die Anzahl der 32-bit-Worte des Headers angegeben. Dies impliziert, daß die Länge des Headers einVielfaches von 32 bit sein muß. Gegebenenfalls werden Auffüllbits (paddings) hinzugefügt, um die Länge des Optionsfelds auf ein Vielfaches von 32 bit aufzustocken. Des weiteren beinhaltet das Kontrollfeld sechs 1-bit Flags, die dem Empfänger Zusatzinformationen zur Bearbeitung des Segments liefern. Unter anderem können das Ende des Datenstroms aus einer Richtung, die Aufforderung zur sofortigen Weiterleitung eines Segments an die Anwendung oder der Hinweis auf wichtige Daten, die sich im Anfangsteil des Datensegments befinden, enthalten sein. Als dritte Komponente enthält das Kontrollfeld die 16 bit lange Fenstergröße, die die Anzahl Bytes angibt, die augenblicklich im Empfangspuffer verfügbar sind. Die restlichen 6 bit des Kontrollfeldes sind für spätere Nutzung reserviert.

Das Prüfsummenfeld (checksum) dient dem Empfänger zur Verifizierung der Korrektheit des empfangenen Datensegments. Der Urgent-Zeiger (urgent) kennzeichnet den Bereich des Datensegments, den die Anwendung unverzüglich bearbeiten sollte, falls das entsprechende Bit im Kontrollfeld gesetzt ist.

Das Optionsfeld (options) wird für verschiedene Aufgaben genutzt. Zum einen dient es der Codierung von Protokollerweiterungen (u.a. größere Fenster [56], selektive Quittierung, größerer Sequenznummernbereich [84]), zum anderen kann eine Vergrößerung der Segmentgröße über den Standard-Internetwert von 536 Bytes (ohne Header) angezeigt werden. Durch die Wahl dieser relativ kleinen Segmentgröße versucht man die Anzahl von Fragmentierungen auf dem Weg zum Ziel zu reduzieren. Falls sich beide Kommunikationspartner lokal über ein Ethernet unterhalten, kann die Segmentgröße an die maximale Ethernet-Rahmenlänge von 1518 Byte angepaßt werden.

TCP's Timergesteuerte Flußkontrolle. Nachdem in den Kapiteln 2.2.3 und 3.3.2 die Notwendigkeit und die Einsatzmöglichkeiten von Protokollmechanismen zur Fluß- und Überlastkontrolle erläutert worden sind, wird jetzt das von TCP eingesetzte Flußkontrollverfahren beschrieben. Sowohl Fluß- als auch Überlastkontrollverfahren haben das Ziel, das Verhältnis zwischen Durchsatz und Verzögerungszeiten für eine Verbindung zu maximieren. Dabei erreichen sie jedoch immer nur einen Kompromiß zwischen der effizienten Vermeidung von Überlastsituationen und der Maximierung der Leistung der entsprechenden Verbindung. Es wird deutlich, daß es zur Last- bzw. Flußkontrolle keine Patentlösung geben kann. Jede Kombination der einzelnen Algorithmen hat ihre Stärken und Schwächen. Beim Entwurf eines Netzes muß daher darauf geachtet werden, daß die Kapazitäten auf absehbare Zeit ausreichend sind.

Eine Vielzahl von Flußkontrollmechanismen stützt sich auf einen Quittungstimermechanismus, der die Neuübertragung von Daten anstößt, falls die entsprechende Quittung vor Ablauf des Timerintervalls nicht beim Sender angekommen ist. Da normalerweise sämtliche den gleichen Engpaß durchquerende Verbindungen von der Überlast beeinträchtigt werden, kommt es zur Neuübertragung bei all diesen Verbindungen. Bei Einsatz von TCP's *Slow Start* [82] werden die Sendefenster daraufhin auf eine Größe von Eins zurückgesetzt. Folglich geht das Netz in einen Zustand über, in dem nur ein geringer Teil der verfügbaren Bandbreite genutzt wird. Dies trifft insbesondere auf Netze mit großem Produkt aus Bandbreite und Signallaufzeit zu.

Kommt die Quittung rechtzeitig an, wird das Sendefenster, das die maximale Anzahl unbestätigter Bytes angibt, um die Anzahl der bestätigten Bytes verschoben (*Sliding Window Prinzip*). Die Abbildung 5.5 verdeutlicht das Verfahren. Das dargestellte Sendefenster erlaubt nur noch die Übertragung von zwei weiteren Segmenten.

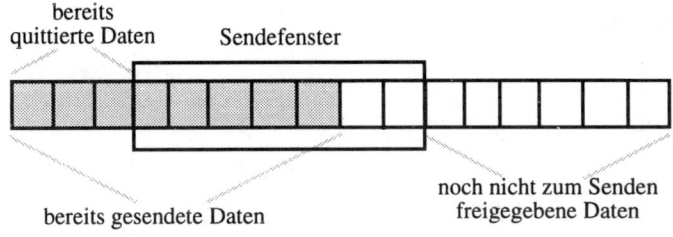

Abbildung 5.5: Sliding Window Prinzip

Die Reihenfolge, in der die Quittungen ankommen, ist nicht ausschlaggebend für die Funktionalität des Verfahrens. Eine Quittung impliziert jeweils die Bestätigung aller Vorgängersegmente. Der Empfänger sammelt die korrekt erhaltenen Datenteile der Segmente und rekonstruiert eine exakte Kopie der gesendeten Datensequenz. Da es durchaus zu Paketverlusten oder Empfang der Segmente in falscher Reihenfolge kommen kann, werden alle lückenhaft erhaltenen Datenteile in einem Schiebefenster, ähnlich dem des Senders zwischengespeichert. Sobald das Segment eintrifft, das die erste Lücke in der Datensequenz ausfüllt, kann das Fenster bis zur nächsten Lücke verschoben werden.

Die Größe des Sendefensters ist nicht statisch, sondern wird wie bereits angedeutet, nach dem *Slow Start* Prinzip adaptiert.

Zu Beginn einer Verbindung bzw. nach Ausbleiben von Quittungen wird das Sendefenster auf die Größe eines Segments zurückgesetzt. Bei Erhalt einer Quittung wird das Fenster um ein Segment vergrößert bis zur maximal vom Empfänger angegebenen Fenstergröße. Der Name Slow-Start ist etwas irreführend, da mit dem Eintreffen der Bestätigungen ein exponentielles Fensterwachstum verbunden ist. Prinzipiell verdoppelt sich die Länge des Fensters bei erfolgreicher Übertragung und rechtzeitiger Quittierung nach Ablauf der Umlaufzeit (engl. Round Trip Time, RTT), die sich der doppelten Einwegübertragungszeit und der Bearbeitungszeit beim Empfänger ergibt.

Aufgrund des exponentiellen Fensterwachstums entsteht eine hohe Oszillation der Fenstergrößen, die zu beträchtlichen Umlaufzeit- und Warteschlangenlängenschwankungen führt. Es wäre vorteilhaft, insbesondere in Überlastsituationen, die bereits aufgrund einer geringen Anzahl von Verbindungen hervorgerufen worden sind, die Fenstergröße in Abhängigkeit von der Anzahl aktiver Verbindungen zu reduzieren. Daher benutzen alternative Protokolle wie AMTP Kontraktionsgrößen, die ungleich Eins sind (vgl. Kapitel „AMTP - Adaptive Multicast Transfer Protocol"). Abbildung 5.6 verdeutlicht die große Oszillation des Sendefensters bei Einsatz von TCP zur Flußkontrolle.

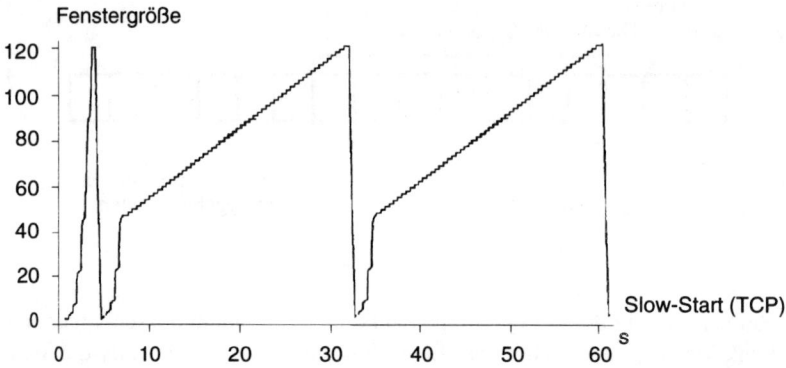

Abbildung 5.6: Fenstergrößenentwicklung bei Einsatz von Slow Start

Da die Länge des beim Sender zur Kontrolle der Verbindung eingesetzten Quittungstimers direkten Einfluß auf die eigene Senderate hat, soll die Justierung desselben etwas genauer betrachtet werden.

Die Berechnung der Länge des Quittungstimers ergibt sich aus einer Abschätzung der aktuellen Umlaufzeit sowie der Berücksichtigung von Mittelwert und/oder Varianz von zuvor gemessenen Werten. Quittungstimer haben einen großen Einfluß auf die Leistung (Quotient aus Durchsatz und Verzögerung) einer Kommunikationsverbindung. Ist ein Timer schlecht justiert und läuft deshalb zu früh ab, d.h., bevor eine Quittung empfangen werden konnte, werden Fehlerbehebungsmechanismen unnötigerweise aktiviert und jedes Paket, das seit der letzten Quittierung übertragen wurde, erneut gesendet. Ein Timer sollte also zumindest die Zeitspanne zweimal Übertragungszeit + Bearbeitungszeit beim Empfänger abdecken. Andererseits darf die Laufzeit eines Timers nicht zu lang sein, damit im Fehlerfall schnell reagiert werden kann.

Da sich im Verlauf einer Verbindung die RTT ändert, ist ein adaptiver Quittungstimer notwendig. Wenn jedoch die RTT-Änderungsrate größer als die Timeradaptionsrate ist, besteht die Gefahr unnötig initiierter Neuübertragungen [162]. Die Berechnung der Timer nach der *SRTT- (Smoothed RTT)* Methode [126] ist z.B. dem schnellen Wechsel zwischen Hoch- und Niedriglastphasen heutiger Kommunikationsnetze nicht gewachsen. Ein Nachteil dieser Methode ist die fehlende Einbeziehung der RTT-Varianz in die Berechnung des Timerwerts. Zumindest würde die Abschätzung der RTT-Varianz und die darauf basierende Berechnung des Timers die Unterbindung einiger überflüssiger Neuübertragungen [82] bewirken.

Zur Messung der RTT merkt sich der Sender den Absendezeitpunkt jedes TCP-Segments und ermittelt durch Differenzbildung mit der Ankunftszeit der Quittung die aktuelle RTT. Ein Problem vieler TCP-Implementierungen ist jedoch die eindeutige Abbildung einer Quittung auf das Originalpaket bzw. auf die möglicherweise bereits gesendeten Neuübertragungen. Erste in TCP integrierte Vorschläge zur Lösung dieses Problems waren zum einen die Messung der RTT ausgehend vom Originalpaket und zum anderen die Messung der RTT ausgehend von der aktuell gesendeten Neuübertragung. Die Zuordnung der Messung zum Originalpaket kann zu einem sehr schnellen Anstieg der RTT-Meßwerte bei Netzen mit hohen Paketverlustraten führen, während die zweite Methode nur dann funktioniert, wenn ein ablaufender Timer den Verlust der vorhergehenden Übertragung der gleichen Daten impliziert [162].

Diese Annahme des Verlustes der vorhergehenden Übertragung ist oft falsch, verspätete Quittungen kommen dann kurz nach Ablauf des Timers an. Da der aktuelle Timer demzufolge erst kurz zuvor gestartet wurde, stabilisiert sich die RTT-Abschätzung auf einem unrealistisch kurzen Wert, der wiederum zu unnötigen Paketneuübertragungen und Vergeudung von Bandbreite führt. Auf diese Problematik reagiert der Karn-Algorithmus [91]. Bei diesem Verfahren wird solange auf Messungen von RTTs verzichtet, bis ein Paket ohne nachfolgende Neuübertragung gesendet werden kann. Zusätzlich zu dieser Strategie setzt Karn einen Backoff-Algorithmus ein, der die Länge des Quittungstimers vor dem Neuübertragen eines Pakets ausdehnt. Ausschlaggebend für die Effizienz des Backoff-Algorithmus ist die Größe der Backoff-Intervalle (exponentielles Wachstum, [82]). Um das Anwachsen der Timer nach oben zu beschränken, sehen die meisten Implementierungen eine obere Schranke für diesen Wert vor.

Eine exakte, aber nur sehr selten in TCP-Implementierungen integrierte Option zur RTT-Messung ist der Einsatz von Zeitstempeln [71][83]. Diese werden vom Sender in jedes Datensegment (Optionsfeld) plaziert. Der Empfänger kopiert den Zeitwert in seine Quittung. Somit ist eine eindeutige RTT-Messung für jedes Paket möglich, indem der Sender den empfangenen Zeitstempel mit den gespeicherten Absendezeitpunkten vergleicht, ihn dann einem abgeschickten Paket zuordnet und anschließend von der aktuellen Zeit subtrahiert. Diese Strategie wird bereits in Protokollen wie XTP [158], RTP [140] und auch AMTP [67] eingesetzt.

Solange der Sender die Quittungen erhält, kann er sie als eine Art Taktgeber für weitere Segmentübertragungen nutzen. Er erkennt an der zeitlichen Aufeinanderfolge der Quittungspakete, ob im Netz ein Engpaß vorhanden ist, der seine Übertragung beeinträchtigt. Da der Empfänger die Bestätigungen nicht eher generieren kann, bevor ihn die Segmente, die das gesamte Netz durchqueren, erreichen, kann diese Methode als selbsttaktend bezeichnet werden. Es wird somit prinzipiell immer nur dann ein neues Paket übertragen, wenn ein anderes Paket der Verbindung das Netz verlassen hat. Die folgende Abbildung zeigt eine schematische Darstellung eines selbsttaktenden Flußkontrollprinzips, bei dem Sender und Empfänger lokal eine große Bandbreite zur Verfügung haben, die Verbindung selbst aber einen Engpaß durchquert. Die vertikale Ausdehnung in der Abbildung repräsentiert die Bandbreite, die horizontale Ausdehnung die Zeit. Werden Wartezeiten im System ausgeschlossen, so gilt unter Vernachlässigung der Größe der Quittungen bei einem selbsttaktenden System nach einer Einschwingzeit:

$$D_{MAX} = D_E = Q_S = Q_{MAX} = Q_E.$$

Die in der Abbildung 5.7 angegebenen Zeitabstände sind

D_{MAX}: der maximale Abstand zwischen zwei aufeinanderfolgenden Paketen einer Verbindung auf dem Weg zum Ziel

D_E: die Zwischenankunftszeit der Datenpakete beim Empfänger

Q_S: der zeitliche Abstand der Quittungspakete beim Empfänger (dem Sender der Quittungen)

Q_{MAX}: der maximale Abstand zweier aufeinanderfolgender Quittungen einer Verbindung

Q_E: die Zwischenankunftszeit der Quittungen beim Sender der Datenpakete

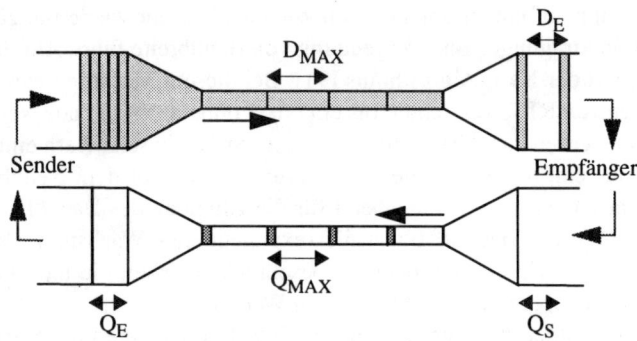

Abbildung 5.7: Selbsttaktende Flußkontrolle

5.2.2   OSI-Transportprotokoll

Das OSI-Transportprotokoll wurde im Rahmen der Standardisierungsbestrebungen der ISO als eine aus fünf unterschiedlichen Protokolltypen bestehende Schicht spezifiziert. Je nach Dienstqualität des unterliegenden Vermittlungsdienstes (verbindungslos oder verbindungsorientiert) und Dienstanforderungen der Transportdienstbenutzer wird eine der fünf Klassen ausgewählt.

Die Transportprotokollklassen 0 bis 4 verwenden den verbindungsorientierten Vermittlungsdienst. Transportprotokollklasse 4 kann wahlfrei auch über dem verbindungslosen Vermittlungsdienst angewendet werden.

Die Transportprotokollklasse 0 (Einfachklasse) stellt den einfachsten Typ einer Transportverbindung zur Verfügung. Sie ist zur Anwendung über einer Vermittlungsdienstverbindung mit akzeptabler Restfehlerrate nicht angezeigter Fehler und mit akzeptabler Fehlerrate angezeigter Fehler bestimmt. Es werden keine Mechanismen zur Flußkontrolle und Fehlerkorrektur bereitgestellt, da sie nicht benötigt werden.

Durch die Transportprotokollklasse 1 (Einfache Fehlerbehebungsklasse) werden Fehler behoben, die durch Rücksetzen oder Abbau der Vermittlungsdienstverbindung hervorgerufen werden. Diese Transportprotokollklasse setzt auf

Vermittlungsdienstverbindungen mit akzeptabler Restfehlerrate nicht angezeigter Fehler, aber nicht akzeptabler Fehlerrate angezeigter Fehler auf.

Die Transportprotokollklasse 2 (Multiplexklasse) entspricht im wesentlichen der Einfachklasse. Zusätzlich unterstützt sie das Multiplexen mehrerer Transportverbindungen über eine Vermittlungsdienstverbindung.

Die Transportprotokollklasse 3 (Fehlerbehebungs- und Multiplexklasse) umfaßt Funktionen der Transportprotokollklassen 2 und 1. Sie geht wie Transportprotokollklasse 1 von einer akzeptablen Restfehlerrate nicht angezeigter Fehler, aber einer nicht akzeptablen Fehlerrate angezeigter Fehler aus.

Neben den Funktionen der Transportprotokollklasse 3 werden durch die Transportprotokollklasse 4 (Fehlererkennungs- und -behebungsklasse) Fehler erkannt und behoben, die vom Vermittlungsdienst nicht angezeigt werden, wie z.B. Verlust, Verdoppelung, Verfälschung oder Reihenfolgefehler. Durch Aufspaltung einer Transportverbindung auf mehrere Vermittlungsdienstverbindungen können der Durchsatz gegenüber Verwendung einer einzelnen Vermittlungsdienstverbindung und die Robustheit gegen Netzfehler verbessert werden. Transportprotokollklasse 4 ist somit zur Anwendung über einem Vermittlungsdienst vorgesehen, der nicht akzeptable Restfehlerraten aufweist.

Bei der Beschreibung dieser Basis-Transportprotokollklassen wird offensichtlich, wie wenig die Entwickler an Ende-zu-Ende-Protokolle für heterogene Netze gedacht haben. Für jeden erdenklichen Netztyp wird eine spezielle Klasse des Protokolls angeboten. Ob unter den verfügbaren Klassen ein für heterogene Netze geeignetes Protokoll existiert, ist nicht erwiesen. Wie die geeignete Transportklasse ausgewählt wird, bleibt ebenfalls offen.

Zusätzlich zur Definition dieser Basisklassen hat die ISO Richtlinien zur Konformität eines zur Realisierung dieser Transportprotokollklassen entwickelten Systems herausgegeben. Es ist Transportprotokollklasse 0 oder Transportprotokollklasse 2, oder es sind beide zu implementieren. Ein System, das Transportprotokollklasse 3 und/oder 4 implementiert hat, muß auch Transportprotokollklasse 2 implementiert haben. Ein System, das Transportprotokollklasse 1 implementiert hat, muß auch Transportprotokollklasse 0 implementiert haben.

Nach [ISO93a] können vom Transportdienstbenutzer verschiedene Dienstqualitätsanforderungen gestellt werden. Diese sind in „Geschwindigkeitskriterien" und „Zuverlässigkeitskriterien" eingeteilt. Tabelle 5.1 gibt einen Überblick über die von einer Transportdienstverbindung anzufordernden Dienstqualitätsgrößen. Es können ausschließlich Leistungskenngrößen angefordert werden, während neue Dienste wie Mehrpunktkommunikation oder Synchronisation der Anwendungsdatenströme noch nicht vorgesehen sind. Leider geht die Spezifikation des OSI-Transportdienstes nicht über die Möglichkeit der Definition der Größen hinaus. Es werden keinerlei Methoden zur Kontrolle und Einhaltung vorgestellt.

Tabelle 5.1: Leistungsbezogene QOS-Anforderungen

Kommunikations-phase	Geschwindigkeits-kriterien	Zuverlässigkeits-kriterien
Verbindungsaufbau	Verbindungsaufbau-verzögerung	Verbindungsaufbau-Fehlerwahrscheinlichkeit
Datenübertragung	Durchsatz Antwortzeit	Restfehlerrate Verbindungsabbruchs-Wahrscheinlichkeit
Verbindungsabbau	Verbindungsabbau-verzögerung	Verbindungsabbau-Fehlerwahrscheinlichkeit

Eine TPDU (Transport Protocol Data Unit) setzt sich aus Header und Datenteil zusammen, wobei der Header wie in Abbildung 5.8 dargestellt, aus drei logischen Teilen zusammengesetzt ist:

- Längenbezeichner (Length Indicator, LI), der die Länge des gesamten Headers angibt (maximal 254 Bytes).

- Fixer Teil zur Codierung unterschiedlicher TPDU-Typen: Das OSI Transportprotokoll unterscheidet TPDUs, die zum Verbindungsaufbau, zum Verbindungsabbau sowie zum eigentlichen Datentransfer ausgetauscht werden. Bestandteil dieses Feldes sind auch die Identifikation von Quell- und Zieladresse, sowie die Angabe der bevorzugten Transportklasse.

- Variabler Teil zur Codierung von Parameter (optionale Funktionen), die u.a. die Qualität der Transportverbindung charakterisieren. Dazu gehören QOS-Parameter, die eine obere Grenze für den Durchsatz, die Übertragungsverzögerung und die Restfehlerrate festlegen. Der PLI (Parameter Length Indicator) gibt die Länge des optionalen Parameterfeldes an.

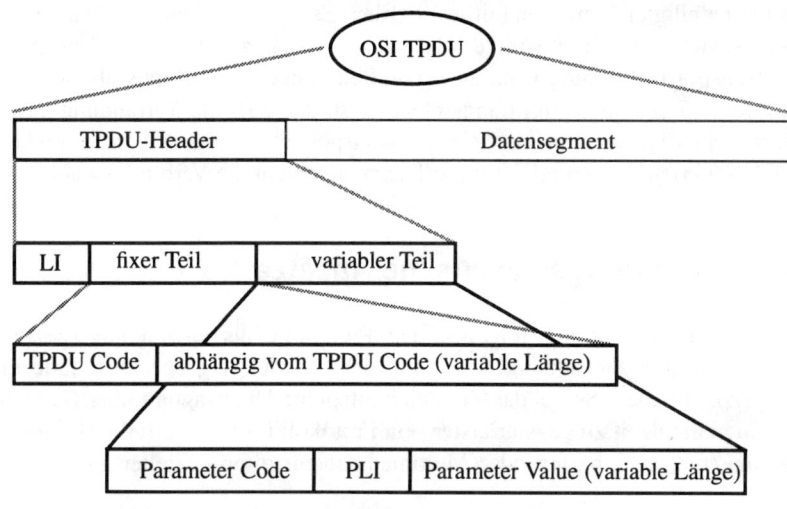

Abbildung 5.8: TPDU-Format

Verbindungsaufbau. Die Aufbauphase einer OSI-Transportverbindung beginnt mit der Zuweisung einer Transportverbindung zu einer Verbindung der Vermittlungsschicht. Dies geschieht unter Zuhilfenahme der N-CONNECT-Dienstprimitive. Nachdem die Vermittlungsschicht eine entsprechende Verbindung aufgebaut hat, kann die Transportschicht mittels N-DATA-Dienstprimitiven TPDUs übertragen. Als erstes sendet sie eine Verbindungsaufbaunachricht (CONNECT_ Request TPDU) zur Partnerinstanz, die darauf mit einer Bestätigung (CONNECT_Confirm TPDU) oder einer Ablehnung (DISCONNECT_Request TPDU) reagiert.

Übertragung von Nutzerdaten. Benutzerdaten werden normalerweise in entsprechenden DATA TPDUs übertragen. Transportklassen 1 bis 4 ermöglichen zusätzlich das Versenden von Nutzerdaten bereits während des Verbindungsaufbaus. Dies ist insbesondere bei geringen Datenmengen, die zeitkritisch sind, von Vorteil.

Überschreitet die TSDU-Größe (Transport Service Data Unit) die maximal zulässige TPDU-Größe, erfolgt eine Segmentierung der TSDU auf mehrere TPDUs. Der Empfänger erkennt die letzte dieser logisch zusammengehörigen TPDUs am gesetzten EOT-Flag (End Of TSDU). Die richtige Reihenfolge der TPDUs muß durch die Vermittlungsschicht gewährleistet werden.

Die Abbildung mehrerer TPDUs auf eine einzelne NSDU ist nicht möglich. Das heißt, jede TPDU, unabhängig von ihrer Größe, wird in einer einzelnen NSDU an die Netzwerkschicht (Vermittlungsschicht) übergeben.

Verbindungsabbau. Der Verbindungsabbau einer Transportverbindung kann von einer der beteiligten Instanzen initiiert werden. Es wird dabei nicht auf eine Bestätigung gewartet, sondern vom erfolgreichen Abbau ausgegangen. Der Abbau einer Transportverbindung kann auch von Seiten der Vermittlungsschicht ausgelöst werden. Stellt die Vermittlungsschicht fest, daß z.B. die Verbindung zusammengebrochen ist, so informiert sie die Transportschicht durch Senden einer N-RESET-Nachricht, aufgrund derer die Transportschicht die Verbindung abbaut.

5.3   Anwendungsspezifische Ansätze

Die Charakterisierung der folgendenden Protokolle als anwendungsspezifisch resultiert aus den Zielsetzungen, die bei der Entwicklung der Protokolle eine Rolle gespielt haben. Sei es das Ziel, eine effiziente Übertragung über Netze mit langer Signallaufzeit zu gewährleisten, ein Protokoll für eine verteilte Betriebssystemumgebung zu schaffen oder Multimediadatenströme gezielter zu unterstützen.

5.3.1   NETBLT

Das Network Block Transfer Protocol [34] wurde für die Übertragung von großen Datenmengen über Verbindungen mit langer Verzögerungszeit (z.B. Satellitenverbindungen) entwickelt und baut auf IP (Internet Protocol) auf. Daten werden nur in eine Richtung übertragen. Zusätzlich zur Fenstertechnik besitzt der Sender erstmals die Möglichkeit, die Übertragungsgeschwindigkeit mittels einer ratenbasierten Flußkontrolle zu überwachen. NETBLT verlangt vom Anwendungsprozeß eine Segmentierung der zu übertragenden Daten in große Puffer. Jeder Puffer wird als eine Art Fenster betrachtet, das von NETBLT in Pakete aufgeteilt, übertragen und beim Empfänger wieder zusammengesetzt wird. Der Sender informiert den Empfänger im voraus, wann er welchen Puffer senden wird. Nach Ablauf einer entsprechenden Zeitschranke, die der Sender basierend auf den beim Verbindungsaufbau ausgehandelten Werten (Burst Size, Burst Rate) berechnen kann, fordert der Empfänger mittels negativer Quittungen die Neuübertragung der Daten. Aufgrund der Reservierung von Puffern in den Endsystemen ist der Datenverlust bei den Empfängern ausgeschlossen.

NETBLT's Pufferreservierierungs-Strategie hat das Design vieler anderer Transportprotokolle beeinflußt. In AMTP ist dieses Verfahren aufgrund des Transfersystem-Charakters von AMTP auf Zwischensysteme erweitert worden. Zusätzlich basiert der von AMTP angebotene zuverlässige Multicast-Dienst auf der hier vorgeschlagenen Kopplung von Fenster- und Ratenkontrolle, die in ähnlicher Form bereits in XTP integriert worden ist.

5.3.2 RTP

Das Real-Time Transport Protocol RTP wurde speziell für Realzeit-Anwendungen entwickelt. RTP [140] benutzt Dienste eines Ende-zu-Ende Transportprotokolls wie UDP, TCP, OSI TP oder auch eines Netzwerkprotokolls wie IP. RTP ist daher nicht als reines Transportprotokoll zu verstehen, sondern eher als eine Art Zusatzdiensterbringer für den Anwender, der mit der Funktionalität seines Transportsystems nicht zufrieden ist. Die wesentlichen Dienste sind

- Festlegung von Codierungsverfahren für die Anwenderdaten,

- Playout-Synchronisation zwischen Sender und einer Menge von Empfängern,

- Demultiplexen von Anwendungsströmen,

- Fehlererkennung,

- Entschlüsselung sowie

- QoS-Überwachung.

Vom darunterliegenden Netzwerk wird nicht vorausgesetzt, daß es jederzeit verfügbar ist; vielmehr wird davon ausgegangen, daß es

• unzuverlässig ist,

• willkürlich Verzögerungen auftreten,

• oder Pakete in falscher Reihenfolge ankommen.

RTP bietet im Vergleich zu herkömmlichen Transportprotokollen ein deutlich erweitertes Spektrum an Diensten.

Wahl zwischen Simplex- und Duplex-Übertragung. Betrachtet man den Informationsaustausch, so können Protokolle grob in drei Klassen eingeteilt werden:

- Im ersten Fall können Pakete einer Verbindung nur in eine Richtung transportiert werden. Somit ist der Empfänger nicht in der Lage, die Arbeitsweise des Senders durch das Versenden von Kontrollnachrichten zu beeinflussen. UDP operiert nach diesem Prinzip.

- Das Gegenteil liegt genau dann vor, wenn sich das Protokoll völlig symmetrisch während der Datentransferphase verhält. Hier können sowohl Daten- als auch Kontrollpakete in beide Richtungen verschickt werden. Ein Beispiel für ein solches Protokoll ist TCP.

- Eine Alternative zwischen der ersten und zweiten Klasse liegt dann vor, wenn der Datentransfer unidirektional erfolgt, der Empfänger jedoch in der Lage ist, Kontrollnachrichten in entgegengesetzter Richtung zu versenden. Somit ist dem Adressaten z. B. die Möglichkeit gegeben, das wiederholte Senden von fehlerhaften bzw. verlorengegangenen Paketen beim Sender anzufordern.

Jede bidirektionale Übertragung kann durch zwei unidirektionale simuliert werden. Für die meisten Anwendungen reicht normalerweise ein unidirektionaler Datenfluß völlig aus. Dennoch soll es dem Empfänger möglich sein, die Arbeitsweise - wie unter Punkt drei beschrieben - zu beeinflussen. In RTP existieren drei Methoden, mit denen der Sender zwischen Kontrollpaketen und Datenpaketen unterscheiden kann. Stimmen Sende- und Empfangsport überein, muß eine spezielle Paketmarkierung vorgenommen werden, um zwischen Daten- und Kontrollnachrichten unterscheiden zu können. Entweder zeigt das Vorhandensein von bestimmten Optionen ein Kontrollpaket an oder die Optionen werden als Kontrollinformationen gedeutet und der Rest des Pakets als Daten. Die zuletzt genannte Vorgehensweise scheint flexibler und symmetrischer zu sein; sie ähnelt sehr dem bekannten Piggybacking-Quittungsverfahren von TCP.

Darüber hinaus können unterschiedliche Multicast-Adressen die gleiche Portnummer verwenden. In diesem Fall muß der Empfänger zur Identifizierung die Multicast-Adresse im Kontrollpaket eintragen. Als letztes Kennzeichungsmittel kann der *flow-identifier* verwendet werden. Als größter Nachteil erweist sich die Tatsache, daß jede Anwendung auf einem Host alle Kontrollpakete empfangen und anschließend entscheiden muß, ob sich das eingetroffene Paket auf einen von dieser Anwendung verwalteten Kanal bezieht.

Des weiteren ist es auch vorstellbar, daß alle Kontrollpakete, die von den Empfängern zum Sender gesendet werden, einen Port verwenden, welcher sich vom Datenport unterscheidet. Da durch diese Vorgehensweise der Typ des Pakets durch den verwendeten Port gekennzeichnet wird, müssen nun lediglich die Multicastadresse und die *flow identification* mit übertragen werden. Es bleibt anzumerken, daß sich durch die Hinzunahme eines speziellen Ports die Portaushandlung etwas komplizierter gestaltet und das die Anwendung weiterhin eintreffende Kontrollnachrichten demultiplexen muß. Möchte man auf Demultiplexing - basierend auf flow identification und Multicastadresse - verzichten, so müssen verschiedene Antwortports für jeden flow verwendet werden. Dies setzt jedoch voraus, daß jede Quelle allen Empfängern mitteilen muß, auf welchem Port Kontrollpakete empfangen werden, d.h., jeder Teilnehmer, der Daten versenden und Kontrollnachrichten empfangen möchte, muß seine Portnummer allen anderen Teilnehmern der Verbindung bekannt geben. Da der *reverse control port* während einer bestehenden Verbindung unverändert bleiben soll, sollte diese Information - quasi als Bestätigung - periodisch verschickt werden. Das Verteilen der Portinformation hat den Vorteil, daß die Anwendung nun über die Flexibilität verfügt, spezielle *flows* als potentielle Empfänger von Kontrollnachrichten auszuzeichnen.

Playout-Synchronisation. Eines der wichtigsten Anliegen von RTP ist die Unterstützung verschiedenster Formen der Synchronisation von Nutzerdaten, wobei diese nicht notwendigerweise durchgeführt werden muß. Grundsätzlich lassen sich drei Arten der Synchronisation unterscheiden:

1 Playout-Synchronisation

   Die Empfangsinstanz leitet empfangenen Daten, die zu einer logischen Einheit gehören, zu einem bestimmten Zeitpunkt nach Erhalt der Nachricht an den Benutzer weiter. Der Zeitpunkt der Weiterleitung kann zum einen auf der Vereinbarung eines festen Zeitverhältnisses (konstante Verzögerung) zwischen Sender und Empfänger basieren, zum anderen kann der Weiterleitungszeitpunkt in Abhängigkeit von der Weiterleitung der letzten Daten an den Benutzer abhängig gemacht werden.

2 Intramediale Synchronisation

   In diesem Fall spielen alle Empfänger das gleiche Segment zum selben Zeitpunkt ab. Diese Synchronisationsmethode wird vorwiegend zur Simulation verwendet.

3 Intermediale Synchronisation

   Schlagwort in diesem Zusammenhang ist Lippensynchronität, d.h., das zeitliche Verhältnis von mehreren Medienquellen (Sprache, Bild, Text) wird beim Empfänger wieder rekonstruiert. Das wichtigste Beispiel ist die Synchronisation zwischen Audio und Video.

Im Zusammenhang mit der Playout-Synchronisation spielen die Begriffe Playout-Einheit und Synchronisationseinheit eine wichtige Rolle. Eine Playout-Einheit umfaßt eine Gruppe von Paketen mit einem gemeinsamen Zeitstempel. Im Falle der menschlichen Stimme besteht diese Einheit aus einem einzigen Stimmensegment. Demgegenüber kann ein Videoframe in mehrere Subframes aufgeteilt werden, wobei jeder dieser Subframes aus Paketen mit gleichem Zeitstempel besteht. Die Reihenfolgeerkennung der einzelnen Pakete bzw. Subframes erfolgt an Hand von Sequenznummern. Eine Synchronisationseinheit umfaßt mindestens eine Playout-Einheit.

RTP's Paketaufbau. Der Aufbau des Headers von RTP-Dateneinheiten ist in Abbildung 5.9 skizziert. Es ist zu beachten, daß die ersten 8 Bytes Bestandteil eines jeden RTP-Pakets sind. Die Angaben in Klammern geben hier jeweils die Anzahl der Bits pro Feld an.

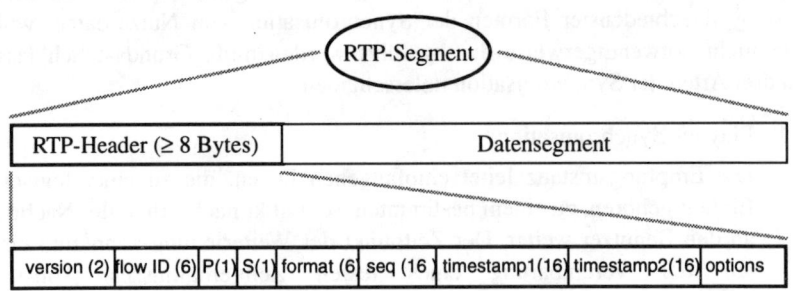

Abbildung 5.9: Aufbau eines RTP-Segments

Das zwei bit umfassende version-Feld beschreibt die eingesetzte Versionsnummer von RTP. Der sogenannte Flow Identifier (flow Id) ist Teil eines Tupels, welches einen Übertragungskanal eindeutig spezifiziert. Ein Kanal wird zum einen durch die Empfängernetzwerkadresse (unterliegendes Transportprotokoll) und zum anderen durch die flow Id beschrieben; d.h., RTP-Segmente, die die gleiche flow ID besitzen und an die gleiche Empfängeradresse gesendet werden, gehören dem gleichen Übertragungskanal an.

Werden RTP-Header Optionen hinzugefügt, so wird das option present bit P auf Eins gesetzt, andernfalls auf den Wert Null. Handelt es sich bei dem aktuellen Paket um das letzte einer Synchronisationseinheit, so hat das end-of-synchroniza-tion-unit-bit S den Wert Eins. Somit kann der Anfang einer neuen Synchronisationseinheit direkt vom end-of-synchronization-unit-bit S abgeleitet werden.

Der Wert des format-Feldes dient als Index in einer Tabelle und wird vom RTP-Benutzer ausgewertet.

Verschickte RTP-Dateneinheiten werden durch einen Zähler, die sogenannte sequence number (seq), registriert. Die Sequenznummer wird automatisch nach dem Versenden eines Pakets um Eins inkrementiert. Der Empfänger kann diese Information z. B. dazu verwenden, Paketverluste festzustellen oder die ursprüngliche Paketreihenfolge wiederherzustellen.

Den Zeitpunkt, an dem das RTP-Segment generiert wurde, spiegelt der Zeitstempel (timestamp1, timestamp2) wieder. Dieser Stempel besteht aus den mittleren 32 bit des 64-bit umfassenden NTP-Zeitstempels, wie er in [108] festgelegt wurde. Der Stempel des ersten Pakets einer Synchronisationseinheit gibt den Samplingzeitpunkt wieder, welcher von einer lokalen Systemuhr gemessen wird. Diese lokale Uhr sollte durch ein Zeit-Synchronisationsprotokoll - wie z. B. NTP - kontrolliert werden. Der trotz Einsatz von NTP auftretende Gangunterschied zwischen Systemuhr und Samplinguhr sollte jedoch so gering sein, daß er nahezu vernachlässigt werden kann. Innerhalb einer Synchronisationseinheit können die Zeitstempel aufgrund der logischen Zeitverhältnisse zwischen den einzelnen

Paketen ermittelt werden. Betrachtet man z. B. Audio-Samples, kann das minimale Samplingintervall verwendet werden.

5.3.3 VMTP

Das Versatile Message Transaction Protocol [153] wurde an der Stanford University als Transportprotokoll für das verteilte Betriebssystem V entworfen. Es bietet die speziell für diesen Bereich nötige Unterstützung transaktionsorientierter Anwendungen, wie z.b. Remote Procedure Calls, die i.allg. kleine Datenmengen austauschen. Die bis zu diesem Zeitpunkt existierenden Transportprotokolle waren aufgrund ihrer hohen Kosten für den Verbindungsauf- und -abbau und aufgrund ihrer Zielsetzung, einen möglichst zuverlässigen Dienst anzubieten, für solche Umgebungen nicht geeignet. VMTP hält den Aufwand für Kontrollnachrichten, wie z.b. Quittungen und Verbindungsverwaltung, gering. Zum einen werden die Antworten des einen Kommunikationspartners als implizite Quittungen für den Empfang der Nachrichten des anderen Kommunikationspartners verwendet. Zum anderen setzt VMTP einen impliziten Verbindungsauf- und -abbau ein, der eigene Kontrollnachrichten überflüssig macht.

VMTP's transaktionsbasierte Semantik hat entscheidenden Einfluß auf den in AMTP spezifizierten transaktionsorientierten sowie den „Best effort-" Multicast-Dienst.

Obwohl verschiedene Implementierungen von NETBLT und VMTP existieren und beide Protokolle in die Internet-Protokollsäule integriert wurden, gelang es ihnen nicht, TCP zu verdrängen oder zu ersetzen.

5.3.4 TP++

TP++ [16] ist ein Transportprotokoll für Multimedia-Anwendungen, das bei Bellcore entworfen wurde. Das primäre Ziel bei der Entwicklung von TP++ war und ist die effiziente Implementierung in Hardware. Beim Protokollentwurf wurde insbesondere darauf geachtet, Abhängigkeiten zwischen den einzelnen Protokollfunktionen zu vermeiden, Einschränkungen der Bearbeitungsreihenfolgen zu vermeiden, die technologischen Möglichkeiten von Hardware-Implementierungen auszuschöpfen und eine optimale Leistung in heterogenen Netzen mit großem Verzögerungs-Bandbreiten-Produkt sicherzustellen.

Wichtige Charakteristika, die auch das Design neuerer Protokolle beeinflußt haben, waren der Wegfall des Multiplexens mehrerer Transportverbindungen auf eine Netzwerkverbindung und der Einsatz von Forward Error Correction (FEC) zur effizienteren Fehlerbehebung auf Übertragungsmedien mit hoher Bandbreite und langen Signallaufzeiten. Durch den Wegfall des Multiplexing/ Demultiplexing wird eine Bijektion zwischen eintreffenden und ausgehenden Datenströmen erreicht. Jeder Datenstrom erhält seine eigene Identifikation. Dadurch entfallen Kosten des Demultiplexing völlig, und man kann auf eine interne Adressierung der Datenströme verzichten. Des weiteren kann die Übertragung der einzelnen

Datenströme durch eine dedizierte Dienstqualität unterstützt werden. Dieser Mechanismus ist insbesondere dann von Vorteil, wenn die Daten mehrere Zwischensysteme passieren müssen. Gemultiplexte Datenströme machen eine adäquate Unterstützung nahezu unmöglich, da die einzelnen Datenströme von den Zwischensystemen nicht identifiziert werden können. Der Verzicht auf Multiplexing gestattet hingegen den Einsatz von Scheduling-Mechanismen und Reservierungsstrategien für die einzelnen Datenströme. Der Einsatz von FEC-Strategien beeinflußte vor allem das Design des in AMTP eingesetzten „Fast Multicast Service", der keine zeitaufwendigen Datenwiederholungen duldet.

5.4   Konfigurierbare Ansätze

Entgegen der üblichen OSI-Schichtenstruktur verschmelzen die folgenden Protokolle Funktionalitäten mehrerer OSI-Protokollebenen in ein Protokoll, mit dem Ziel, eine höhere Leistung zu erzielen und bestimmte Protokollfunktionalitäten erst realisierbar zu machen. Des weiteren bieten diese Protokolle dem Dienstbenutzer in mehr oder weniger eingeschränkter Form die Möglichkeit, das Protokoll nach seinen Bedürfnissen zu konfigurieren oder zu parametrieren. Da einem Anwender nicht abverlangt werden kann, genau zu wissen, welches die für ihn günstigste Konfiguration ist, muß der Entscheidungsprozeß durch eine separate Einheit durchgeführt werden.

5.4.1   XTP

Das Xpress Transfer Protocol [158] war eines der ersten Protokolle, das Funktionen der OSI-Schichten 3 und 4 umfaßte, somit als Transferprotokoll bezeichnet werden konnte. Mittlerweile liegt zusätzlich eine reine Transportprotokoll-Realisierung von XTP vor. Der Hauptvorteil des Transfer-Ansatzes ist die Möglichkeit der Bearbeitung der Datenströme in den Zwischensystemen gemäß der vom Dienstbenutzer spezifizierten Anforderungen. Dadurch ist XTP im Gegensatz zu herkömmlichen Transportprotokollen in der Lage, Reservierungs- und Schedulingstrategien in den Zwischenknoten auszuführen, Fluß- und Ratenkontrollverfahren in den Zwischensystemen zu unterstützen und der Überlastproblematik nicht nur auf Ende-zu-Ende-Basis entgegenzutreten.

Seit Beginn der Entwicklung im Jahre 1987 sind die in XTP eingesetzten Protokollmechanismen im wesentlichen unverändert geblieben. Gewandelt hat sich jedoch die Syntax des Protokolls. Zunächst als Trailer-Protokoll konzipiert, ist jetzt die gesamte Kontrollinformation bis auf die Datenprüfsumme im Header positioniert. Diese Designentscheidung hängt damit zusammen, daß u.a. Zieladressen, Pakettypinformationen, Sequenznummern und andere Kontrollinformationen vor der eigentlichen Ankunft der Daten bekannt sein sollten. Im Gegensatz zu TCP und TP4 ist jedoch auf die Positionierung der Datenprüfsumme im Header verzichtet worden, da dies ein abermaliges Zugreifen auf den Header nach

Bearbeitung der Daten erforderlich machen würde. Insbesondere in Hinblick auf eine Hardware-Implementierung ist diese Syntaxentscheidung getroffen worden. Des weiteren besitzen sämtliche Kontrollfelder im Header eine feste Größe, was den Generierungs- und Parsingaufwand reduziert und die parallele Verarbeitung der Kontrollfelder erleichtert.

Das Ziel, das die Entwicklung von XTP beflügelt hat, war der Entwurf einer Hardware-Implementierung. Die Arbeiten daran werden seit 1988 in einem Konsortium durchgeführt, das von der Industrie und von Forschungseinrichtungen finanziell unterstützt wird (Technical Advisory Board). Zusätzlich beteiligt sich das Research Affiliate Program des XTP-Forums [75] an der Weiterentwicklung von XTP. In diesem Programm sind eine Vielzahl von Universitäten an der Erforschung neuer Transferprotokollmechanismen tätig. Seit Ende 1991 liegt eine weitgehend stabile Protokollspezifikation vor, die jedoch Ende 1994 durch eine ausschließlich auf Transportfunktionalität konzentrierte Spezifikation ersetzt wurde.

Das eigentliche Ziel des Designs von XTP, die Entwicklung einer Hardware-Implementierung, wurde 1992 wegen Geldmangels aufgegeben. Seitdem hat die Popularität von XTP jedoch nicht nachgelassen. XTP ist bereits in verschiedenen nationalen und internationalen Normungsgremien eingebracht worden. Trotz dieser Maßnahmen ist es bisher nicht gelungen, TCP zu verdrängen. Ein Grund dafür sind sicherlich die bisher verfügbaren sequentiellen Implementierungen des Protokolls, die nur geringfügig die Leistung des TCP-Protokolls übersteigen [Hein94a]. Die Leistungsfähigkeit von XTP kommt erst dann zum Tragen, wenn das Protokoll in Netzen mit großer Speicherkapazität eingesetzt wird. Verstärkt werden die Vorteile von XTP, wenn die im Protokolldesign [158] enthaltene Nebenläufigkeit ausgenutzt wird ([75], [24], [74]).

Neben der Leistung eines Protokolls sollte auch dessen Funktionalität betrachtet werden. Besondere Charakteristika des Protokoll-Designs, die auch die Entwicklung von AMTP beeinflußt haben, sind zum einen die Konfigurierbarkeit des Protokolls, die es dem Dienstbenutzer ermöglicht, aus verschiedenen Mechanismen zur Erbringung eines Dienstes auszuwählen, und zum anderen der für lokale Netze konzipierte Multicast-Algorithmus. Unter anderem gestattet XTP die Auswahl zwischen implizitem Verbindungsaufbau und Handshake-Verfahren, die Auswahl und Kombination verschiedener Flußkontrollmechanismen (fenster- und ratenbasiert) und Fehlerbehebungsstrategien (Go-Back-N, Selektive Neuübertragung), in eingeschränktem Maß die Adaption der Protokollparameter während einer aktiven Kommunikationsverbindung oder auch das Abschalten bestimmter Protokollfunktionen. Ein weiterer XTP-Bestandteil ist die Verwendung von Verbindungsschlüsseln zur Beschleunigung des Zugriffs auf die Zustandsinformationen einer Verbindung.

5.4.2 PATROCLOS

PATROCLOS (Parallel Transport Subsystem for Cell Based High Speed Networks [24]) ist ein an der Universität Karlsruhe entwickeltes Transportsubsystem, das im Hinblick auf den Einsatz in zellenbasierten Hochgeschwindigkeitsnetzen und die effiziente Implementierung auf parallelen Architekturen entwickelt wurde. PATROCLOS umfaßt zusätzlich zu Funktionalitäten der OSI-Schichten 3 und 4 die OSI-Schicht 2b. Das primäre Einsatzfeld zielt auf ATM-basierte Netze ab. Daher kann PATROCLOS auch als erweiterter ATM-AAL bezeichnet werden. Da der Nutzen eines separaten Transportprotokolls oberhalb der ATM-AALs noch nicht geklärt ist, bietet dieses Protokoll die Vereinigung der AALs mit dem Transfersystem und somit eine weitere Reduzierung replizierter Funktionalitäten: Verbindungsverwaltung, Fehlererkennung und -behebung, Multiplexen, Ende-zu-Ende-Synchronisation.

Der Systementwurf von PATROCLOS basiert auf ähnlichen Konzepten, wie sie auch beim Design von AMTP angewandt wurden. Es ist eine strikte Trennung zwischen Steuer- und Datentransferfunktionen durchgeführt worden, das Protokoll ist modular spezifiziert, ähnlich der XTP zugrundeliegenden Automatenspezifikation, und verzichtet auf die Nutzung von allgemein verfügbaren Ressourcen (Datenbereiche, Wegewahltabellen).

5.4.3 AMTP

Das Adaptive Multicast Transfer Protocol (AMTP, [66]) ist als zentraler Bestandteil der DyCAT-Architektur [65] entwickelt worden. Das modulare Design in weitgehend voneinander unabhängige Funktionalitätsbausteine basiert auf der Spezifikation des Protokolls mittels höherer Petri-Netze (Produktnetze, [74]). Die Anwendung der Produktnetze ermöglicht die Ableitung protokollinhärenter Nebenläufigkeit und damit ein modulares Design, das eine effiziente Konfigurierbarkeit des Protokolls gestattet. Das Protokoll ist nicht auf bestimmte Einsatzumgebungen spezialisiert, sondern kann aufgrund seiner Konfigurierbarkeit sowohl oberhalb unterschiedlicher ATM-AALs als auch oberhalb von Netzwerkarchitekturen, die aus dem LAN-Bereich stammen, sowie oberhalb von Internetprotokollen wie IP oder ST-II, eingesetzt werden. In Abhängigkeit von der durch die unterliegenden Netzarchitekturen gebotenen Dienste, wird die nötige Funktionalität von AMTP entsprechend selektiert.

Wesentliche funktionale Bestandteile des Protokolls sind die Bereitstellung eines für den WAN-Bereich konzipierten zuverlässigen Multicast-Dienstes, der die aktive Unterstützung durch Zwischensysteme integriert, ein adaptiver fensterbasierter Flußkontrollmechanismus, der die Lastschwankungen herkömmlicher Verfahren erheblich reduziert sowie der Einsatz verschiedener Datenwiederholungs-strategien (redundante Wiederholungen, router-basierte Neuübertragung usw.).

Zu AMTP existiert eine neuartige Dienstsemantik, die eine Aufteilung in Primär- und Sekundärdienste vorsieht. Die Multicast-Dienste orientieren sich an der in [217] angegebenen Spezifikation für Punkt-zu-Punkt-Kommunikation. Eine detaillierte Beschreibung der AMTP-Dienstspezifikation bietet [66].

Ein Defizit vieler Protokolle ist das ausschließlich für bestimmte Anwendungen und Netze optimierte Design. AMTP, PATROCLOS und mit Einschränkungen XTP bieten die größte Vielfalt an Protokollmechanismen, sind somit auch am vielseitigsten einsetzbar. Damit Konfigurierung nicht leistungshemmend wird, müssen die entsprechenden Protokolle effizient implementiert werden. AMTP und PATROCLOS sind daher bereits in Hinblick auf eine spätere parallele Implementierung formal spezifiziert worden. Das AMTP zugrundeliegende Dienstkonzept führt zu einer weiteren Leistungssteigerung gegenüber rein konfigurierbaren Ansätzen.

Neben Basisdiensten werden von einigen Transportprotokollen spezielle Dienste angeboten. Im Gegensatz zu alternativen Protokollen bietet AMTP die Möglichkeit, neben einem verbindungsorientierten auch einen verbindungslosen sowie einen transaktionsorientierten Dienst für Punkt-zu-Punkt- und Mehrpunkt-Verbindungen auszuwählen. Des weiteren können AMTP-Nutzer den Zuverlässigkeitsgrad der Multicast-Verbindung bestimmen und zwischen verschiedenen Fehlerkontrollmechanismen auswählen. Der AMTP-Multicast-Algorithmus funktioniert im Gegensatz zum XTP-Multicast-Algorithmus nicht nur in lokalen Umgebungen, sondern auch auf Weitverkehrsnetzen.

5.5 Unterstützung von Mehrpunktkommunikation

Nachdem in den Kapiteln 5.2 - 5.4 etablierte Protokolle und neue Protokollansätze bzgl. ihres Dienstangebots beschrieben worden sind, analysiert dieses Kapitel einige der aufgrund der Anforderungen durch neue Anwendungen und infolge der zunehmenden Heterogenität der unterliegenden Netze entstehenden Problembereiche detaillierter. Die Untersuchungen konzentrieren sich neben der Mehrpunktkommunikation vor allem auf die Fluß- und Überlastkontrolle (vgl. Kapitel 5.6). Für beide Problembereiche wird zudem die Interaktion mit Bedienstrategien und Reservierungstechniken in Zwischensystemen skizziert.

Im Kapitel 2.2.2 ist gezeigt worden, daß eine Vielzahl von Anwendungen die Bereitstellung eines Transfersystems verlangt, das unterschiedliche Mehrpunktsemantiken anbietet. Im folgenden wird gezeigt, daß die bereits für die Punkt-zu-Punkt-Kommunikation existierenden Dienste und Protokolle nicht ohne größere Modifikationen für Mehrpunktszenarien geeignet sind. Die auftretenden Probleme werden erläutert, und die wenigen existierenden, durch Transfersysteme erbrachten Ansätze vorgestellt. Besonders detailliert wird auf die in XTP eingesetzten Algorithmen für eine Ende-zu-Ende-Kontrolle von Multicast-Verbindungen und die Verfahren zur Reduzierung der Quittungspaketimplosion in diesem Protokoll eingegangen. Obwohl die in XTP angewandten Mechanismen ausschließlich in lokalen Netzumgebungen sinnvoll einsetzbar sind, hatten sie entscheidenden Einfluß auf die in AMTP integrierte Funktionalität zur Untersttzung von Multicast-Verbindungen in Weitverkehrsnetzen.

5.5.1 Zuverlässigkeit und Quittungspaketimplosion

Während von einer zuverlässigen Punkt-zu-Punkt-Kommunikationsverbindung verlangt wird, daß die zu übertragenden Daten in der richtigen Reihenfolge, fehlerfrei und eindeutig beim Empfänger ankommen, sind bei der Definition der Zuverlässigkeit einer Mehrpunktverbindung weit mehr Einflußgrößen zu berücksichtigen. Die Kommunikationspartner sollten in der Lage sein, den gewünschten Zuverlässigkeitsgrad der Gruppenverbindung auszuhandeln und diesen mit der zusätzlichen Hilfe eines Gruppenmanagementprotokolls zu garantieren.

Zur Definition einer Gruppe sei hier auf [220] verwiesen. Unter einer Gruppe wird eine Anzahl von Protokollinstanzen verstanden, deren Zugehörigkeit zu einer Gruppe durch sogenannte Mitgliedschaftsregeln des Systemmanagements bestimmt wird. Diejenigen Instanzen, auf die eine spezifische Mitgliedschaftsregel zutrifft, gehören zu einer Gruppe.

Es wird zwischen unzuverlässiger Mehrpunktkommunikation (Zuverlässigkeit mit Grad 0, da keine Quittungen erwartet werden), Mehrpunktkommunikation mit Zuverlässigkeitsgrad 1, mit Zuverlässigkeitsgrad k bzw. mit vollständiger Zuverlässigkeit unterschieden. Der Zuverlässigkeitsgrad gibt an, wieviele Empfängerquittungen aufgrund einer Aufforderung durch den Sender oder als Reaktion auf Bitfehler oder Paketverluste (je nach Steuerung des Quittierungsverfahrens) bis zu einem bestimmten Zeitpunkt beim Sender angekommen sind. Um den Zuverlässigkeitsgrad zu bestimmen, genügt jedoch nicht das ausschließliche Zählen der Quittungspakete. Vielmehr müssen die Empfänger identifiziert werden, so daß Duplikate erkannt und nicht reagierende Empfänger festgestellt werden können. Eine Verbindung, deren Zuverlässigkeitsgrad oberhalb 0 und unterhalb der Anzahl der Empfänger (Gruppengröße - 1) liegt, wird als semizuverlässig bezeichnet. Diese Einteilung in Zuverlässigkeitsklassen wurde in [80] vorgeschlagen und in die Dienstbeschreibungen (falls vorhanden) verschiedener Protokolle oder Protokollansätze wie XTP [158], RAMP [23] sowie AMTP [66] integriert.

Die Bereitstellung eines vollständig zuverlässigen Dienstes stellt trotz der möglichen Unterstützung durch ein Gruppenmanagementprotokoll hohe Anforderungen an den Sender der Multicast-Nachricht. Der Sender muß registrieren, welches Quittungspaket von welchem Empfänger gesendet worden ist. Das impliziert, daß ein vollständig zuverlässiger Multicast-Dienst eindeutige Bestätigungen der Empfänger erfordert, die es dem Sender ermöglichen, die Empfänger zu identifizieren. Bei unzuverlässiger Kommunikation existiert das Problem nicht, da überhaupt keine Antwortpakete generiert werden. NetNews ist ein Beispiel für eine Anwendung, die Nachrichten übermittelt, auf die keine Antworten erwartet werden.

Ein zuverlässiger Multicast-Dienst mit großen Gruppen führt bei Einsatz existierender multicast-fähiger Protokolle zu einer Implosion von Quittungspaketen, die das unterliegende Netz und die Zwischenknoten sowie den Initiator der Verbindung stark belasten kann. Abhängig vom eingesetzten Protokoll quittieren die Empfänger den Erhalt jedes einzelnen Pakets bzw. den Erhalt eines Paketstroms, oder sie senden die Informationen ausschließlich nach expliziter Aufforderung durch den Sender. Eine vom Sender generierte Gruppen-TPDU triggert somit das fast gleichzeitige Senden einer großen Anzahl von Quittungen. Dabei kommt es aufgrund der großen Anzahl fast gleichzeitig beim Sender (lokale Szenarien) oder in Zwischenknoten (Weitverkehrsszenarien) eintreffender Quittungs- oder auch Datenpakete zu Bearbeitungsengpässen und Pufferüberläufen [36], [39], [50], welche die Qualität der Kommunikation erheblich beeinträchtigen. Bis auf XTP [158] und AMTP [66] setzen Multicast-Protokolle keine Verfahren zur Verminderung dieser Paketimplosion ein. Das in XTP eingesetzte Verfahren besitzt den Nachteil, daß die Identität der Empfänger nicht rekonstruierbar ist. Bei AMTP sind die Empfänger jederzeit identifizierbar (basierend auf der erweiterten Kontrollpaketstruktur und der Unterstützung durch das Gruppenmanagement).

Eine wichtige Zielsetzung effizienter Multicast-Verfahren ist somit die Reduzierung der Anzahl der Quittungspakete bei gleichzeitiger Bereitstellung eines vollständig zuverlässigen Dienstes (s. Abbildung 5.10). In der Abbildung symbolisiert der Pfeil die Richtung, in der Quittierungsverfahren verbessert werden sollten. Obwohl der Sender nicht von jedem Empfänger das Quittungspaket erhalten muß, soll der Sender über den Zustand der gesamten Gruppe zu jeder Zeit informiert sein. Zur Lösung dieser Problematik werden im folgenden Ansätze, die auf der Erweiterung des in XTP vorgeschlagenen semizuverlässigen Multicast-Konzepts basieren, vorgestellt und in AMTP integriert.

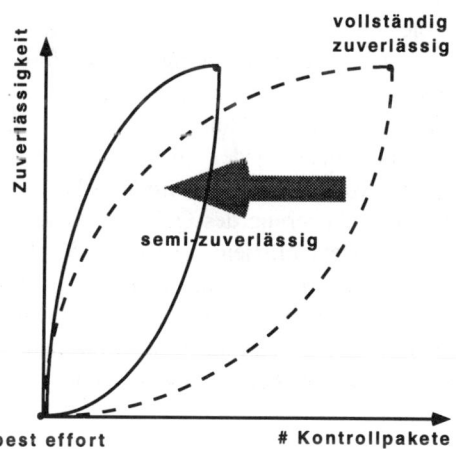

Abbildung 5.10: Zuverlässigkeit vs. Quittierungsaufwand

Neben der Reduzierung der Anzahl der Quittungspakete durch geschicktes Filtern ist das zeitliche Entzerren des Quittungsstroms eine Möglichkeit zur Entlastung der betroffenen Stationen. Ein Grundprinzip bei XTP und AMTP ist daher u.a. die verzögerte Quittierung der empfangenen Daten. Das Problem stellt dabei die geeignete Wahl der Verzögerungsintervalle dar. Verfahren zur Entzerrung des Quittungsstroms machen nur Sinn in lokalen Umgebungen, da sich auf Weitverkehrsebene ohne explizite Reservierung von Ressourcen die künstlichen Verzögerungen durch unvorhersehbare Laufzeiten auf dem Netz wieder eliminieren.

Die Wahl des Verzögerungsintervalls vor dem Aussenden des Quittungspakets kann wie bei XTP zufallsgesteuert sein oder gewisse Einflußgrößen berücksichtigen. Das Intervall eines individuellen Empfängers sollte u.a. in Abhängigkeit von folgenden Größen bestimmt werden:

- von der Anzahl der möglichen Empfänger, die auf eine Multicast-Nachricht antworten,

- vom verfügbaren Pufferplatz beim Sender und der Bearbeitungszeit für die ankommenden Quittungen sowie

- von der Anzahl der vom Sender höchstens vorgesehenen Neuübertragungen.

In AMTP werden zusätzlich zum zeitgesteuerten Entzerren des Quittungsverkehrs ein *Verteilter Quittierungsalgorithmus* sowie alternativ ein *Gruppenquittierungsmechanismus* eingesetzt. Beide Verfahren eignen sich im Gegensatz zum herkömmlichen, zeitlich versetzten Senden der Quittungen besser für den Einsatz in Weitverkehrsnetzen. Die Verfahren basieren beide auf der Bildung von Untergruppen.

Der Verteilte Quittierungsalgorithmus wird durch den Sender gesteuert, der die Quittungspaketimplosion mittels geschachtelter Gruppen (die sich z.T. in ihrer Mitgliedschaft überdecken) reduziert. Quittungspaketaufforderungen gehen nicht an die gesamte Gruppe, sondern jeweils an eine über den gesamten Empfangsbereich verteilte Untergruppe (siehe Abbildung 5.11). Eine solche Untergruppe setzt sich aus je einem Repräsentanten jedes zu adressierenden lokalen Bereichs zusammen. Bei den Quittungspaketaufrufen wird jeweils eine andere Untergruppe adressiert. Damit ist eine Reduzierung des Quittungspaketumfangs erreicht. Ein solches Verfahren ist besonders effizient einsetzbar für Langzeitinformationstransfers. Das Verfahren erzielt jedoch nur dann eine gewisse Zuverlässigkeit, falls von folgender These ausgegangen werden kann: Erhält eine Station an einem lokalen Netz die Nachricht, dann empfangen auch die anderen an diesem Netz befindlichen Stationen, die zur gleichen Gruppe gehören, die Nachricht.

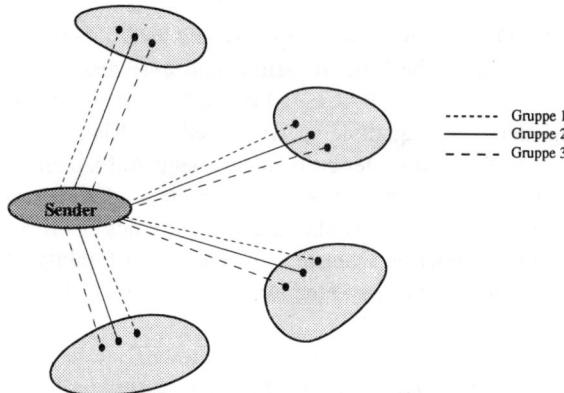

Abbildung 5.11: Verteilter Quittierungsalgorithmus

Im Gegensatz zum Verteilten Quittierungsalgorithmus basiert der Gruppenquittierungsmechanismus auf der Bildung lokaler Gruppen. Die Quittungspakete werden lokal gefiltert und in einem zusammengesetzten Gruppenquittungspaket an den Sender weitergeleitet (siehe Abbildung 5.12).

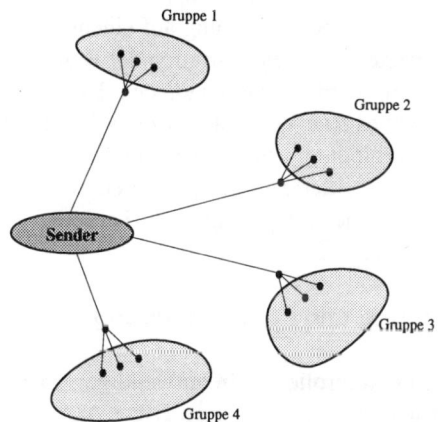

Abbildung 5.12: Gruppenquittierungsalgorithmus

Bei Einsatz anonymer Quittierungsverfahren ohne Information über den Sender der Bestätigung wird die Zuverlässigkeitskontrolle erschwert. Daher zählt der Sender zur Kontrolle zumeist die Anzahl der empfangenen Quittungen, ohne zu wissen, von wem die Quittungen gekommen sind. Selbst diese Abzählung ist mit vielen Protokollen nicht möglich [158], da Quittungspakete aus mehreren Einzelquittungen, deren Ausgangspunkt nicht mehr rekonstruierbar ist, zusammengesetzt sein können.

5.5.2   Semantik der Dienstqualität

Im Rahmen der ISO/OSI-Standardisierung wird seit zwei Jahren intensiv über die Spezifikation unterschiedlicher Dienstqualitätskonzepte diskutiert. Als entscheidender Vorstoß ist dabei die im RACE-II-Projekt CIO [217] erarbeitete semantische Einteilung der Dienstqualität in verschiedene Klassen zu bezeichnen. Dienstbenutzer und Diensterbringer einigen sich beim Aufbau einer Kommunikationsverbindung in einem „Vertrag" über die zu erbringenden Leistungsparameter. Dabei entscheiden sie sich zunächst über die Semantik des zu erbringenden Dienstes. Die in [217] spezifizierten Dienste sind jedoch auf Punkt-zu-Punkt-Verbindungen beschränkt und enthalten keine Aussagen über die Erweiterbarkeit der Dienste auf Multicast-Szenarien.

In [66] und [131] werden die Skalierbarkeit dieser Dienste auf Multicast-Szenarien diskutiert und spezifiziert. Dies sind erste Ansätze von Dienstspezifikationen für Mehrpunktkommunikationsprotokolle. Das vorgestellte Dienstspektrum reicht dabei vom aus der OSI- und Internet-Welt bekannten unkontrollierten (besteffort) Dienst bis hin zu Diensten mit Überwachung (Monitoring) und Garantie der Dienstqualität. In [217] wird letzterer Dienst als *verpflichtend (compulsory)* bezeichnet. Diese Bezeichnung hat der Dienst jedoch nicht verdient, da derzeit noch keine Protokolle und kein Dienstanbieter in der Lage sind, die dafür erforderliche Reservierung von Ressourcen und deren Überwachung zu übernehmen. Zwar existiert eine Vielzahl von theoretischen Konzepten wie ST-II [149] und RSVP [161], doch eine wirkliche Umsetzung auf einem realen Netz oder zumindest ein Probebetrieb speziell mit Demonstration der Reservierungskonzepte sind bisher nicht durchgeführt worden. Zwischen den Extremen „best-effort" und „garantiertem" Dienst gibt es eine Vielzahl von Zwischenstufen, die darauf abzielen, eine Mehrpunktverbindung bzgl. verschiedener Leistungskenngrößen (Durchsatz, Verzgerungszeit, Jitter u.a.) zu optimieren. Im RACE-II-Projekt Euro-Bridge [68] sind entsprechende Komponenten zur Umsetzung eines solchen Konzepts implementiert worden.

5.5.3   Fehlererkennung und Fehlerbehebung

Eine Ende-zu-Ende-Fehlerkontrolle ist ein aufwendiger, aber notwendiger Dienst auf der Basis heutiger und zukünftiger Netze. Diese Aussage gilt trotz der geringen Bitfehlerraten der zugrundeliegenden optischen Übertragungsmedien. Insbesondere oberhalb ATM-basierter Netze, deren AALs (ATM Adaptation Layer) keinen fehlerfreien Transport der Zellen garantieren bzw. den Verlust der Zellen nicht auffangen [61], ist ein effizienter Multicast-Fehlerkontrollmechanismus zur Bereitstellung vollständiger Zuverlässigkeit ein Muß.

Die spezielle Problematik einer Fehlerkontrolle für Mehrpunktverbindungen, die sich auf Weitverkehrsnetze erstrecken, ergibt sich aus den oftmals extrem unterschiedlichen Signallaufzeiten, die eine senderbasierte Fehlerkontrolle nahezu unmöglich machen. Für den Sender ist es sehr schwer, den Überblick über den Zustand aller möglichen Empfänger zu bewahren. Unter Umständen reicht ihm jedoch der Empfang einer bestimmten Anzahl von Quittungen für die Erbringung der geforderten Dienstqualität, insbesondere wenn keine vollständige Zuverlässigkeit gefordert ist.

Eine Alternative zu den Wiederholungsstrategien (Go-Back-N, Selektive Neuübertragung) ist in Weitverkehrsnetzen insbesondere der Einsatz von FEC-Mechanismen (*Forward Error Correction*), welche die Anzahl der Bestätigungspakete minimieren oder diese gar erübrigen. Auf ATM-Basis bietet sich hier der Einsatz von XOR-Strategien an, bei denen durch XOR-Bildung von Zellen dem Sender auch bei Zellenverlust die Rekonstruktion der verlorenen Informationen ermöglicht wird [2][142]. Diese Art der Ende-zu-Ende-Fehlerbehebung ist primär bei der Übertragung von Realzeitdaten wie Audio und Video vorteilhaft [18]. Wird bei der Übertragung eine bestimmte Bitfehler- oder Paketverlustrate nicht überschritten, so ist bei fehlertoleranten Datenströmen eine Deaktivierung der Fehlerkontrolle vorteilhaft. Die Möglichkeit, zwischen verschiedenen Fehlerkontrollverfahren auszuwählen, ist in eingeschränkter Form bei XTP und AMTP möglich. Andere Protokolle bieten zumeist nur eine der herkömmlichen Wiederholungsstrategien an. In AMTP ist zusätzlich die Realisierung eines FEC-Mechanismus spezifiziert.

5.5.4   Synchronisation der Gruppenverwaltung

In [15] werden detaillierte Untersuchungen zur Verwaltung von Benutzergruppen, die eine Konferenzanwendung nutzen, durchgeführt. Eine Gruppenverwaltung unterstützt Funktionen zur Veränderung der Gruppenzusammensetzung und hat die Aufgabe, den Gruppenmitgliedern die aktuelle Zusammensetzung der Benutzergruppe mitzuteilen. Da im Falle von Konferenzanwendungen die Benutzer daran interessiert sind, zu jedem Zeitpunkt die aktuelle Zusammensetzung der Gruppe zu kennen [37], ist es unerläßlich, daß die Gruppenverwaltung die Konferenzanwendung aktiv über Verwaltungsereignisse benachrichtigt. Da zu einem bestimmten Zeitpunkt Gruppenverwaltungsereignisse von verschiedenen Benutzern ausgehen können, entstehen nebenläufige Multicast-Nachrichten, die dazu führen können, daß nicht alle Benutzer stets über die gleiche Gruppensicht verfügen. In [15] wird daher ein Protokoll vorgestellt, das nebenläufige Multicast-Kommunikation verwaltet, indem es auf Multicast-Ordnungsprotokolle [90] [106] aufbaut. Letztere garantieren, daß Multicast-Nachrichten bei allen Empfängern in der gleichen Reihenfolge ausgeliefert werden. Dies wird dadurch erzielt, daß die Ordnungsprotokolle über ein Synchronisationsprotokoll die Auslieferung einzelner Nachrichten bei den Empfängern koordiniert verzögern.

Eine andere Möglichkeit, sämtliche Gruppenmitglieder mit einer konsistenten Gruppensicht zu versorgen, ist der Einsatz atomarer Multicast-Mechanismen, d.h., entweder wird eine Nachricht bei allen Gruppenmitgliedern ausgeliefert oder bei keinem. Bei Ausfall von beteiligten Rechnerkomponenten ermöglicht diese Eigenschaft die Vermeidung von inkonsistenten Zuständen bei verteilten, vervielfältigten Datenbeständen. Die Unterstützung dieser Anforderungen ist durch Protokolle der Vermittlungs- und Transportebene vorstellbar. In der Regel werden sie aber in der Kommunikationssteuerungsebene angesiedelt. Um zusätzlich zur Konsistenzbedingung auch die Gewährleistung der Reihenfolge zu erhalten, müssen zwei Bedingungen erfüllt sein:

1 Ordnung der Nachrichten eines Senders: Wenn zwei Nachrichten vom selben Sender gesendet und an dieselbe Gruppe adressiert worden sind, dann erhalten alle Prozesse der Gruppe die Nachrichten in derselben Reihenfolge.

2 Ordnung der Nachrichten mehrerer Sender: Wenn zwei Nachrichten von unterschiedlichen Sendern an dieselbe Empfängergruppe adressiert sind, dann erhalten sämtliche Empfangsprozesse die Nachrichten in derselben Reihenfolge.

Eine weitere Anforderung an Mitgliedschaftskontrollprotokolle könnte z.B. die ständige Information über die Anzahl Quittungen auf gesendete Daten sein. Dazu muß dem Sender die Anzahl der Gruppenmitglieder bekannt sein. Wenn die Protokolle auch eine Fehlerkorrektur vornehmen sollen, dann ist zusätzlich die Liste der individuellen Adressen von Interesse.

5.5.5 Multicast-Adressierung und Routing

Die zentrale Aufgabe der Vermittlungsebene (Ebene 3) ist die Adressierung und das Routing (Wegewahl). Auf dieser Ebene ist die Spezifikation und Untersuchung von geeigneten Algorithmen nötig, da sämtliche existierende Routing-Verfahren grundsätzlich ohne Hinblick auf Multicast-Fähigkeit realisiert worden sind. Ohne diese Funktionalität kommen die Hauptvorteile der Nutzung einer Multicast-Verbindung gegenüber mehreren Punkt-zu-Punkt-Verbindungen bzw. gegenüber Broadcast-Verbindungen, wie Reduktion des Netzwerkverkehrs und Entlastung inaktiver Stationen, nicht zum Tragen.

Sowohl im Internet als auch in der OSI-Welt wurden die Notwendigkeit einer Multicast-Übertragung und die daraus folgenden Anforderungen an das verwendete Adressierungsschema erst vergleichsweise spät erkannt. Im Internet wurde die Class D Address eingeführt (s.u.). Im Rahmen von OSI ist noch nichts Vergleichbares geschehen; der folgende Abschnitt gibt einen Überblick über den derzeitigen Stand.

Innerhalb eines lokalen Teilnetzes (Ethernet, FDDI, etc.) wird bereits auf MAC-Ebene adressiert. Aufgrund der flachen Adreßstruktur auf dieser Ebene ist eine Gruppenadressierung hier sehr einfach per Flag zu realisieren. Dies ist bei flachen Adressen möglich, da sie keinerlei Routing-Information enthalten. Dieser einfache Fall wird im weiteren nicht mehr betrachtet.

Die IP-Adresse der Klasse D. IP identifiziert eine Multicastgruppe durch die 32 bit lange IP-Multicast-Adresse, die *Class D Address* [35]. Diese Adresse wird durch die Bitfolge 1110 in den vier höchstwertigen Bits gekennzeichnet. Die restlichen Bits beinhalten die eigentliche Multicast-Adresse. Diese Adresse ist im Gegensatz zu IP-Adressen der Klassen A, B und C nicht nach dem Schema Netzwerkadresse|Hostadresse strukturiert.

IP unterscheidet zwei verschiedene Arten von Multicast-Adressen. Die eine Gruppe bilden die *transient multicast addresses*. Adressen dieser Klasse werden nur bei Bedarf eingerichtet und in dem Moment wieder freigegeben, zu dem das letzte Mitglied die Gruppe verläßt. Daneben gibt es die *well known multicast addresses*. Sie werden von einer zentralen Verwaltungsinstanz zugewiesen und gelten immer. Zusätzlich existiert immer die Adresse 224.0.0.1, welche alle an Multicast-Verbindungen teilnehmenden Hosts und Gateways in einem lokalen Netz identifiziert. IP-Multicast-Adressen können ausschließlich als Zieladresse eingesetzt werden. Als Quelladresse sind sie nicht zugelassen.

Die OSI NSAP-Adresse. Im Gegensatz zur IP-Adresse, die ein Endsystem adressiert, identifiziert die globale OSI NSAP-Adresse eine Gruppe von *Network Service Access Points (NSAPs)* innerhalb eines Endgerätes. Wie in Abbildung 5.13 dargestellt, besteht eine NSAP-Adresse aus drei Komponenten (AFI, IDI und DSP).

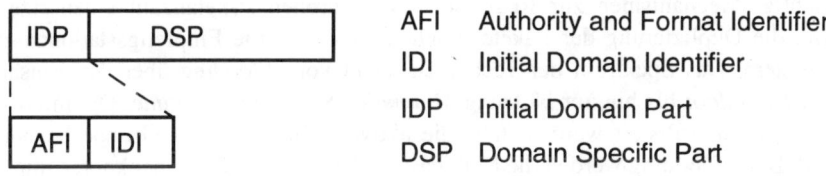

AFI   Authority and Format Identifier
IDI   Initial Domain Identifier
IDP   Initial Domain Part
DSP   Domain Specific Part

Abbildung 5.13: Aufbau der NSAP-Adresse

Der AFI enthält Informationen darüber, welcher Adreßtyp im DSP-Feld eingesetzt wird (z.B. Netzwerkadressen, Telefonnummern, ISDN-Nummern), und in welcher Syntax (dezimal oder binär) die Adresse codiert ist. Der IDI identifiziert, ob die Adressierungsumgebung (Domain) ein einzelner Host, ein lokales Netz, oder ein komplex strukturiertes, privates Teilnetz ist. Der DSP wird zur Adressierung innerhalb der Domain eingesetzt. Die NSAP-Adresse hat keine festgelegte Länge. Die Maximallänge beträgt jedoch 40 Bytes.

Im Hinblick auf eine Unterstützung von Gruppenadressen sind die Standardisierungsbemühungen noch nicht sehr weit fortgeschritten. Bisher wurden lediglich zusätzliche AFI-Werte festgelegt, die Gruppenadressen für bestimmte Adreßformate sowie die zusätzlich erforderlichen maximalen Längen des DSP bzw. der gesamten NSAP-Adresse identifizieren. Für den Domain Specific Part ist eine Integration von Gruppenadressen relativ einfach. So kann hier beispielsweise das Ethernet-Adreßformat benutzt werden. In diesem Format wird eine Gruppenadresse durch das I/G-bit angezeigt. Aufgrund der flachen Struktur dieser Adresse ist die Integration von Gruppenadressen kein Problem [88].

Multi Destination Routing. Neben der Adressierung ist das Routing der Daten an eine Gruppe (*Multi Destination Routing*) ein Problemfeld. „Herkömmliche" Algorithmen dienen lediglich dem Routing zwischen dem Sender und einem Empfänger. Sollen die Informationen an mehrere Empfänger gesendet werden, so bedeutet die Verwendung solcher Verfahren, daß die Daten vom Sender explizit zu jedem Empfänger einzeln gesendet werden müssen. Das Senden eines Pakets an mehrere Empfänger über Punkt-zu-Punkt-Verbindungen erfordert den expliziten Auf- und Abbau jeweils einer Verbindung zwischen dem Sender und jedem Empfänger. Für sämtliche Verbindungen müssen identische Pakete generiert und übertragen werden. Aufgrund der Duplizierung der Pakete entsteht eine nicht unwesentliche zusätzliche Verzögerung bei der Übertragung. Weiterhin resultiert aus dem mehrfachen Senden von Nachrichten gleichen Inhalts eine unnötige Belastung des Netzwerks. Das andere Extrem, der Einsatz eines Broadcast-Mechanismus zum Senden einer Nachricht an eine Multicastgruppe, ist ebenfalls ineffizient. Da jeder aktive Host die Nachrichten empfangen und kontrollieren muß, entstehen für unbeteiligte Stationen große unnötige Belastungen aufgrund des erforderlichen Ausfilterns der für den jeweiligen Host relevanten Nachrichten.

Je weniger Kopien des gleichen Pakets übertragen werden müssen, umso stärker werden das Netz und damit auch die Anwendungen entlastet. Daher ist es sehr wichtig, Mechanismen zur Reduktion dieser großen Paketanzahl einzusetzen, d.h., die Duplizierung der Pakete möglichst nahe an die Empfangsstationen zu verlagern. Das Spektrum der Techniken reicht vom *Flooding* über den Einsatz von *Explodern* bis hin zur Nutzung *Minimaler Spannender Bäume*. Optimierungen können realisiert werden, falls die aktiven Mitglieder der Gruppe bekannt sind. Beim Flooding werden die Multicast-PDUs in jedem Zwischenknoten dupliziert und auf allen abgehenden Links weitergeleitet. Exploding bedeutet das Senden von Multicast-PDUs an einen Server, der N-1 paarweise Verbindungen verwaltet und Kopien der Daten an alle Empfänger weiterleitet. Die Verteilung von Multicast-PDUs mittels Minimaler Spannender Bäume basiert auf dem Aufbau eines solchen Baums nach verschiedenen Metriken (Kosten, Verzögerung, Hops, etc.). Die Multicast-PDUs werden auf den Ästen des Baums übertragen und an den Zwischenknoten dupliziert. Daten werden dann nicht mehr bei allen möglichen Stationen ausgeliefert, sondern nur bei denen, die auch wirklich aktiv an der Kommunikation beteiligt sind. Basierend auf derartigen Informationen zur aktiven Mitgliedschaft kann die Anzahl der Kopien weiter reduziert werden.

Die Verfahren können nach verschiedenen Kriterien die optimalen Wege suchen. Modelliert man das reale Netz als Graphen, so können mit den Kanten Kosten verbunden werden. Bei einer Wegewahl ohne Schleifen entspricht der Graph der Routen einem Baum. In diesem Fall können die Kosten für die Wegewahl nach der Summe der Kantengewichte minimiert werden. Dies entspricht in der Graphentheorie der Bestimmung des minimalen Baums. Die Berechnung des minimalen Baums ist ein NP-vollständiges Problem. Bei geschlossenen Gruppen ist der minimale Baum jedoch eindeutig. Neuere Ansätze versuchen, den optimalen Weg nicht nur in Abhängigkeit von einer Optimierungsgröße, sondern mittels gemeinsamer Betrachtung verschiedener Metriken zu finden [73].

Distance Vector Multicast Routing (DVMR). Praktisch alle Arbeiten zum Thema Multicast-Routing basieren auf dem *Reverse Path Forwarding-Verfahren* [38]. Aus diesem Grunde sollen die Probleme des Routings in Multicast-Verbindungen und deren Lösungsansätze anhand der Erweiterungen zu diesem Algorithmus erläutert werden. Mittlerweile existiert eine Vielzahl von Veröffentlichungen zum Thema Multicast-Routing im Internet, z.B. [3], [36], [43]. Der *Distance Vector Multicast Routing* Algorithmus, auch bekannt unter dem Namen *Ford-Fulkerson-Algorithmus*, ist im Internet implementiert [44].

Hauptproblem beim Routen von Multicastverbindungen ist das effiziente Ausliefern einer Nachricht. Dazu gehören eine Wegewahl, die nach Möglichkeit jedem Empfänger einer Gruppe ein Paket nur genau einmal zukommen läßt, sowie eine Auslieferung mit der minimalsten Verzögerung.

Der DVMR-Algorithmus [42] regelt die einmalige Auslieferung jedes Pakets beim Empfänger über Spannende Bäume. Router, die diesen Algorithmus benutzen, führen Routing-Tabellen, in denen Informationen zu jedem erreichbaren Ziel abgelegt werden. Jeder Eintrag enthält Informationen zur Zieladresse, zur Anzahl der noch zu passierenden Zwischensysteme, zur Adresse des nächsten Zwischenknotens und zur Verbindung dorthin, sowie über das Alter des Eintrags in der betreffenden Routing-Tabelle.

Jeder Router sendet periodisch Routing-Informationen, die Distance Vectors, von der Form (Destination, Distance) über alle mit ihm verbundenen Pfade (Router, die mit Nachbarn über ein LAN verbunden sind, erreichen diese unter Ausnutzen der Broadcast-Eigenschaft dieses LANs). Nach Erhalt eines Distance Vectors kann jeder Router seine Routing-Tabelle aktualisieren und ist dann in der Lage, zu jedem Ziel im Internet den kürzesten Pfad zu berechnen. Hosts, die für längere Zeit keine Informationen mehr gesendet haben, werden nach Ablauf einer bestimmten Zeitperiode (age) aus der Routing-Tabelle gelöscht.

Eine Strategie, mit diesem Routing-Verfahren auch Multicasting zu unterstützen, ist die Berechnung von Spannenden Bäumen über alle Netzwerkverbindungen [Perl85]. Dabei handelt es sich um einen Baum, der mehrere Router des Netzes ohne Schleifen verbindet. Dies gewährleistet, daß jedes Paket nur einmal ausgeliefert wird.

Mit der Entwicklung von Hochgeschwindigkeitsnetzen werden zeitaufwendige Routing-Algorithmen zum Engpaß. Daher ist ein Routing über den kürzesten Weg erforderlich. Eine Diskussion der verschiedenen dazu existierenden Ansätze geht allerdings über den Rahmen dieses Buchs hinaus. Für eine detaillierte Beschreibung unterschiedlicher Routing-Algorithmen sei auf [122] verwiesen.

5.5.6 ISO's ECFF-Initiative

Die ISO beschäftigt sich innerhalb ISO/IEC JTC1/SC6 mit der Erweiterung und Verbesserung von Kommunikationsprotokollen und -diensten der unteren Ebenen des ISO/OSI-Referenzmodells. Das diesbezügliche Projekt wird mit ECFF bezeichnet (*Enhanced Communication Functions and Facilities for the Lower Layers*, [220]). Ein zentraler Punkt ist die Unterstützung von Mehrpunktdaten-übertragung (*MultiPeer Data Transmission, MPDT*) [221]. Dazu werden in den ECFF-Dokumenten verschiedene Anforderungen und resultierende Dienste aufgelistet. Konkrete Realisierungvorschläge (Protokollansätze) werden jedoch nicht geboten. Die ISO hofft hier auf Beiträge der nationalen Standardisierungsgremien.

Die ISO hat erkannt, daß MPDT andere Dienste als die derzeit im OSI-Referenzmodell angebotenen benötigt: Das Basiskonzept für MPDT setzt auf dem Begriff der Gruppe auf. Jede Gruppe besitzt sowohl statische als auch dynamische Eigenschaften. Unter statischen Eigenschaften versteht man diejenigen Parameter, die während einer Kommunikation unverändert bleiben. Hierzu gehören der Gruppenbezeichner, Protokollmechanismen usw. Die dynamischen Eigenschaften einer Gruppe definieren die während einer Kommunikation stattfindenden Operationen. Zu den dynamischen Eigenschaften zählen die Fähigkeiten, neue Mitglieder zu einer bestehenden Gruppe hinzuzufügen oder andererseits, Gruppenmitgliedern die Möglichkeit zu geben, aus der Gruppe auszuscheiden.

Eine MPDT läßt sich in drei Kommunikationsphasen aufteilen. In der ersten Phase, der Registrierungsphase, werden die Teilnehmer der Kommunikationsgruppe ermittelt und die Gruppe zusammengestellt. Zu den weiteren Aktionen in dieser Phase gehören die Vergabe einer Gruppenadresse, die Berücksichtigung der QOS-Anforderungen und die Bereitstellung der dazu notwendigen Protokollfunktionen. Nach der Registrierungsphase haben die Gruppenmitglieder das Recht, auf alle ausgetauschten Informationen zuzugreifen. Die Zuteilungsphase ist dafür zuständig, daß die einzelnen Instanzen senden und empfangen können. Während der dritten Phase, der Datenübertragungsphase, senden die Instanzen an die bzw. empfangen von den zugehörigen Gruppenmitgliedern die Daten. Zur Realisierung dieses Konzepts soll die Funktionalität der unteren Protokollschichten erweitert werden.

Unter dem Stichwort ECFF werden nicht nur Protokollmechanismen zur Multicast-Unterstützung diskutiert. Jede Form der Effizienzsteigerung (Reduzierung der auszutauschenden PDUs, selektive Funktionalität, ausreichende Dimensionierung des Sequenznummern-Bereichs, Integration von Multicast-Diensten und -Protokollen) ist Bestandteil dieses Projekts. Effizienz wird hier als eine geeignete Nutzung von Ressourcen aufgefaßt. Zu diesen Ressourcen zählen sowohl Bandbreite und Speicherplatz als auch die Protokollverarbeitung.

Die weitergehenden Arbeiten am ECFF-Projekt betreffen folgende Punkte:

- Multicast-Unterstützung,

- QOS-Parameterauswahl und -handhabung sowie

- Entwicklung effizienter Operationen zur Bereitstellung eines schnellen Verbindungsaufbaus und eines transaktionsorientierten Dienstes.

Im folgenden werden drei nationale Vorschläge, die im Rahmen des ECFF-Projekts zur Realisierung eines Multicast-Dienstes eingereicht wurden, kurz skizziert: OSI TP5, HSTP und Erweiterungen zu TP4.

Das Ziel von *OSI TP5* [222] ist die Ergänzung der in [223] spezifizierten OSI-Transportprotokollklassen 0 bis 4 um eine weitere Klasse, die in der Lage ist, Multicast-Kommunikation zu unterstützen. Im Gegensatz zu den in den Klassen 0 bis 4 vorhandenen drei Kommunikationsphasen werden in [222] sechs Phasen vorgeschlagen, die aber noch nicht vollständig definiert sind :

- Gruppenaktivierung

  Die Aufgabe dieser Kommunikationsphase ist die Einrichtung einer Gruppenkonversation. In dieser Phase, die mit dem Verbindungsaufbau bei Punkt-zu-Punkt-Verbindungen vergleichbar ist, werden ein geeigneter Netzwerkdienst und die Funktionen ausgewählt, die während der Datenübertragung aktiviert sind. Es wird die optimale TPDU-Größe mit den verschiedenen Gruppenmitgliedern ausgehandelt sowie die Abbildung der Transportadressen auf entsprechende Netzwerkadressen vollzogen.

  Eine Gruppenaktivierung wird als erfolgreich betrachtet, wenn nach einer bestimmten Zeit die im *AGI- (Active Group Integrity)* Parameter geforderte minimale Anzahl von Antworten der Empfänger beim Sender angekommen sind. Treffen bis zum Ablauf des eingesetzten Kontroll-Timers weniger Antwortpakete ein, wird eine Gruppendeaktivierung durchgeführt.

- Gruppeneintritt und Gruppenaustritt

  Die Aufgabe dieser Phasen ist der Eintritt bzw. der Austritt in eine bzw. aus einer bereits bestehende(n) Gruppenkonversation: Der Initiator einer solchen Aktion adressiert dabei die gesamte Gruppe und informiert somit alle Mitglieder über sein Vorhaben.

- Datenübertragung

  Die Datenübertragungsphase dient wie bei der Punkt-zu-Punkt-Kommunikation der Übertragung aller TPDU-Typen. Dienste, die in diese Phase fallen, sind u.a. Segmentierung/Reassemblierung, Flußkontrolle/Fehlerkontrolle (Fenster- bzw. Timer-basiert).

- Gruppendeaktivierung

    Die Aufgabe dieser Kommunikationsphase ist der Abbau einer Grup-
    penkonversation. Eine Gruppendeaktivierung wird als erfolgreich betra-
    chtet, wenn nach einer bestimmten Zeit die im AGI-Parameter geforderte
    minimale Anzahl von Antworten der Empfänger beim Sender angekom-
    men sind. Der Wert dieses AGI-Parameters sollte, falls keine vollständige
    Zuverlässigkeit verlangt wird, deutlich kleiner als der entsprechende AGI-
    Parameter für die Gruppenaktivierung sein. Ansonsten ist ein Verbind-
    ungsabbau in vielen Fällen nicht durchführbar, da zuvor bereits eine abge-
    schlossene Gruppenaktivierung aufgrund des gleichen Problems geschei-
    tert sein kann.

• Notification

    Diese Phase dient dem Austausch von Zustandsinformationen über die
    einzelnen Gruppenmitglieder.

OSI TP5 ist derzeit nicht mehr als ein Rahmenwerk, in dem versucht worden ist,
die bei der Mehrpunktkommunikation anfallenden Dienste in verschiedene Phasen einzuteilen.

Für das *High Speed Transport Protocol HSTP* [224] sind zwei Multicast-
Dienste spezifiziert [225] worden. Es wird zwischen dem *Connectionless Mode
Transport Service* und dem *Multipeer Stream Mode Transport Service* unterschieden. Ersterer bietet einen verbindungslosen Dienst an, der weder Reihenfolgeerhaltung garantiert noch Paketverluste oder Duplikate ausschließen kann. Obwohl
die Dienstspezifikation die Angabe verschiedener QOS-Parameter vorsieht, wird
in der Protokollspezifikation nicht angegeben, wie der geforderte Dienst realisiert
und garantiert werden kann. Durch den *Multipeer Stream Mode Transport Service*
soll eine zuverlässige Simplex-Übertragung mit Reihenfolgeerhaltung garantiert
werden. Auch hier werden eine Vielzahl von QOS-Parametern angeboten, deren
Unterstützung aber nicht beschrieben wird. Prinzipiell entspricht HSTP einer
Adaption der XTP-Protokollfunktionalitäten auf ein reines Transportprotokoll.
Auf die Integration der in XTP definierten Aktivitäten von Zwischensystemen ist
verzichtet worden, da sonst eine mögliche Standardisierung weit schwerer fallen
würde.

In [226][227] werden *Erweiterungen von OSI TP4* vorgeschlagen, die eine
zuverlässige Multicast-Kommunikation gewährleisten sollen. Auch hier fehlen
Ansätze zur Lösung der QOS-Problematik. Ein interessanter Aspekt ist die Definition einer Multicast-Taxonomie, die als Grundlage für eine Dienstspezifikation
dienen könnte. Die Dienste werden aufgrund der folgenden Charakteristika unterteilt:

- zentralisierte Mehrpunktkommunikation (einer an viele)

- Duplex-Mehrpunktkommunikation (viele an viele)

- zuverlässige Übertragung (Fehlererkennung und -korrektur) für die aktive Gruppe

- statische und dynamische Gruppenmitgliedschaft: statisch als default und dynamisch, falls der AGI-Parameter eine dynamische Kontrolle verlangt (JOINs und LEAVEs)

- Gruppenzusammensetzung ist dem Sender zu jeder Zeit bekannt

- flexible Flußkontrolle: fenster- oder ratenbasiert

5.5.7   Aktivitäten im Internet Activity Board

In [23] sind die Anforderungen, welche die Internet-Welt an Multicast-Protokolle stellt, und die derzeitige Realisierung durch verschiedene Protokolle skizziert. Es ergeben sich u.a. die folgenden Fragestellungen, die gelöst werden müssen:

- Wie wird einem Multicast-Sender eine eindeutige Gruppenadresse mitgeteilt? Ist dazu ein separates Gruppenmanagementprotokoll nötig?

- Wie wird gewährleistet, daß sämtliche Gruppenmitglieder dazu in der Lage sind, eine bestimmte Nachricht zu erkennen?

- Wie werden unterschiedliche Dienstqualitätsanforderungen mittels einer Multicast-Verbindung unterstützt?

- Auf welche Art und Weise erfolgt eine Mitgliedschaftskontrolle (JOIN, DROP, SWITCH,...)?

- Welche Fehler- und Flußkontrollmechanismen werden eingesetzt?

Ein auf herkömmlichem IP basierendes Multicasting [43] verläßt sich auf ein externes Adreßzuweisungsprotokoll. Die involvierten Router müssen aufgrund der Gruppenadresse die ankommenden Pakete weiterleiten. Es bestehen keine auch nur eingeschränkten Möglichkeiten, irgendwelche Dienstqualitätsanforderungen zu stellen. Zur Realisierung der Mitgliedschaftskontrolle greift IP auf IGMP (*Internet Group Multicast Protocol*, [43]) zurück. Mittels IGMP-Nachrichten können die Router zum Hinzufügen oder Entfernen von Einträgen in Routing-Tabellen veranlaßt werden. Da TCP ausschließlich für Punkt-zu-Punkt-Kommunikation konzipiert ist und UDP keine Fehlerkontrollmechanismen zur Verfügung stellt, müssen oberhalb von IP semi- oder absolutzuverlässige multicast-fähige Transport- und Transferprotokolle wie VMTP, XTP oder AMTP eingesetzt werden.

Ähnlich dem IP-Multicasting benötigt auch *ST-II* [149] (*Experimental Internet Stream Protocol*) zur Adreßzuweisung ein separates Protokoll. Obwohl ST-II ein Protokoll der Vermittlungsebene ist, garantiert es Ende-zu-Ende-Bandbreite und -Verzögerung und macht somit eine Vielzahl von Transportebenenfunktionen überflüssig. Zur Erbringung bestimmter Garantien benutzt ST-II ein Konzept, das keine neuen Verbindungen zuläßt, bevor nicht sichergestellt ist, daß der erwartete Verkehr auch entsprechend seinen Anforderungen unterstützt werden kann (ähnlich dem *Call Blocking* bei der Telefonvermittlung). Beim Verbindungsaufbau werden die gewünschte Bandbreite, die Verzögerung und andere Parameter auf einem festen Pfad ausgehandelt. Falls angeforderte Ressourcen nicht verfügbar sind, kann der Sender entscheiden, ob er auch mit der ihm angebotenen reduzierten Dienstqualität zufrieden ist. Zum Eintritt in eine bereits aktive Gruppe benötigt der betreffende Empfänger ein separates Protokoll. Damit muß der Sender über den gewünschten Beitritt informiert werden. Der Sender führt dann die Basisverbindungsaufbaumechanismen durch, um sicherzustellen, daß genügend Ressourcen auch bei Hinzunahme des neuen Empfängers bereitstehen.

MTP (Multicast Transport Protocol, [3]) ist ein Ende-zu-Ende-Transportprotokoll zur Unterstützung einer effizienten und semizuverlässigen Multicast-Übertragung basierend auf existierenden Vermittlungsprotokollen wie IP. Es benutzt das Konzept eines *Masters* zur Kontrolle aller Gruppenkommunikationsaspekte. Wie bei den bisher vorgestellten Ansätzen verläßt sich MTP bei der Zuweisung spezifischer Gruppenadressen auf eine separate Adreßzuweisungsinstanz. Möchte eine Station einer Gruppe beitreten, spezifiziert sie, ob sie als Empfänger oder Sender agieren möchte, ob die Verbindung zuverlässig oder nach dem *Best Effort*-Prinzip arbeiten soll, bzw. ob sie als Empfangsinstanz in der Lage ist, Informationen von mehreren Sendern zu empfangen. Zusätzlich gibt sie den gewünschten minimalen Durchsatz und die maximale Paketgröße an. Falls die Anforderungen erfüllt werden können, sendet der Master eine positive Quittung, andernfalls eine negative. Die Fehlerbehandlungsprozeduren basieren auf einem negativen selektiven Neuübertragungsmechanismus. Der Sender speichert dazu die bereits gesendeten Daten für eine bestimmte, durch den Master spezifizierte Zeit, um sie, falls von den Empfängern verlangt, wiederholt zu übertragen. Die Neuübertragungen gehen an die gesamte Gruppe. Dies setzt voraus, daß die Empfänger duplizierte Daten unterscheiden können. Kommt die Aufforderung zur selektiven Neuübertragung zu spät beim Sender an, generiert der Master eine negative Quittung. Als großer Nachteil von MTP ist die Anzahl von Kontrollpaketen zu sehen, die den Master überfordern kann. Dies führt zu erheblichen Verzögerungen bei der Übertragung und steigert die Wahrscheinlichkeit von Überlast im Netz.

Der aktuellste Vorschlag aus der Internet-Welt versucht die oben skizzierten Probleme der anderen drei Ansätze zu beseitigen und schlägt einen Protokollstack bestehend aus drei Komponenten vor [23]. Zur Verwaltung einer Multicast-Verbindung arbeiten die drei Komponenten zusammen:

Die erste Komponente ist die *Multicast Group Authority (MGA)*, welche die Adressen verwaltet, die ausgehandelten Dienste registriert und die Gruppenmitgliedschaft überwacht. MGA ist somit verantwortlich für die Zuweisung von Adressen aus dem Internet Class D Adreßraum. Wie erwähnt, verwaltet eine MGA den Zustand der registrierten Multicast-Dienste und Empfänger. Zu den

Diensten gehören u.a., Informationen über die Anzahl der Mitglieder einer Gruppe mit den zugehörigen QOS-Anforderungen bereitzustellen.

Die zweite Komponente ist *RAMP (Reliable Adaptive Multicast Protocol)*: RAMP ist ein Transportprotokoll, das einen zuverlässigen Multicast-Dienst oberhalb von IP zur Verfügung stellt. RAMP funktioniert mit der Einschränkung, daß Anwendungen zwar bestimmte Dienstqualitäten anfordern können, einen garantierten Dienst jedoch nur bereitgestellt bekommen, wenn die Anforderungen nicht auf der strikten Einhaltung bestimmter Werte bestehen. Eine gewisse Abweichungstoleranz (z.B. bzgl. der Übertragungsdauer) muß möglich sein. Interessant ist die Wiederholungsstrategie bei auftretenden Fehlern. Der Sender registriert die Anzahl der ankommenden Aufforderungen zur wiederholten Übertragung eines Pakets und vergleicht diese mit einem vorher festgelegten Grenzwert. Ist dieser überschritten, wird das entsprechende Paket an die gesamte Gruppe geschickt, im anderen Fall nur an die betreffenden Empfänger. Dieser Algorithmus stellt also eine Art Kompromiß zwischen dem *Multicasten* aller Neuübertragungen und dem *Unicasten* derselben dar.

Zur Flußkontrolle setzt RAMP ein ratenbasiertes Verfahren ein. Senderaten werden reduziert, sobald die Anzahl der Wiederholungsaufforderungen einen bestimmten Grenzwert überschreitet oder Router *Back-off-Anforderungen* (z.B. „ICMP Source Quenches") schicken. Es ist auch ein Erhöhen der Raten möglich, falls eine bestimmte Anzahl von Paketen ohne Paketverlust übertragen werden konnte.

Die dritte Komponente des Protokollstacks ist *MRP (Modified Routing Protocol)*: Dieses Protokoll ist zuständig für den Aufbau des Übertragungspfades, für den Abbau der Pfade, für die Wegewahl basierend auf QOS-Werten und das Verwerfen von Paketen im Überlastfall, basierend auf Prioritäten. Die Zustandstabellen der Router müssen sowohl die Multicast-Adressen als auch die QOS-Parameterwerte für jede Gruppe enthalten, um richtige Routing-Entscheidungen zu fällen. Traditionelle Multicast-Routing-Verfahren basieren auf der Zieladresse im Paketkopf. Dabei werden Pakete dupliziert, um alle Empfänger zu erreichen. MRP sieht vor, daß die Router zusätzlich das QOS-Feld jedes Pakets untersuchen, da unterschiedliche Pfade auch unterschiedliche Dienste anbieten.

5.5.8   VMTP's Transaktionsbasiertes Multicasting

VMTP (Versatile Message Transaction Protocol, [30]) ist für die Kommunikation in verteilten Betriebssystemen (V-Kernel) entwickelt worden. Demnach zielt VMTP insbesondere auf transaktionsbasierte Kommunikation ab, die kurze Antwortzeiten für typischerweise kurze Nachrichten verlangt. Der V-Kernel stellt einen Betriebssystemkern für verteilte Systeme dar, der Prozesse, Interprozeßkommunikation und Speicherverwaltung unterstützt. Auf jedem beteiligten Knoten befindet sich ein Teil des Betriebssystemkerns. VMTP ist aus dem ursprünglichen V-Kernel-Protokoll entstanden und verfügt über einige interessante Neuerungen, die im wesentlichen die Namens- und Adreßproblematik in verteilten Systemen betreffen.

Der V-Kernel unterstützt die Bildung von Gruppen aus verschiedenen Prozessen. Die Multicastgruppe wird durch eine Gruppenadresse identifiziert, über die alle Gruppenmitglieder erreicht werden können. Soll eine neue Gruppe gebildet werden, so erzeugt der Initiator lokal eine Multicast-Adresse und schickt eine Nachricht mit dieser Adresse los. Trifft eine Antwort ein, so existiert diese Adresse bereits und der Versuch wird mit einer weiteren Adresse wiederholt, bis die Antwort ausbleibt. Diese Gruppenadresse ist dann systemweit eindeutig. Der Absender einer an eine Gruppe adressierten Nachricht braucht nicht Mitglied dieser Gruppe zu sein. Ein Knoten kann Mitglied einer oder mehrerer Gruppen sein und diese auch nach Belieben wieder verlassen.

Weiterhin wird eine sogenannte Subgruppenkommunikation unterstützt. Dadurch hat ein Sender die Möglichkeit, nicht der gesamten Gruppe, sondern nur bestimmten Mitgliedern der Gruppe die Nachricht zukommen zu lassen. Diese Mitglieder müssen bestimmte Bedingungen erfüllen, die mit QOS-Anforderungen vergleichbar sind.

Ein interessanter Aspekt des VMTP-Protokolls ist die Zuverlässigkeitsdefinition der Multicast-Übertragung. Eine Multicast-Übertragung wird als erfolgreich betrachtet, sobald die erste Antwort der Empfängergruppe angekommen ist. Diese Semantik basiert auf V-Kernel-Kommunikationsprimitiven, welche die Zuverlässigkeit einer Übertragung bereits nach der ersten Bestätigung garantieren.

Trotz seines Anspruchs, einen schnellen transaktionsorientierten Dienst bereitzustellen, besitzt VMTP aufgrund seiner Ende-zu-Ende-Kontrollverfahren, die es als Transportprotokoll aufweist, eine Vielzahl von Engpässen, die zu einer Beeinträchtigung der Ende-zu-Ende-Leistung insbesondere in Weitverkehrsnetzen führt.

5.5.9   FLIP zur RPC-Unterstützung

FLIP [93] ist ein unzuverlässiges Netzwerkprotokoll, das sowohl Punkt-zu-Punkt- als auch Multicast-Verbindungen unterstützt. FLIP arbeitet verbindungslos wie IP, bietet jedoch weit mehr Funktionalität und ist speziell für die Unterstützung von *RPC- (Remote Procedure Call)* Protokollen entwickelt worden. In [93] wird die Entwicklung von FLIP durch die mangelnde Unterstützung von kurzlebigen Prozessen in Verteilten Systemen, die hauptsächlich kurze RPCs ausführen, motiviert. Mit herkömmlichen Protokollen wird bereits viel Zeit für den Aufbau von Verbindungen verschwendet. Da das RPC-Konzept nicht den Aufbau von Verbindungen verlangt, ist für eine solche Anwendung der Einsatz von Transportprotokollen wie TCP unnötig.

Obwohl IP ebenfalls verbindungslos arbeitet, besitzt es im Vergleich zu FLIP gewisse Nachteile. Da IP-Adressen die Endstation adressieren und nicht die darauf laufenden Prozesse, sind IP-basierte Kommunikationsstrukturen weniger transparent und erschweren die Durchführung von Funktionalitäten wie Prozeßmigration. Das heißt, die Migration eines Prozesses von einem Rechner auf den anderen erzwingt die Übernahme einer neuen IP-Adresse. Daher besitzt FLIP die folgenden Eigenschaften, die von anderen Protokollen nur teilweise erbracht werden:

- FLIP identifiziert Instanzen mit ortsunabhängigen, flachen 64-bit-Adressen. Eine Instanz kann hier u.a. ein Prozeß sein. Ein Problem stellen die großen Routing-Tabellen dar.

- FLIP unterstützt die Abbildung von *privaten* Adressen auf *öffentliche* Adressen zur Auffindung eines Kommunikationsendpunkts.

- FLIP routet die Nachrichten basierend auf den 64-bit-Adressen.

- FLIP ermittelt Routen auf Anforderung.

- FLIP stellt ein bit im Nachrichtenheader zur Verfügung, das es gestattet, eine Übertragung der Nachricht über zuverlässige Netze anzufordern.

In FLIP werden die Adressen zufällig ausgewählt. In [93] wird argumentiert, daß die Wahrscheinlichkeit dafür, daß zwei FLIP-Instanzen die gleiche Adressen auswählen, so gering ist, daß hier keine Kontrolle durchgeführt werden muß.

Obwohl VMTP mit ähnlicher Zielsetzung wie FLIP entwickelt wurde, sind die Ansätze stark unterschiedlich. VMTP ist ein reines Transportprotokoll, das auf Routing- und Adressierungsfunktionalität von IP aufsetzt, während FLIP eine Alternative zu IP darstellt. Anstelle von IP kann VMTP somit auch die von FLIP angebotenen Dienste nutzen.

5.5.10 XTP's Bucket Algorithmus, Damping und Slotting

Multicasting in XTP [158] basiert auf dem Einsatz von drei Heuristiken, dem Bucket Algorithmus, dem Slotting und dem Damping. Diese Heuristiken sind zwar in der offiziellen XTP-Definition skizziert, sind aber nicht fester Bestandteil des Protokolls. Die Heuristiken stellen eine mögliche Realisierung des XTP-Multicast-Dienstes dar. Der Einsatz von Heuristiken ist der festen Integration in das Protokoll vorzuziehen, da sie sowohl in der Spezifikation als auch in der Implementierung einfacher durch neuere und bessere Verfahren ersetzt werden können. Im Gegensatz zu XTP sind die drei Heuristiken bereits in die HSTP-Spezifikation [224] integriert worden und werden als feste Bestandteile dieses Protokolls betrachtet.

Ein Nachteil des in XTP vorgesehenen Mehrpunktkommunikationskonzepts ist die fehlende Unterstützung von Duplexverkehr. Das heißt, Datenübertragung ist nur vom Sender zu den Empfängern möglich. Ein weiterer Schwachpunkt ist die nicht vorhandene Möglichkeit des Senders, zu jeder Zeit die aktuelle Gruppensicht, d.h. die Zustände der einzelnen Empfänger, zu überblicken. Dies resultiert aus der in XTP eingesetzten Filterstrategie, die das Verwerfen redundanter

Quittungspakete realisiert, ohne Informationen über den Absender des verworfenen Quittungspakets an den Sender weiterzuleiten. Die Identifikation und Kontrolle über die einzelnen Gruppenmitglieder liegt somit in der Verantwortung von Gruppenmanagementprotokollen. Ein XTP-Multicast-Sender ist ohne Hilfe von Managementinstanzen trotz Einsatz von Fluß-, Raten- und Fehlerkontrollmechanismen nicht dazu in der Lage, die Größe und die Zusammensetzung der Empfängergruppe während der Datenübertragung zu kontrollieren. Die derzeitige XTP-Multicast-Realisierung benötigt zu ihrer Funktionalität zudem ein Netz mit physikalischem Broadcast-Medium, was den Einsatz dieses Verfahrens auf lokale Umgebungen beschränkt.

Verbindungsmanagement und Adressierung. Ein XTP-Sender kann durch Setzen des MULTI-bit im Header seiner Pakete eine beliebige Empfängergruppe adressieren und benötigt somit nicht n verschiedene Einzelverbindungen. Dies setzt voraus, daß das unterliegende System Mehrpunktkommunikation unterstützt. Im lokalen Netzbereich sind daher unterstützende Mechanismen auf Medienzugangsebene Voraussetzung, während man im globalen Netzbereich die nötige Funktionalität von der Vermittlungsebene erwartet.

Entsprechend der Vorgehensweise bei der Punkt-zu-Punkt-Kommunikation benötigt der Sender ein FIRST-Paket zum Verbindungsaufbau. Dieses besitzt bis auf zwei Bits die gleichen Bestandteile wie das bei der Punkt-zu-Punkt-Kommunikation eingesetzte Paket:

- das MULTI-bit ist im Options-Feld des Headers gesetzt,

- das DREQ-bit darf nicht genutzt werden.

Die Zuteilung von Multicast-Adressen ist für XTP nicht spezifiziert. Es wird davon ausgegangen, daß dies durch einen separaten Mechanismus geregelt wird. Zwei Arten von Multicast-Adressen werden unterstützt:

- Internet Class D-Adressen sowie

- lokal definierte direkte 32-bit-Adressen.

Internet Class D-Adressen definieren einen 28-bit-Adreßraum zwischen 224.0.0.0 und 239.255.255.255. In [43] ist eine Abbildung auf MAC-Adressen angegeben. Für 48-bit-IEEE-kompatible Medienzugangsprotokolle werden die 23 niederwertigen Bits der IP-Adresse in die 23 niederwertigen Bits der Ethernet-Multicast-Adresse 01-00-5E-00-00-00 kopiert. In XTP werden die Class D-Adressen im Adreßsegment des FIRST-Pakets oder von PATH-Paketen übertragen, die Abbildung der Adressen geschieht beim Empfänger.

Beitritt in und Austritt aus einer aktiven Multicast-Verbindung. Möchte ein Host als Empfänger in eine Multicast-Gruppe eintreten, generiert er ein PATH-Paket mit der entsprechenden Multicast-Adresse (die er mittels eines Gruppenmanagementprotokolls erfragen muß) und einem key-Wert (Zeiger auf den aktiven Kontext), der gleich 0 ist. Aufgrund dieses dedizierten key-Werts erkennen die übrigen Empfänger der angesprochenen Gruppe, daß sie dieses Paket nicht zu empfangen brauchen. Das PATH-Paket wird somit ausschließlich vom Initiator der Gruppe bearbeitet. Der generiert daraufhin ein PATH-Paket mit der Multicast-Adresse und dem entsprechenden key-Wert des Multicast-Kontextes. Auch dieses Paket wird an die gesamte Gruppe geschickt und vom neuen Empfänger registriert, der ab dann zur Gruppe gehört und Pakete empfangen darf. Somit faßt der neue Empfänger das angekommene PATH-Paket als FIRST-Paket auf. Ein neuer Empfänger kann also erst Informationen entgegennehmen, nachdem der Sender eingewilligt hat. Von XTP wird die Möglichkeit des Beitritts in eine Gruppe ohne Zuhilfenahme des Senders nicht unterstützt. Bei AMTP ist Funktionalität in den Zwischensystemen (Routern) vorgesehen, wodurch zum einen der Sender entlastet und zum anderen eine schnellere Integration des neuen Empfängers gewährleistet werden kann.

Kontrollpaket-Verarbeitung. Im Multicast-Modus ordnet der Sender die empfangenen CNTL-Pakete vergangenen Ereignissen zu. Dazu bildet er die in den ankommenden CNTL-Paketen enthaltenen echo-Werte auf lokal verwaltete sync-Werte ab. Sender- sowie empfängerseitig generierte CNTL-Pakete werden an sämtliche Gruppenmitglieder geschickt; dadurch wird der Einsatz der *Damping*- und *Slotting*-Heuristiken möglich.

Aufgrund der XTP-Kontrollpaketverarbeitung (Filterung) kann der XTP-Multicast-Algorithmus nur als semizuverlässig bezeichnet werden. Bei Erhalt von nur einer Quittung ist unter der Voraussetzung des Einsatzes von Damping und Slotting ein Zuverlässigkeitsgrad größer oder gleich Eins erzielt. Entsprechend bedeutet der Empfang von k Quittungen innerhalb bestimmter Zeitschranken eine Zuverlässigkeit größer oder gleich k. Ein vollständig zuverlässiger Dienst kann jedoch mit den derzeit eingesetzten Algorithmen nicht gewährleistet werden.

Um zu lange Wartezeiten auf Quittungspakete zu vermeiden, wodurch der Durchsatz zu stark beeinträchtigt würde, wird eine maximale Wartezeit auf CNTL-Pakete festgelegt (somit ist das Alter der CNTL-Pakete beschränkt). Der SYNC/ECHO-Mechanismus wird zur Identifikation des relativen Alters der CNTL-Pakete eingesetzt.

Bucket-Algorithmus. Der Bucket-Algorithmus definiert einen Flußkontrollmechanismus für Multicast-Verbindungen, der ratenbasiert mit einem überlagerten Fenstermechanismus arbeitet. Beide Mechanismen können deaktiviert werden. Der auf zeitlichen Intervallen basierende Fenstermechanismus sollte jedoch aktiv sein, da er zusätzlich die Fehlerbehandlung steuert. Der Bucket-Algorithmus realisiert die Auswertung von CNTL-Paketen, die von den Empfängern einer Multicast-Nachricht an den eigentlichen Sender geschickt werden. Bei der Initiierung eines Multicast-Kontextes beginnt der Sender mit der Generierung einer FIFO-

Ausgabewarteschlange, die in eine Reihe von Buckets aufgeteilt ist. Diese Buckets entsprechen den bereits erwähnten zeitlichen Sendefenstern.

Die Empfänger einer XTP-Multicast-Nachricht verhalten sich passiv, sie reagieren nur auf Anforderung. Eine solche Anforderung erfolgt wie bei einer Punkt-zu-Punkt-Verbindung durch Setzen des **S**tatus **REQ**uest-Bits (SREQ) in einem CNTL-Paket durch den Sender. Da DATA-Pakete nicht über die geforderten Kontrollfelder verfügen (rseq, time), müssen zur Quittungspaketaufforderung jeweils separate CNTL-Pakete gesendet werden. Der Zeitpunkt, an dem der Sender ein SREQ setzt, wird durch den XTP Synch-Counter festgehalten. Dieser wird jedesmal erhöht, wenn ein DATA- bzw. CNTL-Paket abgeschickt wird.

Der Sender sammelt die ankommenden Kontrollinformationen in einer dem Bucket zugeordneten Datenstruktur und wertet diese aus (maximale Umlaufzeit RTT, minimale Sequenznummern wie alloc, dseq und rseq,...). Jedes vom Sender empfangene Kontrollpaket enthält einen echo-Wert, der den zuletzt beim Empfänger registrierten Wert des Synch-Counters widergibt. Nach [158] kann der Sender den sync-Wert in Datenpaketen und muß ihn in Paketen mit gesetztem SREQ-bit erhöhen. Alle anderen Pakettypen behalten den aktuellen sync-Wert bei. Datenpakete, die wiederholt gesendet werden müssen, erhalten einen neuen sync-Wert. Ein gesendeter sync-Wert wird im lokalen Kontext des Senders gespeichert. Der Empfänger geht folgendermaßen vor: Er initialisiert eine lokale Kontextvariable recv_sync, zunächst mit dem sync-Wert des in der Verbindung zuerst erhaltenen Pakets. In allen nachfolgenden Paketen wird der sync-Wert mit der Variablen recv_sync verglichen. Ist der sync-Wert kleiner als der bereits gespeicherte recv_sync-Wert, so handelt es sich um ein altes oder dupliziertes Paket, welches verworfen werden kann. Andernfalls wird der sync-Wert in die Variable recv_sync kopiert. Bei Paketen mit gesetztem SREQ-bit wird der sync-Wert in das echo-Feld des zurückgesendeten Kontrollpakets kopiert. Dadurch ist der Sender in der Lage, das empfangene Kontrollpaket auf sein gesendetes SREQ abzubilden. Dies ist von Bedeutung, wenn der Sender nach einem SREQ innerhalb einer vorgegebenen Zeitspanne kein Kontrollpaket von dem entsprechenden Empfänger erhalten und ein neues SREQ gesendet hat. Die Antwortkontrollpakete lassen sich aufgrund der echo-Werte den beiden SREQ-Paketen zuordnen, und der Sender kann aus zwei erhaltenen Kontrollpaketen dasjenige mit den aktuellsten Empfängerinformationen ermitteln.

Dieser sync/echo-Mechanismus ermöglicht es dem Sender, die ankommenden Kontrollpakete in Gruppen (*Buckets*) dem „Alter" nach zu sortieren. Die Informationen in einem Bucket beziehen sich auf alle DATA-Pakete, die seit der letzten Initiierung eines Quittungsaufforderungspakets gesendet worden sind (d.h. seit Ende des vorigen Buckets).

Die Kontrollinformationen, die in einem Bucket gespeichert werden, stellen nicht die Ansammlung sämtlicher Kontrollpakete dar, sondern spiegeln das „Worst-Case-" Szenario der Multicast-Verbindung wider. Im Unicast-Modus reagiert der Sender unmittelbar nach Erhalt eines Kontrollpakets, indem er z.B. das Übertragungsfenster anpaßt (alloc), Wiederholungen im Fehlerfall anstößt (rseq) oder Daten im Ausgabespeicher löscht, welche bereits korrekt beim Empfänger angekommen sind (dseq). Im Gegensatz dazu ist im Multicast-Modus eine Verzögerung der Senderreaktion notwendig, da auf das SREQ hin mehrere Empfänger quittieren und die entsprechenden Kontrollpakete zu unterschiedlichen Zeitpunkten beim Sender ankommen. Die Parameterwerte jedes CNTL-Pakets werden mit den aktuellen Bucket-Parametern verglichen, die dann, falls nötig, adaptiert werden. Die folgenden von den Empfängern generierten Kontrollinformationen werden beim Sender gesammelt:

- Minimum aller alloc-Werte

  alloc definiert die maximale Informationsmenge, die vom Sender übertragen werden darf, bevor er den Empfängerstatus abfragt (mittels SREQ). Das heißt, der Sender darf das Byte mit der Sequenznummer alloc nicht mehr losschicken, wenn er nicht vorher Quittungen bzgl. der vorher verschickten Daten erhalten hat.

- Minimum aller dseq-Werte

  dseq ist die Sequenznummer des letzten Bytes, das ein XTP-Empfänger vollständig bearbeitet und an die Anwendung weitergegeben hat.

- Minimum aller rseq-Werte

  rseq ist die Sequenznummer des Bytes, das als nächstes vom XTP-Empfänger in der richtigen Reihenfolge erwartet wird.

- Maximum aller empfangenen rtt-Werte, die mittels der techo-Werte nach der SRTT-Methode [82] berechnet worden sind.

Abbildung 5.14 zeigt eine vereinfachte Warteschlangendarstellung des Kommunikationsszenarios und illustriert den Austausch der Pakete zwischen dem Sender und den Empfngern.

In der Abbildung sind auch die beiden zur Quittierung relevanten Sequenznummern, rseq und dseq, dargestellt, die jeder Host in seinen CNTL-Paketen an den Sender übermittelt. Der Sender benötigt rseq zur Entscheidungsfindung über die zu wiederholenden Pakete, da dieser Wert die Bytenummer kennzeichnet, die um Eins größer ist als das jeweils letzte lückenlos empfangene Byte. Da derzeitige XTP-Implementierungen ausschließlich Go-Back-N-Wiederholungen unterstützen, wird ausschließlich rseq zur Wiederholung der Daten herangezogen. Wird die Fehlerkontrolle deaktiviert (NOERR-Modus), so gibt der rseq-Wert die jeweils höchste empfangene Bytenummer während der gesamten Verbindung an. Im Gegensatz zu rseq gibt dseq die Sequenznummer des Bytes an, das als letztes vom XTP-Empfänger vollständig bearbeitet und an die Anwendung weitergegeben worden ist.

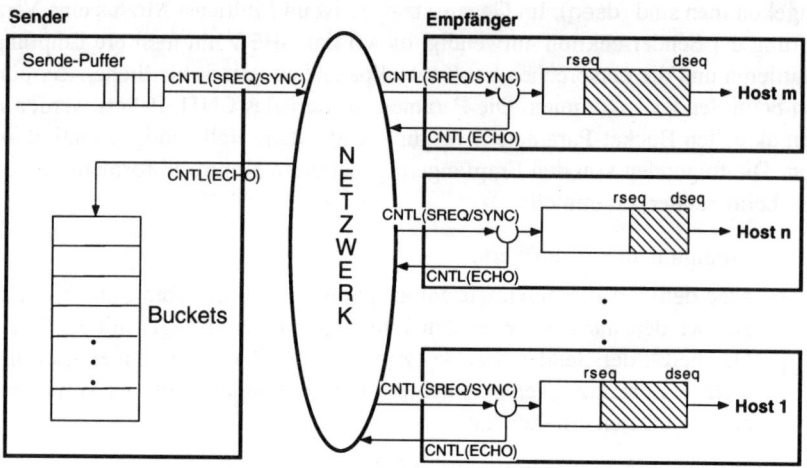

Abbildung 5.14: Bucket-Algorithmus/Interaktionsmodell

Neben diesen Sequenznummern aktualisiert der Sender seine RTT-Abschätzungen, indem er die im techo-Feld enthaltenen Werte der CNTL-Pakete von seiner lokalen Zeit subtrahiert. Das techo-Feld enthält eine Kopie der lokalen Zeit, die beim Sender zum Zeitpunkt des Absendens der Quittungspaketaufforderung (SREQ-bit gesetzt) vorlag. Falls Fehlerkontrolle aktiviert ist, werden die übertragenen Daten in den Ausgabepuffern beim Sender solange zwischengespeichert, bis sie quittiert sind oder die Lebensdauer des entsprechenden Buckets abgelaufen ist. Es ist offensichtlich, daß die Generierung und Interpretation von CNTL-Nachrichten einen großen Einfluß auf die Funktionalität und Effizienz des Verfahrens hat. Der Bucket-Algorithmus definiert die Regeln für das Aussenden von Quittungspaket-Anforderungen, ist zuständig für die Interpretation der empfangenen CNTL-Pakete und das Löschen von Ausgabepuffern. Ist die Zahl der Empfänger sehr groß, ist es vorteilhaft, die Anzahl der CNTL-Pakete zu reduzieren, die als Antwort auf eine Quittungspaketaufforderung an den Multicast-Sender geschickt werden. Hierzu sieht XTP die beiden Heuristiken Damping und Slotting vor (s.u.).

Da die CNTL-Pakete zu unterschiedlichen Zeiten beim Sender ankommen, werden sie bis zum Ablauf eines bestimmten Intervalls zwischengespeichert, bevor der Auswertungsprozeß beginnt. Dieses Intervall entspricht der Lebenszeit eines Buckets. Da die Empfänger der eigentlichen Multicast-Nachricht weit verstreut sein können, ist eine geeignete Festlegung der Wartezeit auf Quittungspakete entscheidend für die Effizienz und Zuverlässigkeit des Multicast-Algorithmus. Der Zeitpunkt, an dem die Auswertung eines Buckets beginnt, d.h., die Lebenszeit eines Buckets zu Ende geht, hängt ab von der festgelegten Anzahl der zu erstellenden Buckets sowie von der aktuellen Entwicklung der WTIMER

(Wait Timer)-Intervalle und der damit verbundenen Länge des SBTIMERs (Switch Bucket Timer).

Zur Verwaltung der Buckets werden die folgenden Variablen eingesetzt:

- WTIMER (Wait-Timer): Quittungs-Timer, der bei Punkt-zu-Punkt-Verbindungen die maximale Wartezeit auf CNTL-Pakete angibt. Beim Multicast dient er jedoch ausschließlich der Berechnung des SBTIMERs. Derzeit berechnet sich WTIMER nach dem SRTT-Verfahren [82]. WTIMER und somit auch SBTIMER werden jedesmal neu berechnet, wenn ein Bucket kreiert wird.

- SBTIMER (Switch Bucket Timer): Timer, der die Generierung von CNTL-Paketen mit gesetztem SREQ und somit auch die Generierung von Buckets steuert. Der SBTIMER wird beim Erzeugen eines Buckets neu berechnet. Er ergibt sich als Quotient aus WTIMER und SREQS und ändert sich somit ständig.

- SREQS: Dieser Wert gibt an, wieviele SREQs pro WTIMER-Intervall gesendet werden. Der Wert bleibt konstant während einer Verbindung. Da WTIMER als Quittungs-Timer dynamisch ist, ändert sich somit auch ständig die Länge des SBTIMERs.

- DROPS: Dieser Wert gibt die Anzahl der SREQs und/oder der zugehörigen aufeinanderfolgenden Antwortpakete eines Empfängers an, die während der Lebensdauer eines Buckets verloren gehen dürfen, ohne daß die relevanten Sendedaten bereits verworfen worden sind. DROPS ist somit als eine Angabe zur Fehlertoleranz zu verstehen. DROPS ist eine natürliche Zahl, die eine zusätzliche Anzahl von Buckets darstellt. Diese erhöhte Anzahl von Buckets bewirkt die Verlängerung der Lebensdauer jedes einzelnen Buckets. Wird der Parameter DROPS gleich Null gewählt, und geht das erste Quittungspaket verloren, so besteht für den betroffenen Empfänger keine Möglichkeit mehr, die noch fehlenden Datenbytes zu erhalten. Ist der Parameter DROPS größer Null gewählt, so gibt er die maximal zulässige Anzahl der Kontrollpakete an, die zwischen Empfänger und Multicastsender hintereinander verloren gehen darf.

- MAXB (Maximale Zahl aktiver Buckets): MAXB ist nach [158] auf SREQS + DROPS + 1 gesetzt. Durch die Einbeziehung von DROPS und den zusätzlichen Bucket wird die Wahrscheinlichkeit erhöht, daß auch verspätet eintreffende Quittungspakete noch berücksichtigt werden.

Die Sammlung der Parameterwerte alloc, dseq, rseq, rtt in einem neuen Bucket beginnt nach Ablauf des SBTIMERs, d.h., sobald ein Paket mit gesetztem SREQ gesendet worden ist. Sind sämtliche Buckets (MAXB) bei Ablauf von SBTIMER in Gebrauch, wird die Information im ältesten Bucket (Bucket mit dem niedrigsten sync-Wert) zur Aktualisierung des Senderzustands herangezogen. Dabei werden dann die Sendepuffer freigegeben, in denen noch Daten sind, die basierend auf den Parameterwerten im ältesten Bucket bereits quittiert sind. Der SBTIMER basiert auf dem aktuellen (zuletzt gemessenen) WTIMER und der Anzahl SREQS der gesendeten SREQs pro WTIMER-Intervall.

Zusammenfassend verhält der Bucket-Algorithmus sich folgendermaßen:

1 Nach Ablauf des SBTIMERs wird vom Sender ein CNTL-Paket mit gesetztem SREQ generiert. Dies geschieht unabhängig davon, ob Daten verschickt worden sind oder nicht. Um eine korrekte Zuordnung der daraufhin ankommenden CNTL-Pakete zum richtigen Bucket zu gewährleisten, wird jedes CNTL-Paket genau wie jedes DATA-Paket mit einem um Eins erhöhten sync-Wert übertragen.

2 Beim Senden eines CNTL-Pakets mit gesetztem SREQ wird ein neuer Bucket generiert.

3 Empfänger antworten auf SREQs, indem sie entsprechende Quittungs-CNTL-Pakete mit dem ins echo-Feld kopierten sync-Wert an die gesamte Gruppe schicken.

4 Beim Sender ankommende CNTL-Pakete werden dem richtigen Bucket zugeordnet, indem der echo-Wert mit den lokalen sync-Werten verglichen wird.

5 Die Bucket-Variablen alloc, rseq, dseq, rtt werden aktualisiert, falls die im CNTL-Paket enthaltenen Werte kleiner (alloc, rseq, dseq) bzw. größer (rtt) als die lokal gespeicherten sind.

6 Die erste Neuübertragung von fehlerhaften bzw. verlorenen Daten findet nach der Bildung von MAXB = SREQS + DROPS + 1 Buckets statt. Sobald der (MAXB+1)-te Bucket kreiert werden soll, wird der älteste Bucket geleert und eine Neuübertragung entsprechend dem aktuellen rseq-Wert dieses Buckets initiiert.

Die Abbildung 5.15 zeigt ein Beispiel-Multicast-Szenario. Wie in der Original-XTP-Spezifikation vorgesehen, arbeitet der Algorithmus ausschließlich lokal, es sind keine Aktivitäten in den Routern vorgesehen. In der Abbildung sind bereits gewisse Ineffizienzen des Algorithmus herausgestellt, wie z.B. die Übertragung redundanter Datenpakete, die Anzahl überflüssiger CNTL-Pakete, die durch einen aktiven Router gefiltert werden könnten, etc.

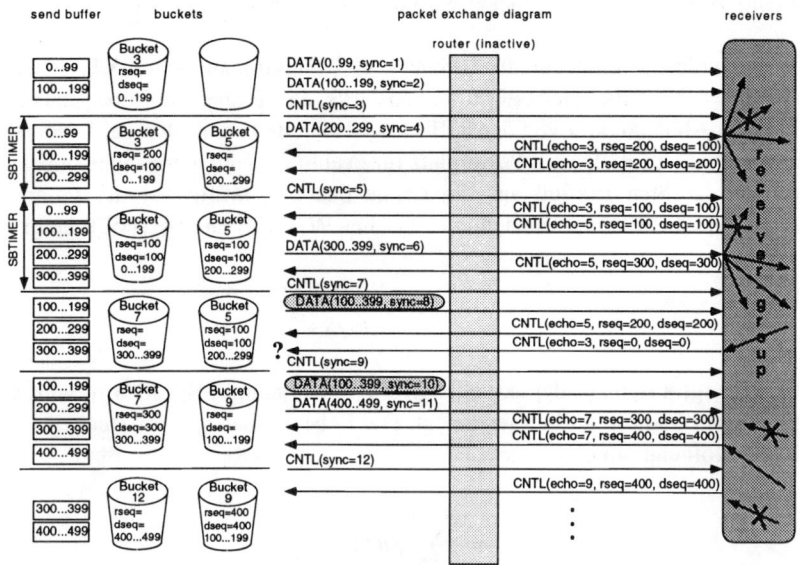

Abbildung 5.15: Bucket-Algorithmus/Beispielszenario

Das Diagramm enthält vier unterschiedliche Komponenten. Der Sendepuffer und die aktivierten Buckets repräsentieren die Senderseite. Die Sendepuffer enthalten sämtliche der gemäß Bucket-Algorithmus bereits abgeschickten und noch nicht verworfenen Daten am Ende eines SBTIMER-Intervalls (die SBTIMER-Intervalle sind durch die horizontalen Linien zwischen den Buckets gekennzeichnet). Die skizzierte Multicast-Verbindung arbeitet mit einem SREQS-Wert von Eins. Somit sind maximal jeweils zwei Buckets aktiviert. Jeder Bucket ist durch seinen sync-Wert gekennzeichnet, damit alle ankommenden CNTL-Pakete aufgrund ihrer echo-Werte dem richtigen Bucket zugeordnet werden können. Die Zahlenangaben am Boden des Eimers (Buckets) repräsentieren den Sequenznummernbereich der Daten, die im entsprechenden SBTIMER-Intervall verschickt worden sind. Um eine noch lesbare Darstellung zu erzielen, ist von den Übertragungszeiten der einzelnen Pakete abstrahiert worden. Daher sind die im Paketaustauschdiagramm angegebenen Pfeile für die Übertragungsrichtung der Pakete horizontal eingezeichnet (sie verlaufen quasi in Nullzeit).

Der Sender überträgt pro DATA-Segment einen 100 Byte langen Sequenznummernbereich. Am Ende des ersten SBTIMER-Intervalls wird zeitgleich zur Aussendung des CNTL-Pakets der erste Bucket erzeugt (mit sync-Wert 3). Im nächsten SBTIMER-Intervall kommen die ersten Quittungspakete an. Daraufhin werden die rseq- und dseq-Werte entsprechend aktualisiert. Da die Lebensdauer eines Buckets auf zwei SBTIMER-Intervalle beschränkt ist, wird am Ende des dritten SBTIMER-Intervalls der Bucket mit sync-Wert 3 aufgelöst. Entsprechend den rseq-Werten in diesem Bucket wird der Ausgabepuffer geleert.

Entscheidenden Einfluß auf die Effizienz und Funktionalität des XTP-Multicastings haben die Parameter SREQS und DROPS, da sie über die Lebensdauer der Buckets in Abhängigkeit von der RTT entscheiden und somit den auf Senderseite zur Vergügung zu stellenden Pufferplatz für eventuelle Neuübertragungen bestimmen. Den größten Einfluß auf die Länge des SBTIMERs hat der Parameter SREQS, wie die folgende Beziehung zwischen WTIMER und SBTIMER zeigt:

$$SBTIMER_i = \frac{WTIMER_i}{SREQS + 0.5}$$

$WTIMER_i$ ergibt sich aus der aktuellen SRTT-Berechnung. SREQS wird vom Sender beim Verbindungsaufbau festgelegt. Die Lebensdauer t_b eines Buckets ergibt sich dann folgendermaßen:

$$t_b = \sum_{i=1}^{MAXB} SBTIMER_i$$

Es lassen sich folgende Aussagen über den Einfluß der Größen SREQS und DROPS auf den nötigen Pufferplatz herleiten [66].

Je größer SREQS,

- desto größer ist die Maximalanzahl an Buckets MAXB, denn MAXB = SREQS + DROPS +1,

- desto mehr CNTL-Verkehr wird erzeugt,

- desto kürzer werden die SBTIMER-Intervalle; unter der Voraussetzung, daß DROPS < SREQS ist, gilt zudem, daß die Lebensdauer eines Buckets kürzer wird,

- desto weniger Pufferplatz wird benötigt, um einen bestimmten maximalen Durchsatz zu erzielen.

Der Hauptvorteil, der sich aufgrund eines großen SREQS ergibt, ist eine Reduzierung des notwendigen Pufferplatzes aufgrund der daraus resultierenden kürzeren SBTIMER-Intervalle. Auf der anderen Seite impliziert eine größere Anzahl SREQS einen höheren Durchsatz bei gleichbleibender Pufferplatzgröße. Offensichtlicher Nachteil von großem SREQS ist die Zunahme des Quittungsverkehrs (insbesondere dann, wenn kein Damping eingesetzt wird).

Es ergeben sich somit die folgenden Vorschläge zur Justierung von SREQS:

- Bei einer großen Anzahl von Empfängern und Nichteinsatz von Damping sollte SREQS möglichst klein (1-2) gewählt sein, um die Überflutung des Netzwerkes durch CNTL-Pakete zu unterbinden.

- Bei einer geringen Anzahl von Empfängern in einer lokalen Umgebung kann SREQS auf 3-4 erhöht werden, um einen möglichst hohen Durchsatz zu erzielen.

- Bei einer geringen Anzahl von Empfängern in einer Weitverkehrsbeziehung sollte SREQS groß gewählt sein (> 4). Dadurch wird eine möglichst aktuelle Information des Senders erreicht, die bei solch kleinen Empfängerzahlen nicht zu Überlastproblemen führt.

Neben SREQS hat auch DROPS einen gewissen Einfluß auf den Algorithmus, der im folgenden illustriert wird:

Je größer DROPS,

- desto größer ist die Maximalanzahl an Buckets MAXB, denn MAXB = SREQS + DROPS +1,

- desto länger wird die Lebensdauer der Buckets, denn jede Erhöhung von DROPS verlängert die Lebensdauer eines Buckets um ein SBTIMER-Intervall,

- desto größer muß der notwendige Pufferplatz sein, um einen bestimmten Durchsatz zu erzielen,

- desto geringer der Durchsatz bei einer konstanten Puffergröße.

Als Vorteil von großem DROPS ist die zunehmende Zuverlässigkeit des Algorithmus zu sehen. Die Wahrscheinlichkeit, daß gewisse Empfänger eine bestimmte Anzahl von Paketen nicht erhalten, wird geringer. Der zur Verfügung stehende Pufferplatz muß vergrößert werden, um mit vergrößertem DROPS-Wert den gleichen Durchsatz zu erzielen. Wird der Pufferplatz nicht erhöht, so führt eine Erhöhung von DROPS zu einer Verringerung des Durchsatzes.

Vorschläge zur Einstellung von DROPS:

- Für Netzwerke mit geringen Fehlerraten sollte DROPS klein sein (1-2).

- Für Netzwerke mit hoher Fehlerwahrscheinlichkeit (BER $> 10^{-6}$) sollte man die Wahrscheinlichkeit p_{loss} für einen Paketverlust bestimmen. Die Wahrscheinlichkeit, daß ein Empfänger Paketverlust erleidet, liegt bei p_{loss}^{DROPS}. DROPS sollte demnach so gewählt werden, daß der gewünschte Zuverlässigkeitsgrad erreicht wird.

- Auf einem Weitverkehrsszenario sollte DROPS groß gewählt werden, um die stark differierenden Antwortzeiten der Empfänger besser aufzufangen.

XTP Damping und Slotting. Die Anzahl der duplizierten Kontrollpakete, die als Reaktion auf ein SREQ oder im Fehlerfall erzeugt werden, wird durch den Einsatz von effizienten Quittungsmechanismen und Pufferstrategien reduziert. Falls die Fehlerkontrolle nicht durch Setzen des NOERR-bits abgeschaltet ist, erzeugt jeder Multicast-Empfänger ein Kontrollpaket, wenn er einen Paketverlust feststellt. Bei diesem Kontrollpaket kann es sich um ein REJECT-Paket, welches auf das erste nicht erhaltene Paket hinweist, oder um ein SELective ACKnowledgement-Paket handeln. In der XTP-Spezifikation 3.6 wird ausschließlich die auf REJECT-Paketen basierende Go-Back-N-Neuübertragungsstrategie unterstützt. Die Pakete werden nicht nur an den Sender, sondern an die gesamte Gruppe geschickt. Dadurch wird ermöglicht, daß andere Empfänger auf das Aussenden von positiven Quittungen bzw. Neuübertragungsanforderungen verzichten können, falls sie den Paketstrom genauso korrekt empfangen haben oder dieselben oder eine Untermenge der Pakete neu anfordern möchten (*DAMPING*). Dieser Mechanismus reduziert die Anzahl überflüssiger Kontrollpakete an den Sender, insbesondere im Fall einer fehlerfreien Multicast-Übertragung. Die Schwächen dieses Ansatzes sind zum einen seine mangelnde Robustheit und Ineffizienz wegen der extrem unterschiedlichen Antwortzeiten der Empfänger, und zum anderen die unter Umständen hohe Zahl anonymer Quittungen an den Sender. Letzteres macht ein zuverlässiges Multicast mit diesem Algorithmus unmöglich.

Zur Realisierung eines stabileren Damping-Verfahrens verzögert jeder Empfänger das Absenden von Kontrollpaketen um ein zufälliges Zeitintervall (*SLOTTING*). Durch dieses zeitliche Entzerren des Sendens der Kontrollpakete steigt die Wahrscheinlichkeit, daß ein Empfänger auf das Abschicken eines Kontrollpakets verzichten kann, da bereits eines mit ähnlichen Anforderungen von ihm registriert wurde. Dabei ist jedoch auf Verträglichkeit der zusätzlichen Verzögerung mit dem *Bucket-Algorithmus* zu achten, da die maximal mögliche Verzögerung, die *Bucket-Lebenszeit*, nicht überschreiten darf (s. Kapitel 5.4.2).

Der Einsatz von Slotting und Damping resultiert offensichtlich in einem höheren Verarbeitungsoverhead bei den Empfängern, andererseits jedoch auch in einer Reduzierung der Anzahl der CNTL-Pakete und damit in geringerem Verarbeitungsaufwand beim Sender. Diese Auswirkungen nehmen zu, je größer das

Produkt aus Gruppengröße und CNTL-Paket-Frequenz wird. Denn dieses Produkt ergibt die Gesamtzahl von empfängerseitig generierten CNTL-Paketen pro Zeitintervall. Bei Anwachsen dieses Produkts wird es schwerer, den Sender und möglicherweise das unterliegende Netz vor übermäßigem Paketfluß zu schützen.

Die Analyse der Anforderungen an Multicast-unterstützende Protokolle hat ergeben, daß neben den für Punkt-zu-Punkt-Verbindungen eingesetzten Mechanismen zur Bereitstellung eines bestimmten Durchsatzes und einer maximalen Verzögerung spezielle Verfahren zur Fehlerkontrolle und Gruppenverwaltung benötigt werden.

5.5.11 AMTP's Multicasting in Weitverkehrsnetzen

In globalen heterogenen Netzen ist der Nutzen von Multicast-Kontrollpaketen, wie sie in der derzeitigen XTP-Protokollspezifikation vorgesehen sind, fraglich. Bei XTP werden die Multicast-Kontrollpakete nicht nur an den Sender, sondern an die ganze Multicast-Gruppe gesandt. Aufgrund der stark unterschiedlichen Laufzeiten müssen die bei den Empfängern vorgesehenen Slotting-Intervalle sehr groß gewählt werden, da der Damping-Algorithmus sonst nicht greifen würde. Dies hat jedoch direkten Einfluß auf den erzielbaren Durchsatz, der dadurch gedrückt wird, daß die Quittungspakete später beim Sender ankommen.

AMTP setzt daher auf die Verwendung herkömmlicher Unicast-Kontrollpakete [67], die nur an den Sender und nicht an die gesamte Gruppe geschickt werden. Ein wesentlicher Vorteil von Unicast-Kontrollpaketen liegt darin, daß sie nicht durch Filterung anonymisiert werden und sich die quittierenden Empfänger bei entsprechend geringfügigen Änderungen des Protokolls dem Sender bekannt machen können. Der offensichtliche Nachteil ist die resultierende Quittungspaketimplosion.

Zur effizienteren Quittierung von Paketen, insbesondere in Weitverkehrsnetzen, ist die Bildung von lokalen Empfängergruppen und darauf aufbauend von übergeordneten Gruppen vorteilhaft. Lokale Gruppen können z.B. von denjenigen Empfängern gebildet werden, die dem gleichen lokalen Netz angehören oder deren Kontrollpakete den gleichen Zwischenknoten auf dem Weg zum Sender passieren müssen. Aus diesem Grund ist eine Filterung der Kontrollpakete in den benachbarten Zwischenknoten eine Alternative zum Slotting und Damping in Endsystemen. Abbildung 5.16 zeigt einen Ausschnitt aus dem Kommunikationsablauf einer AMTP-Multicast-Verbindung basierend auf dem in Abbildung 5.15 skizzierten XTP-Bucket-Algorithmusbeispiel.

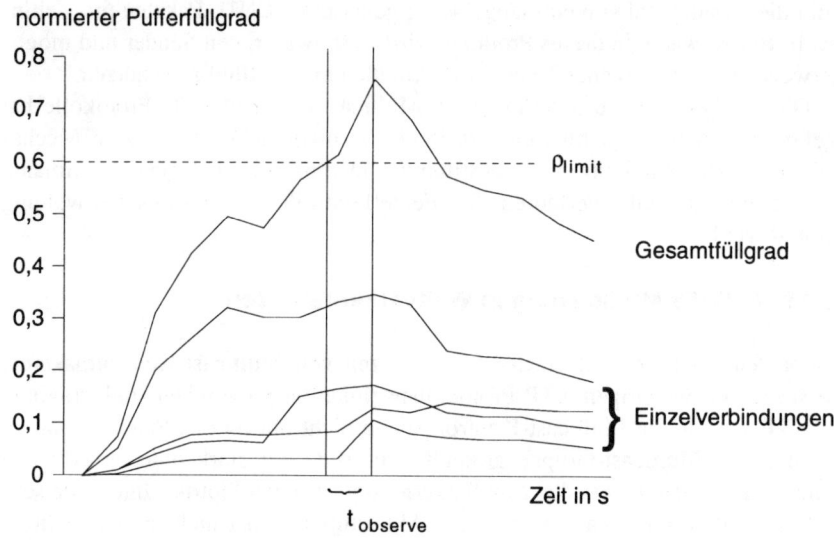

normierter Pufferfüllgrad

Abbildung 5.16: AMTP mit aktiven Routern

Die von der lokalen Empfängergruppe generierten Kontrollpakete werden im Router gefiltert. Im skizzierten Fall passiert zunächst das erste CNTL-Paket den Router auf dem Weg zum eigentlichen Sender. Es quittiert den korrekten Empfang der Datenmenge bis zur Sequenznummer 200 (rseq=200) und außerdem deren komplette Verarbeitung durch die Transportebene bis zur Sequenznummer 100 (dseq=100). Das darauffolgende CNTL-Paket (rseq=200, dseq=200) wird nicht weitergeleitet, da diese Quittung bereits durch die vorhergehende abgedeckt ist. Hätte das zweite CNTL-Paket einen niedrigeren dseq- oder rseq-Wert, wäre es an den Sender weitergeleitet worden. Das dritte CNTL-Paket wird nicht gestoppt, da der rseq-Wert unterhalb des im ersten CNTL-Paket quittierten Werts liegt.

Bei dieser Vorgehensweise tritt ein Problem auf: Da AMTP genau wie XTP die CNTL-Pakete zur Abschätzung der *Worst Case RTT* einsetzt, muß zumindest das letzte innerhalb einer bestimmten Zeitspanne ankommende CNTL-Paket, auch wenn es allein aufgrund der angegebenen Sequenznummern nicht an den Sender geschickt werden müßte, zuätzlich an den Sender weitergeleitet werden. Alternativ zu dieser Vorgehensweise kann die *Worst Case*-Information über alle Pakete über die gesamte Damping-Zeit gesammelt werden. So wird pro Damping-Intervall nur noch ein *kumuliertes* Kontrollpaket mit den gesammelten *Worst Case*-Informationen an den Sender geschickt. Die anderen Pakete entfallen. Der Sammelzeitraum (Damping-Zeit) für die Quittungspakete kann zufällig ermittelt werden, er kann statisch oder dynamisch einstellbar sein.

Die zweite Alternative erscheint wesentlich sinnvoller, da dabei deutlich weniger Pakete übertragen werden müssen. Das in der ersten Variante frühere

Eintreffen der Informationen beim Sender bedeutet keinen Vorteil, solange die Quittungen auch bei der zweiten Variante rechtzeitig in den Buckets eintreffen. Kommen die Quittungen innerhalb eines Buckets früher an, so ist dies ohne Bedeutung; der eventuell übernommene techo-Wert beeinflußt jedoch die WTI-MER-Berechnung beim Sender und kann zu kleineren RTT-Werten führen. Alternativ dazu bietet AMTP einen zusätzlichen Kontrollpakettyp an, der speziell zur RTT-Kalkulation eingesetzt wird und nicht von einer möglichen Filterung und somit einer künstlichen Verzögerung beeinflußt wird (vgl. weiter unten).

AMTP: Kontrollpaketformat für zuverlässiges Multicasting. Um ein vollständig- bzw. k-zuverlässiges Multicasting bei Einsatz der oben beschriebenen Zwischensystemmechanismen zu realisieren, muß gesichert sein, daß alle bzw. k Mitglieder der Gruppe die Daten zuverlässig erhalten. Weiterhin muß der Sender die verschiedenen Empfänger unterscheiden können. Dazu wird ein Feld in den Header von AMTP-Kontrollpaketen integriert, welches die individuellen Adressen der jeweiligen Empfänger enthält. Abbildung 5.17 zeigt den Aufbau des Adreßfeldes von AMTP-Quittungspaketen. Diesem Aufbau entsprechen sowohl die Gruppenquittungen als auch die Einzelquittungen.

Das Feld n_address gibt die Anzahl der im nachfolgenden addresses-Segment angegebenen Empfängeradressen an. Im AMTP-Header ist das address-Feld zweigeteilt. Da die Länge des addresses-Teils nicht deterministisch ist, wird dieser Teil des address-Feldes an das Ende des Headers positioniert, um die Bearbeitung des Paketes nicht zu verlangsamen. Das a_format-Feld beschreibt die Syntax der Netzwerkadresse. Dieses Feld entspricht dem gleichnamigen in XTP eingesetzten Feld. Dabei kann zwischen Internet- und OSI-konformen Adressen unterschieden werden. Um das Adreßfeld nicht zu komplex werden zu lassen, müssen sämtliche in einem Kontrollpaket angegebenen Empfänger das gleiche Adreßformat benutzen.

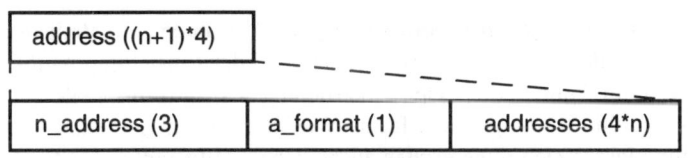

Abbildung 5.17: AMTP-Adreßfeld

Der Sender baut somit eine Verbindung mit der Gesamtgruppe auf und erhält von jeder lokalen Gruppe ein Kontrollpaket, das sämtliche Adressen der zu dieser Gruppe gehörenden Stationen enthält, die bis zum Absendezeitpunkt des kumulierten Kontrollpakets geantwortet haben. Weiterhin wird Managementfunktionalität benötigt, die sicherstellt, daß dem Multicast-Sender zu jeder Zeit alle Mitglieder der Multicastgruppe bekannt sind. An solchen Gruppenmanagementprotokollen wird derzeit von vielen Standardisierungsorganisationen und Arbeitsgruppen gearbeitet.

AMTP: Zusätzlicher Kontrollpakettyp. In [158] sind zwei Typen von CNTL-Paketen spezifiziert:

- CNTL-Pakete, die vom Sender und dem/den Empfänger(n) gesendet werden sowie

- RCNTL-Pakete, die von Routern generiert werden.

Die Hauptaufgabe der senderinitiierten CNTL-Pakete ist die Aufforderung an die Empfänger, ihrerseits CNTL-Pakete zu senden, mit denen sie den Empfängerzustand an den Sender übermitteln und Zeitstempel zur Berechnung der aktuellen Umlaufzeit (RTT) bereitstellen. Würde ein Multicast-Sender die Quittungen auf seine CNTL-Pakete schneller erhalten, so könnte ein höherer Durchsatz erzielt werden. Beim derzeitigen XTP-Multicasting-Algorithmus könnte es dann jedoch bei Priorisierung von senderinitiierten CNTL-Paketen dazu kommen, daß die auf die gerade abgeschickten DATA-Pakete folgenden CNTL-Pakete die betreffenden DATA-Pakete überholen. Dann kann der Empfänger in seiner Antwort nicht über den relevanten Empfangszustand berichten. Außerdem gehen durch die Filtertechnik eine Vielzahl von CNTL-Paketen verloren, die unter Umständen zur RTT-Kalkulation beitragen würden.

In AMTP werden daher die beiden folgenden Ansätze verfolgt: Empfängerseitig generierte CNTL-Pakete, die zur Quittierung der Senderdaten verschickt werden, erhalten eine höhere Priorität als herkömmliche DATA-Pakete. Da dies jedoch zu einer Verzerrung der eigentlichen RTT-Kalkulation führt, werden zur RTT-Bestimmung separate CNTL-RTT-Pakete verschickt, die mit niedriger Priorität (entsprechend den DATA-Paketen) versehen sind. Zudem können DATA-Pakete Quittungsaufforderungen enthalten. Umfangreiche Untersuchungen zur Auswirkung dieser Strategien sind in [27] durchgeführt worden und spiegeln die möglichen Leistungsgewinne wider.

Reduzierung unnötiger Neuübertragungen. Verfahren zur Reduzierung der Anzahl von Neuübertragungen setzen sowohl bei der Einstellung unnötiger Wiederholungen im Falle fehlerfreier Übertragung als auch im Falle fehlerhafter Übertragung ein. Unnötige mehrfache Wiederholungen bei einer fehlerfreien Übertragung lassen sich ohne großen zusätzlichen Aufwand in den Bucket-Algorithmus integrieren. Nach jedem Ablauf des SBTIMERs werden nur diejenigen Datenbytes gesendet, deren Sequenznummern niedriger sind als das Byte mit der höchsten in diesem Bucket gesendeten Sequenznummer. Datenbytes, deren Sequenznummern diesen Wert übersteigen, werden ohnehin nach Ablauf des nächsten SBTIMERs gesendet. Es werden also im Gegensatz zur XTP-Spezifikation [158] nicht sämtliche Bytes, die Sequenznummern größer oder gleich rseq aufweisen, neu übertragen. Dieser Ansatz wird im folgenden *Retransmission Cut* genannt.

Ein wesentlicher Vorteil dieses Vorschlags liegt in der Tatsache, daß für seine Realisierung nur eine minimale Änderung am Bucket-Algorithmus vorgenommen werden muß. Zu dem ohnehin in den Kontext übernommenen niedrigsten rseq-Wert muß in diesem Verfahren zusätzlich noch die höchste Sequenznummer, die in diesem Bucket gesendet wurde, im Kontext vermerkt werden.

Alternativ zu diesem Verfahren lassen sich redundante Wiederholungen vermeiden, indem Datenbytes nur einmal innerhalb einer WTIMER-Periode wiederholt werden. Diese Methode wird im folgenden *WTIMER-Periode* genannt.

Die Abbildungen 5.18 und 5.19 zeigen Ausschnitte aus dem in Abbildung 5.15 skizzierten Beispielszenario einer Multicast-Verbindung mittels XTP.

Dabei zeigt Abbildung 5.18 eine wiederholte Übertragung nach Ablauf eines SBTIMER-Intervalls, die anstelle der gemäß [158] üblichen Neuübertragung der Daten mit den Sequenznummern 100 bis 399 im DATA-Paket mit sync-Wert 10 eine Neuübertragung gemäß *Retransmission Cut* vornimmt und somit ausschließlich die Daten mit den Sequenznummern von 100 bis 299 neu überträgt.

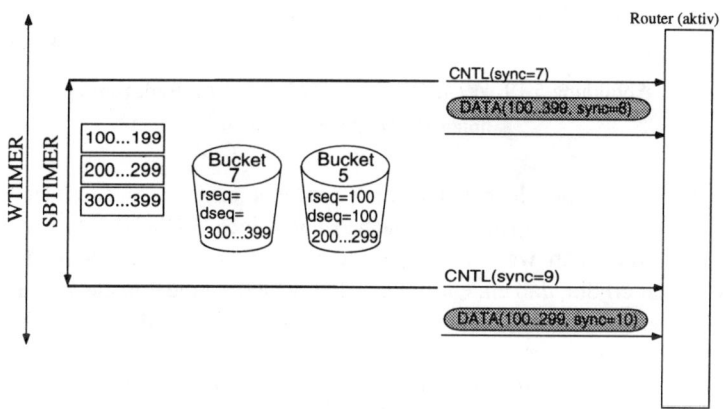

Abbildung 5.18: *Retransmission Cut*-Methode zur Reduzierung
unnötiger Neuübertragungen

Bei Einsatz der *WTIMER-Periode*-Methode fällt die Neuübertragung sogar ganz weg (vgl. Abbildung 5.19). Das in der XTP-Protokolldefinition vorgeschlagene Fehlerkontrollverfahren ist äußerst ineffizient, da alle von irgendeinem Empfänger nicht oder fehlerhaft empfangenen Daten im Extremfall der maximalen Anzahl der Buckets entsprechend oft wiederholt werden.

Wird der *Retransmission Cut*-Algorithmus zur Vermeidung von unnötigen Wiederholungen im Fehlerfall eingesetzt, so beseitigt er jedoch nicht alle redundanten Wiederholungen. Ist in einem Bucket A ein Fehler aufgetreten und ist die sync-Nummer dieses Buckets größer als die sync-Nummer desjenigen Buckets, in dem die letzte Wiederholung stattgefunden hat, so wird eine (unnötige) erneute Wiederholung gestartet, da der Inhalt von Bucket A als aktuellste Information interpretiert wird. Diese Wiederholung ist redundant, da die entsprechenden

Datenpakete bereits vorher auf Anfrage (evtl.) anderer Empfänger wiederholt wurden.

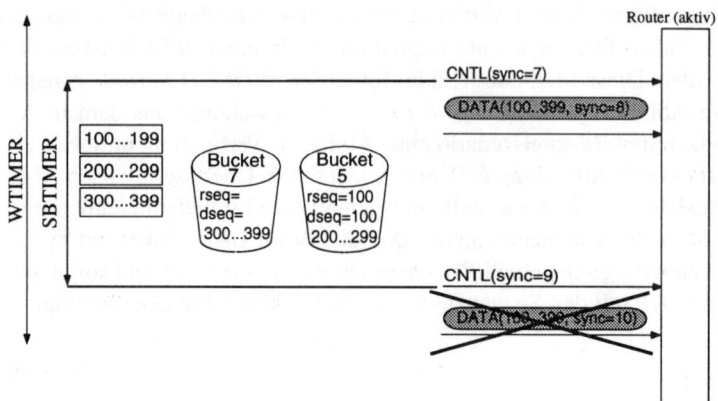

Abbildung 5.19: *WTIMER-Periode*-Methode zur Reduzierung
unnötiger Neuübertragungen

Der *WTIMER-Periode*-Mechanismus, bei dem eine erneute (zweite oder weitere) Wiederholung der Datenpakete nur nach Ablauf eines WTIMER-Intervalls gestattet ist, benötigt einen wesentlich geringeren Aufwand. Damit wird die Wahrscheinlichkeit erhöht, daß ein Quittungspaket, welches eine erneute Wiederholung von Datenbytes anfordert, erst nach dem möglichen Erhalt der ersten Wiederholung generiert wird.

Der große Vorteil dieses Verfahrens ist seine einfache Realisierung, da zu jeder Wiederholung nur ein Timer-Wert, der frühestmögliche Zeitpunkt einer erneuten Wiederholung, abzuspeichern ist. Schwierigkeiten ergeben sich hier jedoch für negative Quittungen, da der Sender sie nach einer Wiederholung innerhalb des darauffolgenden WTIMER-Intervalls ignoriert. Die kritischste Situation ergibt sich mit DROPS=0. In diesem Fall ist die Lebensdauer des Buckets, in dem Quittungen bezüglich der wiederholten Daten akzeptiert werden, (SREQS+1)· SBTIMER lang. Für die Dauer von WTIMER=(SREQ+0,5)·SBTIMER werden aber keine negativen Quittungen vom Sender akzeptiert. Dies bedeutet, daß negative Quittungen bezüglich wiederholter Datenpakete genau ein halbes SBTIMER-Intervall Zeit haben, ihre Quittungen in die Buckets einzubringen. Erreichen die negativen Quittungen die Buckets früher, so werden sie ignoriert, treffen sie später ein, so ist der zugehörige Bucket aufgelöst, und die Information wird verworfen. Dieses Problem läßt sich jedoch durch eine genügend große Anzahl von DROPS entschärfen, da sich dann die Lebensdauer eines Buckets zu (SREQS+1+ DROPS)·SBTIMER berechnet.

Das Problem der unnötigen Wiederholungen kann sich für Empfänger, die eine *Selective-Repeat*-Strategie implementiert haben, wesentlich reduzieren. In diesem Fall kann sich der Empfänger den letzten seq-Wert eines Buckets merken. Es werden dann nur die innerhalb eines Buckets fehlenden Bytes wiederholt [67]. Neue Daten können ab der aktuellen seq-Nummer weiter übertragen werden. Es ist offensichtlich, daß eine effizient implementierte *Selective-Repeat*-Option beim Bucket-Algorithmus wesentliche Vorteile bietet.

AMTP-Ratenadaption. Zur Fehlerkontrolle bei Nichteinsatz eines Filteralgorithmus speichert der Sender u.a. die Anzahl während einer Bucket-Lebenszeit ankommenden negativen Quittungen. Am Ende dieser Zeit untersucht der Sender die angekommenen NACKs und reduziert die Rate, falls die Anzahl der negativen Quittungen (NACKs) einen bestimmten Wert überschreitet. Zusätzlich kann der Sender eine *redundante Strategie* einsetzen, um die Wahrscheinlichkeit einer Fehlerbehebung beim Empfänger zu erhöhen. Mittels einer redundanten Strategie werden zusätzlich zum Originalpaket XOR-Pakete (Forward Error Correction) gesendet. Das Ziel dieses Verfahrens ist es, die Wahrscheinlichkeit einer erfolgreichen Übertragung zu erhöhen. Falls der gewünschte QOS über mehrere aufeinanderfolgende Bucket-Lebenszeiten nicht eingehalten werden kann, wird nach Reduzierung der Rate auf das tolerierbare Minimum, die Verbindung abgebaut.

Da die Verzögerungen zu den einzelnen Empfängern und auch die Fehlerraten sehr unterschiedlich sein können, verfügt AMTP über Mechanismen, die verhindern sollen, daß der Sender zu schnell und oft unnötig auf NACKs, die ausschließlich an den Sender gerichtet sind, reagiert. In die Entscheidung, um wieviel die Rate abgesenkt wird, geht deshalb die Anzahl der bereits in der Bucket-Lebenszeit empfangenen NACKs ein. Ein AMTP-Multicast-Sender setzt eine der drei folgenden Regeln ein, um über die Reaktion auf die Anzahl der während einer Bucket-Lebenszeit ankommenden NACKs zu entscheiden:

- *konservativ*

   Der Sender reduziert die Rate nur dann, wenn er von mehr als der Hälfte der Empfänger ein NACK erhalten hat. Er reagiert nicht, wenn nur einzelne Empfänger Probleme haben.

- *agressiv*

   Hier reduziert der Sender bereits seine Senderate bei Erhalt eines NACKs.

- *flexibel*

   Bei Einsatz dieses Verfahrens ändert der Sender seine Rate, wenn die Anzahl der NACKs einen bestimmten Prozentsatz übersteigt (im Vergleich zur Gruppengröße).

Diese drei Verfahren funktionieren ausschließlich dann, wenn dem AMTP-Sender ständig eine aktuelle Gruppensicht vorliegt. Dazu ist allerdings ein Gruppenmanagementprotokoll notwendig. Das Vorgehen bei der Reduzierung der Datenrate ist in AMTP noch nicht spezifiziert. Vorgeschlagen wird eine lineare Reduzierung der Datenrate in Abhängigkeit von der Anzahl NACKs, die ankommen. Der maximale Reduktionsfaktor wurde empirisch auf 5 % festgelegt.

5.6 Optimierung von Fluß- und Überlastkontrolle

5.6.1 Oszillationsdämpfung mittels Tri-S und FF-Tri-S

Mögliche Ansätze zur Reduktion der Fenster- und der damit verbundenen Durchsatzoszillation (vgl. Abbildung 5.6) bieten *Slow-Start and Search (Tri-S*, [155]) und das in [66] vorgestellte und in AMTP integrierte *Fast Fair (FF-) Tri-S* . Nach Ergebnissen in [155] ergibt der Einsatz von *Tri-S* ein gegenüber *Slow-Start* [82] verbessertes Oszillationsverhalten. Die Oszillation beschreibt das Durchsatzverhalten in der Nähe des optimalen Arbeitspunkts, der durch hohen Durchsatz bei gleichzeitig kurzer Verzögerungszeit gekennzeichnet ist. Eine Verbesserung des Oszillationsverhaltens setzt bei der Verringerung der RTT-Varianz an, die die Einstellung des Quittungs-Timers vereinfacht und die Wahrscheinlichkeit von Fehlalarmen verringert.

Tri-S und FF-Tri-S basieren auf dem Grundgedanken, nach der Startphase, die durch exponentielles Fensterwachstum gekennzeichnet ist, nur dann die Flußfenstergröße zu verändern, wenn sich die Last im Netz signifikant ändert. Dies ist zum Beispiel dann der Fall, wenn eine zusätzliche Verbindung aufgebaut oder eine aktive Verbindung abgebaut wird. Als Entscheidungsgröße dient dem Sender der *normalisierte Durchsatzgradient (normalized throughput gradient, NTG)*, mit dem das Lastverhalten berechnet und der Senderalgorithmus gesteuert wird. Der Algorithmus teilt sich in drei Phasen:

-   *Initialisierungsphase* mit exponentiellem Fensterwachstum: Tri-S und FF-Tri-S beginnen ihre Übertragung mit einer Fenstergröße, die einer benutzerdefinierten Basiseinheit *(basic adjustment unit, BAU)* entspricht. Die BAU muß nicht einem einzelnen Paket entsprechen. Bei Empfang einer Quittung wird die Fenstergröße um eine BAU erhöht; die Phase endet bei Erreichen einer vorher ausgehandelten oder implementierungsabhängigen Fenstergröße bzw. bei Ablauf eines Quittungs-Timers und wechselt in die Wendepunktphase.

-   *Wendepunktphase* (Tri-S) mit Zurücksetzen der Fenstergröße auf eine BAU, falls der zuständige Timer ohne Erhalt einer Quittung abgelaufen ist: bei Empfang der nächsten Quittung wird NTG erneut kalkuliert; ist NTG größer als ein vordefinierter NTG-Wert NTG_d, wird die Fenstergröße um eine BAU vergrößert, andernfalls wechselt der Algorithmus in die Selektive Phase.

-   *Wendepunktphase* (FF-Tri-S) mit Zurücksetzen der Fenstergröße auf die Hälfte der aktuellen Fenstergröße, falls der zuständige Timer ohne Erhalt einer Quittung abgelaufen ist: bei Empfang der nächsten Quittung wird NTG erneut kalkuliert; ist NTG größer als ein vordefinierter NTG-Wert NTG_d, wird die Fenstergröße um ein von der aktuellen RTT abhängiges Vielfaches der BAU vergrößert, andernfalls wechselt der Algorithmus in die Selektive Phase.

-   *Selektive Phase* mit bedingter linearer Vergrößerung der Fenstergröße zur Übernahme freier Ressourcen und zum Testen der maximal verfügbaren Ressourcen: Das Sendefenster wird bei Erhalt einer Quittung um BAU/aktuelle Fenstergröße erhöht. NTG wird kalkuliert, sobald der kumulierte Wert von BAU/aktuelle Fenstergröße größer als 1 BAU ist; ist NTG kleiner als der vordefinierter NTG-Wert NTG_i, wird die aktuelle Fenstergröße um eine BAU verkleinert, im anderen Fall wird keine Veränderung der Fenstergröße vorgenommen.

NTG_d und NTG_i spielen bei den Tri-S-Verfahren eine entscheidende Rolle. Je kleiner NTG_d gewählt ist, desto schneller verläuft der Anstieg der Fenstergröße nach einem Paketverlust und desto schneller nehmen die Verzögerungszeiten für die Übertragung der Daten zu. Ist NTG_i klein gewählt, so wird erst bei relativ großer Last das Sendefenster verkleinert. NTG_i ist daher umgebungsabhängig zu wählen.

Neu im Vergleich zum Slow-Start-Algorithmus ist die Möglichkeit, eine erreichte Fenstergröße zu erhalten oder geringfügig zu verkleinern. Grundlage für die Berechnung des dazu eingesetzten Gradienten ist der Verlauf der Durchsatzkurve (vgl. Abbildung 3.1) bis zum *Cliff*. Der Gradient wird folgendermaßen berechnet:

Sei W_n die Größe des n-ten Flußfensters, $T(W_n)$ eine Funktion zur Berechnung des Durchsatzes im n-ten Flußfenster. Dann ist der Durchsatzgradient TG definiert als

$$TG(W_n) = \frac{T(W_n) - T(W_{n-1})}{W_n - W_{n-1}}$$

Die Größe des nullten Flußfensters wird mit Null vorbesetzt, die Größe des ersten Fensters beträgt eine Basiseinheit. Aus Abbildung 3.1 ist ersichtlich, daß TG bei zunehmender Last gegen Null strebt. Der zur ersten Übertragung normalisierte Durchsatzgradient NTG berechnet sich dann wie folgt:

$$NTG(W_n) = \frac{TG(W_n)}{TG(W_1)}$$

Nach [155] liegt dieser Wert zu jeder Zeit zwischen 0 und 1. Da der Durchsatz bei geringer Netzlast proportional zur angebotenen Last steigt, liegt der NTG in diesen Fällen nahe bei 1. Bei hoher Netzlast wird der NTG nahe bei 0 liegen, denn dann ist der Pfad ausgelastet und der Durchsatz kann sich nicht erhöhen. Da die Fenstergröße sich in der Initialisierungsphase von Quittung zu Quittung um eine BAU verändert, gilt für den normalisierten Durchsatzgradienten

$$NTG(W_n) = \frac{T(W_n) - T(W_{n-1})}{T(W_1)}$$

Der Durchsatz $T(W_n)$ kann ermittelt werden als $T(W_n) = W_n / D_n$, wobei W_n die aktuelle Fenstergröße beschreibt (d.h. die Anzahl der sich im Übergang befindlichen Pakete). D_n ist die Zeit, die vom Sendezeitpunkt des n-ten Pakets bis zum Empfang der entsprechenden Quittung verstreicht. D_n entspricht somit der Umlaufzeit (RTT) für dieses Paket. Damit kann der NTG berechnet werden zu

$$NTG(W_n) = \frac{\dfrac{W_n}{D_n} - \dfrac{W_{n-1}}{D_{n-1}}}{\dfrac{W_1}{D_1}}$$

Die Normalisierung des NTG mit der ersten RTT-Messung (möglicherweise ausschließlich aus der reinen Signallaufzeit der Nachricht bestehend) ist somit so zu verstehen, daß sie Effekte vermeiden soll, die durch fortlaufende RTT-Messungen verursacht werden und damit eine ständige Adaption der NTG-Schwellwerte NTG_i und NTG_d zur Folge hätte. Um dem Ziel nahezukommen, die reine Signallaufzeit als Referenzgröße für die NTG-Berechnung zu erhalten, sollte das erste zur RTT-Bestimmung abgeschickte Paket mit hoher Priorität verschickt werden.

5.6.2 Fairness und Robustheit des präventiven FF-Tri-S

Das Problem der Fairness ergibt sich bei allen Timer-gesteuerten Quittungsverfahren. Unterschiedliche Verbindungen, die den gleichen Engpaß durchqueren, besitzen aufgrund ihrer zeitlichen Entfernung zwischen Sender und Empfänger unterschiedliche Werte für ihre Quittungs-Timer. Das heißt, einige Sender können nach einem Paketverlust ihre Fenster schon wieder vergrößert haben, bevor andere Sender, deren Pakete zur gleichen Zeit verloren gingen, aufgrund des Ablaufs ihrer Quittungs-Timer erst über den Verlust benachrichtigt werden. Dadurch werden Verbindungen mit langen RTTs benachteiligt. Die Vergrößerung ihres eigenen Flußfensters wird durch die bereits von den *schnelleren* Verbindungen verbrauchten Ressourcen behindert. In [66] wurde daher ein Ausgleich über eine von der RTT abhängige BAU-Größe vorgeschlagen, die in Fast Fair Tri-S integriert ist. Je länger der Pfad ist, desto größer kann die BAU gewählt werden.

Andererseits darf die BAU nicht zu groß sein, damit die Fensteränderung nicht zu stark oszilliert.

Unterstützend zu Timer-Mechanismen setzt Fast Fair Tri-S ein Alarmverfahren (DecBit [130], Binary Feedback [129], Random Early Detection [55]) zur schnelleren Meldung einer Überlast und zur weiteren Dämpfung der Oszillation der Gesamtlast ein. Alarmverfahren werden aktiv, sobald die Zwischensytempuffer einen bestimmten Füllgrad erreicht haben. Sie sind also bereits aktiv, bevor es zu abgelaufenen Timern in den Sendestationen kommt. Fast Fair Tri-S geht dabei folgendermaßen vor: Im Gegensatz zu DecBit wird nicht jedes Paket, das in Senderrichtung unterwegs ist, durch Setzen eines entsprechenden Bits gekennzeichnet. Dies würde sich auf sämtliche Verbindungen auswirken und damit zu einer enormen Oszillation der Gesamtlast führen. Das in Fast Fair Tri-S eingesetzte Alarmverfahren setzt sich aus den folgenden beiden Phasen zusammen, die in dieser Form ausschließlich von monolithischen Transfersystemen wie AMTP realisiert werden können:

- *Beobachtungsphase.* Sämtliche Zwischensysteme beobachten den Verkehr und berechnen dabei iterativ ab einem bestimmten Pufferfüllgrad ρ_{limit} die Verteilung der Durchsätze der unterschiedlichen Verbindungen. Die separate Betrachtung unterschiedlicher Verbindungen ist nur möglich, wenn es sich wie bei AMTP um ein auf Multiplexing verzichtendes Protokoll handelt, bei dem die Ende-zu-Ende-Verbindungen auch im Zwischensystem identifizierbar sind.

  Nimmt der normierte Füllgrad des Puffers pro Zeitintervall $t_{observe}$ mehr als eine vorbestimmte *Relative Increase Factor Unit (RIFU)* zu, so wechselt der Algorithmus in die Meldephase. Die Länge des Beobachtungszeitraums ist sehr kritisch. Sie darf nicht zu kurz gewählt sein, da sonst bei jedem Burst-Datenstrom die RIFU überschritten wird und der Algorithmus unter Umständen vorzeitig reagieren würde. Andererseits darf das Zeitintervall nicht zu lang sein, da dann der anschließende Übergang in die Meldephase zu spät kommt. Liegt die Zunahme des Pufferfüllgrades ständig unterhalb der RIFU und greift somit das Alarmverfahren nicht, so wirken die in Kapitel 5.5.1 angegebenen RTT-basierten Fensteradaptionsverfahren einem Pufferüberlauf entgegen.

- *Meldephase.* Basierend auf der in der Beobachtungsphase festgestellten Zunahme des Pufferfüllgrades um eine, zwei oder k RIFUs werden in Abhängigkeit von der aktuellen Durchsatzverteilung (die hier aus der Pufferbelegung abgeleitet wird) die ein, zwei oder k durchsatzstärksten Verbindungen ausgewählt und zur Reduzierung ihrer Sendelast (Rate, Fenster) durch Absenden von RCNTL-Paketen (Router-CNTL) aufgefordert. Das Zwischensystem merkt sich die betreffenden Verbindungen, um im Falle einer unkooperativen Verbindung nach n-maliger Aufforderung (n ist implementierungsabhängig) durch RCNTL-Pakete eine Verwerfung der Pakete dieser Verbindung durchzuführen. Somit stellt FF-Tri-S im Gegensatz zu Slow-Start und Tri-S ein robusteres Verfahren dar. Die RCNTL-Pakete werden solange gesendet, bis der Pufferfüllgrad unter ρ_{limit} gesunken ist.

In Abbildung 5.20 ist ein Beispielszenario skizziert, in dem vier aktive Verbindungen um die Pufferressource konkurrieren. ρ_{limit} ist hier auf 0,6 gesetzt, $t_{observe}$ besitzt eine Dauer von 0.1 s. Da die RIFU auf 0,06 eingestellt ist, werden aufgrund des Anwachsens des normierten Pufferfüllgrades um ca. 0,15 im Beobachtungszeitraum $t_{observe}$ die zwei Verbindungen mit dem aktuell höchsten Durchsatz durch RCNTL-Pakete zur Reduzierung ihrer Sendelast aufgefordert, was durch den Rückgang der entsprechenden Pufferbelegung durch die betreffenden Verbindungen ersichtlich wird.

FF-Tri-S führt zu einer Reduzierung der Last-Oszillation, da nicht alle Verbindungen gleichzeitig mit Alarmsignalen versorgt werden. Kommen die durch die Zwischensysteme initiierten Meldungen bei den betreffenden Sendern an, so wird die Sendelast vermindert (halbe Fenstergröße, halbe Senderate), im anderen Fall kann die Last entsprechend dem Tri-S-Verfahren weiter generiert werden.

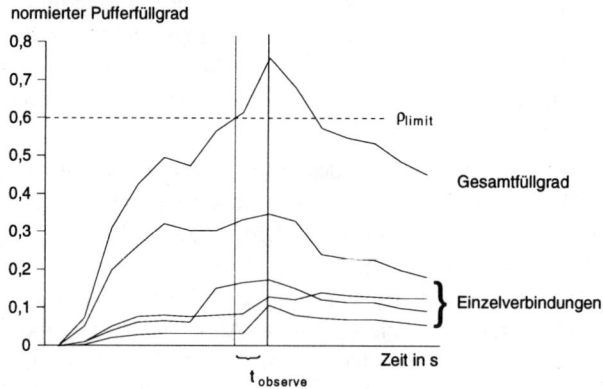

Abbildung 5.20: FF-Tri-S Alarmverfahren

5.6.3 XTP's Ratenkontrolle

Während fensterbasierte Ende-zu-Ende-Flußkontrollmechanismen die Datenmengen regulieren, die ein Sender überträgt, charakterisieren ratenbasierte Verfahren die zu übertragenden Daten mittels einer maximalen Paket- oder Burstlänge und des zeitlichen Abstands zwischen den zu übertragenden Datenmengen. Dadurch ermöglichen Ratenkontrollmechanismen eine Angleichung der Verarbeitungsgeschwindigkeiten der beteiligten Endsysteme aneinander. XTP ist als Transferprotokoll dazu in der Lage, auch die Zwischensysteme in den Mechanismus zu integrieren, da XTP sowohl Funktionalität der Transport- wie auch der Vermittlungsebene enthält [158]. Sender, Empfänger und Zwischensysteme handeln beim

Verbindungsaufbau die maximal erlaubte Senderate RATE in Byte/s aus. Jedes Zwischensystem kann auch während der laufenden Verbindung ein Kontrollpaket an den Sender schicken, in dem es eine Ratenänderung verlangt. Wann und wie ein XTP-Zwischensystem reagiert, ist jedoch in [158] nicht spezifiziert. Hier bietet sich der Einsatz des in Fast Fair Tri-S integrierten Meldeverfahrens an. Zur Beschreibung des Sendemusters benötigt XTP einen zweiten Parameter, der neben der maximal erlaubten Datenrate RATE die Anzahl der ohne Unterbrechung sendbaren Bytes angibt. Dieser Parameter wird in der XTP-Terminologie BURST genannt. Abbildung 5.21 illustriert, wie mittels der beiden Parameter der Sendestrom beschrieben wird.

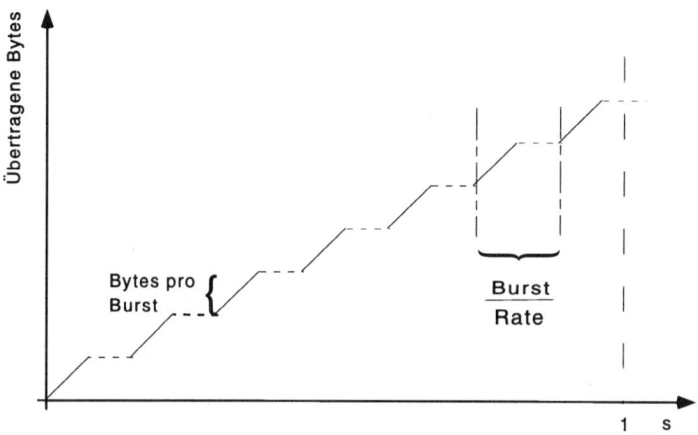

Abbildung 5.21: XTP-Ratenkontrolle

Mit Hilfe des Quotienten aus BURST und RATE wird der jeweilig nächste Absendezeitpunkt für eine Datenmenge bestehend aus BURST Bytes angegeben. Sind die BURST Bytes übertragen, muß der Sender bis zum nächstmöglichen Absendezeitpunkt warten. Dies regelt ein XTP-Sender durch den Einsatz eines Timers, der gleich diesem Quotienten gesetzt ist und bei jedem Ablauf die Übertragung von BURST Bytes anstößt.

Bei der Realisierung eines solchen Verfahrens wirkt sich die unzureichende Timer-Auflösung heutiger Workstations negativ aus. In [72] wurde gezeigt, daß mit der von einer SUN-Sparc 2 angebotenen Timer-Granularität von 10 ms bei Einsatz eines solchen Mechanismus bereits bei geringen Datenraten (< 10 Mbit/s) erhebliche Ungenauigkeiten entstehen, die dieses Verfahren unbrauchbar machen.

Ein wichtiger Faktor im Hinblick auf Überlastvermeidung ist die Bestimmung der zulässigen Datenrate für jede einzelne Verbindung in Abhängigkeit von den anderen Verbindungen. Hier schlägt die XTP-Definition [158] kein Verfahren vor, überläßt also dem Implementierer die Aufteilung der Ressourcen an die verschiedenen Verbindungen. Besitzen die um die Ressourcen konkurrierenden Verbindungen die gleiche Priorität, so ist ein dem Fair Queueing nachempfundenes Bedienverfahren vorstellbar, das die verfügbaren Ressourcen zu gleichen Teilen an die verschiedenen aktiven Verbindungen aufteilt (Fair Rating).

6 B-ISDN und ATM

Seit 1985 arbeitet die CCITT SG (Study Group) XVIII und seit 1993 die ITU-T als Nachfolgeorganisation des CCITT an der Standardisierung der Breitbandtelekommunikation (B-ISDN). Die ersten grundlegenden Empfehlungen wurden 1990 veröffentlicht, derzeit wird an der Festlegung von Implementierungskonzepten gearbeitet. Einen erheblichen Schub erhielt die ATM-Entwicklung durch die Gründung des ATM Forums im November 1991. Das ATM Forum versteht sich nicht als Normungsgremium, sondern vertritt die Interessen der LAN-Industrie gegenüber den Normungsgremien und macht deutlich, daß ATM auch im LAN-Bereich eine unverzichtbare Technik darstellt. Die Mitgliederzahl liegt mittlerweile bei über 600 Firmen und Anwendern.

Der Grund für die Beschäftigung mit Breitbandkommunikation liegt nicht nur darin, daß künftige Anwendungen höhere Bandbreiten je Kommunikationsverbindung fordern, sondern ein weitaus breiteres Spektrum an Diensten verlangen. Zudem erfordern neue Anwendungen, die multimediale Daten verarbeiten, die Bereitstellung von Diensten, die in der Lage sind, verschiedene Subdienste, die über separate Verbindungen zwischen zwei Endteilnehmern angeboten werden, zu synchronisieren. Letzteres stellt die Endstufe des „Call-Connection-Prinzips" dar, wobei ein „Call" (Ruf) auf mehrere „Connections" (Verbindungen) abgebildet wird. Die Kommunikationsanforderungen an der Endgeräteschnittstelle werden im Bereich zwischen 2 Mbit/s und 155 Mbit/s gesehen. Dies erfordert zwischen den Netzknoten, je nach Bedarf, noch weitaus höhere Bandbreiten.

Die Zukunft der Kommunikationsindustrie ist unbestreitbar mit der Fortentwicklung von Breitbandkommunikationssystemen verbunden. Obwohl die klassischen Dienste der Netzbetreiber auch weiterhin auf den vorhandenen technischen Plattformen betrieben werden können und müssen, erfordern neue Anwendungen (z.B. Multimedia), die direkt mit dem Vorhandensein immer leistungsfähigerer Arbeitsplatzrechner verbunden sind, eine leistungsfähigere und flexiblere Netztechnik.

Den Endteilnehmer interessiert jedoch zumeist nicht die eingesetzte Netztechnik, sondern vielmehr möchte er die Vorteile sehen, die Breitbandkommunikation für ihn persönlich bietet.

Die Tabelle 6.1 zeigt einen Ausschnitt verschiedener von der ITU-T definierter Dienste [164] und gibt Anwendungsbeispiele an.

Tabelle 6.1: Breitbanddienste und Anwendungen

Dienstklasse	Dienst	Beispiel
Dialogdienste	Bildtelefon	Tele-Shopping
	Videoüberwachung	Verkehrsüberwachung
	Datenübertragung (high speed unrestricted digital information)	Interaktives, kooperatives CAD, LAN-Kopplung
	Übertragung von hochauflösenden Bildern	Röntgenbilder
Speicherdienste	Mail Dienste für Dokumente	Elektronische Post (Video, Audio)
Abrufdienste	Breitband Videotext	Fernlehrgänge
Verteildienste	Pay TV	TV Programmverteilung
	Dokumentenverteilung	Elektronische Zeitung

Aus dieser Tabelle können Basisanforderungen an ein Breitbandnetz abgeleitet werden:

- Unterstützung eines weiten Spektrums verschiedener Bandbreiten.

- Unterstützung von kontinuierlichen und *bursty-artigen* Bitströmen.

- Unterstützung von Anwendungen, die sensitiv bzgl. Übertragungsverzögerungen, Verzögerungsschwankungen und/oder Datenverfälschungen sind.

- Integration von interaktiven Diensten, Verteildiensten, leitungsorientierten (circuits) und paketorientierten Diensten.

- Unterstützung verschiedener Verbindungskonfigurationen (Punkt-zu-Punkt-Verbindungen, Punkt-zu-Mehrpunkt-Verbindungen, Mehrfachverbindungen usw.).

- Einbeziehung bereits existierender Dienste (Evolution statt Revolution).

Hervorzuheben ist der letzte Punkt. Die Einführung von Breitbanddiensten wird nur dann erfolgreich sein, wenn intensiv genutzte Schmalbanddienste weiterhin verfügbar sind; falls möglich, einhergehend mit einer gleichzeitigen Qualitätsverbesserung.

Eines der Hauptziele von B-ISDN und ATM ist neben der Unterstützung herkömmlicher Datendienste die Realisierung einer *natürlichen* Kommunikation im Sinne von Realzeitcharakter. Es soll sowohl möglich sein, Daten von Realzeitanwendungen zu übertragen, die nur geringe Verzögerungszeiten tolerieren, dafür aber gewisse Übertragungsfehler hinnehmen, als auch Daten mittels Filetransfers zu übertragen, bei denen der zeitliche Aspekt weniger im Vordergrund steht als die fehlerfreie Übertragung. Ebenso muß die Übertragung von zeit- und fehlersensitiven Daten gewährleistet werden können. Anwendungen aus dem medizinischen Bereich, wie Ferndiagnose, benötigen entsprechende Dienste.

Ein Hauptproblem bei der Integration von Diensten mit unterschiedlicher Qualität in ein Kommunikationssystem ist die große Differenz der Bandbreitenanforderungen. Gewisse Anwendungen (z.B. High-Resolution Full Motion Video) benötigen zeitweilig große Bandbreiten, während es bei diesen Anwendungen auch Zeiten ohne Datenerzeugung gibt. Das heißt, wenn Daten als Burst ankommen, müssen sie mit der Höchstrate (peak rate) transportiert werden. Die auf einen Burst folgenden *Ruhezeiten* sind von zufälliger Länge und Häufigkeit. Eine Reservierung von Bandbreite basierend auf der Höchstrate ist eine denkbar schlechte Methode, da dabei ein Großteil der Bandbreite ungenutzt bleibt und die Kosten für den Kunden zu hoch werden. Es muß möglich sein, die aktuell ungenutzte Bandbreite einer Verbindung zu nutzen. Eine Lösung dieser Probleme erhofft man sich grundsätzlich vom Einsatz des *Asynchronous Transfer Mode (ATM)*. Leider haben sich die Standardisierungsgremien bisher schwergetan, entsprechende Dienste zu definieren. Ohne einen Dienst, der „die aktuell ungenutzte Bandbreite anderer Verbindungen" nutzt, wird dieser Vorteil des ATM nicht genutzt (vgl. Kapitel 6.4).

ATM ist eine Form des *cell networking* und wurde vom CCITT als Teil des *Broadband Integrated Services Digital Network (B-ISDN)* mit folgenden Eigenschaften entwickelt [167][168][169][170]:

- ATM basiert auf einem speziellen Paketformat, welches als Zelle bezeichnet wird. Jede Zelle hat eine feste Länge und besteht aus einem Informationsteil und einem Zell-Header. Anhand der Information im Zell-Header wird die Zelle durch das Netzwerk gelenkt. Die zur Weiterleitung der Zelle benötigte Information hat ausschließlich lokale Bedeutung und wird in jeder Vermittlungsstelle aktualisiert.

- ATM ist verbindungsorientiert. Bevor eine Informationszelle gesendet werden kann, muß zunächst eine Verbindung zwischen Sender und Empfänger hergestellt werden. Eine Ausnahme bietet der Einsatz von Connectionless Servern, die anstelle von Vermittlungsstellen die Weiterleitung von Zellen verbindungslos (ähnlich dem Routing im Internet) durchführen.

- Das Informationsfeld der ATM-Zelle wird transparent durch das Netzwerk transportiert. Es findet innerhalb des Netzwerks keine Verarbeitung wie z.b. Fehlerbehandlung statt, es sei denn, es handelt sich um spezielle Signalisierungszellen.

- Jegliche Art von Übertragungsdiensten wird von ATM unterstützt. Zur Anpassung unterschiedlicher Dienste an das ATM-Zellformat existieren Adaptierungsfunktionen, die spezielle Anforderungen eines Dienstes wie z.b. die Bereitstellung von Zeitinformationen unterstützen.

In den folgenden Abschnitten werden die wesentlichen Aspekte von ATM näher beschrieben. Eine ausführliche Beschreibung der Entwicklung von Netzwerken, die die Technik der asynchronen Zeitaufteilung für Multiplexing-Zwecke nutzen, wird in [57][63][117] gegeben.

6.1 B-ISDN-Referenzmodell

Zunächst soll die generelle Struktur des B-ISDN-Referenzmodells als Grundlage der ATM-Architektur beschrieben werden. Ähnlich dem OSI-Referenzmodell (RM) werden auch beim B-ISDN-RM die Dienste hinsichtlich ihrer Funktionalität klassifiziert und einzelnen Schichten zugeordnet. Bisher ist die Beziehung der einzelnen Schichten des OSI-RMs zu denen des B-ISDN-RMs noch nicht klar definiert worden. Die ITU-T äußert sich zu diesem Problem folgendermaßen [163]: „*Die genaue Beziehung zwischen den unteren Schichten des OSI Modells und dem AAL, ATM und ATM Physical Layer ist noch genauer zu untersuchen*". Eine mögliche Einordnung des B-ISDN-RMs in das OSI-RM findet sich in [48].

Diese Aussage spiegelt ein generelles Problem wider. Die Entwicklung von ATM ist bei weitem noch nicht abgeschlossen und viele ATM-Standards noch nicht vollständig. Für das B-ISDN-RM sind bisher vom CCITT drei Schichten vereinbart worden:

- die ATM PHY (physikalische) Ebene, die in der Hauptsache für den vom Übertragungssystem (Glasfaser, Koaxialkabel oder Kupferkabel) abhängigen Transport der Bitinformationen zuständig ist,

- weiterhin die ATM Ebene, die die Weiterleitung und das Multiplexen der Zellen unterstützt und

- als dritte Schicht die ATM Adaptionsschicht (*ATM Adaptation Layer, AAL*), die die Umsetzung der von der Anwendung gelieferten Daten in einen Zellstrom durchführt.

Die folgende Tabelle 6.2 faßt die Schichten und Funktionen des B-ISDN RMs zusammen.

Tabelle 6.2: B-ISDN-RM-Schichten mit zugehöriger Funktion

Schicht	Unterteilung	Funktionen
ATM Adaptation Layer (AAL)	Convergence Sublayer (CS)	AAL-spezifisch
	Segmentation and Reassembly (SAR)	Segmentierung bzw. Zusammensetzen von Benutzerdaten
ATM Layer		Multiplexen und Demultiplexen der Zellen
		Zell-Header-Erzeugung und -Entfernung
		Weiterleitung in den Switches (VPI/VCI-Konzept)
		Flußkontrolle (Generic Flow Control)
Physical Medium (PHY)	Transmission Convergence (TC)	Zellratenentkopplung
		HEC-Erzeugung und -Überprüfung
		Markierung von Zellgrenzen
		Anpassung der Zellen an das Übertragungsmedium
	Physical Medium (PM)	Codierung
		Bit Timing

6.1.1   Physikalische Ebene

Der Physical Layer (PHY) wird in zwei Einheiten unterteilt. Der *Physical Medium* Sublayer ist dabei für die Übertragung der einzelnen Bits über das entsprechende Medium zuständig. Die Funktionen dieses Layers sind somit abhängig vom verwendeten Medium. Die B-ISDN Standards sind derart aufgebaut, daß fast jedes beliebige physikalische Medium als Übertragungssystem eingesetzt werden kann, vorausgesetzt eine entsprechende Übertragungsanpassung ist spezifiziert. Je nach geforderter Übertragungsbandbreite und finanziellem Rahmen sollten die Übertragungsmedien ausgewählt werden. Sind nur kurze Entfernungen zu überbrücken, bietet sich in den meisten Fällen eine billige Kupferverkabelung an, mit der Übertragungsbandbreiten von etwa 300 bis 400 MHz erzielt werden. Mit einer Glasfaserverkabelung sind hingegen Bandbreiten im Terahertz-Bereich möglich.

Der *Transmission Convergence* Sublayer (TC) erfüllt im wesentlichen vier Aufgaben.

- Eine Aufgabe dieser Schicht besteht in der Anpassung der vom ATM Layer empfangenen Bits an das entsprechende Übertragungsmedium. Mögliche Transportsysteme sind beispielsweise *SDH (Synchronous Digital Hierarchy*, [156][171][172]) oder zellenbasierte Systeme [142]. Die ATM-Zellen werden entweder in die zur Verfügung stehenden Übertragungsrahmen gepackt (SDH-Rahmen) oder bei zellenbasierten Systemen verschlüsselt und direkt auf das Übertragungsmedium gegeben. Letzteres Verfahren führt zu einer effizienteren Ausnutzung der Übertragungskapazität, da kein zusätzlicher Overhead zum bereits beträchtlichen ATM-Zell-Overhead hinzugefügt werden muß.

- Eine weitere Funktion des TC Layers besteht im Erkennen eines Zellendes beim Empfänger bzw. in der Generierung der Zellen beim Sender, so daß dem Empfänger das Erkennen eines Zellendes möglich wird. Um die Unterscheidung des Zellinformationsfeldes vom Zell-Header zu vereinfachen, wird das Zellinformationsfeld jeweils veschlüsselt übertragen. Die Verschlüsselung ist derart gewählt, daß auch bei beliebigen Bitkombinationen innerhalb des Informationsfeldes der ATM-Zell-Header eindeutig als solcher erkannt wird. Das Informationsfeld wird mittels des Generatorpolynoms $x^{31}+x^{28}+1$ verschlüsselt.

- Weiterhin wird in dieser Schicht die Berechnung der *Header Error Control (HEC)* durchgeführt. Abhängig vom Ergebnis der Überprüfung wird im Fehlerfall soweit möglich eine Korrektur vorgenommen.

- Zusätzlich wird eine Zellratenentkopplung durchgeführt, die für eine Anpassung der Zellübertragungsrate an das verwendete Übertragungssystem zuständig ist. Zur Entkopplung der Zellrate von der Übertragungsrate des physikalischen Mediums werden beim Multiplexen von der ATM-Schicht Idle-Zellen in den Zellstrom eingefügt. Dadurch wird aus einem nichtkontinuierlichen Nutzzellstrom ein kontinuierlicher, aus Nutz- und Idle-Zellen zusammengesetzter Zellstrom. Auf Empfängerseite werden die Idle-Zellen wieder verworfen. Diese Art der Ratenentkopplung wird lediglich bei physikalischen Medien benötigt, die synchrone Zeitslots zur Übertragung der Zellen bereitstellen (wie SDH).

6.1.2 ATM-Ebene

Der ATM Layer [166] ist vollkommen unabhängig vom Physical Medium Layer. Er stellt die Funktionalität bereit, die zur Bearbeitung der Informationen im Zellenkopf benötigt werden:

- Eine Aufgabe dieser Schicht ist das Multiplexen und Demultiplexen von Zellen verschiedener Verbindungen zu einem einzigen Zellstrom. Es können somit mehrere Verbindungen über einen ATM-Anschluß gleichzeitig abgewickelt werden. Ein ATM-Anschluß ist durch einen kontinuierlichen Zellstrom charakterisiert. Zellen, die nicht mit Nutzdaten gefüllt sind, werden leer übertragen und in den Vermittlungsstellen nicht weiterverarbeitet. Der Zugang der einzelnen Verbindungen zum ATM-Anschluß erfolgt über einen gemeinsamen Speicher.

- Weiterhin ist diese Schicht für die Weiterleitung der Zellen anhand von Informationen (Pfad- bzw. Kanalidentifikationsnummern) im Zell-Header zuständig. Die in einem Zell-Header vorhandenen Informationen (*Virtual Path Identifier VPI, Virtual Channel Identifier VCI*) werden in einem Switch durch neue ersetzt, die dann das nächste Ziel angeben.

- Eine weitere Aufgabe dieser Schicht besteht im Hinzufügen und Entfernen des Zell-Headers beim Sender bzw. Empfänger (vgl. Kapitel 6.3.1)

- Zusätzlich soll diese Schicht einen Mechanismus zur lokalen Flußkontrolle zur Verfügung stellen. Das entsprechende im Zell-Header verfügbare Feld kann beim gleichzeitigen Zugriff mehrerer Teilnehmer auf dasselbe physikalische Übertragungsmedium zur Steuerung der Zellübertragung eingesetzt werden. Die entsprechenden Informationen haben nur lokale Bedeutung, ATM-Vermittlungsstellen das entsprechende Header-Feld überschreiben und zur Wegfindung nutzen.

6.1.3   ATM-Adaptionsebene

Der ATM Adaptation Layer (AAL) ist für die Umsetzung der Informationen von höheren Schichten in das Zellformat zuständig. Die angebotenen Dienste können eine feste oder variable Bandbreite haben, sie können verbindungsorientiert oder verbindungslos sein. Die verschiedenen Anforderungen der Datenübertragung werden vom AAL auf ATM-Zellen abgebildet und aus den empfangenen Zellen werden die Nutzdaten wiederhergestellt. Der AAL wird in zwei Einheiten unterteilt. Dabei ist der *Convergence* Sublayer (CS) dienstunabhängig und stellt spezielle Funktionen wie die Bereitstellung von Zeitinformationen zur Verfügung (vgl. Kapitel 6.5).

Die eigentliche Umsetzung der von höheren Schichten übermittelten Daten in einen Zellstrom wird im *Segmentation and Reassembly* Sublayer (SAR) durchgeführt. Hierbei wird auf der Senderseite die Segmentierung, auf der Empfängerseite der inverse Vorgang, die Zusammensetzung der Zellen zu einer Nachricht (Reassemblierung), vorgenommen. Beim AAL ist anzumerken, daß es nicht einen einzelnen AAL gibt, sondern verschiedene Typen existieren, die unterschiedliche Arten von Anwendungen unterstützen. Jeder AAL fügt innerhalb des ATM-Zellinformationsfeldes weitere Steuerinformationen hinzu, die der Empfangsinstanz dienen, die Nutzdaten korrekt zusammenzusetzen.

6.2 Klassifizierung von Übertragungsdiensten

Breitbandübertragungsdienste werden nicht an Hand der Charakteristik der zu übertragenden Informationen (Video, Audio, Bilder, Dateien, ...) beschrieben. Statt dessen bedient man sich netzrelevanter Parameter wie der Bandbreitenanforderung, den Synchronisationsanforderungen, dem Verbindungsmodus etc.

Tabelle 6.3 zeigt die ITU-T-Klassifizierung der Übertragungsdienste. Hier sei ausdrücklich auf den Unterschied zu den in Tabelle 6.1 angegebenen Anwendungsdiensten hingewiesen. Im ATM-Pilotversuch, den die Telekom in Deutschland durchführt, werden ausschließlich verbindungsorientierte Breitbandübermittlungsdienste mit konstanter Bitrate entsprechend der Spitzenzellrate unterstützt. Hierfür hat die ITU-T in der Empfehlung F.811 den BCOB-A (Broadband Connection Oriented Bearer, Class A) Dienst definiert.

Tabelle 6.3: Klassifizierung von B-ISDN-Übertragungsdiensten

	Zeitbeziehung Quelle - Senke	Bitrate	Modus	Beispiel
Klasse A	fest	konstant	verbindungs-orientiert	Sprachübertragung, Video (H.261)
Klasse B	fest	variabel	verbindungs-orientiert	Video (MPEG) mit variabler Bitrate
Klasse C	keine	variabel	verbindungs-orientiert	verbindungsorientierter Datentransfer
Klasse D	keine	variabel	verbindungs-los	verbindungsloser Datentransfer

Variable Bitraten werden nur Ende-zu-Ende realisiert. Dies läßt sich im BCOB-X-Dienst ausdrücken, der ebenfalls in der ITU-T-Empfehlung F.811 spezifiziert ist. Das besondere am BCOB-X Dienst ist, daß seine Parameter durch die Anwendung definiert werden müssen.

Der verbindungslose Breitbandübermittlungsdienst mit variabler Bitrate wird nur durch festgeschaltete Verbindungen und durch Connectionless Server unterstützt. Das heißt, die Protokolle des verbindungslosen Dienstes sind für das B-ISDN-Netz transparent, da durch den Connectionless Server der verbindungslose Dienst und die ATM-Anpassung außerhalb des B-ISDN realisiert werden.

6.3 Vermittlung und Zellübertragung

Zur Veranschaulichung der Struktur eines realen Netzes sei hier auf die Anfangskonfiguration des ATM-Pilotversuchs der Telekom hingewiesen, der seit 1994 läuft. In anfangs drei Städten (Köln, Hamburg, Berlin) stellte die Telekom B-ISDN-Vermittlungsstellen für Kunden aus der Industrie und der Forschung bereit. Sie werden entweder direkt oder über *AAEs (Abgesetzte ATM-Einrichtungen, Konzentratoren)* angeschlossen. Die Abbildung 6.1 zeigt die drei in das B-ISDN-Pilotprojekt integrierten Städte sowie den möglichen hierarchischen Aufbau einer Vermittlungsstelle, bestehend aus Hauptvermittlung, AAEs und Teilnehmeranschlüssen.

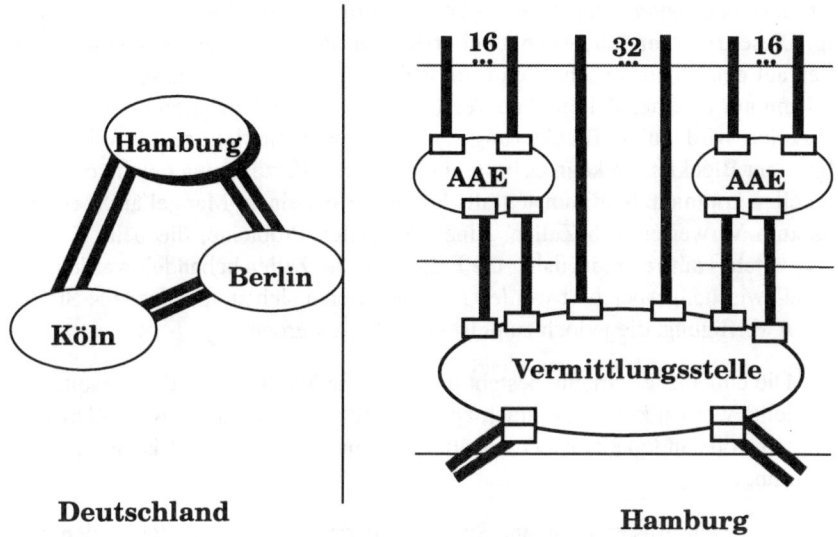

Abbildung 6.1: B-ISDN Pilotnetz der DBP-Telekom

Während der ersten Phase des Pilotversuchs erfolgt die Kommunikation ausschließlich über festgeschaltete Verbindungen. In der nächsten Phase (ab 1995) erfolgt eine erste Erweiterung auf ATM-Wählverbindungen. Die Vermittlungsstellen werden mittels eines SDH-Übertragungssystems mit n x 155,52 Mbit/s (n = 1, 4, 16) vermascht. Die einzelnen Kunden werden mittels SDH mit 1 155,52 Mbit/s angeschlossen. Die Synchrone Digitale Hierarchie wurde 1988 vom CCITT als weltweit gültiger Standard für Übertragungssysteme definiert. In der SDH-Spezifikation werden die in der physikalischen Schicht zu transportierenden Übertragungsrahmen definiert. Der Hauptvorteil liegt nach [98] in der Verwendung eines transparenten Multiplexverfahrens. Damit ist ein 64 kbit/s Kanal direkt aus höheren SDH-Multiplexhierarchien entkoppelbar. Dies bedeutet im Vergleich zu alten Hierarchiekonzepten wie *PDH (Plesiochrone Digitale Hierarchie)* die Einsparung einer großen Anzahl teurer Multiplex- und Demultiplexanlagen.

Aus vermittlungstechnischer Sicht wird das Kernstück eines ATM-Netzknotens durch ein grundsätzlich hardwaregesteuertes Koppelnetz (switching fabric, switching network) gebildet. Da Vermittlungsstellen in öffentlichen Netzen eine große Anzahl von Ein-/Ausgangsleitungen bedienen müssen, sind die bekannten

ATM- Koppelfelder grundsätzlich mehrstufig aufgebaut, wobei sich jede Stufe aus einer bestimmten Anzahl von Schaltmatrizen zusammensetzt. Diese ATM-Koppelvielfache (switching matrices) sind üblicherweise als Ein-Chip-Lösungen ausgeführt. Die von der Hardware-Seite zur Zeit unterstützte Anzahl von Eingängen oder Ausgängen (Links) je Koppelvielfach liegt bei 16 bzw. 32. Aufgrund verkehrstheoretischer Aspekte, wie Zellverlustwahrscheinlichkeit oder maximaler Durchsatz sind Koppelnetze mit geringer Stufenanzahl oder Koppelvielfache mit hoher Leitungsanzahl zu bevorzugen.

Das Hauptproblem, das an den Switches auftritt, ist das Problem der Blockierung. Diese tritt dann auf, wenn zwei oder mehr an einem Switch ankommende Zellen auf denselben ausgehenden Link weitergeleitet werden müssen. In diesem Fall kann nur eine der Zellen ohne Verzögerung weitergeleitet werden. Den übrigen Zellen wird durch Blockierung die sofortige Weiterleitung verwehrt. Als Folge einer Blockierung kann es bestenfalls zu einer Verzögerung der ankommenden Zellen kommen. Schlimmstenfalls kommt es bei einem Mangel an Speicherplatz zum Verwerfen von Zellen. Eines der ersten Probleme, die beim Design eines Switches auftreten, ist daher die Frage, wie die Zellen behandelt werden sollen, die zwischengespeichert werden müssen. Hierzu stehen verschiedene Strategien zur Verfügung, die jedoch zumeist kombiniert werden.

- Die einfachste Variante besteht darin, die Zellen, die nicht direkt weitergeleitet werden können, einfach zu verwerfen. Dieser Ansatz wird allerdings nur vollständigkeitshalber erwähnt und findet in der Regel keine Anwendung.

- Der zweite Ansatz sieht eine Speicherung der wartenden Zellen an den ausgehenden Links vor. Eine eingehende Zelle wird zu dem entsprechenden ausgehenden Link weitergeleitet. Ist dieser frei, wird die Zelle direkt weitergeleitet. Andernfalls wird die Zelle am ausgehenden Link zwischengespeichert. In der Realität liegt die Anzahl zwischenzuspeichernder Zellen bei einigen Hunderten bis hin zu mehreren Tausenden je Switch. Der Ansatz des Speicherns am ausgehenden Link wird auch als *Output Buffering* bezeichnet. Vom verkehrstheoretischen Gesichtspunkt wird mittels Output Buffering die höchste Leistung erzielt. Alle Zellen werden intern korrekt weitergeleitet und in den ausgehenden Puffern abgelegt. Der Schreibzugriff auf die ausgehenden Puffer stellt gleichzeitig das Hauptproblem dar. Eine hohe Schreibzugriffsrate macht die Plazierung der Puffer auf separaten Boards nahezu unmöglich. Die Kosten eines solchen Switches wären zu hoch.

- In dem Fall, wo ein ausgehender Link anzeigen kann, ob er frei ist oder nicht, besteht die Möglichkeit, daß für eine ankommende Zelle zunächst überprüft wird, ob der entsprechende ausgehende Link frei ist. Ist dies der Fall, wird die Zelle weitergeleitet. Im anderen Fall wird die Zelle an dem Link, über den sie eingegangen ist, zwischengespeichert, weshalb man diese Strategie als *Input Buffering* bezeichnet. Problem des Input Bufferings sind unnötige Wartezeiten für Zellen, die nicht an erster Stelle eines Input Buffers plaziert sind, wenn die erste Zelle noch darauf wartet, zu einem zur Zeit noch beschäftigten Ausgang weitergeleitet zu werden. Das Problem kann theoretisch durch Einsatz eines Puffers pro Ausgangslink an jedem Eingangslink behoben werden. Offensichtlicher Nachteil ist dann die erforderliche Logik zur Bedienung der Zellen.

- Den Ansatz, bei dem die Zellen auf dem Weg zwischen eingehendem und ausgehendem Link im Switch zwischengespeichert werden, bezeichnet man als *Internal Buffering*. Im Vergleich zum Output Buffering verbrauchen auf Internal Buffering basierende Verfahren statistisch gesehen weniger Speicher.

Es ist sehr schwierig, die beste Strategie zu bestimmen. Diese ist abhängig von der Art des Verkehrs, der übertragen werden soll. Besonders große Anforderungen stellen Verkehrsarten, die sehr unregelmäßige Datenraten aufweisen. Dann sind neben Input Buffers und Output Buffers hohe interne Weiterleitungsgeschwindigkeiten notwending.

6.3.1 ATM-Zellenübertragung

Unter einer ATM-Zelle versteht man ein spezielles für ATM spezifiziertes Paketformat, welches eine relativ kleine Größe von nur 53 Bytes aufweist. Eine Zelle besteht aus einem Zell-Header, der 5 Bytes umfaßt und einem 48 Bytes langen Informationsfeld.

Zunächst erscheint eine Zellgröße von 53 Bytes sehr klein, zumal der Zell-Header mit 5 Bytes einen Overhead von ca. 10% verursacht. Ein Grund für die Wahl einer kleinen Größe liegt im geringen Verschnitt bei der Segmentierung einer Nachricht in einen Zellstrom. In der Regel entspricht die Länge der zu übertragenden Nachricht nicht einem Vielfachen der Zellgröße, so daß die letzte Zelle in der Regel nicht vollständig gefüllt wird. Bei einer kleinen Zellgröße ist die Anzahl der ungenutzten Bytes der letzten Zelle geringer als bei großen Zellgrößen. Generelle Überlegungen zur Segmentierung von Daten finden sich in [95].

Ein wesentlicher Grund für die Wahl einer kleinen Zellgröße liegt in der Serialisierungsverzögerung, insbesondere vor dem Hintergrund des Transports von Daten aus Realzeitanwendungen. Die Abbildung 6.2 verdeutlicht den Effekt unterschiedlicher Paketgrößen auf die Serialisierungsverzögerung.

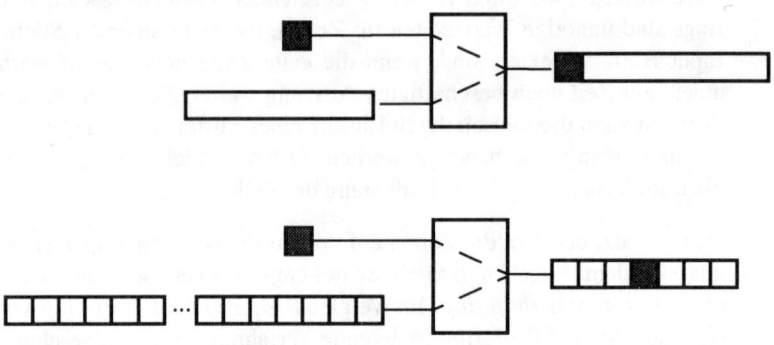

Abbildung 6.2: Serialisierungsverzögerung

Im oberen Teil der Abbildung erreichen über zwei eingehende Leitungen zwei Pakete einen Vermittlungsknoten. Dabei enthalte das obere, kleinere Paket zeitkritische Daten. Da dieses Paket später ankommt als das auf der anderen Verbindung eingehende größere Paket, wird zunächst die Bearbeitung des größeren Pakets vorgenommen. Erst nach Abarbeitung des größeren Pakets wird das kleinere Paket weitertransportiert. Für eine zeitkritische Anwendung könnte die durch die Bearbeitung des großen Pakets verursachte Verzögerung dazu führen, daß die Zeit, die zwischen einzelnen Paketankünften liegt (Jitter), zu stark variiert.

Der untere Teil der Abbildung zeigt dieselbe Situation bei einer Segmentierung der Pakete in Zellen. Das kleine Paket paßt dabei in eine Zelle, während das größere Paket in mehrere Zellen unterteilt wird. Das zeitkritische Paket auf der oberen Leitung hat nun die Chance, zwischen die Zellen des größeren Pakets zu gelangen. Dadurch umfaßt die Verzögerung für dieses Paket nun nicht mehr die Gesamtüberarbeitungszeit des größeren Pakets, sondern nur noch einen Teil davon.

Ein weiteres Argument für die Wahl einer kleinen Zellgröße findet sich bei der Betrachtung der Verzögerung in der Vermittlungseinheit. Dies ist diejenige Zeitdauer, die zwischen der Ankunft einer Nachricht an einer Vermittlungseinheit und dem Abgang der Nachricht von dieser vergeht. Zur Weiterleitung unterscheidet man prinzipiell zwei Verfahren.

- Beim *store and forward* Verfahren wird der Empfang der gesamten Informationseinheit abgewartet, erst dann findet die Weiterleitung statt. Die Speicherung der Nachricht vor der Weiterleitung zieht eine Verzögerung nach sich.

- Das *cut through* Verfahren leitet die ankommenden Bytes der Nachricht sofort weiter, ohne das Ende der Nachricht abzuwarten, sofern die benötigte ausgehende Leitung frei ist. Allerdings ist die Implementierung dieses Verfahren sehr aufwendig.

Bei einer kleinen Zellgröße verhält sich das *store and forward* Verfahren ähnlich wie die *cut through* Methode, da eine einzelne Zelle direkt weitergeleitet werden kann, ohne Zwischenspeicherung der gesamten Zellen einer Nachricht. Die Verzögerung aufgrund der Speicherung einer einzelnen Zelle ist dabei vernachlässigbar.

Als die Diskussion über die Zellgröße in der Mitte der 80er Jahre anfing, waren erste zellorientierte Systeme zur Sprachübertragung auf dem europäischen Markt, die mit Zellgrößen von 32 Byte arbeiteten. Die Zellgröße von 53 Byte stellt somit letztendlich einen Kompromiß dar, die unterschiedlichen Anforderungen der einzelnen Anwendungen (Sprache, Daten) in einem einheitlichen Medium zu übermitteln.

Die folgende Abbildung zeigt das resultierende ATM-Zell-Header-Format an der UNI (User Network Interface) Schnittstelle. Der Header besteht aus 5 Bytes, woran sich 48 Bytes Nutzerdaten anschließen.

Bei den Zell-Headern der ATM-Zellen werden zwei Formate unterschieden. Der Einsatz des jeweiligen Formats richtet sich nach der Schnittstelle (UNI bzw. NNI Network Network Interface), die eine ATM-Zelle passiert. Die Schnittstelle zwischen der Endeinrichtung und dem B-ISDN-Netz wird als UNI bezeichnet. Die betreffenden UNI-Verbindungen sind stets Punkt-zu-Punkt-Verbindungen. Zwischen den Vermittlungsstellen, d.h. an der NNI-Schnittstelle, wird das VPI-Feld auf Kosten des GFC-Feldes erweitert. Im ATM-Forum wird derzeit noch über die Beschränkung auf ein einzelnes Zellformat diskutiert.

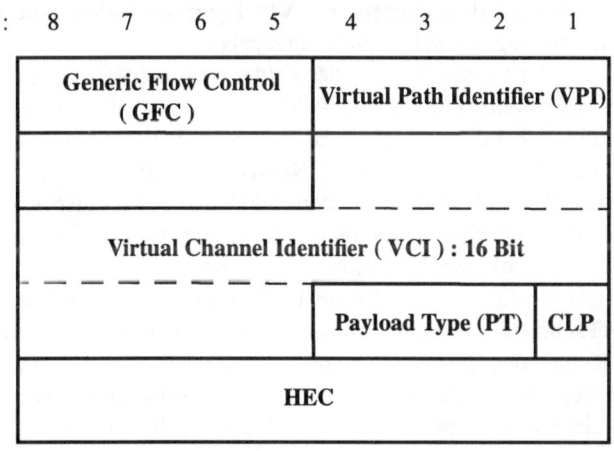

Abbildung 6.3: ATM-Zell-Header-Format an der UNI-Schnittstelle

GFC - Generic Flow Control. Der wesentliche Unterschied zwischen den beiden Header-Formaten besteht darin, daß über UNI ein *Generic Flow Control (GFC)* Feld ausgetauscht wird. Beim NNI wird das GFC-Feld durch ein längeres VPI-Feld überdeckt. Das 4 bit lange Feld soll zur Anwendung kommen, wenn Zellen unterschiedlicher ATM-Verbindungen über ein Netzwerk mit verteiltem Zugang gemultiplext werden. Bisher sind die Werte des GFC-Feldes noch nicht definiert worden.

Die Tatsache, daß ATM über zwei unterschiedliche Zellformate verfügt, verhindert, daß es sich bei ATM um ein konkatenatives Protokoll oder Übertragungsprinzip handelt [117], da nicht an allen Stellen im Netzwerk die gleichen Formate benutzt werden. Beispiele für konkatenative Protokolle sind IP (Internet Protocol), CLNP (Connectionless Network Protocol) und Ethernet. Bei konkatenativen Protokollen kann an jeder Stelle im Netz eine Kommuniaktionseinheit eingefügt werden. Bei nicht konkatenativen Protokollen muß die eingefügte Kommunikationseinrichtung zu der zur Verfügung stehenden Schnittstelle passen, was zu Einschränkungen in der Erweiterbarkeit führen kann.

VPI/VCI - Virtual Path Identifier/Virtual Channel Identifier. Das nächste Feld des Zell-Headers ist der 8 bit lange *Virtual Path Identifier (VPI)*, auf diesen folgt der 16 bit lange *Virtual Channel Identifier (VCI)*. Die zusammengenommen 28 bit des VPI und VCI dienen zur Identifizierung der Verbindung, über die die Zellen geleitet werden sollen. Dabei werden Verbindungen, die durch den VPI beschrieben werden, als virtuelle Pfadverbindungen (virtual path connections, VPCs) bezeichnet. Diejenigen Verbindungen, die anhand der VCIs unterschieden werden, bezeichnet man als virtuelle Kanäle (virtual channels, VCs). Man unterscheidet zwischen diesen beiden Beschreibern, um eine zweistufige Adressierungs- und Weiterleitungshierarchie zu schaffen. Verfügt die Vermittlungsstelle über mehrere Schnittstellen, so ist die alleinige Angabe des Pfades und des Kanals nicht ausreichend. Daher wird auf Benutzerseite ein VPCI (Virtual Path Connection Identifier) zur Identifizierung der Schnittstelle angegeben.

Die Nutzung der beiden Zell-Header-Felder VPI und VCI kann man sich folgendermaßen vorstellen: Die VPI- und VCI-Felder enthalten zumeist eine Art Telefonnummer, wobei die Vorwahl (z.B. 02452) im VPI-Feld und die Durchwahl im VCI-Feld eingetragen wird. An den UNIs wird der VPI daraufhin überprüft, ob es sich um eine Vorwahl handelt, die dem lokalen Bereich entspricht. In diesem Fall wird anhand des VCI's der Endnutzer in diesem Bereich ermittelt. Falls der VPI nicht mit der lokalen Vorwahlnummer übereinstimmt, genügt eine ausschließliche Überprüfung des VPI's am UNI, um eine Wegwahl zu treffen. Die Nummer des Endnutzers braucht in dieser Situation nicht betrachtet zu werden. In den inneren Knoten des Netzes, wo keine Verbindungen zu den Endnutzern bestehen, genügt stets eine Überprüfung des VPI's. Abbildung 6.4 verdeutlicht die Hierarchiebeziehung zwischen den verschiedenen durch VPIs und VCIs charakterisierten Verbindungsklassen.

Abbildung 6.4: Beziehung zwischen VP, VC und Übertragungspfad

Obwohl anhand dieses Beispiels die prinzipielle Arbeitsweise der VPIs und VCIs deutlich wird, bestehen bei der Analogie zu Telefonnummern zwei wesentliche Unterschiede. Telefonnummern werden nur als Hilfsmittel zum Aufbau einer Verbindung benötigt. Die VCI- und VPI-Felder hingegen werden bei jeder Weiterleitung einer Zelle an einem Switch zur Wegwahl herangezogen. Der zweite Unterschied zu Telefonnummern beruht auf der Tatsache, daß an den inneren Knoten sowohl VCIs als auch VPIs (VPCI) zur Wegwahl genutzt werden können.

Grundsätzlich können zwei Verfahren zur Weiterleitung von Zellen durch das Netzwerk unterschieden werden. Die am häufigsten genutzten Verfahren sind *Source Routing* und *Hop-by-Hop Routing*. Beim Source Routing wird die Abfolge, in der die Switches passiert werden, bereits beim Sender festgelegt. Der Nachteil eines solchen Verfahrens liegt offensichtlich darin, daß die Anzahl zu passierender Switches limitiert sein muß, um gewährleisten zu können, daß der Zell-Header und damit der Overhead je Zelle nicht zu groß wird. Aus diesem Grunde wird bei der ATM-Vermittlung auf Hop-by-Hop-Wegewahlverfahren zurückgegriffen. Die Identifikation des Weges ergibt sich dabei aus der Kombination von VPI und VCI. Erreicht eine Zelle einen Switch, wird die VPI/VCI-Kombination aus dem Zell-Header extrahiert und mit Hilfe einer Tabelle auf eine neue VPI/VCI-Kombination abgebildet. Die Tabelle enthält prinzipiell drei Einträge:

- die möglichen VPI/VCI-Kombinationen der eingehenden Zellen,

- eine Identifikation des ausgehenden Links sowie

- eine Abbildung auf eine neue VPI/VCI-Kombination.

Abbildung 6.5 illustriert beispielhaft die Abbildung der eingehenden Zellen eines Links anhand ihrer VPI/VCI-Kombination (VPI_{alt}/VCI_{alt}) auf einen ausgehenden Link und das zur Verbindung gehörende VPI/VCI-Paar (VPI_{neu}/VCI_{neu}).

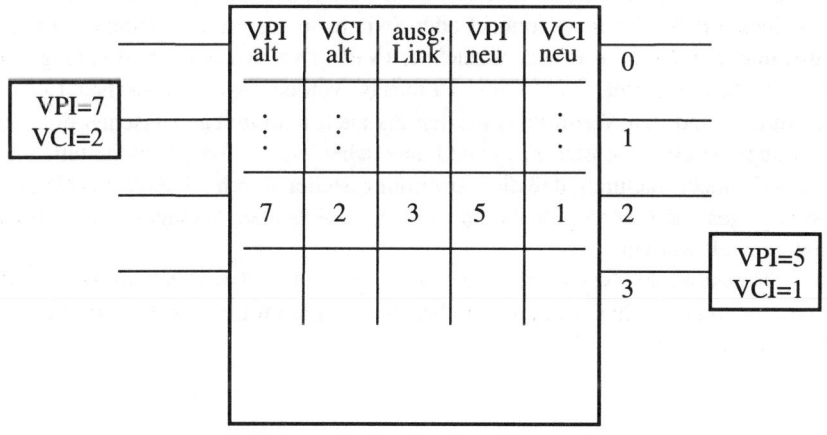

Abbildung 6.5: Hop-by-Hop-Wegewahl

Der Aufbau einer Wegewahltabelle, wie sie in der Abbildung dargestellt ist, wurde bisher nicht standardisiert. Gemäß dieses Verfahrens können sich die VPI/VCI-Einträge von Switch zu Switch ändern. Beim Verbindungsaufbau wird lediglich die Kombination festgelegt, mit der der erste Switch erreicht wird. VPI und VCI besitzen somit ausschließlich eine lokale Bedeutung.

Aufgrund der nur lokalen Bedeutung werden die durch Aneinanderreihung von Pfaden und Kanälen entstehenden Wege durch das Netzwerk entsprechend als *virtuelle* Pfadverbindung (VPC) und *virtuelle* Kanalverbindung (VCC) bezeichnet. Innerhalb einer virtuellen Pfadverbindung werden virtuelle Kanäle transparent vermittelt. An den Endpunkten eines VPCs terminieren seine virtuellen Kanäle.

Abbildung 6.6 verdeutlicht die Beziehung zwischen virtuellen Kanalverbindungen und virtuellen Pfadverbindungen.

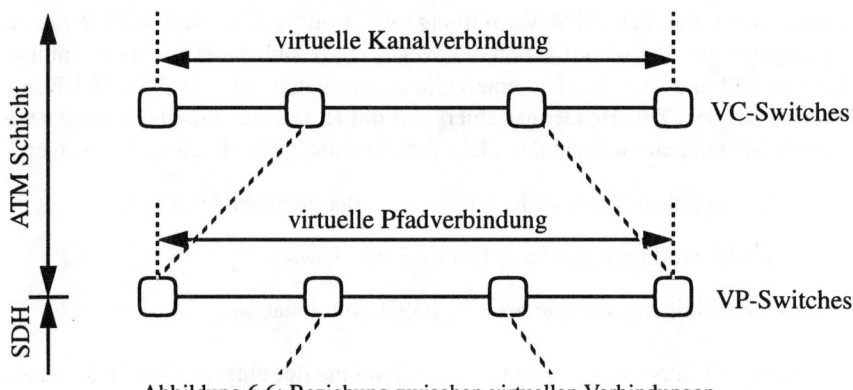

Abbildung 6.6: Beziehung zwischen virtuellen Verbindungen

Die Einbeziehung des VPI und des VCI in die Vermittlung gilt ausschließlich für VP-VC-ATM-Vermittlungsstellen (Switch) oder Cross-Connects. Handelt es sich um einen VP-ATM-Cross-Connect oder Switch, so basiert die Weitervermittlung ausschließlich auf dem Pfadkennzeichner (VPI). Der VCI einer Verbindung wird dann nicht betrachtet. ATM-Cross-Connects werden sowohl zwischen Endeinrichtungen und den Vermittlungsstellen als auch unmittelbar zwischen den Vermittlungsstellen eingesetzt. Prinzipiell unterscheiden sich Vermittlungsstellen und Cross-Connects dadurch, daß die Vermittlungsstellen durch ATM-Zellen (Signalisierung) gesteuert werden, während Cross-Connects über Managementfunktionalität geregelt werden.

Für bestimmte Zwecke sind bereits einige VPI/VCI-Kombinationen spezifiziert, die von jeder Implementierung beachtet werden müssen. Einige sind im folgenden aufgelistet:

- Um spezielle virtuelle Verbindungen zur Signalisierung auf- bzw. abzubauen, ist der virtuelle Kanal mit VCI =1 in jedem virtuellen Pfad reserviert. Die entsprechende Funktionalität wird durch das „Metasignalisierungsprotokoll" (vgl. Kapitel 7.1, [175]) erbracht.

- Zur Übermittlung von OAM-Zellen (OAM - Operations and Maintenance), die zur Überwachung des Netzbetriebs (VC-Level oder VP-Level) und zur Wartung der Netzelemente eingesetzt werden, werden verschiedene Kombinationen eingesetzt. Neben der obligatorischen Kennzeichung als „OAM-Zelle" im Payload Type-Feld (s.u.), werden OAM-Zellen, die Informationen auf VP-Level beinhalten, über jeden beliebigen VPI mit VCI = 3 oder VCI =4 übertragen, während OAM-Zellen mit VC-Levelinformation über jeden beliebigen VC mit VCI-Wert ungleich Null und jeden beliebigen VP übertragen werden können.

- Neben Metasignalisierungsinformation können in einem Netz Punkt-zu-Punkt-Signalisierungsinformationen ausgetauscht werden. Sind dafür bereits feste virtuelle Kanäle festgelegt, entfällt die Notwendigkeit der Metasignalisierung. Falls demnach keine Metasignalisierung unterstützt wird, werden Verbindungen mit VCI = 5 für diese Art der Signalisierung eingesetzt.

- Zur Übermittlung von Steuerinformationen der Ebene 1 - also Information, die nicht an ATM-Instanzen weitergeleitet wird, sondern ausschließlich auf physikalischer Ebene bearbeitet wird - werden Zellen mit VPI = 0 und VCIs > 1 eingesetzt.

- Leerzellen, die immer dann produziert werden, wenn die Quellen keine ATM-Zellen produzieren, werden mit einem ATM-Header versehen, dessen ersten vier Bytes gleich Null sind.

PT - Payload Type. Das nächste Feld im ATM-Zell-Header ist das *Payload-Type* (PT) Feld, das ursprünglich nur eine Länge von 2 bit besaß. Nach Einbeziehen eines weiteren Bits, das zunächst für eine zukünftige Nutzung vorgesehen war, wird dieses nun 3 bit lange Feld für Kombinationen verschiedener Funktionen genutzt.

• Ist das erste Bit dieses Feldes Null, so handelt es sich um eine Zelle mit Nutzdaten.

• In diesem Fall zeigt das Setzen des zweiten Bits an, daß ein Überlastfall aufgetreten ist. Diese Information kann vom ATM Adaptation Layer genutzt werden, um Ratenadaptionsverfahren einzuleiten.

• Das dritte Bit ist ein Signalisierungsbit, daß dem Endnutzer im Fall gleich Eins anzeigt, daß diese Zelle das Ende einer Nachricht bildet.

- Falls das erste Bit des Payload-Type-Feldes Eins ist, so handelt es sich bei der Zelle um eine Art von Managementzelle (Operation and Maintenance oder Ressourcen-Management).

CLP - Cell Loss Priority. Das *Cell Loss Priority* (CLP) Bit zeigt an, ob eine Zelle im Überlastfall verworfen werden kann. Eine Zelle mit CLP = 1 wird vor einer mit CLP = 0 verworfen. Dieses Bit kann auf drei verschiedene Arten genutzt werden. Zum einen kann es der Realisierung einer Priorisierungsstrategie dienen, d.h. bestimmte Zellen erhalten einen höheren Stellenwert und sind im Überlastfall seltener von Verwerfungen betroffen. Eine weitere Nutzungsmöglichkeit dieses Bits liegt in der Bereitstellung aktuell ungenutzter Bandbreite an andere Verbindungen. Wenn eine Verbindung z.B. 10 Mbit/s Bandbreite garantiert bekommen hat, diese aber nicht ständig nutzt, so kann an den Zeitpunkten, wo keine Komplettauslastung vorliegt, anderen Verbindungen die überschüssige Bandbreite zur Verfügung gestellt werden. Allerdings wird bei diesen Verbindungen im Zell-Header das CLP Bit gesetzt, um im Bedarfsfall diese Zellen verwerfen zu können. Umgekehrt kann dieses Bit auch bei Übersteigen der zugewiesenen Bandbreite eingesetzt werden. Falls ein Nutzer mit höherer Rate überträgt, als er zugewiesen bekommen hat, so sieht der ATM Standard vor, bei den zuviel gesendeten Zellen das CLP Bit auf Eins zu setzen. Dieser Vorgang wird vom Netzwerk her initiiert.

HEC - Header Error Check. Die Header-Prüfsumme HEC (Header Error Check) wird ausschließlich über den 4 Byte langen Zell-Header berechnet. Da sich der VPI und VCI des Zell-Headers an jedem Switch ändern können, muß die HEC jeweils neu berechnet werden. Bei der HEC-Berechnung wird folgendes Polynom verwendet:

$$x^8 + x^2 + x + 1.$$

Dieses Polynom hat eine Hamming-Distanz von vier und ist von daher in der Lage, alle Einbitfehler zu korrigieren und alle Zweibitfehler zu erkennen. Die Header-Prüfsumme wird nicht nur zur Fehlererkennung eingesetzt, sondern auch zur Erkennung und Synchronisierung auf den Zellenanfang.

6.3.2 Verbindungsmanagement

Der Weg, den eine ATM-Zelle vom Sender zum Empfänger zurücklegt, erstreckt sich über verschiedene ATM-Knoten, die auf darunterliegenden SDH-Verbindungen aufsetzen. Abbildung 6.7 skizziert die involvierten Übertragungseinheiten.

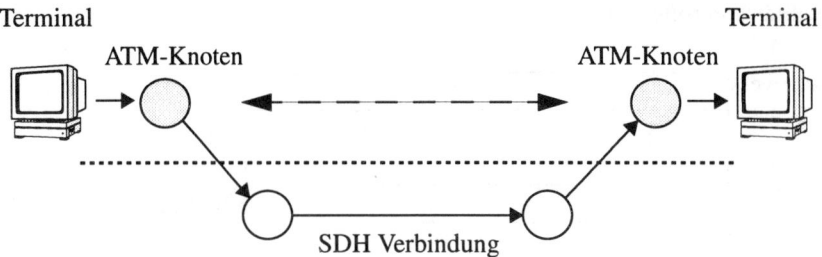

Abbildung 6.7: Übertragung über ein SDH-basiertes ATM-Netz

Die im Header einer Zelle vorhandene Wegewahlinformation wird dazu genutzt, die ATM-Zelle auf eine SDH-Verbindung abzubilden. Jeder SDH-Rahmen besitzt ein eigenes Wegewahlfeld, das im sogenannten *Section OverHead* (SOH) lokalisiert ist. Zellen, die den gleichen Weg durch das Netz gehen, werden in einen sogenannten *Virtuellen Container* (VC) gepackt und zur nächsten SDH-Vermittlungsstelle transportiert. Von SDH werden keinerlei ATM-spezifische Informationen genutzt. ATM ist somit für SDH nicht sichtbar. SDH selbst arbeitet verbindungsorientiert, wobei die eigentlichen Verbindungen derzeit durch den Netzbetreiber aufgesetzt werden, daher nicht durch den Endteilnehmer beeinflußt werden können. Mit Hilfe des *Path OverHead* (POH) im SDH-Frame werden die ATM-Zellen wieder extrahiert und können daraufhin vom ATM-Switch weiterverarbeitet werden. Die HEC wird kalkuliert, bevor die Zelle auf die nächste SDH-Verbindung gegeben wird. Fehlerhafte Zellen werden dabei verworfen. Die Abbildung 6.8 illustriert die Bearbeitung von Benutzerdaten durch die verschiedenen involvierten Protokolle auf Senderseite.

Der Convergence Sublayer (CS) fügt je nach ausgewählter ATM Adaptionsschicht zunächst einige Padding-Bits und eine Prüfsumme (AAL 5) zu den Teilnehmerdaten hinzu, um die Länge der Informationseinheit auf ein Vielfaches von 48 Bytes zu erweitern. Der Segmentation and Reassembly Sublayer (SAR) vollzieht die entsprechende Segmentierung in 48 Bytes große Einheiten. Auf ATM-Ebene werden die 5 Byte langen Header hinzugefügt. Dabei wird allerdings noch keine Prüfsumme (HEC) berechnet, sondern ausschließlich die notwendige Routing-Information angegeben. Erst bei der Verpackung in SDH-Frames wird mittels des Transmission Convergence Sublayers (TC) die HEC berechnet. Die SDH-Rahmenstruktur ist in der ITU-T Empfehlung G.709 [182] spezifiziert. Der Rahmen ist byte-strukturiert, wobei sich der Standardrahmen STM-1 aus neun Zeilen und 270 Spalten zusammensetzt. Die Rahmen werden mit einer Frequenz von 8 kHz übertragen, wodurch eine Bitrate von $9 \cdot 270$ Byte $\cdot$ 8 kHz = 155,520 Mbit/s erreicht wird. Die ersten neun Spalten (Bytes) jeder Zeile sind für den Section OverHead, die nächste Spalte für den Path OverHead reserviert. Die Nutzdatenrate eines STM-1-Rahmens beträgt somit ca. 150 Mbit/s. Somit repräsentiert jedes Byte des SDH-Signals eine Übertragungsbandbreite von 64 kbit/s. Die SOH-Bytes ändern sich von Netzknoten zu Netzknoten, da sich ausschließlich Kontrollinformationen darin befinden. Die POH-Bytes dienen der Alarmüberwachung und Qualitätskontrolle.

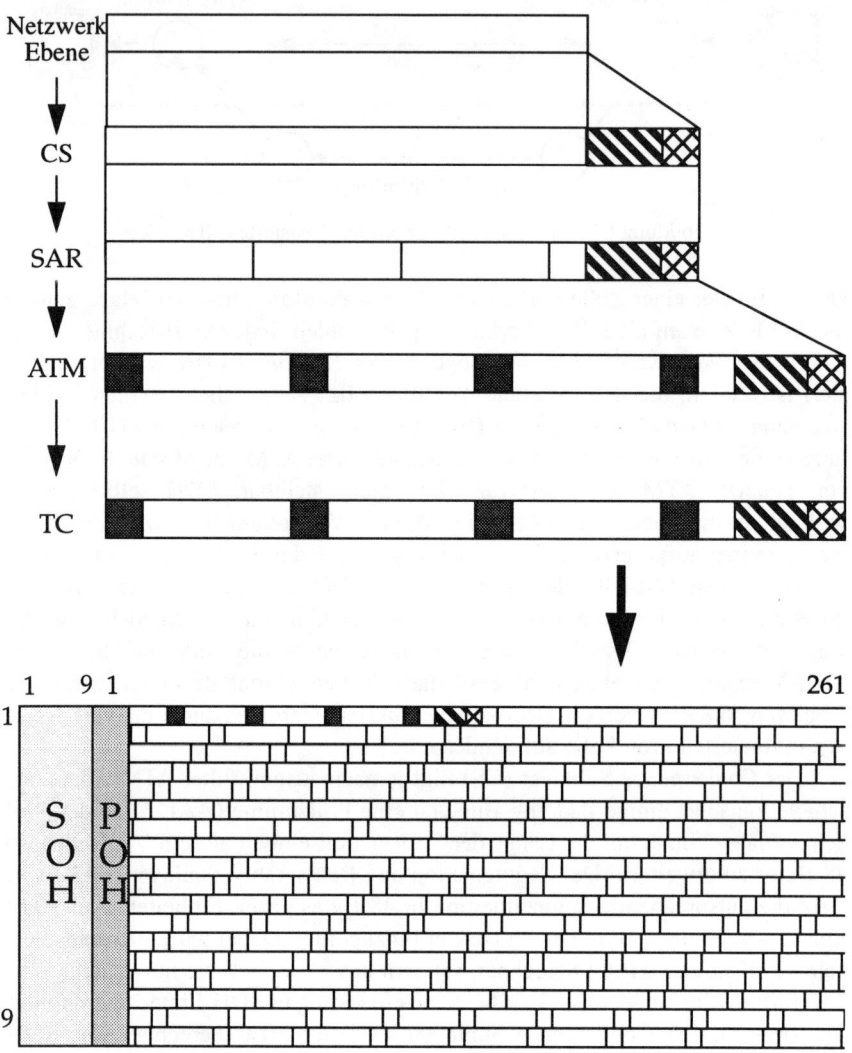

Abbildung 6.8: Übertragung von Anwendungsdaten über ATM/SDH-Netze

Sollen die eigentlichen Nutzerdaten beim Empfänger wiederhergestellt werden, muß die in Abbildung 6.8 skizzierte Verpackungsprozedur in umgekehrter Richtung durchlaufen werden. Zunächst wird die HEC berechnet. Falls das Ergebnis korrekt ist, kann der eigentliche Übertragungsframe an die ATM-Ebene weitergeleitet werden. Nach Entfernen der Zell-Header werden die Zellen an die ATM Adaptionsschicht weitergereicht. Dort verrichtet SAR die Reassemblierung in

Nutzerdaten, auf denen CS (falls es sich um AAL 5 handelt) die Prüfsumme berechnet. Das Ergebnis dieser Kalkulation kann die folgenden Resultate bringen:

- Fehlerhafte Zellen (Daten) oder

- der Verlust von Zellen werden festgestellt.

Das Ergebnis entscheidet somit, ob die eigentlichen Nutzerdaten erfolgreich übertragen wurden und die Nutzerpakete an die Netzwerkebene weitergeleitet werden können.

6.4   Dienste der ATM-Schicht

Von ATM-basierten Netzen wird erwartet, daß sie eine Vielzahl unterschiedlicher Anwendungen, die sehr unterschiedliche Anforderungen stellen, adäquat unterstützen. Es existieren jedoch weder Meßergebnisse, die die Verkehrscharakteristik verschiedener Informationsquellen beschreiben, noch eine detaillierte Spezifikation von entsprechenden ATM-Diensten. Neben der in der ITU-T-Spezifikation I.211 „B-ISDN Service Aspects" [165] angegebenen Klassifizierung der Dienste in interaktive und Verteildienste existiert keine formale Beschreibung von ATM-Diensten. Es existieren jedoch eine Vielzahl unterschiedlicher Spezifikationsansätze, die eine konsistente Dienstdefinition behindern.

Beim ATM-Forum hat man sich die Mühe gemacht, die vier für die ATM Adaptionsschicht definierten Klassen (vgl. Tabelle 6.3) auf ATM-Dienste abzubilden. Abbildung 6.9 zeigt die vier in der „Draft Version 2.0 of ATM Forum Traffic Management Specification Version 4.0" definierten Dienste.

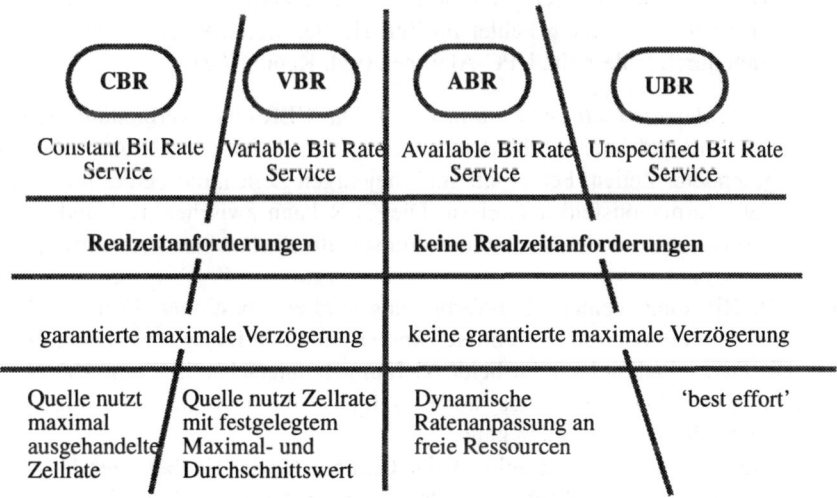

Abbildung 6.9: Dienstklassen auf ATM-Ebene

Zur genaueren Beschreibung der Ende-zu-Ende-Charakteristik von ATM-Verbindungen werden vier QoS-Parameter (Quality of Service) eingesetzt, von denen nicht für jede Dienstklasse sämtliche ausgehandelt werden müssen:

- *maximale Zellübertragungszeit (maximum cell transfer delay, CTD)*: Der Wert der maximalen Zellübertragungszeit CTD kann zwischen 10 μs und ca. 167 s mit einer Granularität von 10 μs variiert werden. In die CTD fließen sämtliche Verzögerungszeiten durch das physikalische Medium und sämtliche Switch-Verzögerungen ein. Die Architektur eines Vermittlungsknotens (z.B. Verhalten unter Hochlast, Pufferstrategien und internes Design) hat direkten Einfluß auf die CTD.

- *Zellverzögerungsvarianz (peak-to-peak cell delay variation, CDV)*: Dieser Parameter beschreibt den variablen Teil der CTD. Der Wert der CDV kann zwischen 10 μs und 655350 μs variiert werden. Somit beschreibt das Intervall [CTD-CDV, CTD] den Bereich der möglichen Zellverzögerungszeiten einer Verbindung. Die CDV ist vor allem relevant für CBR-Verbindungen. Der CDV-Wert ist Basis für die Dimensionierung von Empfangspuffern beim Empfänger. Hier werden „elastische" Puffer zur Eliminierung der CDV eingesetzt. Bellcore schlägt Puffergrößen vor [17], mit denen CDV-Werte von bis zu 750 μs für CBR-Dienste ausgeglichen werden können. Bei einer Endteilnehmerbandbreite von 155 Mbit/s entspricht diese Zeitdauer einer maximalen Puffergröße von ca. 14 KByte.

- *Zellverlustrate (cell loss ratio, CLR)*: Die CLR einer Verbindung ist definiert als Quotient aus der Anzahl verlorener Zellen und der Gesamtzahl aller gesendeter Zellen. Die CLR kann zwischen 10^{-1} und 10^{-15} variiert werden oder als „unknown/unspecified" charakterisiert werden. Die CLR wird ausschließlich für hochpriore Zellen kalkuliert (CLP = 0). Die CLR wird beeinflußt durch Fehler im Zell-Header, durch Pufferüberläufe oder auch durch fehlerhafte UPC-Aktionen (vgl. Kapitel 7.2).

- *Zellfehlerrate (cell error ratio, CER)*: Die CER einer Verbindung ist der Quotient aus Anzahl fehlerhaft empfangener Zellen und Gesamtzahl aller gesendeter Zellen. Fehlerhaft sind diejenigen Zellen, die Fehler im ATM-Zellinformationsfeld aufweisen. Die CER kann zwischen 10^{-1} und 10^{-15} variiert werden oder als „unknown/unspecified" charakterisiert werden.

Für beide Richtungen einer ATM-Verbindung wird eine bestimmte Dienstqualität zwischen den involvierten Netzen (Netzknoten) und den Endsystemen ausgehandelt. Die Dienstqualität kann für beide Richtungen unterschiedlich sein. Das Netz stimmt den Vorschlägen der Endsysteme zu, falls es die Anforderungen zum Zeitpunkt der Aushandlung erfüllen kann.

Die QoS-Vereinbarungen stellen keine Garantie für den Endbenutzer dar, sondern spiegeln Langzeitbeobachtungen der einzelnen Werte durch das Netz wider.

Die eigentliche Dienstqualität kann also durchaus während der Dauer einer Verbindung variieren und von den vereinbarten QoS-Parametern abweichen.

In die eigentliche Wertbestimmung eines QoS-Parameters sind sämtliche Netzknoten und Netzverbindungen involviert, die von der betreffenden Verbindung genutzt werden. Ist die Endbenutzeranforderung kein Problem für das involvierte Netzelement, so wird die Verbindungsaufbaunachricht ohne Änderung der betreffenden QoS-Parameter weitergeleitet.

Neben den QoS-Parametern existieren Verkehrsbeschreiber, die bei der Charakterisierung der einzelnen Dienstklasse näher beschrieben werden:

- Spitzenzellrate (peak cell rate, PCR)

- tolerierbare Zellverzögerungsvarianz (cell delay variation tolerance, CDVT)

- mittlere Zellrate (sustainable cell rate, SCR)

- minimale Zellrate (minimum cell rate, MCR)

- Burst-Längentoleranz (burst tolerance, BT)

6.4.1 CBR - Constant Bit Rate

Die *Constant Bit Rate (CBR)* Dienstklasse unterstützt Realzeitanwendungen, die strikte Anforderungen an die Verzögerung von Zellen und deren Verzögerungsvarianz stellen. Ein CBR-Dienst unterstützt daher die Übertragung kontinuierlicher Bitströme mit einer bestimmten konstanten Rate. Eine permanente Verfügbarkeit einer bestimmten Bandbreite ist daher ein Muß. Diese permante Verfügbarkeit ist zwar einfach zu realisieren, führt aber auch zur Vergeudung von Bandbreite. Zellen, deren Ende-zu-Ende-Verzögerung einen bestimmten Wert übersteigt, werden als unwichtig angesehen und verworfen, sofern sie nicht als hochprior angesehen werden (CLP = 0).

Anwendungen, die einen CBR-Dienst benötigen, sind Sprach- und Audiosowie bestimmte Video-Anwendungen (vgl. Kapitel 2.1). Wird einem Video-Datenstrom eine bestimmte Datenrate zugeteilt, kann es zu Qualitätseinbußen bei Szenen mit großem Codierungsaufwand kommen, während Bandbreite bei Szenen, die mit geringem Aufwand codiert werden können, vergeudet wird. Daher muß der zu übertragende Informationsstrom mittels eines Puffers auf die geeignete Übertragungscharakteristik gebracht werden. Als kritisch ist hierbei die Größe des Sendepuffers zu sehen, die aufgrund von tolerierbaren Ende-zu-Ende-Übertragungszeiten nicht beliebig anwachsen darf.

Mit Hilfe des eingesetzten Signalisierungsprotokolls werden die folgenden Verkehrs- und QoS-Parameter beim Verbindungsaufbau am UNI ausgehandelt:

- die Spitzenzellrate PCR,

- die tolerierbare Zellverzögerungsvarianz CDVT,

- die Zellverlustrate CLR (nur für Zellen mit hoher Priorität, CLP = 0),

- die Zellfehlerrate CER sowie

- die Zellverzögerung CTD.

Die Spitzenzellenrate ist Bestandteil jedes Verkehrsbeschreibers (traffic descriptor). Dieser Parameter gibt einen oberen Grenzwert für die Übertragungsrate einer Verbindung an. Sie entspricht somit dem Reziprokwert der minimalen Zellzwischenankunftszeit. Zusätzlich ist die tolerierbare Zellverzögerungsvarianz (Cell Delay Variation Tolerance, CDVT) ein verbindlicher Parameter. CDVT kann entweder explizit angegeben werden oder implizit in Abhängigkeit von der Spitzenzellrate. Derzeit ist jedoch die explizite Spezifikation von CDVT noch nicht vorgesehen. CDVT beschreibt die akzeptable Abweichung der Verzögerungszeit von der CTD eines Zellstroms, der normalerweise äquidistante Zellabstände aufweist. Abbildung 6.10 illustriert den Zusammenhang zwischen Spitzenzellrate, Zellzwischenankunftszeiten und CDVT.

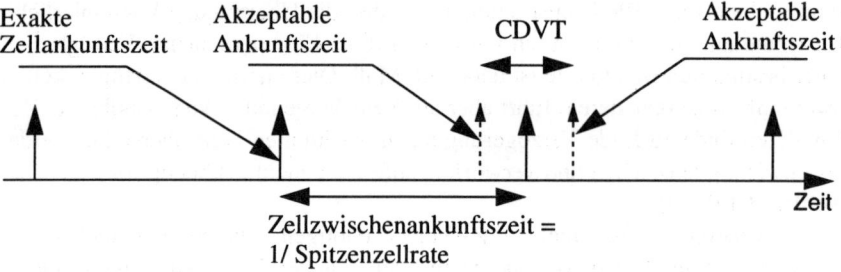

Abbildung 6.10: Spitzenzellrate und Zellverzögerungsvarianz

Die Wahl der obigen Parameter hat direkte Auswirkung auf die Kosten für die Endteilnehmerverbindungen. Je höher die geforderte Spitzenzellrate bzw. je kleiner die tolerierbare Zellverzögerungsvarianz, umso teurer wird der Dienst.

Die CLR sollte beim Verbindungsaufbau dazu eingesetzt werden, einen Weg zum Empfänger auszuwählen, dessen statistische Verlustraten der geforderten CLR genügen.

Sowohl für den Endteilnehmer als auch für das Netz gelten die beim Verbindungsaufbau ausgehandelten Verkehrsparameter als verbindlich. Dem Sender ist nicht erlaubt, schneller zu senden, als sein PCR-Wert angibt. Andernfalls kann das

Netz am UNI die nichtkonformen Zellen verwerfen, um andere Verbindungen nicht zu beeinträchtigen. Auf der anderen Seite muß das Netz versuchen, den mit dem Sender ausgehandelten Vertrag zu erfüllen. Insbesondere die zeitlichen Anforderungen des Teilnehmers sind oft schwer zu erfüllen. Nur bei entsprechender Reservierung von Ressourcen beim Verbindungsaufbau in allen involvierten Vermittlungsknoten kann ein langfristiges Einhalten von Verkehrsgarantien gewährleistet werden. Eine entscheidende Rolle spielen dabei Signalisierungsverfahren und sämtliche Verfahren zur Verkehrskontrolle (vgl. Kapitel 7).

Eine vom Endteilnehmer geforderte Adaption der Spitzenzellrate während der Dauer einer Verbindung muß durch Einsatz von Signalisierungsverfahren ermöglicht werden. Derzeit ist die entsprechende Funktionalität jedoch erst in Entstehung.

6.4.2   VBR - Variable Bit Rate

Die *Variable Bit Rate (VBR)* Dienstklasse ist vom ATM-Forum in zwei unterschiedliche Dienste unterteilt worden, einen Realzeit- und einen Nicht-Realzeitdienst. Der Realzeit-VBR-Dienst ist vorgesehen für Audio- und Videoanwendungen mit strikter Anforderung bzgl. Verzögerung und Varianz der Verzögerung. Beim Nicht-Realzeitdienst entfällt die Anforderung an eine maximale Verzögerungsvarianz. Im Gegensatz zu einer CBR-Quelle senden VBR-Quellen nicht mit konstanter Rate. Neben aktiven Phasen, in denen mit maximaler Kapazität übertragen wird, treten längere Pausen ohne jegliche Aktivität. Mit Hilfe des eingesetzten Signalisierungsprotokolls werden zusätzlich zu den CBR-Parametern für beide VBR-Dienste die folgenden Verkehrsparameter beim Verbindungsaufbau am UNI ausgehandelt (CDV entfällt beim Nicht-Realzeit-VBR-Dienst):

* die mittlere Zellrate SCR und

* die Burst-Längentoleranz BT.

Um eine effiziente Ausnutzung der Netzressourcen zu erzielen, muß die Beschreibung des Verkehrs genauer sein. Insbesondere für VBR-Dienste ist dies von großer Bedeutung. Die Sustainable Cell Rate beschreibt die durchschnittliche Zellrate während einer bestimmten Zeit. Die maximale Burst-Toleranz gibt an, für wie lange die Zellrate maximal sein, also der Spitzenzellrate entsprechen darf. Abbildung 6.11 zeigt den Zusammenhang zwischen aktueller Zellrate, maximaler Zellrate, mittlerer Zellrate und Burst-Länge.

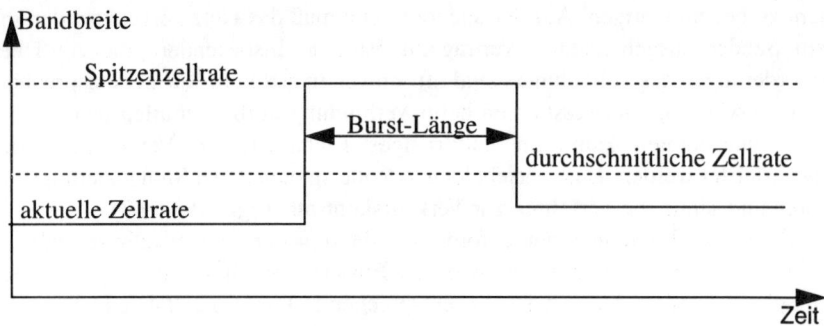

Abbildung 6.11: VBR-Zellraten vs. Burst-Länge

Die BT kann aus der maximalen Anzahl von Zellen (maximum burst size, MBS), die hintereinander mit der Spitzenzellrate übertragen werden dürfen, hergeleitet werden:

$$BT = (MBS - 1)\left(\frac{1}{SCR} - \frac{1}{PCR}\right)$$

Um die Übertragung von VBR-Datenströmen nicht unnötigerweise zu verteuern, wird durch die Einbeziehung der durchschnittlichen Zellrate und der Burst-Länge in die Berechnung der Kosten einer VBR-Verbindung, die alleinige Abhängigkeit von der Spitzenzellrate aufgehoben.

VBR-Dienste ermöglichen „statistisches Multiplexen". Die eigentliche Kapazität des Übertragungssystems wird durch die Summe der einzelnen Spitzenzellraten überschritten, somit also eine bewußte Überbuchung durchgeführt. Das Netz hat die Möglichkeit, Ressourcen dynamisch den existierenden Verbindungen zuzuteilen, basierend auf statistischen Auswertungen. Im Netz werden somit ausschließlich Ressourcen basierend auf SCR reserviert. Das aus der Statistik bekannte „Gesetz der großen Zahlen" unterstützt die Idee des statistischen Multiplexens. Ein solches Vorgehen beinhaltet natürlich auch Probleme. Senden mehr VBR-Quellen als erwartet gleichzeitig mit ihrer Spitzenzellrate, kommt es zu Pufferüberläufen und resultierenden Zellverlusten. Die Reservierungsmechanismen dürfen somit keine komplette Verbuchung der Ressourcen gemäß der SCR vornehmen, sondern vielmehr einen zusätzlichen Ressourcenpool für Extremsituationen bereitstellen. Trotz alledem, kann der VBR-Dienst nicht als fehlerfrei bezeichnet werden. Der Endteilnehmer muß eine geringe Zellverlustrate akzeptieren.

Der zwischen Endteilnehmer und Netz ausgehandelte Vertrag wird durch verschiedene Verkehrskontrollverfahren erfüllt. Der Sender setzt Verkehrs-Shaping-Mechanismen ein, während das Netz Zellen verwerfen oder markieren kann (d.h. Prioritäten verändern kann).

6.4.3   ABR - Available Bit Rate

Die *Available Bit Rate (ABR)* Dienstklasse dient der Unterstützung von Anwendungen, die nur sehr vage Kenntnis über ihre Bandbreiten- und Verzögerungsanforderungen haben. Der Dienstnutzer weiß z.b., daß seine Anwendungen auf einem Ethernet mit 10 Mbit/s-Bandbreite in sehr guter Qualität unterstützt werden, dagegen nur sehr unzureichend über eine 64 kbit/s-ISDN-Verbindung. Da der Teilnehmer aber nicht dazu in der Lage ist, seine Anforderungen, für die er später bezahlen muß, numerisch exakt zu spezifizieren, verläßt er sich auf eine Art „Trial and Error" Mechanismus, der eine Bandbreite oberhalb eines Minimalwertes garantiert. Der ABR-Dienst versucht jederzeit, soviel Bandbreite wie möglich zur Verfügung zu stellen. Für die Anwendungen bedeutet dies, daß sie jederzeit in der Lage sein müssen, mit einer geringen Übertragungsrate auszukommen. Gleichzeitig wünschen sie eine möglichst hohe Rate, falls Bandbreite im Netz vorhanden ist.

Beispiele für Anwendungen, die den ABR-Dienst nutzen, sind traditionelle Datenkommunikation wie Dateiübertragung und RPC-Anwendungen oder auch multimediale Datenströme, die keine zeitsensitiven Informationen beinhalten. Protokolle aus der Internet-Welt, wie TCP oder XTP, sind bedingt dazu in der Lage, ihre Senderate dynamisch an die Situation im Netz anzupassen (vgl. Kapitel 5). Gleichzeitig tolerieren sie jedoch keinen Paketverlust. Zur Reduzierung der Verlustraten muß das Netz den Teilnehmer über wahrscheinliche Überlastsituationen informieren, indem es Feedback liefert.

Für den ABR-Dienst müssen die folgenden Verkehrs- bzw. QoS-Parameter spezifiziert werden:

- die Spitzenzellrate (peak cell rate, PCR),

- die minimale Zellrate (minimum cell rate, MCR) sowie

- die Zellverlustrate CLR (zumeist nur für Zellen mit hoher Priorität, CLP = 0).

6.4.4   UBR - Unspecified Bit Rate

Die *Unspecified Bit Rate (UBR)* Dienstklasse bietet keinerlei verkehrsbezogene Dienstgarantien. Weder die Zellverlustrate noch eine maximale Verzögerung werden einer Verbindung garantiert. Somit ist dieser Dienst für nicht zeitsensitive Anwendungen einzusetzen. Außerdem sollte der Dienstbenutzer keine Mindestbandbreite fordern. Die Zellen werden somit vom Netz übertragen, sobald es die Situation zuläßt, d.h. kein anderer Dienst beeinträchtigt wird. Offensichtlich ist dieser Dienst für das Netz mit dem geringsten Aufwand verbunden.

Im ATM-Forum wurde lange Zeit über den Sinn eines Dienstes ohne jegliche Garantie diskutiert. UBR ist vergleichbar mit dem Internet Protocol IP, das ebenfalls auf jegliche Garantien verzichtet. Da man jedoch davon ausgehen kann, daß

Anwendungen existieren, die keine Aussage über das durch sie produzierte Datenaufkommen machen können und somit auch nicht in der Lage sind, den ABR-Dienst zu nutzen, wird der UBR-Dienst auch weiterhin in der Diskussion bleiben.

Da für UBR keine Ressourcen reserviert werden, entstehen hohe Ansprüche an die Kostenberechnung. Jede Zelle muß gezählt werden und in die Berechnung der Kosten einfließen.

6.5 ATM Adaptation Layer (AAL)

Im ATM Adaptation Layer (AAL) - oder auch ATM-Adaptionsschicht genannt - wird die Protokollanpassung für die darüberliegenden Anwendungen entsprechend deren speziellen Anforderungen festgelegt. Da nicht jede Anwendung die gleichen Anforderungen an die ATM-Schicht stellt, ist die anwendungsspezifische Unterstützung in die Adaptionsschicht verlagert worden. Die wichtigsten Aufgaben des ATM Adaptation Layers sind:

- geeignetes Abbilden der Nutzerdaten auf ATM-Zellen sowie

- Wiederherstellen der Nutzerdaten aus den ATM-Zellen.

In Abhängigkeit von den Anforderungen der Teilnehmer, die sich in Bitraten, Verbindungsmodus und Zeitrelation zwischen Sender und Empfänger ausdrücken, hat die ITU-T vier verschiedene AALs spezifiziert [167][168]:

- AAL-Typ 1 (AAL 1) für zeitkontinuierliche Dienste mit fester Übermittlungsrate (z.B. Sprache),

- AAL-Typ 2 (AAL 2) für zeitkontinuierliche Dienste mit variabler Übermittlungsrate (z.B. komprimierte Videoinformationen),

- AAL-Typ 3/4 (AAL 3/4) für eine gesicherte, verbindungsorientierte Datenübertragung,

- AAL-Typ 5 (AAL 5) für eine effizientere Form der verbindungsorientierten Datenübertragung.

In der Regel überschreiten die Dateneinheiten, die vom Benutzer (höhere Protokollschichten) über ein ATM-basiertes Kommunikationssystem übertragen werden, die Zellgröße von 53 Bytes um ein Vielfaches (vgl. Kapitel 6.2). Diese großen Dateneinheiten wie z.B. Dateien, Videoinformationen müssen beim Sender in Stücke, die der Zellgröße entsprechen, unterteilt werden. Der Empfänger muß aus den einzelnen Zellen wieder die ursprüngliche Nachricht herstellen. Diese beiden Vorgänge faßt man unter dem Begriff Segmentation and Reassembly (SAR) zusammen. Außer der SAR-Funktionalität müssen noch weitere Informationen wie z.B. die Anzahl an ungenutzten Bytes (Paddingbytes) in der letzten Zelle mit angegeben werden, um eine Reassemblierung des Zellstroms zu ermöglichen. Die gesamten Dienste, die einen Ende-zu-Ende Transport von Nachrichten gewährleisten, sind im ATM Adaptation Layer (AAL) zusammengefaßt.

Bei der Integration eines AALs sollte der Grundsatz im Vordergrund stehen, so wenig Platz wie möglich in einer Zelle für Kontrollinformationen höherer Schichten zu verwenden. Aus diesem Grund ist die Anordnung der AAL-Segmentierungsfunktionalität unmittelbar oberhalb des ATM Layers die geeignetste Lösung.

Je weniger Bytes pro Zelle von AAL-Kontrollinformationen beansprucht werden, desto mehr Nutzerdaten können pro Zelle transportiert werden. Aus diesem Grund sollten die Header der AALs möglichst klein ausfallen. Ein Weg, dies zu erreichen, ist eine genaue Überprüfung, welche Funktionalität außer der Segmentierung und Reassemblierung noch von den AALs unterstützt werden soll.

Ein Grundprinzip, das beim Design der AALs beachtet wurde, ist die Vermeidung der Replikation von Diensten, die schon von Protokollen höherer Ebenen bereitgestellt werden.

6.5.1 AAL Typ 1

Der AAL Typ 1 wird verwendet, wenn Daten mit einer konstanten Bitrate übertragen und beim Empfänger taktsynchron zur Sendefrequenz wieder zur Verfügung gestellt werden sollen. Dazu unterstützt der AAL Typ 1 die Übertragung von Zeitinformationen zwischen Quelle und Ziel. Zur Fehlerkontrolle versieht der SAR-Sublayer jede Zelle mit einer Sequenznummer und einer Prüfsumme. Verlorene oder fehlerhaft übertragene Daten müssen aber nicht in jedem Fall korrigiert werden.

Die CS-Schicht verfügt über einen Zeitgeber, der zuständig ist für die fristgerechte Ablieferung der AAL-Dateneinheiten an den Benutzer. Zur zeitlichen Synchronisierung der Quelle und des Ziels überträgt der AAL Typ 1 Zeitinformationen. Zusätzlich bietet die CS-Schicht eine implizite Fehlerkorrektur (Forward Error Correction), die eine wiederholte Übertragung fehlerhafter oder verlorener Zellen weitgehend ausschließt.

Die zu übertragenden Daten werden in 47 Bytes lange Dateneinheiten (CS-PDUs) zusammengefaßt und mit nur einem Byte SAR-Overhead versehen. Die folgende Abbildung zeigt den Aufbau einer SAR-PDU.

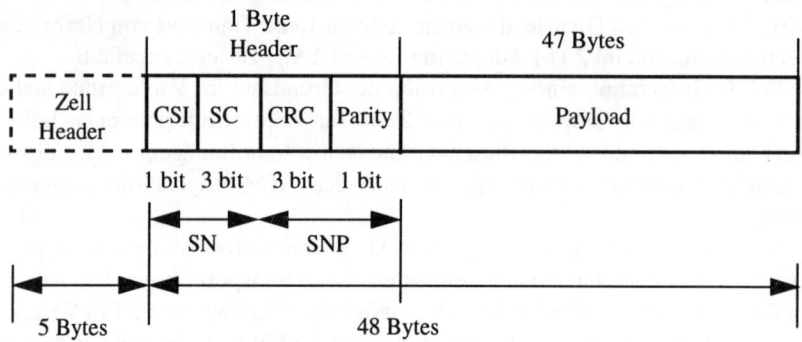

Abbildung 6.12: SAR-PDU-Format des AAL Typ 1

Der 1 Byte lange Header der SAR-PDU setzt sich aus zwei vier Bit langen Feldern zusammen, dem *Sequenznummernfeld (Sequence Number SN)* und dem *Sequenznummernprüfsummenfeld (Sequence Number Protection SNP)*.

Das erste Bit des SN-Feldes ist das *CSI-Bit (Convergence Sublayer Indication Bit)*. Es kennzeichnet die Übertragung von strukturierten Daten. Danach folgt die *Sequenznummer (Sequence Count, SC)*, die die Zellen modulo 8 kontinuierlich durchnummeriert. Dieses Feld wird eingesetzt, um Lücken im Zellstrom, verursacht durch Fehler oder Zellverlust festzustellen. Die im SNP-Feld folgende *Prüfsumme (Cyclic Redundancy Check, CRC)* wird durch das Generatorpolynom $x^3 + x + 1$ gebildet. Nach Berechnung der CRC wird das *Parity-Bit* über die ersten sieben Bit berechnet. Der Empfänger nutzt dieses Bit, um Fehler zu erkennen und optional Einzelbitfehler im SN-Feld zu korrigieren.

Wird AAL Typ 1 zur Übertragung eines gemäß CCITT G.711 codierten Audio-Datenstroms eingesetzt (PCM-Codierung), so werden die vom analogen Sprachsignal nach jeweils 125 µs abgetasteten Samples mittels 8 Bit codiert (256 Stufen der Codierung). Somit finden 47 aufeinanderfolgende Samples in einem AAL Typ 1 Rahmen Platz, was einer Dauer von 5,875 ms Sprache entspricht. Auf Empfängerseite werden die Zellen vom AAL Typ 1 zu kontinuierlichen Datenströmen zusammengebaut. Dazu werden die aufgrund unterschiedlicher Laufzeiten sehr unregelmäßig ankommenden Zellen künstlich verzögert. Die künstliche Verzögerung darf einen maximalen Wert jedoch nicht übersteigen.

Wird AAL Typ 1 zur Übertragung von Videosignalen eingesetzt, so ist unter bestimmten Umständen eine vorausschauende Fehlerkorrektur (Forward Error Correction) vorteilhaft. Die hier eingesetzte Methode ermöglicht die Korrektur von zwei fehlerhaften bzw. vier verlorenen Bytes aus einem Block von 128 Bytes. Über jeweils 124 Datenbytes wird dabei zunächst der vier Byte lange Reed-Solomon-Code berechnet. Die resultierenden 128 Bytes werden dann über eine Matrixstruktur von 128 Spalten und 47 Zeilen zeilenweise übertragen. Die Byteanzahl der Matrix von 128 x 47 = 6016 Bytes entspricht einer CS-PDU mit der entsprechenden Länge. In Abbildung 6.13 ist die Zusammenfassung der Videodaten in einen entsprechenden Block dargestellt. Die Videodaten werden zeilenweise eingelesen und anschließend spaltenweise (eine komplette Spalte nach der anderen) ausgelesen und übertragen.

Um den Beginn einer CS-PDU festzustellen, wird das CSI-Bit der SAR-PDU, die das erste Informationsfeld der CS-PDU enthält, auf den Wert Eins gesetzt. Das Verfahren enthält eine implizite Verzögerung von 128 Zellen je CS-PDU.

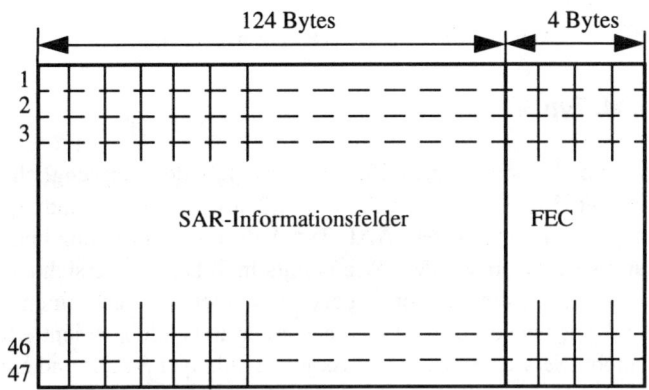

Abbildung 6.13: Video-Übertragung mittels eines AAL Typ 1 Blocks

6.5.2 AAL Typ 2

Zusätzlich zu der vom AAL Typ 1 zu gewährleistenden zeitlichen Korrelation zwischen Sender und Empfänger unterstützt AAL Typ 2 die Übertragung von Datenströmen mit variablen Datenraten. Im Gegensatz zu AAL Typ 1 verfügt AAL Typ 2 jedoch nicht über die Möglichkeit der Fehlerkorrektur. AAL Typ 2 ist ausschließlich dazu in der Lage, Fehler an andere Protokolle zu melden. Die folgende Abbildung skizziert den derzeit geplanten Aufbau einer SAR-PDU. Es ist noch nicht endgültig entschieden, ob AAL Typ 2 tatsächlich in dieser Form weiterentwickelt wird, oder in absehbarer Zeit durch einen verbesserten AAL Typ 1 ersetzt wird.

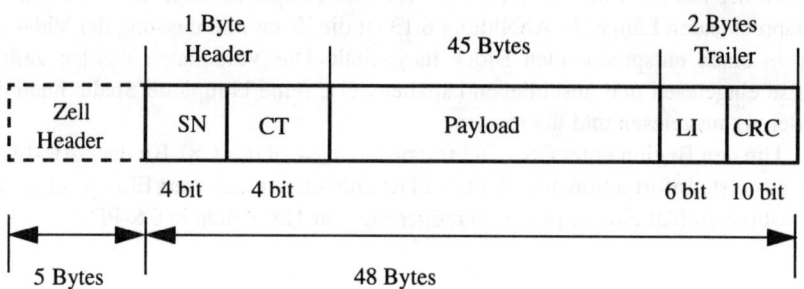

Abbildung 6.14: SAR-PDU-Format des AAL Typ 2

6.5.3 AAL Typ 3/4

Der AAL Typ 3/4 stellt einen Zusammenschluß der ursprünglich definierten AALs vom Typ 3 und Typ 4 dar. AAL Typ 3 war für die verbindungsorientierte Übertragung von Datenpaketen, AAL Typ 4 für die nicht-verbindungsorientierte Übertragung spezifiziert worden. Wie bereits in Tabelle 6.2 ersichtlich ist, unterteilt man den AAL in einen Convergence Sublayer (CS) und einen SAR Layer. Der CS Sublayer wiederum setzt sich aus einer anwendungsorientierten Konvergenzteilschicht (Service Specific Convergence Sublayer SSCS) und einer gemeinsamen Konvergenzteilschicht (Common Part Convergence Sublayer CPCS) zusammen. In der ITU-T Spezifikation I.363 [169] werden zwei Diensttypen unterschieden:

- Message-Modus und

- Streaming Modus.

Im Message-Modus werden die an den AAL gelieferten Dateneinheiten in genau eine AAL-Einheit (AAL Interface Data Unit, AAL-IDU) gepackt. Mehrere AAL-IDUs wiederum können in einer SSCS-Dateneinheit zusammengefaßt werden oder alternativ mittels mehrerer SSCS-Dateneinheiten übertragen werden.

Beim Streaming Modus werden die an den AAL gelieferten Dateneinheiten hingegen in einer oder mehreren AAL-IDUs übertragen. Die erzeugten AAL-IDUs wiederum können in eine oder mehrere SSCS-Dateneinheiten umgesetzt werden. Der Streaming Modus verfügt zudem über eine Pipelining-Funktionalität. Aufgrund von Pipelining ist die AAL-Konvergenzschicht dazu in der Lage, Nutzerdateneinheiten bereits zu senden, bevor sie komplett empfangen wurden. Dadurch können Pufferspeichergrößen klein gehalten werden.

Beide Dienstarten unterscheiden zusätzlich noch zwischen gesicherter und ungesicherter Übertragung der Daten. Bei der gesicherten Übertragung werden SSCS-Dateneinheiten im Fehlerfall oder bei Verlust erneut übertragen, während bei der ungesicherten Übertragung keinerlei Fehlerkorrektur durch wiederholte

Übertragung vorgenommen wird. Optional können bei ungesichertem Übertragungsmodus eine Ablieferung auch fehlerhafter SSCS-Dateneinheiten gewählt werden und eine Flußkontrolle eingesetzt werden.

Das Format der CS-Dateneinheiten (Protocol Data Units, PDU) ist in der Abbildung 6.15 dargestellt.

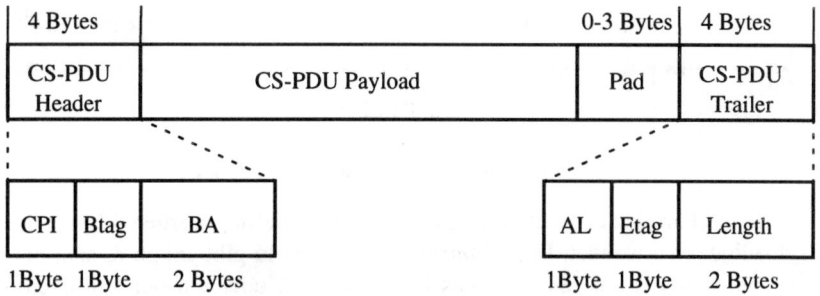

Abbildung 6.15: CS-PDU-Format des AAL Typ 3/4

Der *Common Part Indicator (CPI)* gibt an, wie die folgenden Felder interpretiert werden sollen. Bisher ist nur für den Wert Null eine Interpretation definiert worden.

Das 16 bit lange *Buffer Allocation (BA)* Feld gibt an, wieviel Bytes maximal eine CS-PDU umfassen kann. Dieses Feld kann dem Empfänger anzeigen, wieviel Speicherplatz er für eine eingehende Nachricht reservieren muß. Allerdings ist der Nutzen dieses Feldes fragwürdig, da die meisten Schnittstellen einen festen Speicherblock allozieren und die Angabe im BA-Feld ignorieren. Ein weiterer Schwachpunkt liegt in der Größe dieses Feldes. Bei Anwendungen im Gigabitbereich muß es möglich sein, Nachrichten einer Länge größer als 64 KByte zu übertragen.

Die *Beginning Tag und End Tag (Btag und Etag)* Felder enthalten einen beliebigen, aber für beide Felder identischen Wert, der es erlaubt, zu überprüfen, ob Header und Trailer zur selben Nachricht gehören. Außerdem wird bei einer Nichtübereinstimmung beider Felder ein Fehler diagnostiziert.

Das *Alignment (AL)* Feld sorgt dafür, daß der Trailer 32 bit lang ist. Das *Length*-Feld gibt die Anzahl von Payloadbytes in der CS-PDU an. Das Feld wird vom Empfänger zusätzlich dazu genutzt, Informationsverluste festzustellen. Da der Trailer an einer 32 bit Grenze beginnen sollte, müssen 0 bis 3 Paddingbytes an die Payloadbytes angefügt werden.

Der AAL 3/4 SAR Layer unterteilt die CS-PDU in einen Zellstrom und setzt diesen beim Empfänger wieder zusammen. Dabei verwendet diese Schicht folgendes in der Abbildung 6.16 gezeigte Format.

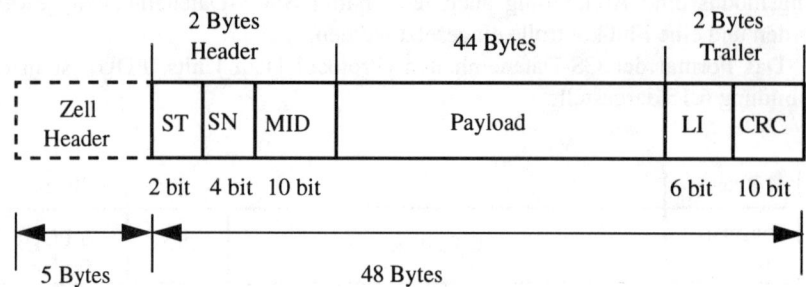

Abbildung 6.16: SAR Format des AAL 3/4

Für die korrekte Segmentierung und Reassemblierung werden 4 Bytes der 48 Payloadbytes verwendet. Das *Segment Type (ST)* Feld gibt an, ob es sich bei der Zelle um den Beginn (ST=10), das Ende (ST=01) oder um den mittleren Teil (ST=00) einer Nachricht handelt. Weiterhin zeigt ein Wert von ST=11 an, daß die Nachricht nur aus einer Zelle besteht.

Die *Sequenz-Nummer (SN)* umfaßt nur 4 bit, so daß ausschließlich eine Numerierung modulo 16 möglich ist. Dieses Feld startet bei jeder neuen Nachricht mit einem beliebigen Wert.

Der 10 bit lange *Multiplexing Identifier (MID)* gestattet die gemeinsame Übertragung von Zellen verschiedener Anwendungen über eine einzige Verbindung. Wird eine gemeinsame Übertragung verschiedener Nachrichten über eine einzige ATM-Verbindung durchgeführt, so wird jeder der unterschiedlichen Nachrichten eine unterschiedliche MID zugeteilt. Beim empfangenden SAR können die Zellen anhand der MID den verschiedenen Nachrichten zugeordnet werden. Falls diese Multiplexing Möglichkeit nicht genutzt wird, enthält das MID-Feld den Wert Null.

Der 6 bit lange *Length Indicator (LI)* gibt die Anzahl der Payloadbytes an. Der Wert dieses Feldes ist mit Ausnahme der letzten Zelle einer Nachricht oder bei Einzelnachrichten immer 44.

Die *Prüfsumme (Cyclic Redundancy Check, CRC)* wird über die Felder ST bis LI berechnet (das CRC Feld selbst ist ausgenommen) und verwendet das Polynom $x^{10} + x^9 + x^5 + x^4 + x + 1$.

Der Hauptkritikpunkt am AAL 3/4 ist der Overhead pro Zelle. Bei jeder Zelle gehen 4 Bytes des Payloadfelds für AAL-Informationen verloren. Zusammen mit dem 5 Bytes langen ATM-Zellheader ergibt sich ein Overhead von 17% pro Zelle. Für den Fall, daß eine Nachricht nur aus wenigen Bytes besteht, bedeuten die zusätzlichen 8 Bytes des Convergence Sublayers einen zusätzlichen Overhead. Außerdem ist die Funktionalität einiger Felder sowohl des Convergence als auch des SAR Layers äußerst fragwürdig, wie beispielsweise BAsize, Btag, Etag, SN, MID.

6.5.4   AAL Typ 5

Der AAL Typ 5 unterscheidet wie AAL Typ 3/4 sowohl zwischen Message- und Streaming Modus als auch zwischen gesicherter und ungesicherter Übertragung.

Beim AAL 5 werden alle Zellen mit Ausnahme der letzten komplett mit 48 Bytes Nutzerdaten gefüllt. Die letzte Zelle enthält neben den Nutzerdaten noch den 8 Bytes langen Trailer der CS-PDU und ggf. noch Paddingbytes. Das Format der CS-PDU ist in Abbildung 6.17 angegeben.

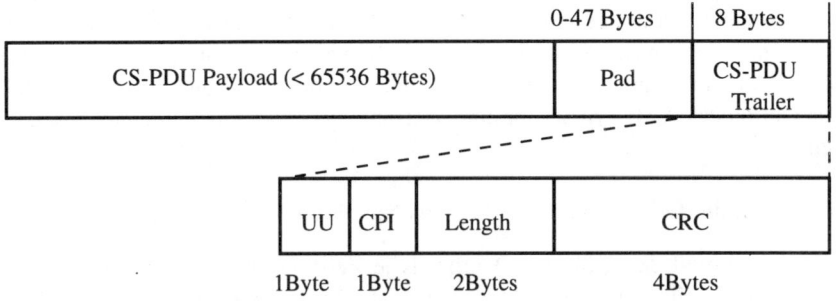

Abbildung 6.17: CS-PDU Format des AAL 5

Zwischen der CS-PDU-Payload und dem Trailer werden je nach Bedarf bis zu 47 Bytes inhaltlich nutzlose Daten eingefügt (Füllbytes), um die Länge der Nutzinformationen auf ein Vielfaches von 48 Bytes zu verlängern. Bei der Umsetzung auf Zellniveau kann daraus eine ATM-Zelle resultieren, deren Informationsfeld aus 40 Bytes nutzloser Daten und 8 Bytes CS-PDU-Trailer-Informationen zusammengesetzt ist.

Der CS-Trailer umfaßt vier Felder: Das 1 Byte lange *User-to-User (UU) Indication* Feld und das ebenfalls 1 Byte lange *Common Part Indicator (CPI)* Feld sind bisher noch ungenutzt und haben den Wert Null.

Das *Length*-Feld gibt die Anzahl der Nutzerdatenbytes ohne die Paddingbytes an. Es wird zudem vom Empfänger genutzt, um Datenverluste festzustellen.

Die *CRC* wird über die gesamte CS-PDU berechnet.

Der SAR Layer unterteilt die CS-PDU in 48 Bytes lange Stücke und fügt diese in das Payloadfeld einer Zelle ein. Es werden keine weiteren Informationen vom SAR-Layer hinzugefügt. Das Ende einer Nachricht wird im Zellheader der entsprechenden Zelle durch Setzen des dritten Bits des PT Feldes angezeigt. Bei allen anderen Zellen einer Nachricht ist dieses Bit gleich Null.

6.5.5   AAL Typ 3/4 vs. AAL Typ 5

Der AAL Typ 3/4 weist pro ATM-Zelle einen höheren Overhead auf, da zusätzliche Informationen wie z.B. die Position der Zelle im Zellstrom, eine Sequenznummer u.v.m. in jeder Zelle mittransportiert werden. Diese zusätzlichen Informationen beanspruchen pro Zelle 4 Bytes, was dazu führt, daß beim AAL Typ 3/4 für Nutzdaten nur 44 Bytes zur Verfügung stehen. Der AAL Typ 5 verzichtet auf zusätzliche Informationen pro Zelle und nutzt die gesamten zur Verfügung stehenden 48 Bytes für Nutzdaten.

AAL Typ 3/4 besitzt eine Option, die es ermöglicht, CS-PDUs, von denen nicht alle zugehörigen Zellen beim Empfänger angekommen sind, mit einer entsprechenden Fehlermeldung an die Benutzer weiterzuleiten. Allerdings ist der zulässige Anteil fehlender Zellen und deren Position in der PDU von der Anwendung abhängig. Aufgrund des kleinen Sequenznummernbereichs des AAL Typ 3/4 ist keine zuverlässige Aussage über die Anzahl der Zellverluste pro CS-PDU möglich. Insbesondere kann der Reassemblierungsprozeß nicht feststellen, wieviele Zellen in Folge verlorengegangen sind. Aus diesem Grund wird die zusätzliche Option des AAL Typ 3/4 für eine Vielzahl von Anwendungen nicht einsetzbar sein.

Vergleiche der Leistung beider AALs ergaben die folgenden Ergebnisse [94]:

- Aufgrund des größeren Overheads je Zelle produziert der AAL Typ 3/4 mehr Zellen pro CS-PDU als der AAL Typ 5. Dies führt in Überlastsituationen zu höheren absoluten Zellverlusten.

- Hinsichtlich des Verlustverhaltens bezogen auf CS-PDU-Niveau sind zwischen den beiden AALs keine signifikanten Unterschiede feststellbar, jedoch leichte Vorteile für AAL Typ 3/4. Wie sich Zellverluste auf den jeweiligen Reassemblierungsprozeß der verschiedenen AALs auswirken, zeigt die folgende Betrachtung: Geht die letzte ATM-Zelle einer CS-PDU bei Verwendung von AAL Typ 5 verloren, wird der Anfang der darauffolgenden CS-PDU nicht erkannt. Vielmehr wird davon ausgegangen, daß eine einzelne fehlerhafte CS-PDU empfangen wurde. Da beim AAL Typ 3/4 sowohl der Anfang als auch das Ende einer CS-PDU gekennzeichnet sind, kann hier bei Verlust der letzten Zelle einer CS-PDU der Beginn der nächsten korrekt erkannt werden.

6.6   ATM und Transfersysteme

Eine positive Beantwortung der Frage „Ist ATM geeignet als Übertragungssystem für die im Internet eingesetzten Dienste?" ist eine wesentliche Voraussetzung für den weltweiten Erfolg von ATM. Nicht der Vorteil in Bezug auf die Übertragung von Realzeitdaten, sondern der mögliche Nutzen von ATM als Verbindungsebene gemäß OSI-Referenzmodell ist wesentlich, zumindest für die Computerindustrie. Im Gegensatz zur Telekommunikationsindustrie wird hier nach der Eignung von ATM als Verbindungsprotokoll unterhalb von IP gefragt.

Immer wieder erscheinen wissenschaftliche Abhandlungen, die sich mit dieser Thematik beschäftigen [5]. Unter anderem wird dabei die „ineffiziente" Segmentierung von IP-Paketen in kleine ATM-Zellen untersucht. Das Internet bietet, wie in Kapitel 5 beschrieben, eine Ende-zu-Ende-Verbindung auf Transportebene an. Die ATM Schicht kann als eine Art physikalische Ebene gemäß OSI-Referenzmodell betrachtet werden, mit einem darauf aufbauenden ATM Adaptation Layer, der die Verbindungsschichtfunktionalität anbietet [48].

Jede Verbindungsschicht besitzt eine maximale PDU-Größe, so auch ATM. AAL Typ 5 z.B. unterstützt die Übertragung von Datensegmenten mit einer Länge bis zu 64 KBytes. Diese werden jedoch in eine große Anzahl aufeinanderfolgender Zellen segmentiert, die von der Länge des zu übertragenden Pakets abhängt. Die Rate, mit der das Paket übertragen wird, ist nur noch abhängig von entsprechenden Verkehrskontrollmechanismen auf ATM-Ebene, IP hat keinen Einfluß mehr auf das eigene Paket.

7 Signalisierung und Verkehrsmanagement

Der Aufbau, die Verwaltung und der Abbau von ATM-Pfaden und -Kanälen, die bestimmten Dienstanforderungen genügen sollen, erfordern den Einsatz einer Vielzahl komplexer Protokollarchitekturen. Die in diesem Zusammenhang zu nennenden Ansätze sind Signalisierungsverfahren und Verkehrskontrollverfahren.

Signalisierungsverfahren dienen dem Endteilnehmer dazu, den Aufbau, die Verwaltung und den Abbau seiner Netzwerkverbindungen eigenständig zu veranlassen. Im Gegensatz zu permanenten (festgelegte VCI-Werte) und semipermanenten Verbindungen (durch den Operator nach einem Request vom Teilnehmer aufgebaute Verbindungen) soll B-ISDN-Signalisierung in Zukunft mit Hilfe eines Signalisierungsverfahrens auf Out-of-Band-Basis funktionieren.

In B-ISDN-Netzen werden eine Vielzahl von Signalisierungskanälen verwaltet, die u.a. die folgenden Aufgaben erfüllen:

- Basisfunktionalität, die bereits mit dem für Schmalband-ISDN entwickelten Q.931 möglich ist:

  Auswahl des geeigneten AAL-Typs,

  Auswahl zwischen gesicherter und ungesicherter Übertragung,

  Festlegung der Bitrate (Durchschnittswerte und Spitzenwerte) der maximalen Zellverlustrate oder maximalen Zellverzögerung oder

  Wegewahl und Aufbau entsprechender Verbindungen.

- Neue Funktionalität, die erst mit dem Einsatz spezieller Signalisierungsverfahren ermöglicht wird:

  Eingriff in bereits bestehende Verbindungen zum Zwecke der erneuten Verhandlung und Adaption von Dienstmerkmalen,

Aufbau eines Calls, zusammengesetzt aus mehreren Connections (Verbindungen), die jeweils unterschiedliche Dienstmerkmale aufweisen, aber zueinander in Beziehung stehen,

Aufbau und Verwaltung von Multicast-Verbindungen zur gleichzeitigen Adressierung mehrerer Empfänger oder

Zusammenarbeit von Nicht-Breitbanddiensten und Breitbanddiensten.

Der Einsatz von Signalisierungsverfahren gewährleistet nicht in jedem Fall die Einhaltung von Dienstmerkmalen während der Dauer einer Verbindung. Eine beim Verbindungsaufbau festgelegte Anzahl von Leistungsparametern kann in vielen Fällen nicht eingehalten werden, da

- bestimmte unkooperative Sender sich nicht an die Vereinbarungen halten,

- der Auf- und Abbau von Verbindungen die insgesamt zur Verfügung stehenden Ressourcen stark beeinflußt und da

- Fehler im Netz (ungenügende Kontrolle der Eingangslast) den Einfluß unkooperativer Sender nicht beseitigen.

Ziel der Verkehrskontrolle ist es, diese Situationen zu verhindern bzw. abzubauen. Die entsprechenden Verfahren sind allesamt der ATM-Schicht zugeordnet und können grob folgendermaßen aufgeteilt werden:

- Faire Aufteilung der Netzwerkkapazitäten (*Network Planning*),

- Zugangskontrollen beim Verbindungsaufbau (*Connection Admission Control*),

- Kontrolle des ausgehandelten Verkehrsprofils an UNI- und NNI-Schnittstelle (*Usage Parameter Control* und *Network Parameter Control*),

- Abbau der Überlast durch selektives Verwerfen von Zellen bzw. durch Aufforderung an den Sender, das eigene Verkehrsprofil anzupassen (*Cell Discarding* und *Feedback Control*).

Das Ziel der obigen Verfahren ist es, den vom ATM-Signalisierungsverfahren ausgehandelten Vertrag über die Dienstqualitätsklasse und die Verkehrscharakteristik einer Verbindung zu kontrollieren.

7.1   Signalisierung

In einer ersten Phase der kommerziellen Einführung des B-ISDN, z. B. durch die Deutsche Telekom [47], verzichten die Netzbetreiber in der Regel auf Dienste, die Wählverbindungen ermöglichen und beschränken sich zunächst auf Dienste zur

Bereitstellung von Festverbindungen, auch Virtual-Leased-Line (VLL) Dienste genannt. Dabei werden permanente und semipermanente Verbindungen durch den Netzbetreiber installiert, indem er mittels eines Operatorterminals von den Netzknoten, die eine Verbindung bereitstellen sollen, die benötigten Ressourcen anfordert. Genau genommen handelt es sich beim Operatorterminal um das *Operations System (OS)* gemäß M.3010 [211]. Dies kann beispielsweise ein zentrales *Network Management Center (NMC)* sein, das aus einer Workstation mit einem graphischen User Interface und verschiedenen Management Anwendungen besteht [47]. Die Wegfindung, das Ressourcenmanagement und das Scheduling werden in dem Operatorterminal durchgeführt. Für auf ATM basierte Verbindungen kann sich dieser Dienst als äußerst komplex erweisen, da sowohl eine Vielzahl von Verkehrsparametern (vgl. Kapitel 6) als auch die unterschiedlichsten Verbindungskonfigurationen zu unterstützen sind.

In darauffolgenden Phasen werden dann auch für das B-ISDN Wählverbindungen eingeführt. Das Herzstück ist das Signalisierungsverfahren, welches dem Endteilnehmer dazu dient, den Aufbau, die Verwaltung und den Abbau seiner Verbindungen eigenständig zu veranlassen. Hierzu müssen, vereinfachend gesagt, in den einzelnen Netzknoten Prozeduren bereitgestellt werden, die im Vergleich zu den VLL-Diensten den Operator und das Operatorterminal ersetzen. Aber auch die oftmals verbale oder auf Formularen basierende Kommunikation zwischen Kunde und Netzwerkbetreiber muß durch Signalisierungsprozeduren am UNI ersetzt werden.

Neben den Basis-Signalisierungsfunktionen, die vom Schmalband-ISDN bekannt sind und aus Gründen der zu gewährleistenden Abwärtskompatibilität auch übernommen werden müssen, existiert nun eine große Zahl neuer Anforderungen an die B-ISDN Signalisierung. Deren Erläuterung und Umsetzung soll der Inhalt dieses Kapitels sein.

7.1.1   Ein einführendes Beispiel

Die ITU-T spezifiziert die Signalisierung für B-ISDN schrittweise. Betrachten wir zunächst den ersten Schritt, welcher Rufe zwischen zwei Teilnehmern mit einer einzigen Verbindung erlaubt. Für diese Verbindung werden Netzressourcen entsprechend der gewünschten Spitzenzellrate allokiert. Als Übermittlungsdienste werden die Klassen BCOB-A (*Broadband Connection Oriented Bearer Class A*) für konstante Bitraten sowie BCOB-X für Datendienste unterstützt. Die entsprechenden Dienste sind spezifiziert im Annex der CCITT Empfehlung F.811. Dort sind die erlaubten Werte der Übermittlungsdienstattribute aufgelistet. Beispielsweise erfordert der BCOB-A für den AAL den Typ 1 (siehe Kapitel 6) entsprechend der Empfehlung I.363, während beim BCOB-X der AAL vom jeweiligen Benutzer definiert wird. Die sich ergebende Funktionalität, welche auch als ITU Capability Set 1 -CS1- bezeichnet wird, erscheint zunächst sehr unbefriedigend, ist jedoch ein nicht zu unterschätzendes Teilziel auf dem Weg zur Realisierung von B-ISDN. Aufgrund der geforderten Migration beinhaltet der CS1 auch die

Emulation schmalbandiger ISDN-Dienste und stellt ferner die Prozeduren für den Netzübergang zum Schmalband-ISDN bereit.

Im B-ISDN erzeugen die durch Signalisierung aufgebauten Calls ausschließlich Verbindungen, die aus virtuellen Kanälen innerhalb bereits vorhandener virtueller Pfade bestehen. Das heißt, der Netzwerkbetreiber muß für eine geeignete Infrastruktur von virtuellen Pfaden sorgen, um bezüglich Verkehrsaufkommen und den unterschiedlichen Verbindungscharakteristika seine Kunden optimal versorgen zu können. Hinzu kommt die Einrichtung von virtuellen Kanälen, in denen ausschließlich Signalisierungsnachrichten transportiert werden. Diese virtuellen Signalisierungskanäle (*SVC - signalling virtual channels*) werden für das Signalisierungsverfahren auf *Out-of-Band-Basis* benötigt.

In der Abbildung 7.1 ist eine hypothetische B-ISDN-Netzwerkkonfiguration dargestellt. Dieses Szenario wird auch in späteren Abschnitten benutzt. Zunächst kann die Konfiguration der Teilnehmer C, D und der AAE (Abgesetzte ATM-Einheit) außeracht gelassen werden. Eine AAE ist ein VC-Switch, der von der VSt kontrolliert wird. Das heißt, die Signalisierung findet in der VSt statt.

Beispielsweise möchte Teilnehmer A mit Teilnehmer B gemeinsam an einer CAD-Zeichnung arbeiten. Beide Teilnehmer verfügen über Multimedia-Arbeitsplätze mit installierter CAD-Anwendung, welche mittels AAL5 eine zuverlässige Datenkommunikation ohne zusätzliche Verzögerungsanforderungen verwendet. Bevor diese Kommunikation stattfinden kann, muß, wie vom alltäglichen Telefonieren und vom Schmalband-ISDN bekannt, eine Verbindung zwischen den beiden Teilnehmern hergestellt werden. Dazu wird im folgenden der Aufbau des entsprechenden Calls vereinfacht dargestellt

Teilnehmer A iniziiert einen Verbindungswunsch zum Teilnehmer B, indem er eine SETUP Nachricht über den permanent vorhandenen Signalisierungskanal zu seiner lokalen Vermittlungsstelle VSt-A schickt. Diese Nachricht enthält die Rufnummer des CAD-Arbeitsplatzes von B. Zusätzlich enthält die Nachricht die wichtigsten B-ISDN-Parameter: die Spitzenzellraten (je Verbindungsrichtung eine Angabe), den Typ des Bearer Service BCOB-X, und die Angabe, daß eine Punkt-zu-Punkt Verbindung mit konstaner Bitrate gefordert ist.

Die VSt-A empfängt die SETUP Nachricht und überprüft, ob der Teilnehmer A berechtigt ist, einen Ruf mit den gewünschten Eigenschaften abzusetzen. Anschließend reserviert sie am UNI die für die Verbindung benötigten Betriebsmittel. Angenommen, Teilnehmer A habe in der SETUP Nachricht weder einen virtuellen Kanal noch einen speziellen virtuellen Pfad angefordert, dann ist die VSt-A frei in der Auswahl eines geeigneten virtuellen Pfades mit noch genügend verfügbarer Bandbreite für den neuen Call. In dem von ihr selektierten virtuellen Pfad vergibt die VSt-A einen unbelegten VCI für den neuen vituellen Kanal.

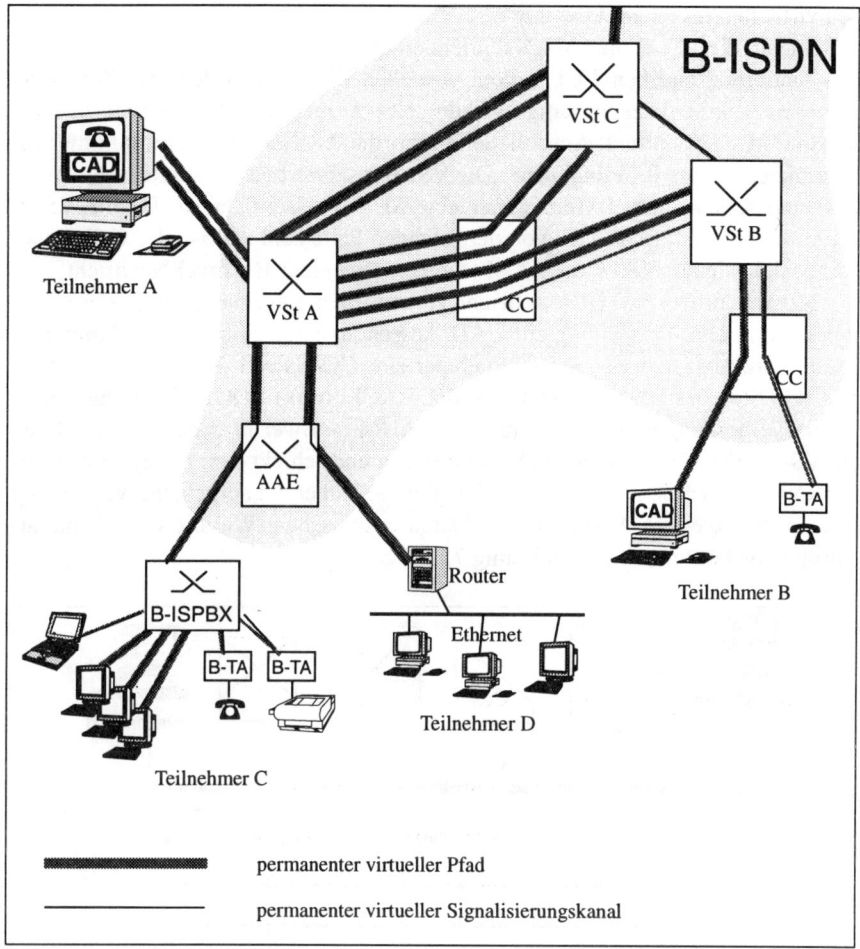

Abbildung 7.1: Ein hypothetisches B-ISDN Szenario

Durch die Analyse der Zielrufnummer stellt die VSt-A fest, daß es sich nicht um einen lokalen Call handelt. Ein Ruf ist dann lokal, wenn alle Teilnehmer an die gleiche Vermittlungsstelle angeschlossen sind. Eine anschließende Routing-Analyse [184] führt zu dem Resultat, daß die Verbindung, wenn möglich, direkt über die Vermittlungsstelle B aufgebaut werden soll; alternativ bietet sich der Verbindungsaufbau über die Vermittlungsstelle C an. Da in dem einzigen virtuellen Pfad Richtung VSt-B genügend Ressourcen frei sind, werden diese reserviert, und es wird eine IAM (*Initial Address Message*) Nachricht an die VSt-B geschickt. Zusätzlich zu dem selektierten Pfad (genauer: Pfadverbindung, siehe Abschnitt 7.1.5) und dem neuen VCI enthält die Nachricht im wesentlichen die gleichen Informationen wie die SETUP Nachricht. Abschliessend schickt die VSt-A die CALL-PROCEEDING Nachricht an den A-Teilnehmer zurück. Diese Nachricht teilt dem A-Teilnehmer den für die Verbindung ausgewählten virtuellen Pfad und den virtuellen Kanal am UNI mit.

Sobald die VSt-B die IAM Nachricht erhalten hat, reserviert auch sie am NNI die Bandbreite und den VCI in dem virtuellen Pfad, der in der IAM Nachricht gefordert wurde. Dies bestätigt sie der VSt-A mit der IAA (*Initial Address Acknowledge*) Nachricht. Anschließend führt die Analyse der Zielrufnummer zur Identifizierung des B-Teilnehmers. Die VSt-B reserviert geeignete Ressourcen am UNI und schickt dem B-Teilnehmer eine SETUP Nachricht zu. Da die VSt-B keine weiteren Informationen von der rufenden Seite zum Aufbau des Calls benötigt, schickt sie der VSt-A die ACM (*Address Complete Message*) Nachricht.

Mit der in der SETUP Nachricht vorhandenen Information baut die CAD-Workstation eine Verbindung zur CAD-Anwendung auf. Sobald diese kommunikationsbereit ist, schickt der B-Teilnehmer eine CONNECT Nachricht zur VSt-B zurück. Diese bestätigt mit der CONNECT-ACKNOWLEDGE Nachricht, schaltet die Verbindung durch und schickt die ANM (*Answer Message*) Nachricht an die VSt-A. Die VSt-A schaltet ebenfalls durch und schickt dem A-Teilnehmer die CONNECT Nachricht. Nun ist der Call aktiv und über die aufgebaute Verbindung können die zwei CAD Arbeitplätze Daten austauschen. Wie dieser Call hierarchisch aufgebaut ist, zeigt Abbildung 7.2.

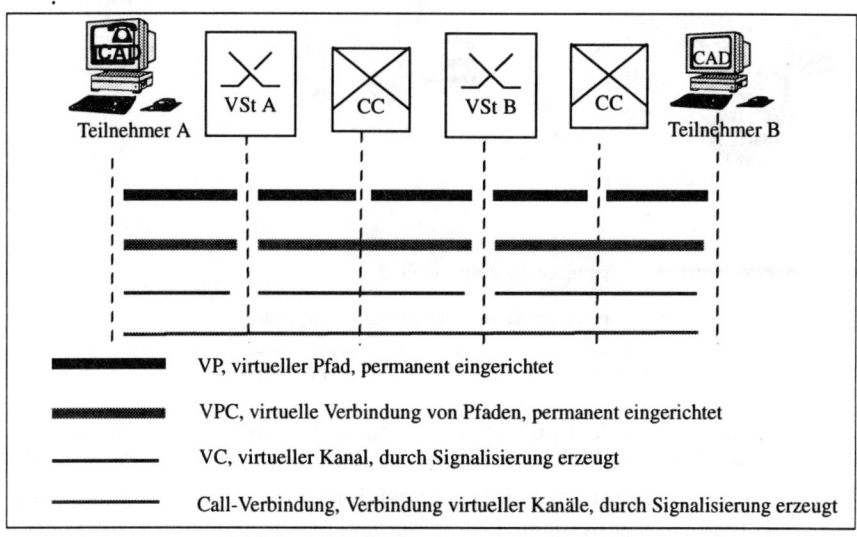

Abbildung 7.2: Zusammensetzung eines Calls

Abbildung 7.3 stellt noch einmal den Nachrichtenaustausch dar, der für den Aufbaus des Calls von der Signalisierung benötigt wurde.

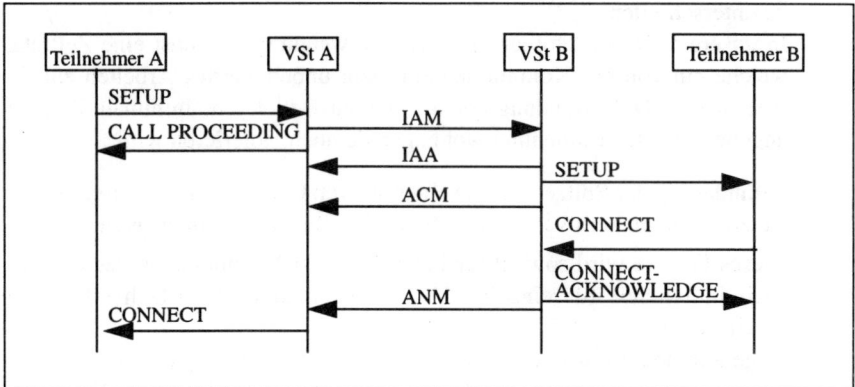

Abbildung 7.3: Nachrichtenaustausch beim Call-Aufbau

Nachdem die Standardisierung für reine Punkt-zu-Punkt-Verbindungen unter Verwendung der Spitzenzellrate abgeschlossen ist, wendet man sich derzeit der Spezifikation von Signalisierungsprozeduren für anspruchsvollere Dienste und Verbindungskonfigurationen zu. Hierfür hat die ITU den *Capability Set 2 - CS2 -* definiert, der sich im ersten Schritt - CS 2.1 - [29][36] aus den folgenden Zielsetzungen zusammensetzt:

- Unterstützung des VBR-Diensts:

    Durch die Einführung von zusätzlichen Signalisierungsparametern für die durchschnittliche Zellrate (*sustainable cell rate*) und der maximalen Burst-Länge werden den Netzknoten jene Werte übermittelt, die sie zur Bereitstellung des VBR-Diensts benötigen (vgl. Kap. 6.4).
    In unserem Beispiel wäre dies sinnvoll, wenn die CAD-Anwendung den Datenabgleich mit einer mehr oder weniger festen Sequenz von relativen Ruhephasen und Burst-Phasen realisieren würde. Unter Datenabgleich sei jener Informationsaustausch verstanden, der notwendig ist, damit beide Teilnehmer auf ihrem Bildschirm eine identische CAD Zeichnung sehen, obwohl sie durch den einen oder anderen Teilnehmer editiert wird.

- Aushandlung von „*traffic characteristics*" während des Verbindungsaufbaus:

    Während im CS1 bisher ein Rufwunsch vom Netz zurückgewiesen werden mußte, falls die Spitzenzellrate nicht zur Verfügung gestellt werden konnte, bestehen jetzt zwei differenziertere Möglichkeiten zur Vereinbarung der Spitzenzellrate einer Verbindung: Entweder hat der rufende Teilnehmer in der Signalisierungsnachricht zusätzlich zur bevorzugten Spitzenzellrate auch eine alternative Spitzenzellrate mit geringerem Wert angegeben, welche das Netzwerk bereitstellen kann. Oder aber das Netzwerk stellt eine Bandbreite bereit, wobei der Wert der angeforderten Spitzenzellrate reduziert wird, ohne dabei einen in der Nachricht vorgegebenen Minimalwert zu unterschreiten.

In unserem Beispiel fordert die CAD-Anwendung zunächst eine Zellrate, welche ein von der Kommunikation recht unbehindertes Arbeiten zuläßt. Aber die CAD-Anwendung könnte auch zusätzlich jene minimale Zellrate angeben, die der Teilnehmer wohl „gerade noch" tolerieren wird.

- Veränderung der Spitzenzellrate eines aktiven Calls, um die bereitgestellten Netzressourcen dem veränderten Bedarf an Bandbreite anzupassen:

  Dieses Feature wird sowohl für Punk-zu-Punkt-Verbindungen des CS1 als auch individuell für einzelne Verbindungen einer Mehrfachverbindung bereitgestellt.

  Angenommen, in unserem Beispiel erhöht sich die Komplexität der CAD-Zeichnung während des verteilten Konstruierens erheblich. Eine Erhöhung der Zellrate kann dann der sich einstellenden Verzögerung des Datenabgleichs entgegenwirken.

- Signalisierung von Punkt-zu-Mehrpunkt-Calls zur Realisierung von Verteildiensten:

  Die Signalisierung unterstützt den Auf- und Abbau von Calls, die aus einer einzigen Punkt-zu-Mehrpunkt-Verbindung bestehen. Diese wiederum setzt sich aus unidirektionalen Teilverbindungen des rufenden Teilnehmers zu allen gerufenen Teilnehmern zusammen, wobei alle Teilverbindungen identische Verbindungseigenschaften aufweisen.

  Als Beispiel sei hier ein CAD-Fernlehrgang genannt, wobei die Teilnehmer nur passiv dem Lehrer am Bildschirm folgen können.

- Signalisierung von Punkt-zu-Punkt Calls mit Mehrfachverbindungen:

  Hierbei besteht ein Call aus mehreren Punkt-zu-Punkt-Verbindungen, wobei beliebig einzelne Verbindungen hinzugefügt oder weggenommen werden können. Ein solcher Ruf mit Mehrfachverbindungen kann im CS2.1 zunächst nur zwischen 2 Teilnehmern aufgebaut werden.

  In unserem Beispiel entsteht der Bedarf, während des gemeinsamen Konstruieren der CAD-Zeichnung auch miteinander zu sprechen.

- Look ahead:

  Um die Verfügbarkeit und Kompatibilität des gerufenen Teilnehmers sicherzustellen, bevor das Netzwerk mit der Reservierung und Aktivierung von Ressourcen für den Call beauftragt wird, kann dem Verbindungsaufbau eine Ende-zu-Ende Signalisierung vorangestellt werden.

Es ist offensichtlich, daß die obige Funktionalität nur ein weiterer Schritt zu einem voll ausgebauten B-ISDN ist, welches die beliebige Kombination von Rufen, Verbindungen, Verbindungsattributen, Diensten etc. bereitstellen wird.

Obwohl zur Zeit die Spezifikation des CS2.1 noch nicht stabil ist, werden trotzdem im Kapitel 7.1.7 interessante Zwischenergebnisse behandelt. Es macht jedoch noch keinen Sinn, die Frage zu behandeln: *„Was kommt nach CS2.1?"*

Neben der herkömmlichen Signalisierung in durchgehend ATM-basierten Netzen ist auch die Anwendung der Signalisierung bei der Anbindung von lokalen Netzen (*LANs, Local Area Networks*) an ein B-ISDN-Netz mittels LAN-Emulation [8] zu erwähnen. Ziel der LAN Emulation ist es, eine ATM Vermittlungsstelle, welche Punkt-zu-Punkt-Verbindungen herstellt, als ein „virtuelles" *Shared Medium* erscheinen zu lassen, d.h. der ATM Layer muß sich wie ein weiteres IEEE.802 Medienzugangsprotokoll unterhalb des LLC (logical link control) verhalten. Eine Diskussion der LAN Emulation mit den benötigten Servern, wie dem LAN-Emulation-Server und dem Multicast-Server, gibt [28]. Das Prinzip sei an unserem Beispiel skizziert:

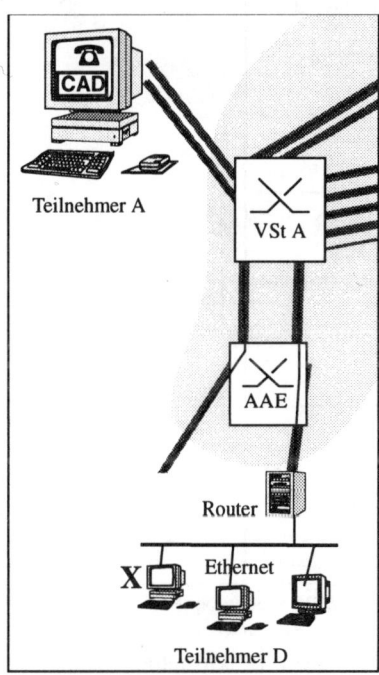

Angenommen, Teilnehmer D möchte von seinem *Arbeitsplatz X* Datenpakete zur Workstation des Teilnehmers A senden. Da X nur die IP-Adresse von A, aber nicht dessen MAC-Adresse kennt, broadcastet X ein *ARP-Request*, welcher vom Router an die VSt-A weitergeleitet wird. Die VSt-A wiederum schickt mittles des Multicast-Servers den Request an alle angeschlossenen Teilnehmer, so auch an Teilnehmer A.

A reagiert auf den ARP-Request, indem er zunächst mittels dem oben beschriebenen Signalisierungsprotokoll eine Punkt-zu-Punkt Verbindung zwischen sich und dem Router herstellt und anschließend die *ARP-Reply* Nachricht abschickt. Der Router bindet nun A's MAC-Adresse an diese Verbindung, so daß alle folgenden IP-Pakete von X in dieser Verbindung zum Teilnehmer A gelangen.

Abbildung 7.4: IP basierteDatenkommunikation zwischen X und A

7.1.2 Die Protokollschichten der B-ISDN-Signalisierung

Wie aus dem im Kapitel 7.1.1 vorgestellten Beispiel bereits ersichtlich, werden analog zum N-ISDN auch im B-ISDN verschiedene Arten der Signalisierung unterschieden. Auf der einen Seite ermöglicht die *UNI-Signalisierung* dem Teilnehmer den Austausch von Informationen mit dem Netz. Auf der anderen Seite müssen die Netzwerkknoten untereinander Informationen austauschen (*NNI-Signalisierung*).

Die B-ISDN-Signalisierungsprotokollarchitektur ist sehr komplex und erstreckt sich prinzipiell über sämtliche Ebenen des B-ISDN-Referenzmodells. Abbildung 7.5 zeigt den Aufbau der Signalisierungsarchitektur für CS1. Im folgenden werden die Teilschichten kurz skizziert und anschließend in separaten Abschnitten ausführlich behandelt.

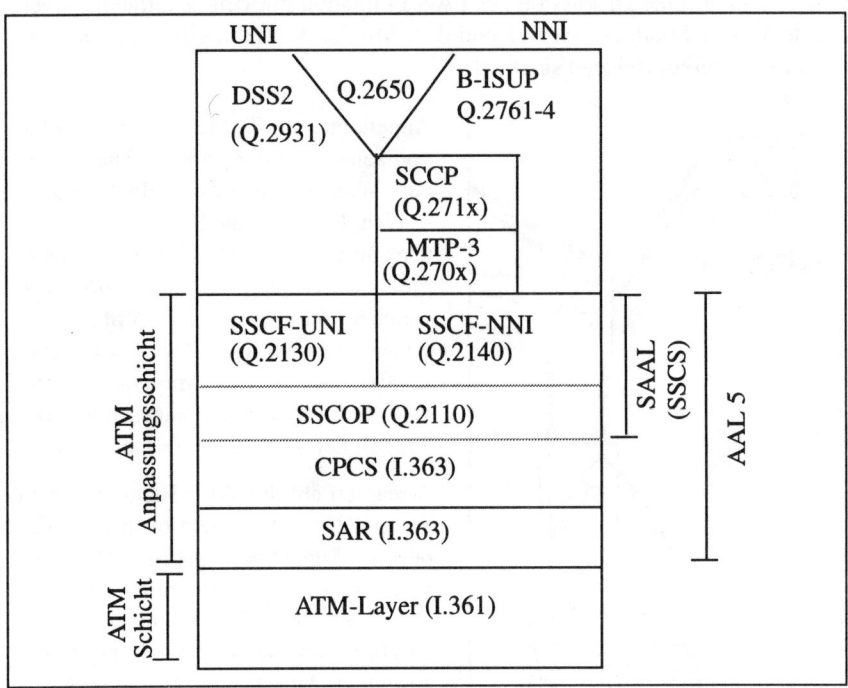

Abbildung 7.5: B-ISDN-Signalisierung CS1 in der ATM Steuerebene (Control Plane)

Im VC-Sublayer der ATM-Ebene befinden sich neben den virtuellen Kanälen für die Rufverbindungen (user plane) auch die virtuellen Signalisierungskanäle. Sie transportieren ausschließlich ATM-Zellen, aus deren Inhalte sich Signalisierungsnachrichten zusammensetzen.

Wie in Kapitel 6 bereits erläutert, adaptiert die ATM-Anpassungsschicht den ATM-Dienst an verschiedene verbindungslose und verbindungsorientierte Übertragungsdienste mit und ohne Realzeitanforderungen. Für die Signalisierung stellt sie die Funktionalität einer gesicherten Datenübertragung bereit. Das heißt, die Daten, welche Signalisierungsnachrichten sind, werden unverfälscht, vollständig und in korrekter Reihenfolge am AAL-SAP (Service Access Point) abgeliefert.

Die ATM-Anpassungsschicht für die Signalisierung ist wie folgt aufgebaut: Die ITU-Empfehlung zum AAL5 (vgl. Kapitel 6) stellt die unteren zwei Teilschichten SAR und CPCS bereit. Der SSCS des AAL5 ist durch die ITU-Empfehlungen zum SAAL [174] definiert, bestehend aus dem SSCOP (*Service Specific Connection Oriented Protocol*) [175] und den SSCFs (*Service Specific Coordination Functions*) [177] und [178]. Am NNI ist der SAAL-Dienst um einige Features erweitert, wie Daten-Retrieval und lokale Flußkontrolle. Eine Ende-zu-Ende-SAAL-Verbindung wird als Signalisierungsverbindung bezeichnet.

Die ITU Q.2931 [187] definiert die Schicht-3 Signalisierung am UNI. Für die Rufe definiert sie den Ruf- und Verbindungsaufbau zwischen Teilnehmer und dem öffentlichen Netz. Zur Übertragung der Ende-zu-Ende-Nachrichten (SETUP, CONNECT, etc.) verwendet das Protokoll den oben skizzierten AAL-SAP. Das heißt, am UNI besteht eine Signalsierungsverbindung aus einer Instanz des SAAL/AAL5 und einem zugehörigen virtuellen Signalisierungskanal. Im allgemeinen genügt es, pro UNI einen einzige Signalisierungsverbindung mit einer Bandbreite von 64 kbit/s einzurichten.

Am NNI wird der AAL-SAP durch den *MTP-3* [188] benutzt, welcher einen verbindungslosen Dienst realisiert und die untere Hälfte der OSI-Netzwerkschicht darstellt. Dort werden Nachrichten der höheren Schichten, z.B. IAM, ANM des B-ISUP, verbindungslos als unabhängige Pakete im Signalsisierungsnetzwerk transportiert. Hinzu kommen Mechanismen zur Handhabung von unzulänglichen Signalisierungsverbindungen, zur lokalen Überlastabwehr und zum dynamischen Updaten der Routing-Tabellen des Signalisierungsnetzes.

Routing im MTP-3 bedeutet nicht, herauszufinden, an welche Vermittlungsstelle eine Nachricht zu schicken ist. Dies wird bereits durch die Wegelenkung des B-ISUP realisiert. Vielmehr bedeutet Routing im MTP-3 die Auswahl einer geeigneten Signalisierungsverbindung, die direkt oder indirekt über mehrere Zwischenstationen zur gewünschten Vermittlungsstelle führt. Somit enthält der MTP-3 auch eine Funktion, die entscheidet, ob eine Nachricht ihr Ziel erreicht hat oder weiter geroutet werden muß.

Eine wesentliche Aufgabe des MTP-3 ist die Behebung von Störungen der Signalisierungsverbindungen. Die Störungen müssen erkannt, die betroffenen Signalisierungsverbindung aus dem Verkehr gezogen, die Nachrichtenpakete über eine alternative Signalisierungsverbindung geschickt und die gestörte Verbindung re-initialisiert werden. Da dabei keine Paketverluste auftreten dürfen, muß MTP-3 von einer gestörten Signalisierungsverbindung jene Nachrichtenpakete zurückholen, die er ihr zur Übersendung bereits übergeben hatte und deren gesicherte Übertragung noch nicht abgeschlossen wurde. Diese Funktionalität wird lokales Datenretrieval genannt.

MTP-3 im B-ISDN unterscheidet sich nur unwesentlich vom MTP-3 im N-ISDN. Änderungen ergeben sich hauptsächlich durch den größeren Wertebereich der Sequenznummern von SAAL Datenpaketen [188]. Wegen dieser nur gering-fügigen, nicht konzeptionellen Adaption dieser Schichten zur Verwendung im B-ISDN wird in den nachfolgenden Abschnitten das Thema MTP-3 nicht weiter auf-gegriffen. Eine Diskussion von MTP im B-ISDN findet man in [59].

SCCP ergänzt den MTP-3 zu einem vollwertigen OSI-Schicht-3-Protokoll. Hauptsächlich realisiert der SCCP einen vollständigen OSI-konformen Adressie-rungsdienst, da MTP-3-Adressen auf 14 bit Signalling Point Codes (SPC) beschränkt sind, was zum Zwecke der Signalisierung durchaus ausreicht. Mitun-ter kann SCCP als Adressen die Signalling Point Codes auch als „*global titles*", z.B. Rufnummern, handhaben. Mittels spezieller Routing-Tabellen kann der SCCP diese Adressen auf SPCs abbilden, die dann vom MTP-3 verarbeitet wer-den können. Im CS1 des B-ISDN spielt der SCCP keine Rolle. Verwendung wird er im CS2.1 bei der Implementierung des Look-Ahead finden, siehe auch Kapitel 7.1.7.

Die ITU Empfehlungen Q.2761 bis Q.2764 ([189] - [192]) spezifizieren den B-ISUP, welcher die Signalisierung am NNI darstellt. Er beinhaltet Ruf- und Ver-bindungsaufbau. Eine zukünftige Trennung von Ruf- und Verbindungsfunktiona-lität ist bereits im CS1 vorbereitet, indem in seiner funktionalen Architektur getrennten ASEs (Application Service Elements) für 'Call Control', 'Bearer Con-trol', 'Supplementary Services' etc. eingeführt wurden. Abschnitt 7.1.5 gibt einen detaillierten Einblick in den B-ISUP.

7.1.3   Virtuelle Signalisierungskanäle und Metasignalisierung

Virtuelle Signalisierungskanäle sind im Prinzip ganz gewöhnliche virtuelle Kanäle der ATM Schicht. Jedoch werden darin keine Benutzerdaten, sondern Signalisierungsinformationen transportiert. Diese können sowohl die Signali-sierung eines neuen Rufs aber auch Informationen für tiefere Ebenen beinhalten, zum Beispiel zum Aufbau einer Signalisierungsverbindung in der Sicherungs-ebene.

Signalisierungskanalverbindungen terminieren immer an Endgeräten und an B-ISDN-Vermittlungsstellen (siehe Abbildung 7.6). Im ITU Release 1 kommt man in der Regel pro UNI mit einem einzigen virtuellen Signalisierungskanal mit einer Bandbreite von 64 kbit/s aus. Verwendet wird dabei im ITU CS1 der VPI=0, VCI=5. Dies ist jedoch nur in einfachen Teilnehmerszenarien möglich. Hat man am UNI einen Cross-Connect oder eine abgesetzte ATM Einheit, dann ist die Ver-wendung eines einzelnen VPI/VCI-Paares nicht mehr ausreichend. Deshalb wurde z.B. in der vorläufigen ATM Forum Spezifikation 4.0 [10] zugelassen, daß virtuelle Signalisierungskanäle mit dem VCI=5 auch in anderen VPs eingerichtet werden können.

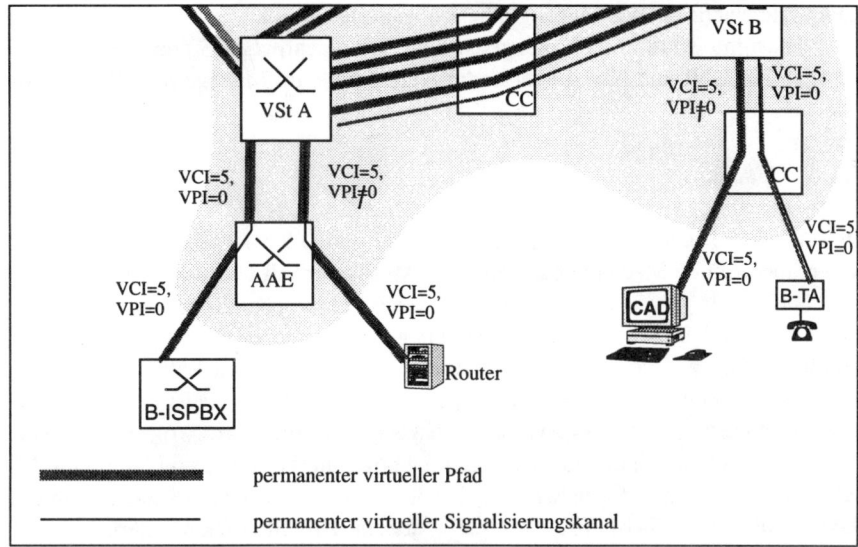

Abbildung 7.6: Signalisierungskanäle in unserem Beispiel

Einem Signalisierungskanal bzw. einer Signalisierungsverbindung ist immer ein-eindeutig eine disjunkte Menge von virtuellen Pfadverbindungen zugeordnet. Alle Verbindungen, die in diesen virtuellen Pfadverbindungen eingerichtet werden, werden ausschließlich über den zugeordneten Signalisierungskanal ausgehandelt. Somit existiert kein Ressourcenkonflikt zwischen den Protokollinstanzen, die von unterschiedlichen Signalisierungskanälen Gebrauch machen.

Signalisierungskanäle am NNI unterscheiden sich nicht wesentlich von denen am UNI. Im allgemeinen werden sie jedoch mit einer höheren Bandbreite einge-richtet, typischerweise mit 256 kbit/s oder höher. Im Unterschied zu NISDN wird somit Bandbreite im B-ISDN kein Grund mehr zur Einrichtung mehrerer paralle-ler Signalisierungsverbindungen im Signalisierungsnetz sein. Es ist abzusehen, daß am NNI in Zukunft die Signalisierungskanäle als VBR-Verbindungen einge-richtet werden, und daß auch davon Gebrauch gemacht wird, daß die Bandbrei-tenwerte einer aktiven Verbindung modifiziert werden können.

Die oben beschriebenen Signalisierungskanäle können auf zwei verschiedene Weisen eingerichtet werden: Die erste und bisher geläufige Methode ist, daß sie als permanente Verbindungen durch den Operator verwaltet werden. Wesentlich eleganter ist jedoch die Verwendung einer Metasignalisierung. Anstelle von stati-schen Signalisierungskanälen treten bei Bedarf eingerichtete Kanäle zwischen Teilnehmer und Netz.

Zum Aufbau und Abbau sowie zur Verwaltung von Teilnehmersignalisie-rungskanälen wird das Konzept der *Metasignalisierung* [176] eingesetzt. Über den sogenannten virtuellen Metasignalisierungskanal (VCI = 1) können über jeden virtuellen Pfad zwischen Teilnehmer und Netz mit einer maximalen Rate von 42 Zellen/s Daten übertragen werden. Dabei enthält jede ATM-Zelle eine komplette Nachricht des Metasignalisierungsprotokolls.

Metasignalisierung ist im Gegensatz zu den eigentlichen Signalisierungsprotokollen auf UNI und NNI Level in die ATM-Ebene im Management Plane integriert.

7.1.4 SAAL

Die Signalisierungsprotokolle Q.2931 am UNI und Q.2761-Q.2764 am NNI verfügen über keinen Mechanismus zur Korrektur fehlerhaft übertragener Nachrichten. Das heißt, in ihnen bezieht sich eine Fehlerbehandlung nicht auf die Erkennung und Behebung von Übertragungsfehlern, sondern ausschließlich auf Protokollfehler auf der Ebene eines Rufs. So führt in vielen Fällen das Fehlen bzw. Nichterkennen eines Nachrichtenparameters zur Zurückweisung eines Rufs. Aus diesem Grunde ist es zweckmäßig, den Signalisierungsprotokollen in tieferen Protokollschichten einen zuverlässigen Übertragungsdienst anzubieten. Im B-ISDN wird dies pro Signalisierungskanal durch den SAAL (Signalisierungs-AAL) realisiert, [174]-[178]. Das heißt, jedem virtuellen Signalisierungskanal wird genau eine Instanz der Sicherungsebene zugeordnet, bestehend aus den zwei unteren Teilschichten des AAL5 und dem SAAL (vgl. Abbildung 7.7).

Kernstück der Adaption des ATM Layers zum Zwecke der Signalisierung ist *SSCOP - Service Specific Connection Protocol*. Für die speziellen Bedürfnisse am UNI und NNI wird er durch *SSCFs - Service Specific Coordination Functions -* parametrisiert und ergänzt. Die folgenden Abschnitte beschäftigen sich mit den einzelnen Funktionen des SSCOP und der SSCFs.

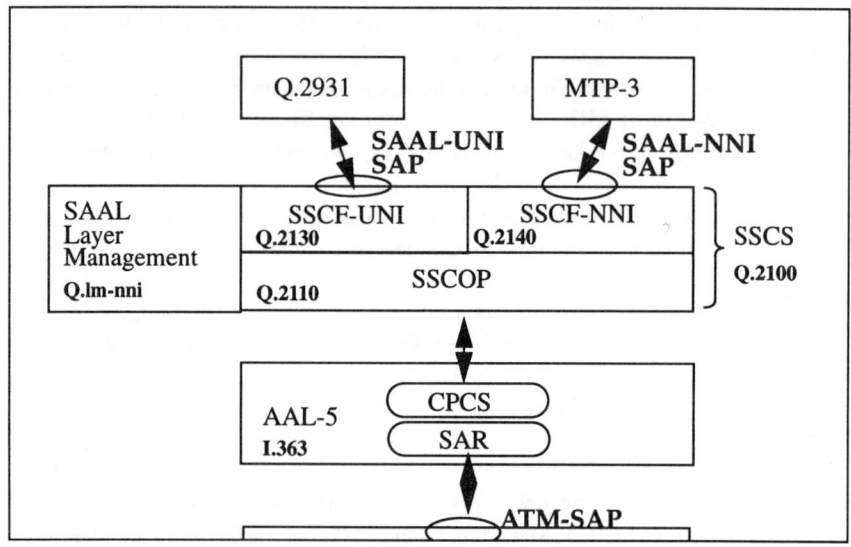

Abbildung 7.7: Die Teilschichten und SAPs des SAAL

Behebung von Übertragungsfehlern durch den SSCOP. Der SSCOP beinhaltet Mechnismen zur gesicherten Datenübertragung. Dazu gehören u.a. Methoden zur Flußkontrolle und zur Fehlerkorrektur mittels selektiver Neuübertragung, sowie Fehlermeldungen an das Ebenenmanagement. SSCOP stützt sich auf den *CPCS (Common Part Convergence Protocol)* des AAL 5, welcher „lediglich" eine ungesicherte Übertragung von beliebig langen Datenpaketen (1 - 65.535 Bytes) bietet. Zwar kann der CPCS mit Hilfe der CRC-Mechanismen Fehler erkennen und auch bedingt korregieren, wodurch er die Datenintegrität sicherstellt. Aber ist eine *lokale* Fehlerbehandlung (ohne Hilfe der Partnerinstanz) nicht erfolgreich, dann muß der CPCS das fehlerhafte Datenpaket entweder verwerfen oder als fehlerhaft markiert an den SSCOP übergeben. Der SSCOP realisiert gesicherte Datenübertragung, indem er zusätzlich zur Datenintegrität noch eine Sequenzintegrität garantiert. Das heißt, er garantiert die Beibehaltung der Reihenfolge der zu übertragenden Datenpakete auf der Empfängerseite. Dabei verwendet er eine selektive Sendewiederholung verlorengegangener bzw. irreparabel verfälschter Datenpakete.

Wie in Abbildung 7.8 dargestellt, numeriert der SSCOP-Sender Datenpakete sequentiell aufsteigend, bevor er sie an den CPCS übergibt. Für die Übertragung eines Datenpakets wird eine CPCS-SDU (*Service Data Unit*) erzeugt, die sich zusammensetzt aus Daten (eine Signalisierungsnachricht oder ein Teil einer Signalisierungsnachricht) im Informationsfeld, einer Sequenznummer und der Identifizierung der SSCOP Ende-zu-Ende-Nachricht als Datenübertragungsnachricht (*SD-PDU, Sequenced Data*). Der SSCOP-Empfänger leitet die Datenpakete an die nächst höhere Schicht weiter, solange sie sequentiell aufsteigend numeriert sind.

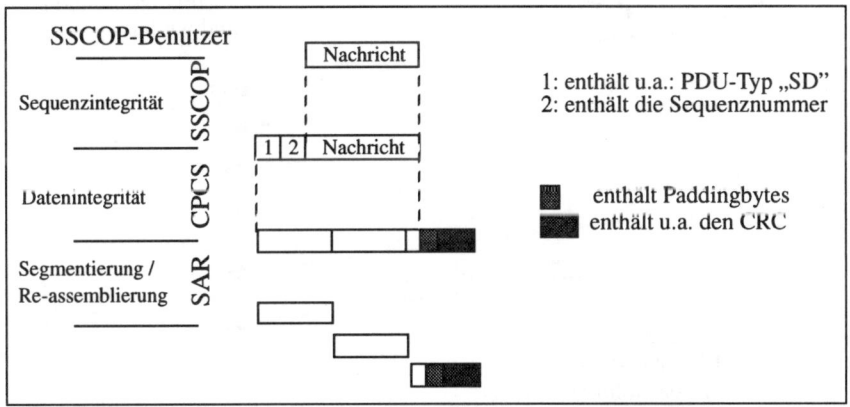

Abbildung 7.8: Prinzipieller Aufbau der Service Data Units zur Nachrichtenübertragung

Solange der SSCOP-Sender nicht darüber informiert wird, daß das Datenpaket vom Empfänger korrekt erhalten wurde, bewahrt er eine Kopie des Datenpakets inklusive der zugeteilten Sequenznummer in einem Wiederholungsspeicher auf.

Damit der Sender seinen „Wiederholungsspeicher" aufräumen kann, fordert er
entweder nach einer bestimmten Anzahl gesendeter SD-PDUs oder nach Ablauf
einer bestimmten Zeit vom Empfänger eine Übertragungsbestätigung an. Übertra-
gungsbestätigungen werden jedoch nicht pro Datenpaket, sondern zusammengefaßt in einer Nachricht übermittelt, die den Status des Empfängers beschreibt. Das
heißt, der Sender fragt den Status des Empfängers ab, indem er entweder eine
SDP-PDU (Sequenced Data with Poll PDU), welche einer SD-PDU mit hinzuge-
fügter Statusanfrage entspricht, oder eine reine *POLL PDU* verwendet. Beide
PDUs enthalten einen POLL-Zähler, der in der Bestätigung gespiegelt wird. Diese
separate Sequenznummer für die Statusanfrage ist notwendig, da neben POLL
bzw. SDP-PDUs auch die Antworten des Empfängers verloren gehen können. Die
reine POLL PDU enthält ferner die Sequenznummer des nächsten zu sendenden
Datenpakets.

Abbildung 7.9 zeigt, wie das Verfahren im fehlerfreien Fall arbeitet. Bestätigungen sendet der SSCOP-Empfänger in einer *STAT-PDU (Solicited Status
PDU)*. Also wird nicht pro empfangenem Datenpaket eine Quittung abgeschickt,
sondern es wird einmalig eine zusammenfassende Information über den Status
des Empfängers abgegeben. Sie enthält im fehlerfreien Fall nur den POLL-Zähler
und den Kredit, der die maximale Anzahl von weiteren Paketen repräsentiert, die
auf Empfängerseite bearbeitet werden können. Anhand des Kredits stellt der Sender fest, bis zu welcher Sequenznummer er senden kann, ohne eine Bestätigung
vom Empfänger erhalten zu müssen.

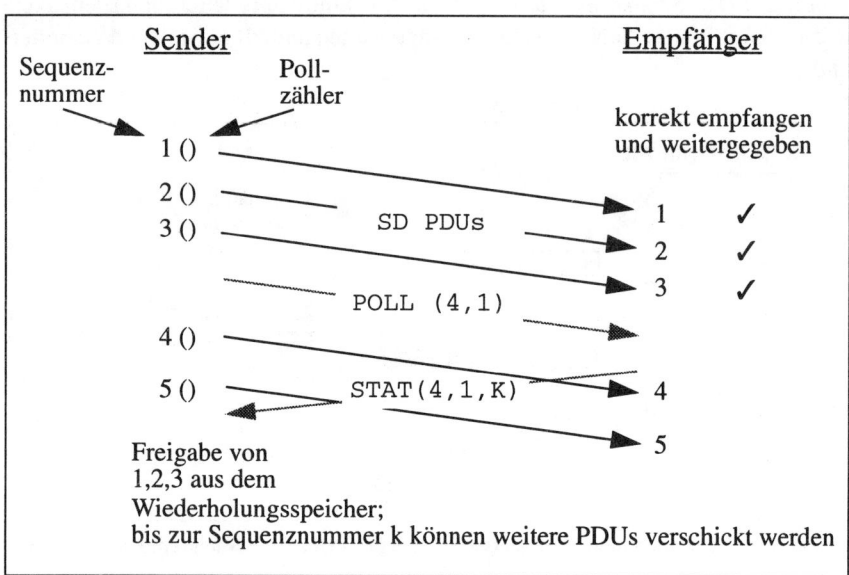

Abbildung 7.9: Beispiel einer fehlerfreien Sequenz von Nachrichtenübertragungen

Im Beispiel werden Datenpackete ausschließlich als SD-PDUs verschickt, die
keine Angabe über den aktuellen Wert des POLL-Zählers mitführen. Wenn nur

die zuletzt abgeschickten Datenpakete verloren gehen, dann kann dies der Empfänger erst durch die in der Bestätigungsaufforderung enthaltene Sequenznummer des nächsten zu sendenden Datenpakets erkennen. Im Gegensatz hierzu kann er auftretende Lücken selbst erkennen. In diesen Fällen schickt er unaufgefordert seinen Status mit einer *USTAT-PDU (Unsolicited STAT PDU)*. USTAT-PDUs sind genauso aufgebaut wie STAT-PDUs. Der einzige Unterschied ist das Fehlen des Poll-Zählers. Somit kann man das Feature des Senders, regelmäßig POLL-PDUs zu schicken, auch als Absicherung gegen verlorengegangene USTAT-PDUs auffassen. Abbildung 7.10 verdeutlicht diesen Vorgang.

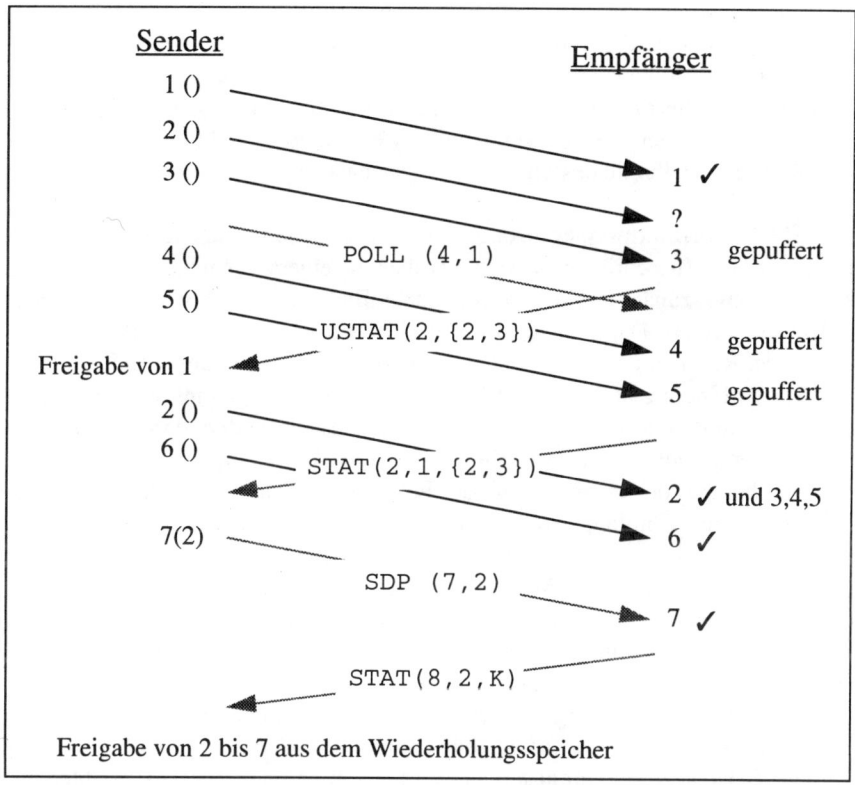

Abbildung 7.10: Beispiel einer fehlerhaften Sequenz von Nachrichtenübertragungen

Entsprechend den angegebenen „Lücken" in der STAT-PDU bzw. USTAT-PDU wiederholt der Sender die Übertragung der Datenpakete, die sich noch im Sendepuffer befinden. Dabei ist es zweckmäßig, mit der niedrigsten Sequenznummer zu beginnen, damit der Empfänger möglichst rasch seinen Zwischenpuffer leeren kann, d.h. die Nachrichten in korrekter Reihenfolge an die höhere Schicht übergeben kann. Das unaufgeforderte Senden von Statusinformationen an den Sender macht Sinn, da eine Lücke bei den empfangenen Paketen gleichgesetzt werden kann mit dem Verlust des entsprechenden Pakets.

Die Flußkontrolle des SSCOP. Das obige Beispiel zeigt, daß der Puffer zum Zwischenspeichern an der Empfängerseite vor einem möglichen Überlauf geschützt werden muß. Deshalb wird dem Empfänger ermöglicht, den Datenfluß an der Datenquelle mit Hilfe des Sliding-Window-Verfahrens zu steuern.

Wie bei den in Kapitel 5 beschriebenen Fenstermechanismen auf Transportebene beschreibt ein Fenster einen zusammenhängenden Bereich von Sequenznummern für Datenpakete. Ein Datenpaket, dessen Sequenznummer in diesen Bereich fällt, darf der Sender, ohne auf eine Quittierung bereits abgeschickter SD-PDUs warten zu müssen, schicken. Die Obergrenze des Fensters wird Kredit genannt. Der Empfänger kann jederzeit den Kredit ändern, indem er dem Sender einen neuen, nach oben oder auch nach unten verschobenen Wert mitteilt. Somit kann der Empfänger die Datenübertragung sogar kurzfristig unterbrechen.

Die maximale Fenstergröße ist Sache der Implementierung, jedoch sollte die Flußkontrolle, die für einen Signalisierungskanal benötigte Qualität der Verbindung nicht verletzen. Dies bedeutet, daß der Kredit aus der aktuellen Pufferkapazität und der Bandbreite des Signalisierungskanals abgeleitet werden muß.

Die SSCOP-Verbindungskontrolle. Um eine gesicherte Datenübertragung mit Hilfe der oben beschriebenen Mechanismen in einem Signalisierungskanal zu erzielen, muß zunächst eine bidirektionale Ende-zu-Ende-SSCOP-Verbindung aufgebaut werden. Dafür bietet SSCOP die Dienste des Aufbaus, der Überwachung, der Resynchronisierung und der Freigabe von Verbindungen an.

Der Verbindungsaufbau findet für beide Richtungen gemeinsam in einer Prozedur statt, umfaßt jedoch nicht die Erzeugung eines virtuellen Signalisierungskanals auf der Schicht 1. Die Aufgabe des SSCOP-Verbindungsaufbaus besteht im wesentlichen aus der Initialisierung der Protokollvariablen zur Flußkontrolle und der Sende- und Empfangspuffer. Während des Verbindungsaufbaus wird auch festgelegt, ob bei einer späteren Verbindungsfreigabe der Inhalt des Sendepuffers gelöscht werden darf. Die Prozedur des Verbindungsaufbaus ist sowohl in der Lage, *Kollisionen*, d.h. die simultane Initialisierung des Verbindungsaufbaus von beiden Seiten, zu handhaben, als auch den Verlust der vom Verbindungsaufbau verwendeten PDUs zu erkennen und zu beheben.

Zur Resynchronisierung können in jedem Verbindungszustand jene PDUs verwendet werden, welche auch zum „normalen" Verbindungsaufbau benutzt werden. Bei der Resynchronisierung werden Puffer und Zustandsvariablen für beide Richtungen neu initialisiert, d.h. Benutzerdaten der zu resynchronisierenden Verbindung können verloren gehen.

SSCOP bietet die Möglichkeit, eine Verbindung zu jeder Zeit freizugeben. Damit eine Verbindung im Falle einer temporären Ruhephase der Datenübertragung durch Fehlererkennungsmechanismen nicht vorschnell freigegeben bzw. resynchronisiert wird, werden mit Hilfe eines *Keep-Alive*-Timers in periodischen Abständen POLL-PDUs geschickt. Die dann empfangenen Statusnachrichten führen zur Zurücksetzung des *No-Response* Timers, welcher, würde er ablaufen, eine Resynchronisierung der Verbindung zur Folge hätte.

Ergänzungen des SSCOP am UNI und NNI durch SSCFs. Die oben beschriebenen Mechnismen sind in die SSCOP-Teilschicht implementiert. Am UNI wird dieser Dienst übernommen. Das heißt, der SSCF am UNI übersetzt lediglich die Primitive zwischen seiner oberen Schnittstelle zum Q.2931 und seiner unteren Schnittstelle zum SSCOP.

Am NNI wird durch den SSCF-NNI der Dienst des Verbindungsaufbaus um eine Testphase erweitert. Dazu initiiert das Ebenenmanagement einen künstlichen Datentransfer und überwacht diesen, um ein eventuell aufkommendes Fehlverhalten zu analysieren. Ein Fehlverhalten kann anhand der Anzahl notwendiger Sendewiederholungen, Protokollfehler etc. identifiziert werden.

Der SSCF-NNI baut die Verbindung auf Wunsch seines Benutzers (MTP3) ab oder wenn die Empfangsinstanz signalisiert, daß sie noch nicht betriebsbereit ist. Im letzteren Fall werden Verbindungsaufbauwünsche solange zurückgewiesen bis die Partnerinstanz wieder Einsatzbereitschaft signalisiert.

Als letzter Dienst sei noch der lokale Datenretrieval erwähnt, welcher ebenfalls nur am NNI zur Verfügung steht. Er unterstützt MTP-3 zur Realisierung des *Changeovers*. Diese Prozedur wechselt von einer nicht tolerierbaren fehlerhaften Signalisierungsverbindung zu einer anderen Signalisierungsverbindung, ohne dabei seinen Benutzer, also höhere Protokollschichten, mit einzubeziehen. Bevor jedoch MTP-3 das Fehlverhalten einer Signalisierungsverbindung entdeckt, übergibt MTP-3 dem SAAL bereits einige Daten zur weiteren Übertragung. Zum Zeitpunkt des Changeovers kann deren Übertragung entweder noch gar nicht begonnen oder aber noch nicht quittiert worden sein. Diese Nachrichten werden mit Hilfe des lokalen Datenretrievals aus den Puffern der Schicht 2 zurückgegeben an die MTP-3-Instanz. Sie werden dann über die neue Signalisierungverbindung übertragen. Dies mag eine unnötige Datenübertragung zur Folge haben, jedoch treten keine Verluste von Nachrichten auf.

Tabelle 7.1 beinhaltet eine vollständige Auflistung aller Dienste des SAAL an den SAPs.

Abschließend sei bemerkt, daß der SAAL nicht nur dem CS1, sondern auch den Erweiterungen der höheren Signalisierungsprotokolle genügen wird.

Im Rahmen dieses Buches konnte auf den SAAL nicht in allen Details eingegangen werden, dem interessierten Leser empfiehlt sich neben der Lektüre des Standards auch das Buch von Kyas [98].

Tabelle 7.1: Dienste des SAAL

Tabelle 7.2: Dienste des SAAL

Dienst	Erläuterung
Verbindungskon-trolle	Dieser Dienst ermöglicht den Aufbau von Ende-zu-Ende-Verbind-ungen. Dabei handelt es sich um SSCOP-Verbindungen, wobei die SSCFs die Verbindung parametrisieren können. Am NNI wird der Verbindungsaufbau um eine Testphase erweitert.
ungesicherte Datenübertra-gung	Dieser Dienst wird gemäß CS1 nicht benötigt, ist jedoch für Erweiterungen interessant, z.b. Verteildienste.
gesicherte Datenübertra-gung	Dieser Dienst garantiert, daß Daten (Pakete, Nachrichten) unter Beibehaltung der Reihenfolge mit unverfälschtem Inhalt am SAP übergeben werden. Er wird durch den SSCOP realisiert.
lokales Datenre-trival	Dieser Dientst wird ausschließlich am NNI angeboten: Rückgabe von unquittierten Daten an die höhere Teilschicht durch den send-enden SAAL. Der SSCF-NNI verwendet dabei den SSCOP.
Statusmitteilun-gen	Dieser Dienst wird ebenfalls nur am NNI angeboten und informiert den MTP3 über den Zustand der SAAL-Instanz: *In-Service, Out-Of-Service, Remote-Processor-Outage*, und *Await Alignment*
lokale Flußkon-trolle	Dieser Dienst ist auf den NNI begrenzt: Informiert MTP3 darüber, ob die Schicht 2 an die Grenzen ihrer Leistung stößt, d.h., ob der Sendepuffer zu überlaufen droht.
Transparenz der Benutzerdaten	Diese Charakteristik besagt, daß der SAAL unabhängig von Typ und Inhalt der Daten ist.

7.1.5   DSS2 und B-ISUP, Release 1, Capability Set 1

Basierend auf den Standards für N-ISDN hat die ITU-T die Basis für die Signali-sierung von B-ISDN geschaffen. Entgegen allen Forderungen hat man sich zunächst damit begnügt, keine Trennung zwischen Rufaufbau und Verbindungs-aufbau vorzunehmen. Das heißt, für die Architektur der Signalisierungsprotokolle ist der monolythische Ansatz beibehalten worden. Dieser Ansatz wird von den Standardisierungsgremien auch als *B-ISDN Release 1* bezeichnet. Release 1 wurde im September 1994 kompatibel zum existierenden Q.931 (N-ISDN) und ISUP (N-ISDN NNI Signalisierung) fertiggestellt.

Die Trennung zwischen Ruf- und Verbindungsaufbau wird in [193] beschrie-ben. Ein Rufaufbau wird durch all jene Prozeduren unterstützt, die die Beziehun-gen zwischen den Endteilnehmern regeln. Dabei werden Fragen zur Endgeräte- und Dienstekompatibilität beantwortet. Involviert in den *Rufaufbau* sind die End-geräte und die lokalen Vermittlungsstellen, an die sie angeschlossen sind. Der *Ver-bindungsaufbau* hingegen beschreibt die Erzeugung einer physikalischen Verbindung durch das Netz, wobei u.a. Bandbreiten reserviert und Wege durch das Netz gesucht werden. Aus welchen Gründen eine Trennung zwischen Ruf- und Verbindungsaufbau erstrebenswert ist, wird in Kapitel 7.1.7 erläutert.

Die ITU-T geht in ihrer Standardisierungsarbeit schrittweise vor und bezeichnet jeden Schritt als *Capability Set (CS)*. Die bisher von der ITU-T verabschiedeten Empfehlungen werden als CS1 bezeichnet und stellen die Grundlage für den Release 1 dar.

Im weiteren Verlauf dieses Kapitels werden wichtige Aspekte der Ruf- und Verbindungsablaufsteuerung des CS1 basierend auf dem in Kapitel 7.1.1 vorgestellten Beispiel detailliert behandelt.

Ruf- und Verbindungsaufbau auf Senderseite. Zwischen Teilnehmer A und der VSt-A sei eine Signalisierungsverbindung aktiv, und Teilnehmer A hat ein Datenpaket zur VSt-A übertragen. Der SAAL der VSt-A übergibt dieses Datenpaket an die nächst höhere Schicht. Die nächst höhere Schicht ist der sogenannte *Q.2931-Verteiler*, der die ankommenden Nachrichten an die zugehörigen Rufinstanzen weiterleitet und, falls nötig, neue Rufinstanzen erzeugt. Der Q.2931-Verteiler analysiert das Paket. In unserem Beispiel wird es als eine *SETUP*-Nachricht identifiziert.

Ein wichtiges Informationselement (Parameter) jeder Nachricht ist die *Call Reference*. Sie ist ein eindeutiger Bezeichner für den Ruf. Die SETUP-Nachricht unseres Beispiels enthält eine Call Reference = 1 für einen neuen Ruf, d.h. ihr Wert ist nicht bereits von einem anderen Ruf belegt. Dabei ist zu beachten, daß eine Call-Reference genau genommen nur innerhalb eines virtuellen Signalisierungskanals eindeutig sein muß, wobei wiederum derselbe Wert zweimal belegt sein kann: zum einen für einen Ruf, der vom Teilnehmer initiiert wurde, und zum anderen für einen Ruf zum Teilnehmer. Somit braucht der Verteiler zur Bewertung der Call Reference das Wissen, von welcher Signalisierungsverbindung die Nachricht geliefert wurde (vgl. Abbildung 7.11).

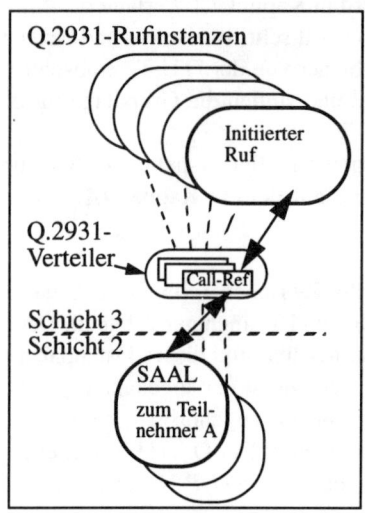

Q.2931-Rufinstanzen

Initiierter
Ruf

Q.2931-
Verteiler

Call-Ref

Schicht 3
Schicht 2

SAAL

zum Teil-
nehmer A

Abbildung 7.11: Relation zwischen
Ruf, Call-Reference und Signalisierungsverbindung

Nachdem der Verteiler sichergestellt hat, daß in der VSt-A ausreichend Prozessorkapazität vorhanden ist, um den neuen Ruf weiter zu bearbeiten, erzeugt er eine neue Rufinstanz und stellt eine Relation zwischen verwendeter Signalisierungsverbindung, der Rufinstanz und der Call-Reference her. Somit werden alle von der Signalisierungsverbindung zum Ruf gehörenden nachfolgenden Nachrichten an die richtige Rufinstanz geschickt. Umgekehrt werden alle von der Rufinstanz an den A-Teilnehmer zu schickenden Nachrichten mit der korrekten Call-Reference versehen und über die betreffende Signalisierungsverbindung geschickt.

Die Rufinstanz stellt zunächst sicher, daß die SETUP-Nachricht all jene Informationselemente enthält, welche für die nachfolgenden Aktionen der Signalisierungsprozedur zwingend benötigt werden. Diese Prüfung könnte auch vom Q.2931-Verteiler durchgeführt werden. Die Zuordnung dieser Funktionalität ist implementierungsabhängig.

Die SETUP-Nachricht enthält im Informationselement *Broadband-Bearer-Capability (B-BC)* den angeforderten Dienst, in unserem Beispiel *BCOB-X* für eine Punkt-zu-Punkt Verbindung mit konstanter Bitrate. Die Rufinstanz überprüft, ob der Teilnehmer A berechtigt ist, einen Ruf mit diesem Dienst zu starten. Wie bereits in Kapitel 7.1.3 erwähnt, ist eine Signalisierungsverbindung eindeutig einem Benutzer zugewiesen. Diese Zuweisung wird vom Operator beim Management der VSt-A durchgeführt und wird von der Rufinstanz zum Auffinden des Benutzerprofils verwendet. Das Benutzerprofil enthält unter anderem die Information, über welche Tele- und Bearer-Services der Teilnehmer verfügt.

Eine wichtige Funktion der Benutzersignalisierung besteht nun darin, daß durch die Verbindungsablaufsteuerung ein virtueller Kanal zwischen dem Teilnehmer A und der VSt-A eingerichtet wird:

Hierfür wird das Informationselement *Connection-Identifier (CI)* benutzt, welches in der SETUP-Nachricht optional ist. Ist das Informationselement nicht in der SETUP-Nachricht enthalten, dann bedeutet dies, daß der Teilnehmer A die Auswahl eines virtuellen Kanals der VSt-A vollkommen überlassen hat. Ansonsten beinhaltet das Informationselement Vorschläge oder zwingende Werte für den VCI und den virtuellen Pfad. Genauer gesagt wird nicht der VPI angegeben, sondern der VPCI. Ein VPCI ist ein eindeutiger Bezeichner für eine VP-Verbindung, die aus einer Durchschaltung einzelner virtueller Pfade besteht. Während also der VPCI global eine Pfadverbindung bezeichnet, haben die VPIs rein lokale Bedeutung. Wenn nun zwei benachbarte Signalisierungsinstanzen jeweils einen virtuellen Pfad selektieren, dann muß gewährleistet sein, daß diese zur gleichen virtuellen Pfadverbindung gehören. Dies ist noch einmal in Abbildung 7.12 verdeutlicht. Zwischen Teilnehmer A und VSt-A besteht die virtuelle Pfadverbindung aus nur einem virtuellen Pfad, somit ist das Konzept des VPCI hier nicht notwendig, anders am UNI zwischen VSt-B und Teilnehmer B.

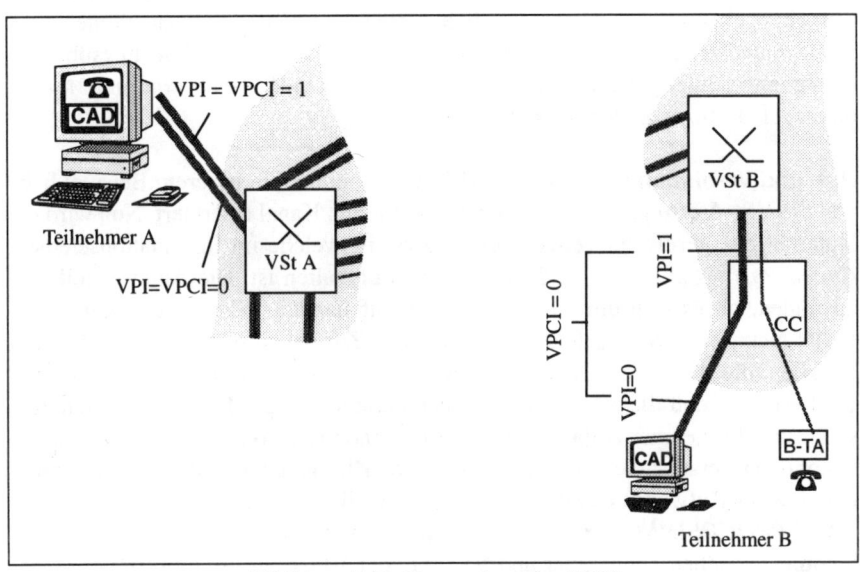

Abbildung 7.12: Verwendung des VPCI

Ferner enthält der Connection-Identifier eine Angabe, ob assoziierte oder nicht-assoziierte Signalisierung gewünscht wird. Im Falle der assoziierten Signalisierung wird gefordert, daß die Verbindung für den Ruf im gleichen virtuellen Pfad eingerichtet wird, in welchem sich der virtuelle Signalisierungskanal befindet.

In unserem Beispiel habe der Teilnehmer A explizit eine Verbindung innerhalb des VPCI=1 angefordert, jedoch keinen speziellen VCI-Wert vorgegeben. Mit dieser Information beauftragt die Rufinstanz die Ressourcenverwaltung der VSt-A, am UNI einen geeigneten virtuellen Kanal zu reservieren.

Zusätzlicher Input hierfür sind die angeforderten Spitzenzellraten und der gewünschte Bearer-Service. In unserem Fall ist dies BCOB-X. Da BCOB-X ein benutzerdefinierter Dienst ist, müssen noch weitere Informationen im B-BC bereitgestellt werden. Dies sind in unserem Beispiel der *Traffic-Type* (hier: konstante Bitrate) und die Angabe, daß kein Ende-zu-Ende-Timing-Requirement gefordert wird. Die Spitzenzellraten der aufzubauenden Verbindung übermittelt die SETUP-Nachricht in dem Informationselement *ATM-Traffic-Descriptor*. Da im B-ISDN asymmetrische Verbindungen unterstützt werden, sind die Spitzenzellraten für jede Richtung getrennt angegeben. Weiterhin unterstützt ATM innerhalb der gleichen Verbindung die Unterscheidung zwischen einem Zellstrom mit einer hohen und mit einer niedrigeren Anforderung bzgl. der Zellverlustwahrscheinlichkeit. Einige Zellen der Verbindung sind also von der VSt mit Priorität zu behandeln, d.h. sie sollen vom Verkehrsmanagement auch in Überlastsituationen möglichst nicht verworfen werden (siehe auch Kapitel 6). Deshalb können im ATM-Traffic-Descriptor sowohl die Spitenzellraten für den gesamten Zellstrom (d.h. für Zellen mit CLP 0 und 1) als auch für Zellen mit hoher Priorität (mit CLP = 0) angegeben werden. Ferner beinhalten die angegebenen Spitzenzellraten auch Managementzellen, die in den Zellfluß für eine Ende-zu-Ende-Leistungsüberwachung eingeschleußt werden. Diese OAM-Zellen (*OAM...Operation And Maintenance*) sind immer Zellen mit hoher Priorität.

Ruf- und Verbindungsaufbau am NNI. Angenommen, in unserem Beispiel habe nun die VSt-A erfolgreich am UNI einen virtuellen Kanal reserviert. Nun wird die Nummer des gerufenen Teilnehmers analysiert, welche im Informationselement *Called-Party-Number* der *SETUP*-Nachricht enthalten ist. Die Analyse soll herausfinden, ob es sich um einen lokalen Anruf handelt, oder ob der Ruf im B-ISDN-Netzwerk weitergeleitet werden muß. Zur Analyse verwendet die VSt Tabellen, die durch den Operator eingerichtet worden sind. In unserem Beispiel wird erkannt, daß die VSt-B das Ziel der Zelle sein muß. Ferner wird sichergestellt, daß Teilnehmer A dazu berechtigt ist, einen Ruf vom spezifizierten Ziel zu bekommen. Jetzt ist die VSt-A in der Lage, den Teilnehmer A davon zu unterrichten, daß der Rufwunsch weiterbearbeitet wird. Hierzu schickt die Rufinstanz eine *CALL-PROCEEDING* Nachricht. In ihr wird u.a. die für den Ruf reservierte Verbindung zwischen Teilnehmer und VSt, d.h. der VPCI und VCI, mittels des Connection-Identifier-Informationselements übermittelt.

Nach den oben beschriebenen Prozeduren am UNI wird nun eine Rufinstanz für den B-ISUP kreiert, welcher zuständig ist für den Ruf-und Verbindungsaufbau am NNI.

Um das Routing einer VSt beschreiben zu können, müssen einige Begriffe eingeführt werden. Dazu ist in Abbildung 7.13 eine mögliche Konfiguration für unser Beispiel dargestellt. Die Festlegung der Prozeduren des Routing im B-ISDN sind in der Standardisierung noch nicht abgeschlossen.

Ein Pfad ist als die Menge aller virtuellen Pfadverbindungen zur Erreichung einer benachbarten VSt definiert. Unter einem Port sei ein NNI verstanden, d.h. jener Teil eines *ET (Exchange Termination - Vermittlungsabschluß)*, der die Übertragung von ATM Zellen zu und von SDH- bzw. PDH-Übertragungsstrecken realisiert. Das Beispiel zeigt, daß die VSt-C sowohl über Port 1 als auch über Port 2 erreicht werden kann. Ferner zeigt das Beispiel, daß über Port 2 sowohl die VSt-B als auch die VSt-C erreicht werden kann. Der Pfad AC besteht also aus virtuellen

Pfaden am Port 1 und Port 2, und der Pfad AB besteht aus virtuellen Pfaden am Port 2 und Port 3. Ein Pfad kann wiederum aus einer oder mehreren Breitbandrouten (B-Routen, oder gemäß Standard VPC-Gruppen) bestehen, wobei eine Route als eine Gruppe von virtuellen Pfaden mit annähernd gleichen Verbindungseigenschaften definiert ist. In unserem Beispiel sei der Pfad AC aufgrund der Verzögerung durch den CrossConnect (CC) in zwei B-Routen zerlegt.

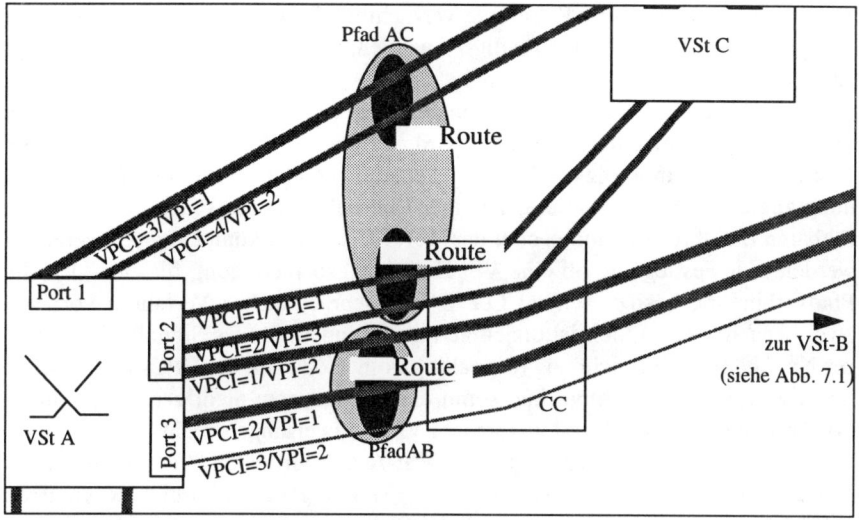

Abbildung 7.13: Konfiguration am NNI

Wie bereits weiter oben beschrieben, kennt die VSt-A bereits für den weiteren Aufbau der Verbindung die Zielvermittlungsstelle VSt-B. Aufgabe des Routing ist es nun, eine geeignete virtuelle Pfadverbindung aufzufinden, um dieses Ziel, evtl. über andere Netzknoten, zu erreichen.

Die VSt-A startet zunächst eine Routing-Analyse, die ebenso wie die Analyse der Rufnummer des gerufenen Teilnehmers durch, vom Operator bereitgestellte, Tabellen gesteuert ist. Eingabewerte für die Analyse sind das Ziel, die VSt-B, und wiederum der geforderte Bearer-Dienst, sowie die gewünschte Spitzenzellraten. Auch die maximal zulässige Übertagungsverzögerung und die sich bereits aus der reservierten Teilverbindung vom rufenden Teilnehmer zur VSt akkumulierte errechnete Verzögerung sind oftmals relevanter Input. Dies ist in unserem Beispiel jedoch nicht der Fall, da Teilnehmer A keine zeitlichen Anforderungen gestellt hat und somit in der SETUP-Nachricht das Informationselement *End-to-end transit delay* weggelassen hat. Nicht zuletzt wird oftmals von Netzwerkbetreibern auch die Möglichkeit gefordert, das Routing abhängig von der Tageszeit und dem Ursprung des Rufs durchführen zu können.

Resultat der Analyse kann z.B. eine nach Prioritäten sortierte Folge von geeigneten B-Routen zu den in Frage kommenden benachbarten Vermittlungsstellen, an die der Ruf weitergelenkt werden kann und die zur Zeit keine Überlast angezeigt haben. In unserem Beispiel sei dies die Folge Route AB1, Route AC1. Die Route AC2 komme wegen der ungenügenden Bandbreiten nicht in Betracht.

Nach der Routing-Analyse besteht der zweite Abschnitt des Routings in der Auswahl einer geeigneten virtuellen Kanalverbindung, wenn möglich in der favorisierten Route AB1. Beginnend mit der Route AB1 wird das Ressourcen-management mit den gleichen Parametern wie am UNI aufgerufen, doch werden dem Ressourcenmanager keine VPCI und VCI von der Rufinstanz mitgegeben. Bei der Auswahl einer geeigneten Ressource versucht die VSt-A zunächst innerhalb der Menge jener virtuellen Pfade fündig zu werden, für die sie zuweisungsberechtigt ist.

Das Konzept der Zuweisungsberechtigung (*assigning exchange*) wurde in Q.2764 [192] eingeführt. Dadurch wird verhindert, daß zwei Rufe, die von benachbarten Vermittlungsstellen ausgehen, auf die gleiche virtuelle Pfadverbindung zugreifen. Dann könnte es zu einer Überbelegung der Pfade bzgl. der verfügbaren Bandbreite kommen oder der Wert für den VCI könnte doppelt vergeben werden. Zur Festlegung, ob eine VSt Zuweisungsberechtigung für eine virtuelle Pfadverbindung besitzt, schlägt Q.2764 ein sehr einfaches Verfahren vor: von zwei benachbarten VSten ist diejenige mit der innerhalb des Signalisierungsnetzes Nr. 7 höheren Bezeichnung (Signalling Point Code) für die VPCs mit geradem VPCI zuweisungsberechtigt; und somit die VSt mit dem niedrigeren Signalling-Point-Code für die VPCs mit ungeradem VPCI zuweisungsberechtigt.

In unserem Beispiel habe nun die VSt-A den virtuellen Pfad gehörend zur VPCI=1 am Port 2 (siehe Abbildung 7.13) mit genügend freien Ressourcen gefunden. Sei die VSt-A für ungerade VPCI Werte zuweisungsberechtigt, hat sie sowohl die benötigten Bandbreiten als auch einen freien VCI = 41 dem Ruf zugewiesen.

Anschließend schickt die VSt-A der VSt-B die IAM-Nachricht. Einige der in der Nachricht enthaltenen Parameter wurden durch die VSt-A berechnet, wie z.B. der VPCI/VCI, welcher in dem Parameter *Connection-element-identifier* übermittelt wird, oder die akkumulative Zellverzögerung. Andere Parameter werden transparent vom UNI an das NNI weitergegeben. Wie die VSt-A diesbezüglich die vom Teilnehmer A erhaltene SETUP-Nachricht in die IAM-Nachricht abzubilden hat, regelt die Empfehlung Q.2650 [194] zum Protokoll-Interworking.

Eine Durchschaltung der Verbindung zwischen Teilnehmer A und der VSt-B wird durch die VST-A noch nicht vorgenommen, da es sich weder um einen N-ISDN Dienst handelt noch angezeigt wurde, daß der Ruf empfindlich gegenüber anfänlich minimalem Datenverlust in der Rückwärtsrichtung ist (*susceptible to clipping*).

In unserem Beispiel erhält nun die VSt-B die IAM-Nachricht. Obwohl die VSt-B keine Zuweisungsberechtigung für den VPCI=1 hat, prüft sie die Verfügbarkeit der angegebenen Ressourcen am NNI. Da dies der Fall ist, bestätigt sie den Rufauftrag mit der IAA-Nachricht, ohne jedoch den Nachrichtenparameter *Connection-element-identifier* einzusetzen.

Der B-ISUP benutzt zur Identifizierung des Rufs einen anderen Mechanismus als der DSS2. Die IAM-Nachricht enthielt den Parameter *Origination-signalling-identifier*, in dem die VSt-A ihre lokale Bezeichnung für den Ruf, z. B. A_y, angegeben hat. Die VSt-B wird diesen Bezeichner A_y in dem Parameter *Destination-signalling-identifier* in allen folgenden, sich auf diesen Ruf beziehenden Nachrichten angeben. In der IAA-Nachricht gibt die VSt-B auch ihren lokalen Bezeichner für den Ruf, z. B. B_x, in dem *Origination-signalling-identifier* an, der wiederum später von der VSt-A in den folgenden Nachrichten benutzt.

Ruf- und Verbindungsaufbau auf Empfängerseite. Nachdem die VSt-B mit Hilfe der Rufnummernanalyse den Teilnehmer B identifiziert und dessen Berechtigung zum Erhalt des Rufs überprüft hat, schickt sie eine SETUP-Nachricht an den Teilnehmer B. In unserem Beispiel weiß die VSt-B durch das Benutzerprofil des Teilnehmers B, daß es sich um ein Endgerät der *ATM-Forum UNI Spezifikation* handelt und verwendet die nicht-assoziierte Zeichengabe. Q.2931 schlägt verschiedene Möglichkeiten der VPCI/VCI-Auswahl vor. In unserem Beispiel selektiert und reserviert die VSt-B die Ressourcen und fordert den VPCI/VCI von dem Endgerät an, z.B. VPCI=0 und VCI=77. Die VSt-B schaltet wie die VSt-A die Verbindung in keiner Richtung durch.

Interessant an dem hier verwendeten Beispiel ist, daß der Teilnehmer B über zwei Endgeräte verfügt und somit auch über zwei Signalisierungskanäle. D.h. der Teilnehmer verfügt über zwei Benutzer mit unterschiedlicher Rufnummer. Anzumerken ist, daß die Standardisierung zur Teilnehmerdatenverwaltung im B-ISDN noch in den Anfängen steckt und somit das Beispiel mit Vorsicht zu genießen ist.

Abbildung 7.14 faßt noch einmal einige Aspekte des bisherigen Aufbaus des Rufs und der Verbindung zusammen. Man beachte, daß alle virtuellen Kanäle bereits vorhanden, jedoch noch nicht zu einer Verbindung durchgeschaltet sind.

Das Endgerät des Teilnehmers B nimmt den Ruf an und mit einer CONNECT-Nachricht wird dies der VSt-B mitgeteilt. Die CONNECT-Nachricht wird gemäß der Empfehlung Q.2650 in eine ANM-Nachricht umgewandelt. Diese wird von der VSt-B an die VSt-A geschickt. VSt-B schaltet die Verbindung für den Ruf durch. Analog verfährt die VSt-A.

Bei der Durchschaltung ist zu beachten, daß die Tabellen zur Umwandlung der VPI- und VCI-Werte auch noch den Port-Bezeichner beinhalten müssen, denn wie Abbildung 7.13 zeigte, sind die VPI-Werte nur an einem Port eindeutig.

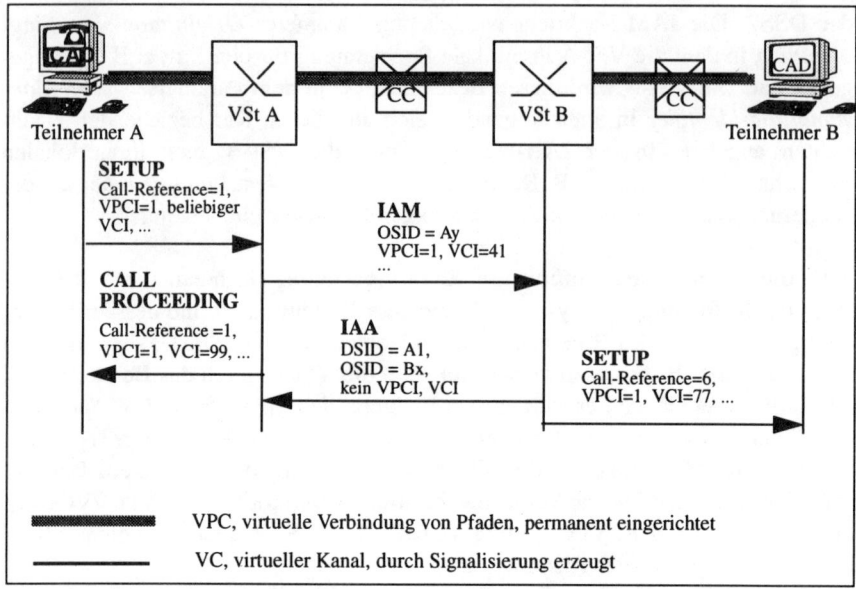

Abbildung 7.14: Nachrichtensequenz für das Beispiel

Das Resultat der Signalisierung verdeutlicht Abbildung 7.15. Hiermit sei die Diskussion eines Ruf- und Verbindungsaufbaus für einen einfachen Breitbanddienst abgeschlossen. Wie bereits erwähnt, konnte im Beispiel nur auf einige Aspekte eingegangen werden. So beschränkte sich die Darstellung auf die Prozeduren in den Vermittlungsstellen und umfaßte nicht die Vorgänge in den Endgeräten. Ebenso wurden die Mechanismen der Fehlerbehandlung, die Verwendung von Timern, der Abbau eines Rufes nicht betrachtet. Der interessierte Leser sei auf das weitere Studium der ITU-Empfehlungen oder der Sekundärliteratur wie z.B. [63] [98] verwiesen.

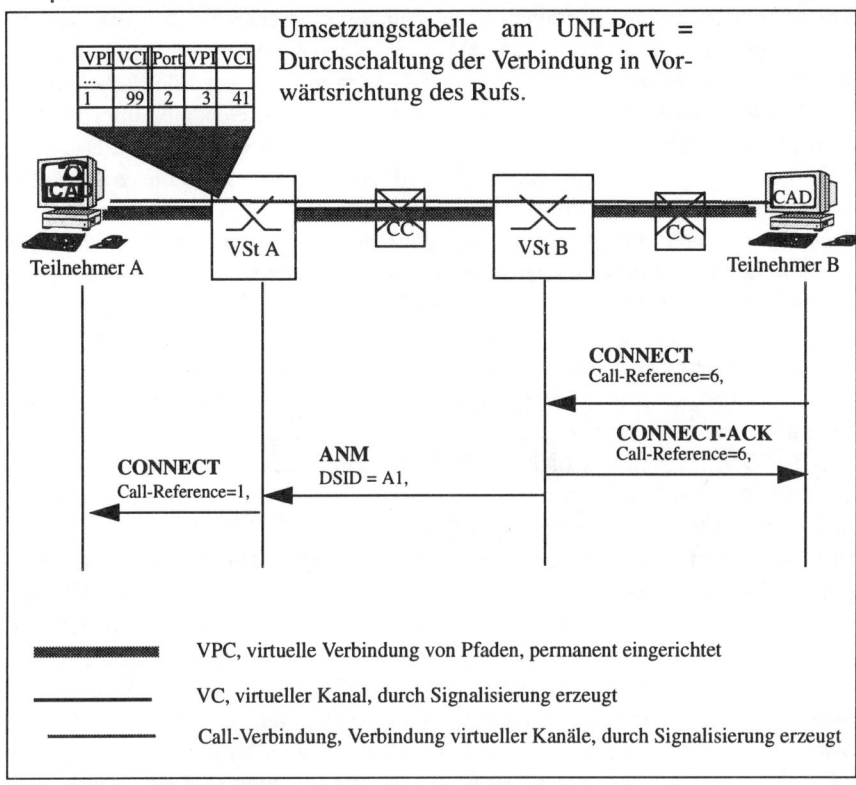

Abbildung 7.15: Abschluß des Ruf- und Verbindungsaufbaus

Wenn auch B-ISDN oftmals aus dem Blickwinkel hoher Bandbreiten, Multimedia, usw. betrachtet wird, so darf doch nicht vergessen werden, daß ein wesentlicher Faktor zur erfolgreichen Markteinführung von B-ISDN die Integration bereits existierender Infrastrukturen des N-ISDN darstellt. Deshalb soll abschließend zum Thema B-ISDN Release 1 noch ein Einblick gegeben werden, wie die Signalisierungsprozeduren des DSS2 bzw. des B-ISUP sowohl die Emulation von 64 kbit/s basierten Schmalband - ISDN Diensten unterstützen, als auch den Übergang in ein N-ISDN Netz ermöglichen.

Netzübergangsknoten sowie Endgeräte implementieren zur Unterstützung von Diensten mit konstanten Bitraten den AAL Typ 1. Dieser wurde bereits in Kapitel 6 vorgestellt, betrifft aber nur die aufgebauten Nutzverbindungen und ist somit in diesem Signalisierungskapitel nicht weiter von Interesse. Das Protokoll-Interworking zwischen B-ISUP und N-ISUP eines Netzübergangsknoten wird in der ITU- Empfehlung Q.2660 [195] beschrieben. Die Signalisierung von N-ISDN-Diensten im DSS2 und das Interworking zwischen dem DSS1 und dem DSS2 regelt Kapitel 6 der ITU-Empfehlung Q.2931 und deren Annex E.

Angenommen, im Beispielszenario (siehe Abbildung 7.1) ruft der Teilnehmer B mit seinem über einen Terminal-Adapter angeschlossenen Telefon den Teilnehmer A an, da z.b. die verteilte CAD-Anwendung keine Sprachkommunikation beinhaltet. Als Dienst wünscht er den ISDN-Fernsprechdienst 7kHz *Telephony*.

Um N-ISDN-Dienste anzufordern, werden die dienstrelevanten Informationselemente des DSS1-Protokolls nahezu unverändert in DSS2 verwendet. Das heißt, die vom B-Teilnehmer gesendete SETUP-Nachricht enthält die zusätzlichen Informationselemente *Narrowband-bearer-capability (N-BC)* und *Narrowband-high-layer-compatibility (N-HLC)*, die *unrestricted digital information with tones and announcements* und *Telephony* signalisieren. Ferner sind die bereits beschriebenen reinen B-ISDN-Informationselemente mit entsprechenden Angaben versehen: der *ATM-traffic-descriptor* enthält Spitzenzellraten, die einer Bandbreite von 64 kbit/s entsprechen, die AAL-Parameter fordern den AAL-Typ 1, und der *Broadband-bearer-capability* signalisiert BCOB-A für eine Punkt-zu-Punkt-Konfiguration, der *susceptible to clipping* (s.u.) ist.

B-ISDN-Endgeräte schicken die Rufnummer des gerufenen Teilnehmers grundsätzlich 'en-bloc', d.h. innerhalb einer Nachricht. Sie signalisieren der Vst, daß keine weiteren Ziffern folgen, indem sie in die SETUP-Nachricht das Informationselement *Broadband-sending-complete* einfügen. Diese 'en-bloc' Übertragung wird dann auch im Netz beibehalten, indem die IAM-Nachricht die komplette Rufnummer beinhaltet. Nun besteht im N-ISDN sowohl am UNI als auch am NNI die Möglichkeit, die Rufnummer in einer Sequenz einzelner Nachrichten zu übertragen. Diese 'overlap-sending' Methode muß das B-ISDN ermöglichen, wenn man einerseits derartige, vom N-ISDN-Netz hereinkommende Rufe bearbeiten möchte, und andererseits Endgeräte des N-ISDN über einen Terminaladapter an das B-ISDN anschließen möchte, die 'en-bloc' Signalisierung nicht unterstützen.

Abbildung 7.16 veranschaulicht den zusätzlichen Nachrichtenbedarf für das 'overlap sending'. Mit der *SETUP-ACKNOWLEDGE-Nachricht* schickt die VSt-B dem Teilnehmer B nicht nur den selektierten virtuellen Kanal, sondern signalisiert dem Teilnehmer auch, daß sie zur weiteren Bearbeitung des Rufs noch einige Ziffern der Rufnummer benötigt. Diese Ziffern schickt der Teilnehmer in einer oder mehreren *INFORMATION-Nachrichten*. Die letzte kann, aber muß nicht das Informationselement *Broadband-sending-complete* enthalten. Im B-ISUP wird die *SAM-Nachricht (Subsequent Address message)* zur Übertragung nachfolgender Rufziffern benutzt. Ob und wie durch die Vermittlungsstellen „eintrudelnde" Ziffern aufgesammelt werden und mittels weniger Nachrichten oder sogar „en-bloc" weitergeschickt werden, ist implementierungsabhängig. Man beachte, daß durch die Unterstütung des *overlap-sending* die Rufnummernanalyse nicht zuletzt durch die Optionalität des Informationselements *Broadband-sending-complete*, eines offenen Nummernplans und des ergänzenden Durchwahl-Dienstes um einiges anspruchsvoller wird.

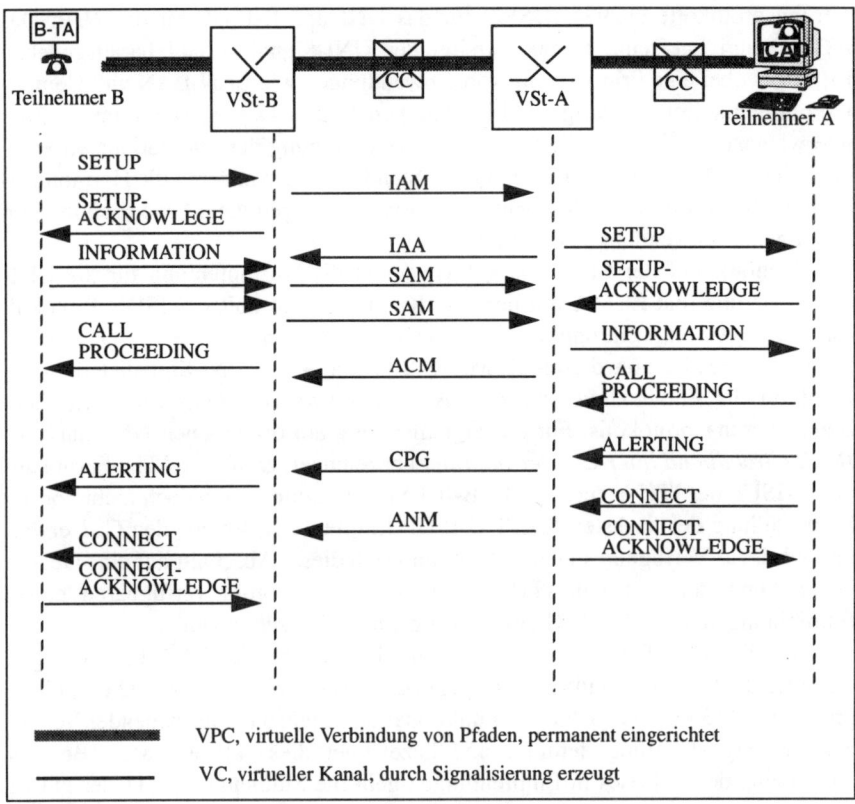

Abbildung 7.16: Beispiel einer tyischen Nachrichtensequenz im Falle eines emulierten N-ISDN Dienstes

Es sei bemerkt, daß die VSt-B mit dem Abschicken der IAM Nachricht die Verbindung bereits in der Rückwärtsrichtung durchschaltet. Abbildung 7.16 zeigt auch, welche Nachrichten zur Signalisierung eines Ruftons vom Teilnehmer A zu Teilnehmer B Verwendung finden. Man muß jedoch davon ausgehen, daß der Rufton selbst nicht vom Endgerät des Teilnehmers A erzeugt und durch das Netz übertragen wird, sondern daß der Terminaladapter lokal für den Teilnehmer B den Rufton erzeugt. Eine andere Situation liegt vor, wenn der Teilnehmer A sich in einem N-ISDN Netz befindet. In solch einem Fall muß der Netzübergangsknoten den Rufton erzeugen.

7.1.6 ITU-T und ATM Forum im Vergleich

Ohne Zweifel wurden von den verschiedenen Standardisierungsgremien die bereits vorhandenen CCITT-Empfehlungen für das N-ISDN in die Entwicklung erster Versionen von B-ISDN-Signalisierungsprotokollen einbezogen. So entstan-

den bei der ITU-T die im vorausgegangenen Abschnitt 7.1.5 vorgestellten Signalisierungsprotokolle Q.2931 (DSS2) für das UNI und B-ISUP für das NNI. Das
ATM-Forum hat seine eigene Version der UNI-Signalisierung herausgegeben
[9][10], wobei eine Priorisierung von Anwendungen wie LAN-LAN und Compu-
terkommunikation zu einigen Abweichungen führte. Das ATM Forum verfolgt
überwiegend zwei Ziele: Zum einen die Vorantreibung der internationalen Standardisierung durch Schaffung von Quasi-Standards; zum anderen die Harmonisie-
rung der Standards von öffentlichen und privaten Netzen unter Einbeziehung von
Multimedia-Anwendungen und Endgeräten.

Ebenfalls auf der Basis von Q.931, der N-ISDN-Empfehlung für die UNI-
Signalisierung, hat ECMA mit dem Q.SIG [52] ein 64 kbit/s N-ISDN Protokoll
für die NNI-Signalisierung zwischen privaten Netzen vorgestellt. Das ATM-
Forum verwendet nun diesen ECMA-Q.SIG und seine UNI-Signalisierung als
Input für die Entwicklung seines *PNNI (private network-to-network interface)*
Signalisierungsprotokolls. Für die Signalisierung am öffentlichen NNI, auch als
B-ICI (Broadband Inter-Carrier Interface) bezeichnet, greift das ATM-Forum auf
den B-ISUP der ITU-T zurück. Die B-ICI-Spezifikation wird jedoch nicht vor der
Fertigstellung der nächsten ITU-T B-ISUP-Empfehlung, welche den CS1 erwei-
tern wird, zur Verfügung stehen. Somit muß sich dieser Abschnitt auf eine Gegen-
überstellung der nun von ITU-T und dem ATM-Forum verfügbaren ersten
Empfehlungen der B-ISDN-Signalisierung am UNI beschränken.

ITU-T und ATM-Forum verwenden eine unterschiedliche Terminologie,
wenn sie die Fortentwicklung ihrer Spezifikationsarbeit beschreiben. Die Studiengruppe (SG)13 der ITU-T hat die Funktionalität aufeinander aufbauender Versionen der Signalisierung definiert und bezeichnet diese als Releases. Bei der
Umsetzung der Releases in Empfehlungen geht die Studiengruppe 11 der ITU-T
schrittweise vor und nennt diese Capability Sets (CS). Das in dem vorangegangenen Abschnitt vorgestellte DSS2-Protokoll Q.2931 umfaßt den CS1 und realisiert
den Release 1.

Im Gegensatz zu der schrittweisen Einführung von Releases definiert das
ATM-Forum verschiedene Phasen für die Einführung der UNI-Signalisierung.
Phase 1 des ATM-Forums unterscheidet sich vom Release 1 der ITU-T dadurch,
daß in Phase 1 keine N-ISDN-Dienst-Übergänge zu B-ISDN vorgesehen sind.
Stattdessen werden jedoch sowohl Punkt-zu-Mehrpunktdienste und variable Bit-
ratendienste angeboten. Abbildung 7.17 deutet den gegenseitigen Übergang zwischen ATM-Forum Phase 1 und ITU-T Release 1 an.

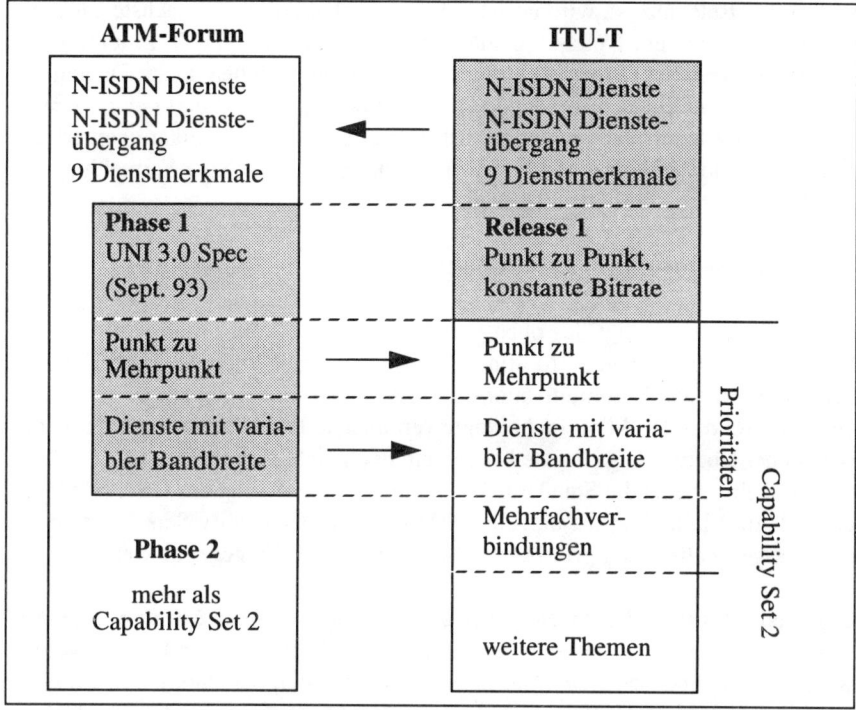

Abbildung 7.17: ATM-Forum und ITU-T-Dienste im Vergleich

ITU-T hat den Capability Set 2 nochmals unterteilt, beginnend mit dem CS2.1. Dieser wird in dem Abschnitt 7.1.7 näher betrachtet.

Soll ATM europaweit eingeführt werden, ist ein genauer Vergleich der Phase 1 des ATM-Forums mit dem Release 1 der ITU-T notwendig [11]:

Am UNI unterstützt ITU-T CS 1 vierzehn Basisdienstmerkmale und neun ergänzende (*supplementary*) Dienstmerkmale. Das hier beschriebene Interface reserviert den VCI = 5 in jedem VP zur Punkt-zu-Punkt-Signalisierung, sieht jedoch keine Broadcast-Signalisierungskanäle oder Metasignalisierung vor.

Die ATM-Forum UNI Spezifikation der Version 3.0 basiert auf dem Capability Set 1 der ITU-T. Die zusätzlichen Funktionalitäten sind hauptsächlich zur Unterstützung von LAN-LAN-Kommunikation und Mehrpunkt-Kommunikation integriert worden. Allerdings ist in der ATM-Forum Phase 1 noch keine Zusammen-arbeit mit N-ISDN integriert, ist somit also ungeeignet für herkömmliche Telefonie.

Sowohl die ITU Empfehlung als auch die ATM-Forum Spezifikation sind monolythische Protokolle, d.h. sie nehmen keine Trennung zwischen Ruf- und Verbindungsauf- bzw. -abbau vor. Dieser Ansatz wird bei einer Weiterentwicklung der Signalisierung für komplexere Multimediadienste nicht geeignet sein (siehe Abschnitt 7.1.7).

Da die Frage der Kompatibilität zwischen ITU-T und ATM Forum von großer praktischer Relevanz ist, wird im ATM Forum diskutiert, ob die nächste UNI-Spezifikation 4.0 als ein Delta-Dokument zu den relevanten ITU-T Empfehlungen herauszubringen ist. Eine vorläufige Version eines solchen Delta-Dokuments, welches sich auf die anzuwendende ITU-Empfehlung bezieht und nur die Abweichungen spezifiziert, ist verfügbar [10]. Derartige Delta-Spezifikationen erleichtern den Implementierern und Netzbetreibern die Analyse bzw. Vermeidung von möglichen Kompatibilitätsproblemen.

7.1.7 Erweiterungen des Capability Sets 1

Offensichtlich befriedigt das oben vorgestellte Signalsierungsprotokoll nicht die Erwartungen, welche neue Multimedia Anwendungen (vgl. Abschitt 2) an die zugrundeliegenden Kommunikationssysteme stellen. Und nicht zuletzt wird durch den CS1 das mit der ATM-Technologie verbundene Potential der Integration verschiedener Übertragungsdienste bei weitem noch nicht genutzt.

Deshalb arbeitet die Standardisierung an der Erweiterung des CS1. Im folgenden soll ein Einblick in die aktuelle Diskussion des Capability Sets 2.1, einer für die baldige Realisierung priorisierten Teilmenge des CS2, gegeben werden.

Signalisierung von Diensten zur Unterstützung variabler Bitraten. *VBR-Services*, also Dienste mit variabler Bandbreite, sollten immer dann benutzt werden, wenn der zu übertragende Datenstrom charakterisiert ist durch abwechselnde Ruhephasen und Burst-Phasen. Eine typische Anwendung ist die Übertragung von Videosignalen, in denen in periodischen Abständen ein Frame als komplettes Bild gesendet wird und für eine bestimmte Anzahl folgender Frames lediglich die dynamischen Änderungen übermittelt werden. Vorteil des VBR- Übertragungsdienstes gegenüber dem CBR-Dienst, bei dem die Ressourcen entsprechend der Spitzenzellraten reserviert werden müssen, ist eine der aktuellen Zellrate besser angepaßte Nutzung der Ressourcen.

Angenommen, die verteilte CAD-Anwendung im verwendeten Beispiel überträgt permanent die Mauspositionen der Teilnehmer. Die CAD-Zeichnungen werden jedoch nur von Zeit zu Zeit zum Zwecke der Synchronisierung übertragen. Dabei existieren jedoch keine Realzeitanforderungen. Um nun einen geeigneten VBR-Dienst für die verteilte CAD-Anwendung zu bekommen, fügt der Teilnehmer A in die SETUP-Nachricht zur VSt-A im Informationselement *ATM-trafficdescriptor* zusätzlich zu den Spitzenzellraten auch Werte für die durchschnittliche Zellrate *SCR (sustainable cell rate)* und die Maximale Burst-Größe *MBS (maximum burst size)* ein. Die Signalisierungsprozeduren für diese Parameter werden in der ITU-T-Empfehlung Q.2961 [196] behandelt. Am NNI werden sie gemäß der ITU-T-Empfehlung Q.27FF [206] in einem erweiterten *ATM-Cell-Rate Parameter* der IAM-Nachricht signalisiert.

Mit der Übertragung der SCR und der MBR, die bereits im Kapitel 6.4.2 eingeführt wurden, unterstützt die Signalisierung den VBR-Dienst. Die sich in Bearbeitung befindenden Vorschläge zum Q.2961 und Q.27FF unterstützen auch andere Traffic-Parameter, die jedoch hier nicht weiter betrachtet werden.

Veränderung der Attribute einer aktiven Verbindung Signalisierungsprozeduren zur Änderung der Parameter von Verbindungen für VBR-Dienste am UNI und NNI befinden sich z.Z. in den Empfehlungen Q.2963 [198] bzw. Q.27EE [205] in Entstehung. Dabei handelt es sich um die Modifikation einer einzelnen Verbindung eines aktiven Rufs mit Punkt-zu-Punkt-Konfiguration, evtl. mit Mehrfachverbindung. In der Standardisierung wurde bisher ausschließlich die Modifikation der Spitzenzellrate, nicht aber die der durchschnittlichen Zellrate, betrachtet. Die Signalisierungsprozedur muß gewährleisten, daß während der Modifikation der Übertragungsdienst weiterhin erhalten bleibt.

Betrachten wir im Beispiel den Fall, daß in der verteilten CAD-Anwendung immer nur ein Teilnehmer, z.B. der Teilnehmer A, über eine Schreibberechtigung verfügt. Das heißt, daß die periodische Übersendung der Zeichnung nur in eine Richtung der Verbindung benötigt wird. Nun fordert Teilnehmer B vom Teilnehmer A die Übergabe der Schreibberechtigung an. Somit muß neben der Übergabe des Schreib-Tokens auch die Richtung der Übertragung der Zeichnungen geändert werden. Somit muß in der Richtung vom Teilnehmer A zum Teilnehmer B die Spitzenzellrate verringert und in umgekehrter Richtung die Spitzenzellrate erhöht werden. Der Vorgang ist in der Abbildung 7.18 skizziert.

In Nachricht (1) reduziert der Teilnehmer A seine sendende Bandbreite, Bild-Updates werden nicht mehr übermittelt. Gleichzeitig erhöht er seine Ressourcen zum Empfangen der gewünschten höheren Bandbreiten. Er signalisiert der VSt-A in der *MODIFY-CONNECTION-Nachricht* im *ATM-Traffic Descriptor* die gewünschten neuen Bandbreiten. Die neuen Parameter werden im Netz in einer *MOD-REQ Nachricht* weitergeleitet.

Mit dem Erhalt der *MODIFY-CONNECTION-Nachricht* (2) erhöht Teilnehmer B seine Bandbreite in Senderichtung und verringert seine Bandbreite in Empfangsrichtung. Er signalisiert mit der *MODIFY-ANSWER-Nachricht*, daß er die Modifikation akzeptiert. Der VSt-A wird mit der *MOD ACK-Nachricht* mitgeteilt, daß die Modifikation erfolgreich durchgeführt wurde. Letztendlich sendet die VSt-A dem Teilnehmer A die *MODIFY-ANSWER-Nachricht* zur Bestätigung der durchgeführten Ressourcenänderungen. Hat der Teilnehmer A nach einer Erhöhung der sendenden Bandbreite gefragt, so könnte er jetzt damit beginnen (3).

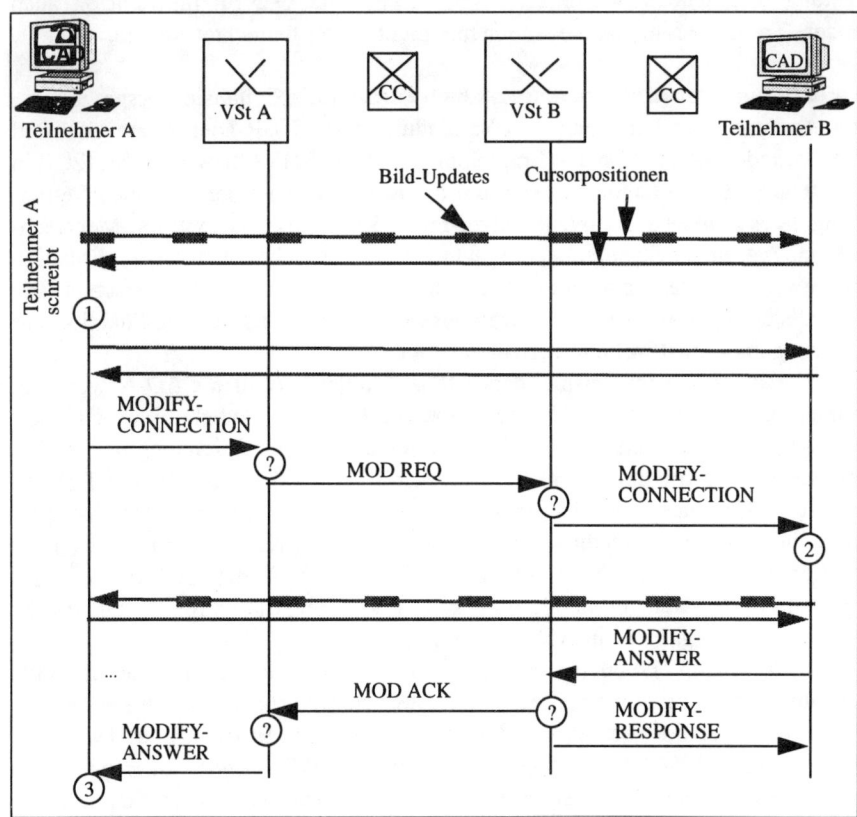

Abbildung 7.18: Modifikation der Spitzenbandbreiten eines VBR-Dienstes

Die notwendigen Prozeduren in den Vermittlungsstellen wurden absichtlich mit einem (?) versehen, da zur Zeit das Management der Ressourcen noch zu den offenen Punkten der Standardisierungsarbeit gehört (vgl. Kapitel 7.2). Auch sind die bisher verfügbaren Spezifikationen am UNI und am NNI noch nicht abgestimmt.

Eine andere Benutzeranwendung, die die Möglichkeit der Bandbreitenmodifikation aktiver Verbindungen ausnutzen kann, ist beispielsweise *VOD (Video on Demand)*. Während der Auswahl eines Films via Menüs wird wenig Bandbreite benötigt, aber während der Übertragung eine wesentlich höhere, welche beim Anhalten des Films nahezu überflüssig ist.

Aushandlung von Attributen während des Verbindungsaufbaus. Dieses Feature wird in den Empfehlungen Q.2962 für das UNI [197] und Q.27GG [207] für das NNI spezifiziert. Die SETUP- und IAM-Nachrichten können noch zwei weitere Parameter enthalten, entweder eine vom rufenden Teilnehmer angegebene alternative Spitzenzellrate oder eine minimale Spitzenzellrate.

Angenommen, eine VSt habe aufgrund ihrer aktuell verfügbaren Ressourcen nur noch die alternative Zellrate befriedigen können, dann wird sie in Richtung gerufenem Teilnehmer eine IAM- bzw. SETUP-Nachricht ohne Angabe einer alternativen Zellrate schicken, da eine weitere Aushandlung der Zellrate nicht mehr möglich ist. Folglich erhält sie später eine ANM- bzw. CONNECT-Nachricht, die keine Zellrate enthält. Um aber den rufenden Teilnehmer über das Ergebnis der Zellratenaushandlung zu informieren, muß nun die Vermittlungsstelle die resultierende Zellrate wieder in die zu sendende ANM- bzw. CONNECT-Nachricht einsetzen.

Auch hier ist die Standardisierungsarbeit noch nicht abgeschlossen. Eine offene Frage ist beispielsweise die Anwendung der Prozedur für Mehrfachverbindungen.

Look Ahead. Im CS2.1 wird die Look-Ahead-Prozedur ausschließlich vom Netzwerk, aber niemals von einem Teilnehmer ausgelöst. Look-Ahead-Prozeduren dienen dazu, in einer dem Verbindungsaufbau vorgeschalteten Phase zunächst einmal Kompatibilität und Verfügbarkeit des angewählten Teilnehmers festzustellen. Dadurch wird vermieden, daß Ressourcen innerhalb des Netzes im Falle eines Fehlschlagens der Kompatibilitäts- bzw. Verfügbarkeitsprüfung unnötig in Anspruch genommen werden. Es hängt davon ab, nach welcher Überprüfung die Urspungsvermittlungsstelle verlangt, ob der gerufene Teilnehmer in die Prozedur mit einbezogen wird, oder ob die Zielvermittlungsstelle die Anfrage selbständig bearbeiten kann. Typische Parameter, für die die Look-Ahead Prozedur zum Zwecke der Kompatibilitätsprüfung benutzt wird, sind die AAL-Parameter sowie Breitband- und Schmalband-Übertragungsdienste, Attribute, die in anderen Protokollebenen verwendet werden. Zur Verfügbarkeitsprüfung bzw. Aushandlung werden beispielsweise die minimale Zellrate oder ebenfalls Attribute niedrigerer Protokollebenen signalisiert.

Look-Ahead-Prozeduren werden am NNI in der Empfehlung Q.27DD [204] und am UNI in der Empfehlung Q.2964 [199] spezifiziert.

Abbildung 7.19 verdeutlicht, wie für eine Aushandlung von Ende-zu-Ende-Verbindungsattributen (vgl. Abschnitt 7.1.7.3 oben) die Look-Ahead-Prozedur angewendet wird. So versucht Teilnehmer A für seine Anwendung eine optimale Spitzenzellrate zu bekommen. Da die Anwendung auf heterogenen Endgeräten implementiert ist, weiß Teilnehmer A, daß diese Spitzenzellrate unter Umständen von Teilnehmer B nicht bereitgestellt werden kann. Deshalb erlaubt er auch eine alternative Zellrate.

Mit der Einführung der Look-Ahead-Prozedur wurde von der ITU-T ein erster Ansatz zur Trennung von Ruf- und Verbindungskontrolle eingeführt. Eine weitere Diskussion hierüber findet sich in Abschnitt 7.1.8.

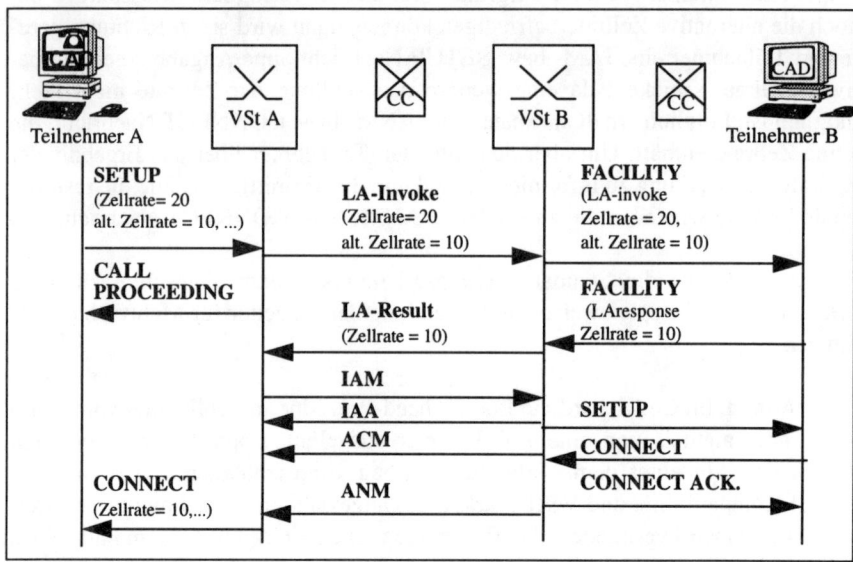

Abbildung 7.19: Look Ahead zur Aushandlung der Bandbreite

Signalisierung von Punkt-zu-Mehrpunkt-Verbindungen. Vorschläge zur Signalisierung von Punkt-zu-Mehrpunkt-(p-mp)-Verbindungen werden für den UNI in der Empfehlung Q.2971 [200] und für den NNI in der Empfehlung Q.27BB [202] entwickelt. Im CS2.1 ist die Funktionaliät eingeschränkt auf unidirektionale Verbindungen, wobei ein Ruf nur eine einzige Verbindung von einem rufenden Teilnehmer zu mehreren Zielen enthalten kann. Verbindungen dieses Typs werden von der ITU-T als *Connetion Type 2* klassifiziert. Dienste des N-ISDN können in Verbindung mit einem p-mp-Ruf nicht angefordert werden.

Als *Root* wird der rufende Teilnehmer bezeichnet, er ist zugleich der *Call-Owner*. Unter einem *Leaf* ist ein gerufener Teilnehmer zu verstehen. Als Root ist der Teilnehmer berechtigt, neue Teilnehmer in einen existierenden Ruf einzubinden bzw. Teilnehmer von einem Ruf abzutrennen. Ferner kann nur er den Ruf beenden. Ein Leaf ist nur dazu berechtigt, seine Teilnahme am Ruf zu beenden.

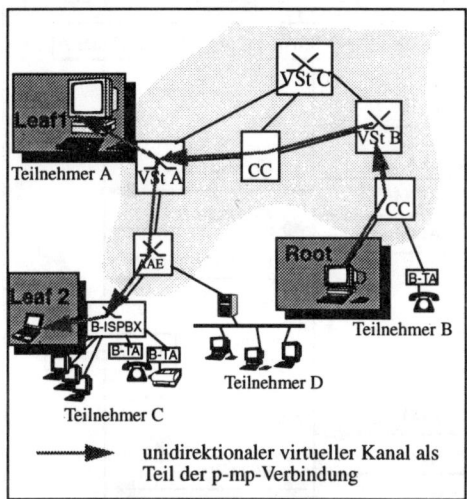

unidirektionaler virtueller Kanal als
Teil der p-mp-Verbindung

Abbildung 7.20: Unidirektionale Punkt-zu-
Mehrpunkt-Verbindung

Im verwendeten Beispiel möchte Teilnehmer B zu den Teilnehmern A und C eine Verbindung aufbauen um eine CAD - Vorführung zu machen.

Hierzu baut er zunächst eine Verbindung zum Teilnehmer A auf, siehe Abbildung 7.21. Das heißt, es ist nicht möglich zu beiden Zielen gleichzeitig die Verbindung aufzubauen. In der SETUP-Nachricht enthält das Informations-element *Broadband-bearer-capability* u.a. den Eintrag „point-to-multipoint", und ferner enthält die Nachricht ein neues Informa-tionselement genannt *Endpoint-Reference*.

Mit der Endpoint-Reference wird der Teilnehmer, für den eine Nachricht bestimmt ist, eindeutig identifiziert. Da es sich hier um den ersten Leaf handelt, ist der Wert der Endpoint-Reference auf Null gesetzt. Die Endpoint-Reference wird in der IAM Nachricht auf den Wert *first endpoint of type 2 connection* des Nachrichtenparameters *Leaf-party-type* abgebildet.

In gleicher Weise wie der B-ISUP mit Hilfe der *Origination-* bzw. *Destination-signalling-identifier* einen Ruf am Interface eindeutig identifiziert, wird auch die Verbindung identifiziert, d.h. die VSt-B und die VSt-A tauschen die Parameter *Origination-* bzw. *Destination-connection-link-identifier* aus.

Erst wenn der Teilnehmer B die CONNECT-Nachricht von der VSt-B erhalten hat und somit der Ruf aktiv ist, können weitere Leafs hinzugefügt werden. Teilnehmer B kann dies für mehrere Ziele parallel initiieren, wobei jedoch pro neuem Teilnehmer eine separate *ADD PARTY-Nachricht* verwendet wird.

Da im Beispiel die bereits aufgebaute Verbindung zwischen der VSt-B und der VSt-A auch als Weg zum Teilnehmer C verwendet werden soll, übermittelt die VSt-B in der IAM-Nachricht den Wert des bereits bekannten *Destination-connection-link-identifiers*.

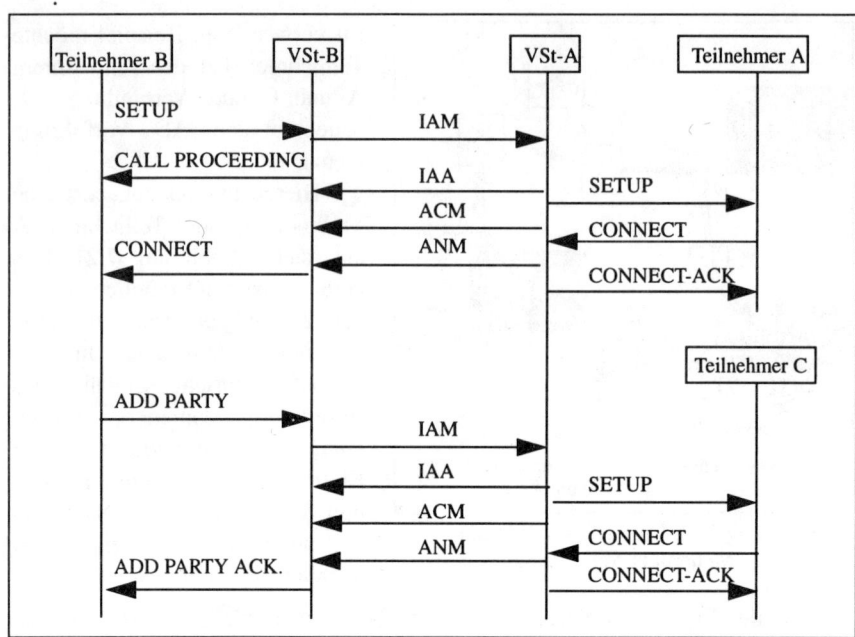

Abbildung 7.21: Signalisierung eines p-mp-Rufs

Im vorigen Abschnitt 7.1.6 wurde der CS1 von ITU-T mit der Phase 1 des ATM Forums verglichen. Nachdem die Begriffe zum Verständnis von Punkt-zu-Mehrpunkt-Verbindungen eingeführt sind, sei abschließend noch ein Hinweis über den Fortschritt der ATM-Forum UNI-Signalisierung gegeben. Die vorläufige Version 4.0 [10] erweitert die Funktionalität der ATM-Forum UNI Spezikation 3.0 um zwei neue Funktionalitäten, den *Leaf Initiated Join* und den *Anycast*.

Anycast bietet dem rufenden Teilnehmer die Möglickeit, in der SETUP-Nachricht für eine Punkt-zu-Punkt-Verbindung statt der Rufnummer eines bestimmten Teilnehmers eine ATM-Gruppenadresse einzusetzen. Der Ruf wird dann vom Netz zu einem beliebigen Mitglied der ATM-Gruppe aufgebaut. Der rufende Teilnehmer kann dann in der CONNECT-Nachricht dem Informationselement *Connected-party-number* die Rufnummer des mit ihm verbundenen Rufteilnehmers entnehmen.

Unter dem Leaf Initiated Join versteht man, daß ein neuer Teilnehmer sich einem bereits existierenden Punkt-zu-Mehrpunkt-Ruf anschließen kann. Appendix C der Spezifikation 4.0 gibt eine gute Einführung in diesen Service, aus dem auch die folgende Abbildung 7.22 entnommen ist:

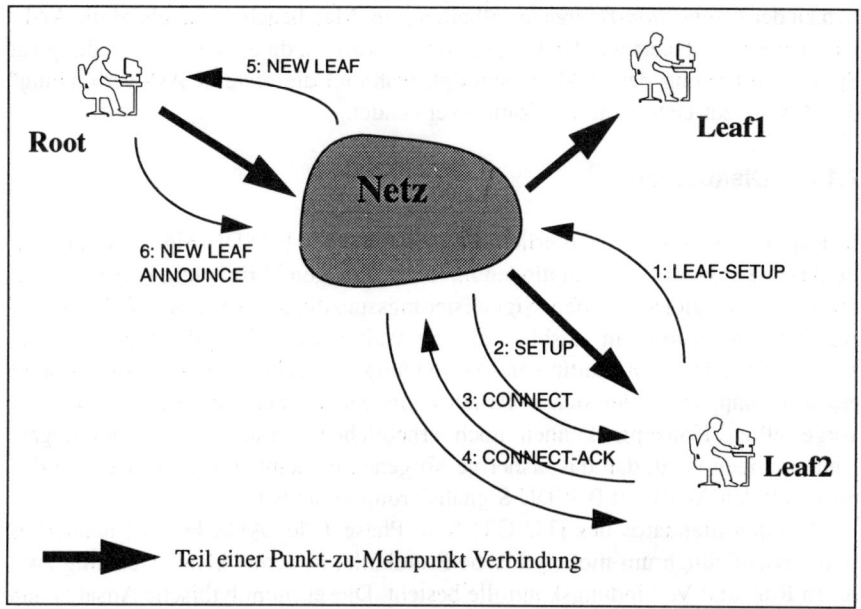

5: NEW LEAF

Root

Netz

Leaf1

6: NEW LEAF
ANNOUNCE

1: LEAF-SETUP

2: SETUP

3: CONNECT

4: CONNECT-ACK

Leaf2

Teil einer Punkt-zu-Mehrpunkt Verbindung

Abbildung 7.22: Leaf Initiated Join im ATM-Forum

Bei genauerer Betrachtung des Leaf Initiated Join wird offensichtlich, daß der Eintritt in eine bestehende Mehrpunktverbindung den Austausch einer großen Anzahl von Signalisierungsnachrichten erfordert. Kommuniziert die vorhandene Gruppe bereits auf Mehrpunkt-zu-Mehrpunkt-Basis, so muß sich der neue Teilnehmer zu allen Gruppenmitgliedern verbinden.

Signalisierung von Punkt-zu-Punkt-Mehrfach-Verbindungen. Punkt-zu-Punkt-Rufe mit Mehrfachverbindungen werden am UNI in der Empfehlung Q.298x [201] und am NNI in der Empfehlung Q.27CC [203] entwickelt. Beide Teilnehmer sind in der Lage, den Auf- und Abbau von Verbindungen innerhalb eines aktiven Rufs zu initiieren.

Zum Aufbau der ersten Verbindung verwendet der Teilnehmer A die SETUP-Nachricht, wobei als Konfiguration *point-to-point multiconnection* signalisiert wird und das Informationselement *Connection-reference* eine Identifizierung der Verbindung enthält.

Nachdem nun ein Ruf mit mindestens einer Verbindung aktiv ist, können weitere Verbindungen hinzugefügt werden. Angenommen, Teilnehmer B aus dem verwendeten Beispiel möchte zu der CAD-Kommunikation noch eine weitere Verbindung zur Sprachkommunikation aufbauen. Diese initiiert er mit einer *ADD-CONNECTION-Nachricht*. Wie bei der SETUP-Nachricht des CS1, wo ja auch eine Verbindung hergestellt wird, müssen auch in der ADD-CONNECTION-Nachricht die verbindungsrelevanten Parameter in den Informationselementen

ATM-traffic-descriptor, Broadband-bearer-capability und *QoS-Parameter* zusätzlich zu der *Connection-reference* enthalten sein. Man beachte, daß ebenfalls AAL-Parameter signalisiert werden können, was sinvoll ist, da die neue Verbindung zur Sprachübertragung den AAL 1 benötigt, während die erste „CAD-Verbindung" den AAL-5 zur Datenkommunikation verwendet.

7.1.8 Diskussion

In Kapitel 7.1 wurden ausführlich die Konzepte der B-ISDN-Signalisierung für Punkt-zu-Punkt-Rufkonfigurationen mit einer einzigen Verbindung vorgestellt. Es folgte ein Vergleich zu den Signalisierungsspezifikationen des ATM-Forums. Abschließend wurde ein Ausblick auf die Weiterentwicklung der Signalisierung zur Unterstützung von Multimedia-Anwendungen gegeben. Dieser Ausblick stellt einen Schnappschuß der sich in Arbeit befindenden Standards dar, d.h., die hier vorgestellten Konzepte können noch erheblichen Veränderungen unterliegen. Anmerkungen dazu, daß das bisherige Vorgehen manchmal angezweifelt werden muß, soll den Abschnitt B-ISDN Signalisierung abrunden:

Bei den Standards des ITU CS1 bzw. Phase 1 des ATM-Forums handelt es sich ausschließlich um monolythische Protokolle, in denen keine Trennung zwischen Ruf- und Verbindungskontrolle besteht. Dieser monolythische Ansatz kann unbestritten langfristig nicht beibehalten werden, denn für Multimedia-Anwendungen wird eine sehr flexible Abhängigkeitsstruktur von Rufen, Verbindungen und darauf definierten Operationen benötigt.

Es wird schwierig werden, insbesondere wenn eine ordentliche Implementierung erwünscht ist, in einem monolythischen Ansatz neue Dienste ohne größeren Aufwand zu integrieren, denn es werden neue Signalisierungsnachrichten hinzugenommen und neue Zustände in die immer komplexeren Zustandsmaschinen aufgenommen werden müssen. Beispielsweise werden am UNI durch die Funktion der Verbindungsmodifikation sowohl auf Netzwerk- als auch auf Benutzerseite jeweils drei oder vier neue Zustände eingeführt: *Modify-Requested, Modify-Received, Modify-Answered* und evtl. *Modify-Null.*

Nicht zuletzt steht ein monolythischer Ansatz im Gegensatz zu dem Trend, Netzwerkkomponenten als hochgradig verteilte Systeme zu entwickeln. Eine Modularisierung des Signalisierungssystems in verschiedene funktionale Einheiten erlaubt hingegen ein übersichtlicheres Systemmanagement und die Spezialisierung physikalischer Netzwerkkomponenten.

In den vorangegangenen Abschnitten wurde von Capability Sets gesprochen. Eine Capability bezieht sich hierbei auf Aktionen, die in einer einzigen Anfrage bzw. Transaktion ausgelöst werden können. Beispielsweise die Capability *Add Party* zum Hinzufügen von neuen Teilnehmern zum Ruf. In [111] wird gezeigt, daß bei einer Umsetzung von funktionalen Capabilities in funktionale Nachrichten, der Leser wird sich erinnern an *ADD-PARTY, ADD_CONNECTION* usw., das Protokoll nicht nur komplexer wird, sondern immer noch unbefriedigend ist, da neue Anwendungen wiederum nach „zusammengesetzten Capabilities" verlangen. Beispielsweise soll ein Teilnehmer in einem Ruf durch einen anderen ersetzt werden. Unschön ist die Situation, wenn dies mißlingt und sich der alte Teilnehmer auch nicht mehr dem Ruf anschließen läßt. Also muß die Komplexität erhöht und die Nachricht *REPLACE* eingeführt werden.

Ein Ansatz zur Lösung des Problems stellt die Möglickeit dar, *Embedded Operations* zu verwenden. Hat man einmal einige Objekte, Aktionen und eine allgemeine Zustandsmaschine zur Handhabung von Embedded Operations geschaffen, dann bedürfen die in dem *FACILITY-Informationselement* eingebauten Operationen keiner individuellen Zustände. Dieses Vorgehen wird in [111] beschrieben. Auch Sauer [139] schlägt vor, das Signalisierungsprotokoll der Rufkontrolle auf dem *Remote Operations Service (ROS)* aufzubauen. Die Prozeduren basieren auf dem verbindungslosen Dienst und erfordern keinerlei Verbindungskontrollmechanismen. Wiederum wird die FACILITY-Nachricht verwendet. Es sei bemerkt, daß der oben beschriebene ITU-T-Vorschlag zur Spezifikation des LOOK AHEAD zwar auch die FACILITY-Nachricht benutzt, aber das eigentliche Problem nicht grundlegend angeht.

Alternative Ansätze bevorzugen es, von einer weiteren Entwicklung der aus dem N-ISDN bekannten Signalisierungsprozeduren Abstand zu nehmen. So schlägt La Porta [125] eine Zerlegung der Rufverarbeitung in eine Reihe von Kontrollmoduln mit jeweils unabhängigen, einzelnen Protokollen vor. Bretecher [25] sieht erst in der Integration von Intelligenten Netzen (IN) in B-ISDN den wirklichen Durchbruch zur effizienten Implementierung neuer Capabilities.

Nicht zuletzt sind objektorientierte Ansätze auf dem Vormarsch. Grebenö [60] stellt eine objektorientierte Implementierung einer Ruf- und Verbindungskontrolle vor, die bereits von ihrer vollzogenen Trennung ausgeht. Dabei werden elementare *Callobjekte* eingeführt, die sich den Regeln entsprechend, zu baumartigen Strukturen kombinieren lassen, die die Sicht des Rufteilnehmers auf den Ruf darstellen (genannt *Local View*). Die Local Views werden durch einen *User Request Manager* gehandhabt, der gleichzeitig eine Anzahl verschiedener Rufanfragen und Verbindungswünsche handhaben kann, welche atomar bearbeitet werden. Dies reduziert erheblich die Komplexität der Signalisierungsprozeduren.

7.2   Verkehrsmanagement

Mit der Realisierung von ATM-Diensten werden zwei Hauptziele verfolgt:

- Benutzerdaten sollen entsprechend der garantierten Dienstqualität übertragen werden.

- Eine effiziente Nutzung von Netzwerkressourcen soll gewährleistet werden.

Ein Ursache dafür, daß diese Ziele nur sehr schwer erfüllt werden können, ist das Problem der exakten Vorhersage des Verkehrsmusters, das vom Endbenutzer erzeugt und gesendet wird. Aufgrund der ungenauen Vorhersagen und Fehlverhalten der Sender kommt es im Netz zu Überlastsituationen, in denen die versprochene Dienstqualität nicht mehr eingehalten werden kann. Das gleiche Problem ist in diesem Buch bereits in Kapitel 5 bezogen auf Transport- bzw. Vermittlungsebenenprotokolle diskutiert worden. Die folgenden Ausführungen zeigen, daß die dazu eingesetzten Verfahren unterschiedlich sind, zeigen .

Ziel der Verkehrskontrolle ist es, Überlastsituationen von vornherein zu vermeiden oder falls nötig, abzubauen. Voraussetzung dafür ist die Kontrolle der vom ATM-Signalisierungsverfahren ausgehandelten Verträge über die Dienstqualität und Verkehrscharakteristik. Die entsprechenden Verfahren sind allesamt der ATM-Schicht zugeordnet und können folgendermaßen grob aufgeteilt werden:

- Faire Aufteilung der Netzwerkkapazitäten (Netzwerkplanung) auf verschiedene Verbindungen.

- Zugangskontrollen (*Connection Admission Control*) beim Verbindungsaufbau.

- Kontrolle des ausgehandelten Verkehrsprofils an UNI- und NNI-Schnittstellen (*Usage Parameter Control* und *Network Parameter Control*) während der laufenden Verbindung.

- Vermeidung und Abbau der Überlast durch selektives Verwerfen von Zellen (*Cell Discarding*) bzw. durch Aufforderung an den Sender, das eigene Verkehrsprofil anzupassen (*Traffic Shaping mittels Feedback Control*).

7.2.1 Netzwerkplanung

Eine Schlüsselrolle im Bereich des Verkehrsmanagements spielt die Planung und Zuteilung von Ressourcen, sei sie *statisch* oder *dynamisch*. Statische Zuteilungsverfahren basieren auf der Idee, einem virtuellen Pfad einen bestimmten Ressourcenanteil zur Verfügung zu stellen und dadurch eine Vereinfachung von *Connection Admission Control* und *Usage Parameter Control* zu erzielen. Mehrere virtuelle Verbindungen werden als eine Einheit im Netz betrachtet.

Eine alternative Methode aus dem Bereich der statischen Netzwerkplanung basiert auf der Bildung virtueller Netze, die jeweils für bestimmte ATM-Dienste reserviert sind. Zur Realisierung können die verfügbaren Ressourcen entsprechend der unterschiedlichen Dienste statisch vorreserviert werden. Dadurch erleichtern sich die anderen Methoden des Verkehrsmanagements, da sie nur noch dedizierte Aufgaben zu erfüllen haben.

Das Problem der statischen Netzwerkplanung ist die korrekte Dimensionierung des Netzes (Link-Bandbreiten, Pufferplatz, Switch-Kapazität). Jede statische Aufteilung von Ressourcen ist ineffizient, da ein Großteil der Ressourcen ungenutzt bleibt.

Eine abgeschwächte statische Einteilung stellt hier eine Alternative dar. Um die Auslastung des Netzes zu erhöhen, wäre ein virtuelles Netz ausschließlich für CBR-Dienste, die eine 100%ige Garantie der Dienstqualität benötigen, das einzige virtuelle Netz. Alle anderen Dienste könnten sich die verfügbaren Ressourcen teilen. Alternativ könnten ABR-Dienste mit CBR-Diensten gekoppelt werden, damit die zeitweise ungenutzte Kapazität in Anspruch genommen wird.

Alternativ zu den statischen Verfahren sollte der Benutzer einer ATM-Verbindung in der Lage sein, eine temporäre Erhöhung der für seinen Ruf bzw. seine Verbindungen zur Verfügung stehenden Ressourcen zu verlangen. Diese Verfahren müssen möglichst in Realzeit, nur durch Signallaufzeiten verzögert, in der Lage sein, Ressourcen zu reservieren oder auch freizugeben. Derartige Dienste sind ausschließlich für Benutzer interessant, die variable Bitraten produzieren und gemäß des von ihnen produzierten Verkehrsaufkommens bezahlen wollen. Es war lange Zeit ein Tabu in ATM Forum und ITU-T, über solche ATM-Netz-internen-Verfahren zu diskutieren. Doch zusammen mit den in Kapitel 7.2.5 vorgestellten Ratenkontroll- und -adaptionsverfahren, wären weitaus sensitivere und reaktionsschnellere Verkehrskontrollmechanismen realisierbar. Schnelle Reservierungsverfahren können u.a. durch sogenannte *Burstmelde*-Zellen aktiviert werden. Mittels dieser Zellen kann der Switch über einen nachfolgenden Burst unterrichtet werden, die derzeitig verbrauchte Bandbreite bei weitem überschreitet.

7.2.2 Connection Admission Control

Nach [171] definiert die Connection Admission Control (CAC) Methoden, die beim Aufbau eines Rufs oder während einer Neuverhandlung von Verkehrsparametern feststellen, ob ein virtueller Kanal bzw. Pfad mit der geforderten Dienstqualität aufgebaut oder adaptiert werden kann. Die von der CAC zu fällende Entscheidung hängt davon ab, ob genügend Ressourcen vorhanden sind, den Ruf aufzubauen, ohne existierende Kanäle oder Pfade zu beeinträchtigen, die garantierte Ressourcen benötigen. Außerdem sollte die Dienstqualität für die Dauer der bestehende Verbindung garantiert werden können. Beinhaltet ein Ruf mehrere Verbindungen, so wird insbesondere bei multimedialen Datenströmen eine CAC je Verbindung durchgeführt. Vereinfachend wäre eine CAC für den gesamten Ruf, die aber gleichzeitig mehr Netzwerkressourcen vergeudet.

Für die unterschiedlichen ATM-Dienste sollten auch unterschiedliche CAC-Mechanismen eingesetzt werden:

- Für den CBR-Dienst stellt die CAC die entscheidende Verkehrsmanagementmethode dar, da nach Aushandlung des Vertrags mit dem Netz, die ausgehandelten Parameter, wie die Ende-zu-Ende-Verzögerungszeit, garantiert sind. Das ATM-Netz darf während des Bestehens der Verbindung keine Veränderung des Verkehrsprofils vornehmen, da dies die Verzögerung der CBR-Zellen vergrößern könnte.

- Die Entscheidung, ob ein bestimmter VBR-Dienst erbracht werden kann, ist weitaus komplizierter, da sie in Abhängigkeit von der geforderten Spitzenzellrate PCR und der mittleren Zellrate SCR gefällt werden muß. Das Problem ist, ein optimales Verhältnis zwischen Multiplexing-Gewinn und Dienstqualität zu finden. Zu viele VBR-Verbindungen zur gleichen Zeit können sehr schnell zu Überlastsituationen führen. Um eine effiziente Auslastung von Ressourcen zu erlangen und Überlastsituationen zu vermeiden, kann das Wissen aus Langzeitstudien zur VBR-Verkehrscharakteristik herangezogen werden.

- Die ABR-Dienstklasse stellt keine so hohen Anforderungen an die CAC. Die Netzelemente (Switches) müssen die Ressourcen an die existierenden Verbindungen in fairer Weise verteilen. Treten Engpässe bzgl. der Bandbreite auf, wird die Bandbreite für alle Verbindungen erniedrigt. Da der ABR-Dienst keine Garantien bzgl. maximaler Verzögerung verlangt, kann der ausgehandelte Vertrag zumindest bis zum Erreichen der Mindestdatenrate eingehalten werden. Der Aspekt der Fairness kann auf unterschiedliche Weise realisiert werden. Das ATM Forum macht es sich hier einfach, indem es die Verantwortung in die Hände des Implementierers legt, solange die minimale Zellrate eingehalten werden kann. Das Problem bei all diesen Verfahren ist, daß oft keine Information über die Anzahl aktiver Verbindungen vorliegt, und welche der Verbindungen an einer anderen Stelle im Netz von Überlast beeinträchtigt werden. Es werden daher zur Zeit unterschiedliche Fairness-Definitionen diskutiert:

Max-Min-Fairness:

Das Max-Min-Kriterium besagt, daß im Falle von Überlast jeder aktiven ABR-Verbindung ein gleicher Anteil der verfügbaren Bandbreite bereitgestellt wird.

Minimale Zellrate plus gleicher Anteil:

Jeder ABR-Verbindung wird zunächst genügend Bandbreite zur Einhaltung der minimalen Zellrate zugeteilt. Der Rest der noch verfügbaren Bandbreite wird zu gleichen Anteilen an alle Verbindungen verteilt.

Allokierung proportional zur minimalen Zellrate:

Einer ABR-Verbindung wird der Anteil der verfügbaren Bandbreite bereitgestellt, die ihr proportional aufgrund ihrer minimalen Zellrate zusteht.

Gewichtete Zuteilung der Bandbreite:

Werden die ABR-Verbindungen gewichtet (ein virtueller Kanal erhält eine bestimmte Relevanz), so wird die Bandbreite entsprechend des Gewichts zugeteilt.

7.2.3 Usage Parameter Control und Network Parameter Control

UPC (Usage Parameter Control) und NPC (Network Parameter Control) sind Verkehrskontrollfunktionen, die es dem Netzwerk ermöglichen, die mit dem Sender ausgehandelte Verkehrscharakteristik zu kontrollieren und dadurch das Netz vor nicht autorisierter Generierung von zu vielen ATM-Zellen zu schützen. Die Kontrolle kann sowohl am User-Network-Interface (UNI) als auch zwischen unterschiedlichen ATM-Netzen (NNI) durchgeführt werden. Letztere entfällt zumeist. Abbildung 7.23 illustriert die Position der UPC in ATM-Netzen.

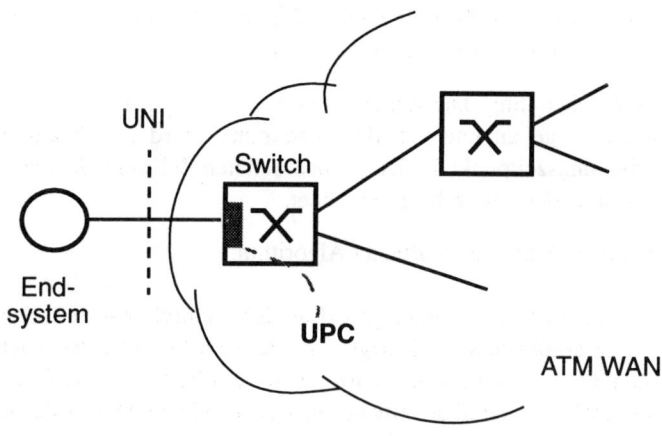

Abbildung 7.23: UPC im ATM-Netz

Die beim Verbindungsaufbau ausgehandelten Verkehrsparameter sind dabei ausschlaggebend, da das Netzwerk seine Ressourcen entsprechend reserviert hat. Da jedoch die Generierung des ATM-Zellstroms ausschließlich in der Kontrolle des Endteilnehmers liegt, ist es durchaus möglich, daß mit einer höheren Senderate als ausgehandelt übertragen wird. Ein solches Verhalten, ob es nun als fehlerhaft oder unkooperativ bezeichnet wird, kann die Leistungsparameter der eigenen und anderer Verbindungen deutlich beeinträchtigen. Es muß mit längeren Zellverzögerungen gerechnet werden, die zum Verwerfen der Zellen wegen Überschreitens der ausgehandelten Ende-zu-Ende-Verzögerungszeiten führen können, sowie mit Verlust von Zellen wegen Pufferüberlauf.

Neben dem Einhalten der Verkehrscharakteristik wird die Richtigkeit der Pfad- und Zellidentifikationen (VPI, VCI) überprüft. Es wird kontrolliert, ob die angegebenen Zellidentifikationen einer aktiven Verbindung entsprechen. Dabei werden UPC-Funktionen nicht nur auf herkömmliche VPCs/VCCs angewandt, sondern auch auf Signalisierungskanäle.

Der UPC-Mechanismus kontrolliert i.allg. die folgenden Verkehrsparameter:

- Spitzenzellrate PCR und Toleranz der Zellverzögerungsvarianz (CDVT)

- Mittlere Zellrate SCR und Burst-Längentoleranz (BT)

Der derzeitige Vorschlag, mit dem zumindest VBR- und CBR-Verkehr auf Konformität mit dem ausgehandelten Verkehrsmuster überprüft werden, ist der sogenannte *Generic Cell Rate Algorithm GCRA*. Eine Kontrolle von ABR-Verbindungen wird erst bei eindeutiger Definition selbiger möglich sein. In [138] werden zwei unterschiedliche Algorithmen vorgestellt, die beide darauf basieren, daß sie die Bearbeitungsreihenfolge der Zellen in Abhängigkeit von Ankunftszeit der Zelle und der erlaubten Zellrate berechnen:

- Virtual Scheduling: Die Zellen einer Verbindung gehören einer logischen Warteschlange an und der Bedienzeitpunkt wird in Abhängigkeit vom Bearbeitungszeitpunkt der letzten bearbeiteten Zelle und der derzeit erlaubten Zellrate der Verbindung berechnet.

- Continuous-State Leaky Bucket Algorithm

Leaky Bucket-Algorithmen werden grundsätzlich dadurch realisiert, daß ein Zähler schrittweise erhöht bzw. erniedrigt wird (je nach Füllgrad des Buckets). Der Wert des Zählers wird mit einem Schwellwert verglichen (vgl. Abbildung 7.24), der dem maximalen Füllgrad des Bucket entsprechen kann. Die Größe des Zählers und der Vergleich mit dem Schwellwert entscheiden über ein eventuelles Verwerfen, Markieren oder Bedienen der Zelle.

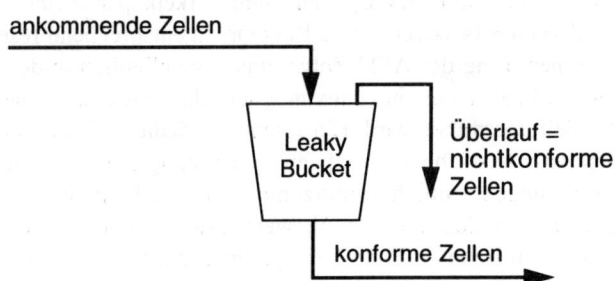

Abbildung 7.24: Schema eines Leaky Bucket-Algorithmus

Werden die ausgehandelten Verkehrsparameter nicht eingehalten, können die folgenden Parameterkontrollfunktionen eingesetzt werden: Zum einen können Zellen, die dem ausgehandelten Verkehrsprofil nicht entsprechen, *markiert* werden. Zum anderen können sie *verworfen* werden. Markierung von Zellen entspricht dem Setzen des CLP-Bits, kann also nur bei Zellen mit CLP = 0 eingesetzt werden. Diese Variante wird zumeist dann gewählt, wenn noch nicht unmittelbar mit Zellverlusten zu rechnen ist. Beim Verwerfen der Zellen kann weiterhin differenziert werden, ob zunächst die markierten Zellen verworfen werden und dann die unmarkierten, oder ob die Markierung keine Rolle spielt. Wenn nichtkonforme Zellen weder zerstört noch markiert werden, so werden sie zumindest gezählt. Übersteigt die Anzahl nichtkonformer Zellen einer Verbindung einen bestimmten Wert, oder ist die Rate der nichtkonformen Zellen zu hoch, so sind mögliche Reaktionen die Auslösung eines Alarms oder im Extremfall der Abbruch der Verbindung.

Bei der Implementierung von Verkehrskontrollmechanismen sollte immer darauf geachtet werden, daß die Reaktionszeit des Verfahrens auf Fehlverhalten von Verbindungen sehr kurz sein sollte. Ebenso sollten UPC- und NPC-Verfahren selbst keinen Einfluß auf die Verzögerung der Zellen in den unterschiedlichen Interfaces haben.

Generell verhalten sich Leaky-Bucket-Verfahren folgendermaßen:

- Die Erhöhung des Zählers findet bei der Ankunft einer Zelle statt.

- Die Erniedrigung des Zählers erfolgt in regelmäßigen Abständen gemäß der aktuell vereinbarten Zellrate.

- Der Schwellwert entspricht der Größe des Buckets; der maximale Erhöhungsschritt ist gleich dem Schwellwert.

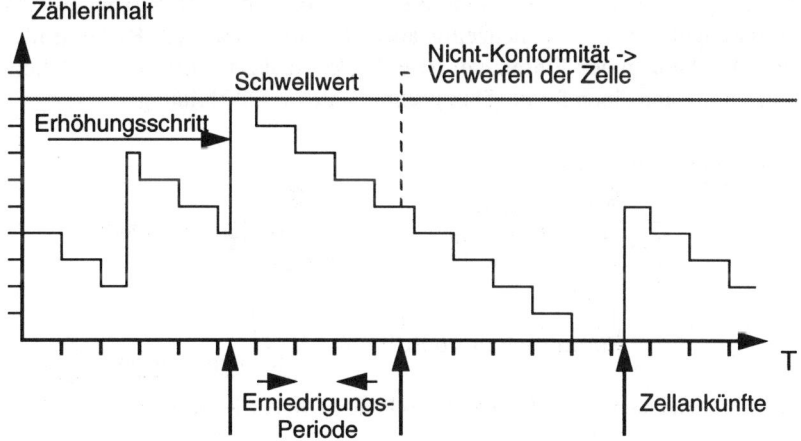

Abbildung 7.25: Zählerentwicklung beim Leaky Bucket

Das Policing einer Spitzenzellrate, bei der die CDV-Toleranz auf Null gesetzt ist, kann am einfachsten mittels eines Buckets, der genau eine Zelle enthält, kontrolliert werden.

Um eine bestimmte CDV-Toleranz zu erlauben, erhöht man die Größe des Buckets (Schwellwert), während die Austrittsrate aus dem Bucket unverändert bleibt. Die adaptierte Größe des Buckets berechnet sich aus 1 + CDV-Toleranz /

Zell-Zwischenankunftszeit. Wenn man zum Beispiel eine CDV-Toleranz von 60% der maximalen Zellzwischenankunftszeit bei einem Bucket mit der ursprünglichen Größe 1 erlauben will , so darf er jetzt 1,6 Zellen enthalten, d.h., der Schwellwert wird auf den 1,6-fachen Wert des Erhöhungsschritts gesetzt.

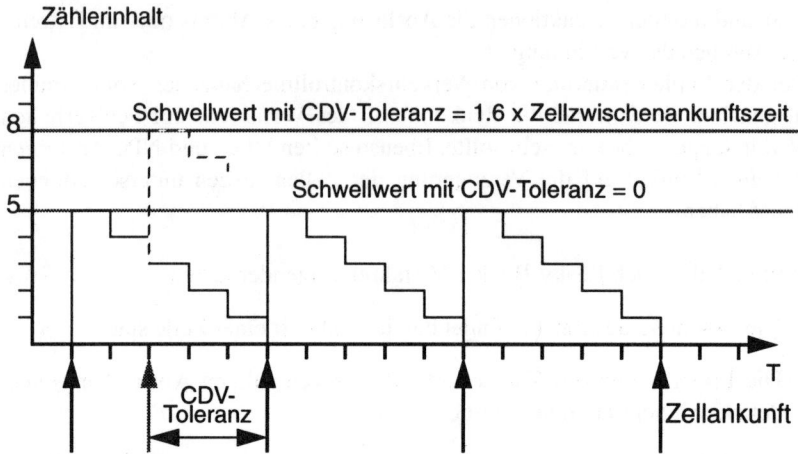

Abbildung 7.26: Kontrolle (Policing) einer Spitzenzellrate mit CDV-Toleranz

Wird das Policing für die Durchschnittszellrate (SCR) und die maximale Burst-Länge durchgeführt, muß gleichzeitig auch die Spitzenrate (PCR) kontrolliert werden. Dies bedingt den Einsatz von zwei Leaky Buckets: einen für das Policing der Spitzenrate und einen für die Durchschnittsrate (vgl. Abbildung 7.27).

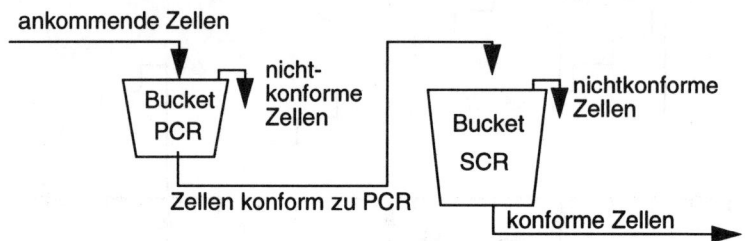

Abbildung 7.27: Gleichzeitiges Policing von PCR und SCR

Wenn die Durchschnittsrate erheblich niedriger als die Spitzenrate ist, dann bedeutet ein Burst der Länge N Zellen, daß der Bucket für die Durchschnittsrate annähernd N Zellen enthalten sollte.

Wenn die Durchschnittsrate nicht viel niedriger als die Spitzenrate ist, so kann der Bucket für die SCR relativ klein gewählt werden. Entspricht die Durchschnittsrate ungefähr der Hälfte der Spitzenrate, sollte die Größe des zweiten Buckets nur ungefähr die Hälfte der Burst-Länge betragen.

Die Größe des Bucket b_{size} für die SCR berechnet sich aus maximaler Burst-Länge burst, der PCR und SCR wie folgt:

$$b_{size} = 1 + (burst - 1) \times \left(1 - \frac{SCR}{PCR} \right)$$

Ist die maximale Burst-Länge gleich Eins, so sollte der Bucket die Größe 1 besitzen. Überlauf wird nur dann verhindert, wenn SCR = PCR ist. Der Quotient aus SCR und PCR beschreibt den Anteil der Zellen, die aus dem zweiten Bucket während der Dauer des Bursts bedient werden. Subrahiert man den Quotient von 1, so erhält man den Anteil der Zellen, der bei Empfang des kompletten Bursts noch im Bucket verbleibt.

Sei beispielsweise die Spitzenzellrate während eines Bursts 50% höher als die Durchschnittsrate, dann müßte der Bucket bei einer maximalen Burstlänge von 10 Zellen eine Größe von 4 besitzen.

Wenn der Erhöhungsschritt gleich 4 ist, dann sollte der Schwellwert 16 bei einem maximalen Burst der Länge 10 sein (vgl. Abbildung 7.28).

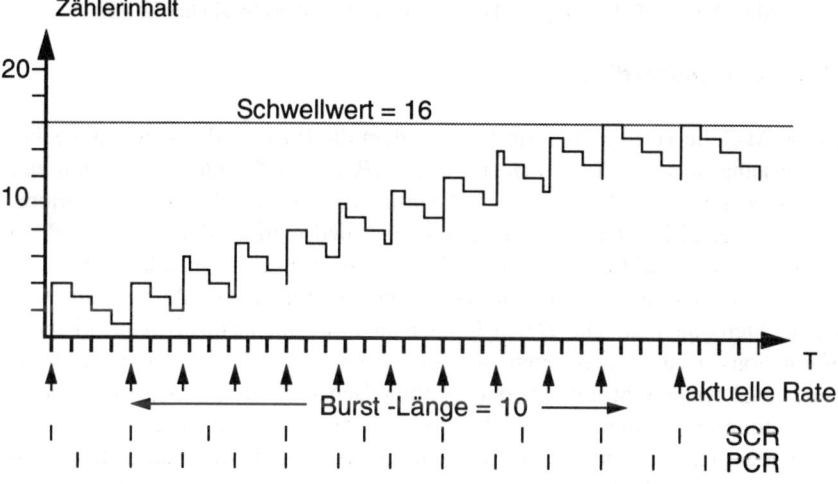

Abbildung 7.28: Bucket-Füllgrad in Abhängigkeit von SCR, PCR und Burst-Länge

Aus dem obenstehenden Diagramm kann man folgern, daß nach einem Burst der maximalen Länge die aktuelle Senderate (ACR) für einige Zeit niedriger als die Durchschnittsrate sein muß, um den Zähler auf Null zu erniedrigen, bevor ein Burst von maximaler Größe erneut zugelassen werden kann.

Werden Zellen unterschiedlicher Priorität übertragen und sollen sowohl die niedrigprioren Zellen mit CLP = 1 als auch die hochprioren Zellen mit CLP = 0 kontrolliert werden, dann benötigt man weitere Buckets. Wenn für den Zellstrom mit CLP =1 und für den Zellstrom mit CLP = 0 sowohl die Spitzen- wie auch die Durschnittszellrate kontrolliert werden soll, so sind vier Buckets notwendig.

Die Reihenfolge des Policing, d.h. ob der Zellstrom mit CLP = 1 zuerst kontrolliert wird und danach der Zellstrom mit CLP = 0, ist von geringer Bedeutung. Normalerweise wird jedoch der niedrigpriore Zellstrom zuerst kontrollieren.

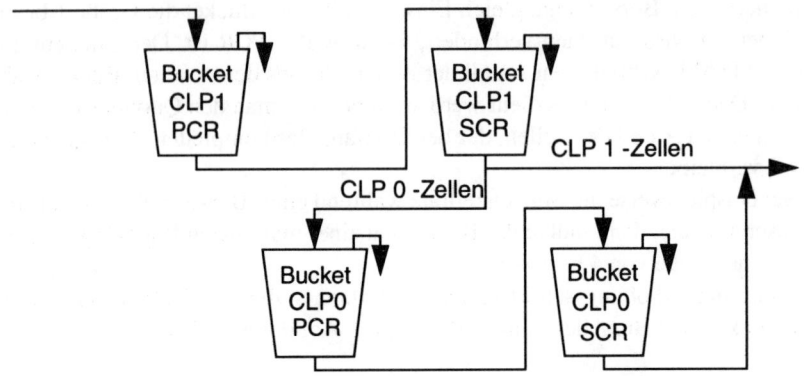

Abbildung 7.29: Policing bei Datenströmen mit unterschiedlicher Priorität

7.2.4 Cell Discarding

Jede ATM-Zelle verfügt über ein Bit, mit dem die Priorität der Zelle angegeben werden kann, das *Cell Loss Priority Bit, CLP*. Zellen der gleichen Verbindung können als unterschiedlich sensitiv auf Verlust markiert werden. Bei hochprioren Zellen ist das CLP-Bit auf 0 gesetzt, während niedrigpriore Zellen mit CLP = 1 gekennzeichnet sind. Ein Beispiel für den Nutzen von unterschiedlichen Prioritäten für Zellen der gleichen Verbindung ist die Übertragung von Audio-Datenströmen in Stereoqualität. Die Daten können in zwei unterschiedlich priorisierten Informationsströmen übertragen werden, einen hochprioren Anteil, der das Monosignal wiedergibt und aus dem arithmetischen Mittel der beiden Stereokanäle bestimmt wird, sowie einen niedrigprioren Anteil, der die Differenz zwischen beiden Stereokanälen angibt. Entsprechend der Aufteilung der Audioinformation in zwei unterschiedliche Datenströme können für die gemeinsame Verbindung eine Gesamtzellübertragungsrate (Spitzenzellrate) und eine optionale Mindestdatenrate für die Übertragung des Monosignals definiert werden.

7.2.5 Feedback Control

Neben dem drastischen Verfahren, Zellen einer bestimmten Verbindung zu verwerfen, falls sie Ursache für eine Überlast sind, bietet der bereits aus Kapitel 5 bekannte Ansatz der Information des Senders durch das Netzwerk, speziell durch die Netzwerkelemente, die die überlasteten Netzknoten überwachen, eine Alternative. Diese sogenannten Feedback Control Algorithmen werden sinnvollerweise nur bei ABR- und UBR-Diensten eingesetzt, da Realzeitanwendungen eine Erniedrigung der Zellübertragungsrate in den meisten Fällen nicht akzeptieren können.

In heutigen Weitverkehrsnetzen werden zumeist Ende-zu-Ende-Flußkontroll-mechanismen (Slow Start) eingesetzt, die nur indirekt Informationen über die aktuelle Situation im Netz in ihre Kontrollverfahren einbeziehen. Daher sind sie ungeeignet, Überlastsituation im Netz rechtzeitig zu erkennen und zu verhindern. Besser geeignet sind Verfahren, die im Netz selbst Unterstützung finden. Wird im Netz ein bestimmter Überlastlevel erkannt, so können entweder die direkt benach-barten Netzknoten oder die Sender selbst informiert werden. In [87] ist eine Über-sicht über sämtliche im ATM Forum diskutierten Feedback-Verfahren gegeben.

- Der Sender informiert das Netzwerk vor der eigentlichen Datenübertra-gung über die zu erwartende Datenmenge. Erst bei Erhalt einer positiven Quittung vom Netz darf der Sender mit der Übertragung beginnen.

- Der Sender kann eine timer-basierte Flußkontrolle einsetzen. Anhand der Antwortzeit auf bestimmte Zellen kann er seine Senderate adaptieren.

- Von Überlast beeinträchtigte Netzknoten senden entsprechende Indikatoren (Resource Management Cells) an die beteiligten Sender und fordern sie auf, die Senderate zu reduzieren.

- Zusätzlich zu einem simplem Feedback-Mechanismus auf Ende-zu-Ende-Basis werden zwischen benachbarten Netzknoten Fenstermechanismen zur Flußkontrolle eingesetzt.

- Netzknoten sollen Informationen über die aktuelle genutzte Bandbreite und den Pufferfüllgrad austauschen. Basierend auf dieser Information kann eine faire Aufteilung der Ressourcen gewährleistet werden.

Alle diese Ansätze sind im ATM-Forum diskutiert worden und mittels unter-schiedlichen Kriterien verglichen worden:

- Skalierbarkeit auf unterschiedliche Entfernungen, Geschwindigkeiten und Systemkonfigurationen

- Fairness gegenüber allen Teilnehmern

- Robustheit gegen Fehler und Fehlverhalten

- Einfache Implementierung

- Einsetzbarkeit in LANs, WANs, privaten und öffentlichen Netzen.

Das Ergebnis der Diskussionen im ATM Forum war die Auswahl zweier alternati-ver Mechanismen:

Der *kreditbasierte* Ansatz faßt die Idee verschiedener Vorschläge zusammen ([81], [97], [115], [137]), die einen fensterbasierten Flußkontrollmechanismus zwischen benachbarten Netzknoten auf Basis virtueller Kanäle bevorzugen. Das empfangende Netzwerkelement informiert den Sender kontinuierlich über die Anzahl Zellen, die es aktuell über einen bestimmten virtuellen Kanal empfangen kann. Um diese Information übermitteln zu können, kontrolliert das betreffende Netzelement die Warteschlangenlänge des Kanals und gibt dem Sender einen Kredit für weitere zu sendende Zellen.

Beim *ratenbasierten* Ansatz kontrollieren die Netzelemente ebenso den Überlastlevel und setzen gegebenenfalls das EFCI-Bit (Explicit Forward Congestion Indication) in den passierenden ATM-Zellen einer bestimmten virtuellen Verbindung. Der Empfänger informiert bei Erhalt einer dermaßen markierten Zelle den Sender. Der betroffene Sender hat daraufhin seine Senderate entsprechend zu adaptieren.

Obwohl eine Kombination beider Verfahren auf den ersten Blick am sinnvollsten erscheint, hat das ATM Forum den ratenbasierten Ansatz ausgewählt. Das Hauptargument für die Wahl des ratenbasierten Verfahrens war die geringere Inanspruchnahme der Netzelemente. Eine eigene Warteschlange für jeden virtuellen Kanal ist nicht notwendig. Andererseits erfordern ratenbasierte Ansätze mehr Komplexität in den Endsystemen. Ebenso werden große Puffer benötigt, um die während einer *Round Trip Time* übertragenen Zellen aufnehmen zu können.

Im folgenden wird die Evolution des ausgewählten Ratenkontrollverfahrens anhand dreier Mechanismen kurz erläutert.

Simple Überlastindikationsverfahren. Das *FECN*-Verfahren (*Forward Explicit Congestion Notification*, [103]) realisiert eine Ende-zu-Ende-Kontrolle, bei der jede einzelne Verbindung kontrolliert und im Bedarfsfall eine Überlastindikation an den Sender geschickt wird. Jede übertragene Zelle enthält im Header ein EFCI-Bit. Falls der Füllgrad der Puffer in den Netzknoten (Switches) einen bestimmten Schwellwert überschreitet, werden die EFCI-Bits gesetzt. Der Empfänger kontrolliert die Zell-Header und generiert bei gesetztem EFCI-Bit eine RM-Zelle (*Resource Management*), die dem Sender anzeigt, daß er seine Senderate verringern soll (vgl. Abbildung 7.30)

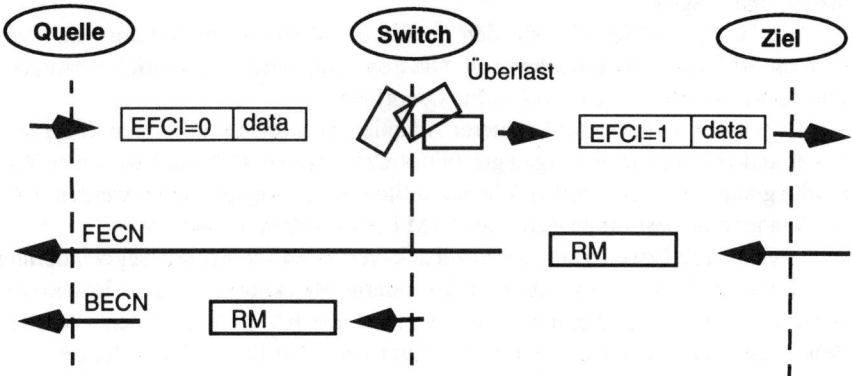

Abbildung 7.30: Vorwärts- und Rückwärts-Überlastidentifikation

Das Feedback, das der Sender aufgrund der RM-Zelle erhält, wird *negatives* Feedback genannt, da es den Sender zwingt, seine Senderate zu verringern. Der Sender reduziert bei Erhalt einer RM-Zelle seine Senderate um einen multiplikativen Anteil, proportional zur aktuellen Senderate. Somit erhält man eine exponentielle Verringerung der Senderate.

Positives Feedback ist gleichzusetzen mit dem Ausbleiben von RM-Zellen. In diesem Falle erhöht der Sender seine Rate schrittweise um einen konstanten Wert. Damit erreicht der Sender ein lineares Anwachsen seiner Senderate. Kommen RM-Zellen nach Ablauf eines Quittungstimerintervalls an oder gehen sie verloren, so führt das zu einer weiteren Steigerung der Senderate und einer Verschärfung der Überlastsituation. Dadurch wird Wahrscheinlichkeit für eine fehlerfreie Übertragung von RM-Zellen geringer, und ein eventueller Überlastkollaps ist nicht mehr weit.

Alternativ zum *FECN-* wird in [14] ein *BECN*-Verfahren (Backward Explicit Congestion Notification) vorgestellt. Der Unterschied zum FECN-Verfahren liegt darin, daß die überlasteten Netzelemente selbst die RM-Zellen generieren (vgl. Abbildung 7.30). Der Vorteil eines schnelleren Feedbacks ist offensichtlich. Auf der anderen Seite nimmt die Anzahl der RM-Zellen im Netz zu, da jeder belastete Knoten, entsprechend reagiert. Dadurch kann u.U. der eigentliche Datentransfer weiter negativ beeinflußt werden.

Proportional Rate Control Algorithm. Um die Probleme von FECN- und BECN-Verfahren zu lösen, wurden die *PRCA-* Verfahren (*Proportional Rate Control Algorithm*) entwickelt [78]. Anstelle eines negativen Feedbacks wird ein *positives* Feedback gesendet. Die Überlast wird weiterhin durch ein gesetztes EFCI-Bit angezeigt. Nach Empfang einer bestimmten Anzahl von ATM-Zellen ohne gesetztes EFCI-Bit, generiert der Empfänger eine RM-Zelle, die dem Sender indiziert, daß er seine Senderate linear steigern darf. Bei Ausbleiben der RM-Zellen muß der Sender seine Senderate exponentiell verringern. Die RM-Zellen werden somit ständig übertragen.

Ein Nachteil ergibt sich für den Sender bei überlastetem Antwortkanal, auf dem die RM-Zelle ihn erreichen soll. Die Senderate wird exponentiell verringert, ohne daß eine Überlast in Senderichtung vorliegt.

Es wurden eine Vielzahl weiterer Adaptierungen dieser Verfahren diskutiert. Unter anderem soll eine festgelegte *Initial Cell Rate (ICR)* beim Start einer Verbindung angenommen werden. Ebenso sollte die ICR angenommen werden, falls der Sender eine bestimmte Zeit (laut ATM Forum 100 ms) inaktiv war.

Eine andere Erweiterung der Feedback-Verfahren schlägt die Segmentierung des Netzes in Teilnetze vor. Dann stellen interne Netzknoten virtuelle Empfänger dar und reagieren entsprechend durch Senden von RM-Zellen an den virtuellen Sender, der die entsprechenden Zellen verarbeitet. Im Extremfall, d.h., bei Teilnetzen bestehend aus zwei Netzknoten, ist man bei kredit-basierten Verfahren angelangt. Problematisch ist die unterschiedliche Verkehrscharakteristik in den verschiedenen Teilnetzen, die extrem große Puffer verlangt. Dadurch wiederum wird die Ende-zu-Ende-Leistung solcher Verfahren beeinträchtigt. Ein weiteres Charakteristikum dieser Verfahren ist das in [13] beschriebene *Beat Down Problem*. Zellen, die eine große Anzahl von überlasteten Netzknoten passieren, werden mit größerer Wahrscheinlichkeit markiert als Zellen, die eine geringe Zahl von Netzknoten passieren. Daher werden Verbindungen zu weit entfernten Empfängern häufiger beeinträchtigt als Verbindungen, die nur eine geringe Anzahl von Netzknoten durchqueren. Es ist zu beachten, daß eine große Entfernung nicht immer gleichbedeutend mit einer hohen Anzahl involvierter Netzknoten ist.

Enhanced Proportional Rate Control Algorithms. Im Gegensatz zu den PRCA-Verfahren nutzen EPRCA-Verfahren ([79], [133], [134]) den verbindungsorientierten Ansatz von ATM aus, indem sie Informationen über jede einzelne Verbindung sammeln und in die Algorithmen einbeziehen. Jede einzelne Verbindung kann somit separat behandelt werden. Die RM-Zellen enthalten zusätzlich die Angabe einer *expliziten* Senderate (*ER*). Der Sender generiert nun selbst RM-Zellen, in denen er seine gewünschte Senderate angibt. Jeder Netzknoten kann diesen Wert erniedrigen, falls er aufgrund einer Überlast nicht dazu in der Lage ist, eine entsprechende Bandbreite zur Verfügung zu stellen. Nach einer *Round Trip Time* erhält der Sender die RM-Zelle zurück, in der genau spezifiziert ist, auf welchen Wert die Senderate adaptiert werden soll. Dadurch wird die Reaktionszeit des Senders auf Überlast in den meisten Fällen erheblich verkürzt.

Ein anderer Vorteil dieser Verfahren ist die Reduzierung der Oszillation der Senderate. Simple Überlastindikations- und PRCA-Verfahren führen zu einer Oszillation der Senderate, selbst bei stabiler Verkehrscharakteristik.

Aufgrund der regelmäßigen Übertragung von RM-Zellen, die die aktuelle Senderate beinhalten, erübrigt sich für die Netzknoten das ständige Kontrollieren der Senderate einzelner Verbindungen. Die Rate kann einfach dem Zellinhalt entnommen werden. Durch Mitübertragen der expliziten Senderate ergibt sich auch eine Vereinfachung der UPC. Die Angabe der expliziten Zellrate in RM-Zellen, die an den Sender zurückgehen, erleichtert die Kontrolle der maximal erlaubten Senderate. Ein Problem dabei ist die längere Laufzeit der Zellen bis zum Erreichen des Senders, während die UPC bereits den aktuellen Wert kennt. Das heißt, die UPC muß mit der Kontrolle der adaptierten Rate warten, bis sie davon ausgehen kann, daß auch der Sender darüber informiert worden ist.

Wie in der folgenden Abbildung dargestellt, hat man sich entschieden, sowohl Verfahren mit Angabe der expliziten Senderate, als auch Verfahren mit simpler Indikation der Senderate in einem ATM-Netz zu unterstützen. Die involvierten Netzknoten können darüber selber entscheiden.

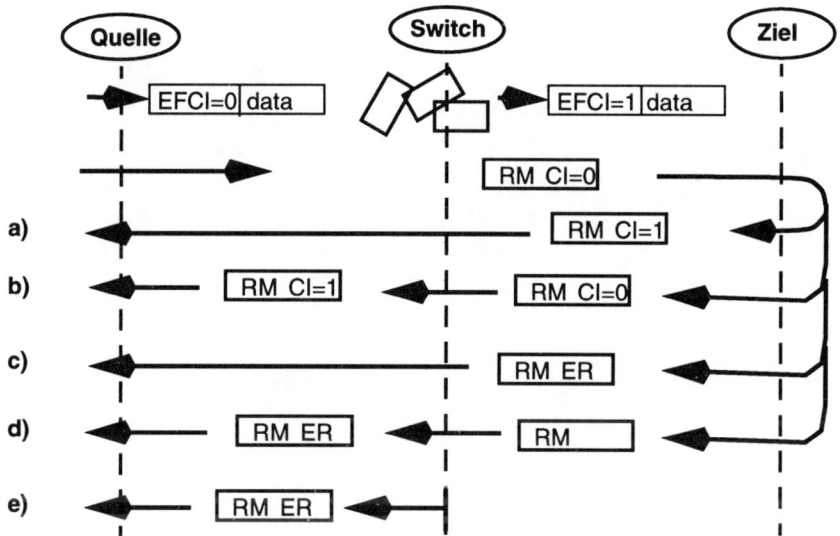

Abbildung 7.31: EPRCA-basierte Ratenkontrolle

Im obigen Beispiel überträgt der Sender mit der ausgehandelten Senderate. Ein überlasteter Switch setzt das EFCI-Bit, so daß der Empfänger informiert wird. Ebenso generiert der Sender in regelmäßigen Abständen RM-Zellen. Die resultierende Feedback-Information kann ein einfacher Indikator sein (Fall a) oder eine explizite Rate enthalten (Fall c). Neben dem Empfänger können auch die Netzknoten involviert werden (Fall b, d und e).

Der Ratenkontrollmechanismus, der vom ATM Forum vorgesehen ist, basiert auf EPRCA. Details werden jedoch immer noch diskutiert.

Derzeit wird zudem an Erweiterungen der Verfahren in Bezug auf frühe Erkennung von Überlastsituationen und die Möglichkeit des Einbeziehens von Mehrpunktverbindungen gearbeitet. Bei der Diskussion von Ratenkontrollverfahren für Mehrpunktverbindungen treten die gleichen Fragen und Probleme auf, die bereits auf Transport- und Vermittlungsebene (vgl. Kapitel 5) diskutiert worden sind. Hier bietet sich für viele die Gelegenheit, alte Forschungsarbeiten wieder aufzuwärmen.

Für eine vertiefende Betrachtung von ATM-Flußkontrollverfahren sei auf verschiedene IEEE-Magazine (IEEE Network Magazine, IEEE Communication Magazine). Ebenso werden weltweit Forschungsarbeiten durchgeführt. Einen kleinen Beitrag dazu liefert auch die diesem Kapitel zugrundeliegende Diplomarbeit [136].

8 Literatur

[1] L. Aguilar: *Datagram Routing for Internet Multicasting*, Proc. SIG-COMM'84, ACM 1984

[2] M. Aghadavoodi-Jolfaei, B. Heinrichs, M.R. Nazemann: *Flexible Fehlerbehandlung mittels TCP in LAN/Satellit-Szenarien*, Arbeitstreffen „Architektur und Implementierung von Hochleistungs-Kommunikationssystemen", Karlsruhe, 17.-18. Januar 1994

[3] S. Armstrong, A. Freier, K. Marzullo: *Multicast Transport Protocol*, Request for Comments RFC 1301, Xerox, Apple, Cornell University, February 1992

[4] L. Arnold: *Moderne Bildkommunikation: Formen, Komponenten, Bildcodierung*, Hüthig, 1992

[5] G.J. Armitage, K.M. Adams: *How Inefficient is IP over ATM Anyway?*, IEEE Network, pp. 18-26, January/February 1995

[6] H.R. van As et al.: *CRMA II: A Gbit/s MAC Protocol for Ring and Bus Networks with Immediate Access Capability*, Proc. EFOC/LAN'91, pp. 262-277, London, 1991

[7] H.R. van As et al.: *Performance of CRMA II: A reservation-based fair media access protocol for Gbit/s LANs and MANs with buffer insertion*, Proc. EFOC/LAN'92, pp. 162-169, Paris, 1992

[8] ATM Forum, LAN Emulation SWG Drafting Group: *LAN Emulation Over ATM: Draft Specification*, April 1994

[9] ATM Forum: *ATM User-Network Interface Specification, Version 3.0*, September 10, 1993

[10] ATM Forum: *ATM User-Network Interface Specification, Version 4.0*, 1995

[11]   ATM Forum: *Overview of ITU-T B-ISDN CS1 and ATM Forum Phase 1 Signalling*, Draft 0C, 24. Oktober 1994

[12]   R. Ballart, Y.C. Ching: *SONET: Now it's the standard optical network*, IEEE Communication Magazine, pp. 8-15, March 1989

[13]   J. Bennett, G.T. des Jardins: *Comments on the July PRCA Rate Control Baseline*, ATM Forum Contribution 94-0682, July 1994

[14]   A.W. Berger, F. Bonomi, K.W. Fendick: *Proposal for backward congestion feedback at the ATM UNI*, ATM Forum Contribution 93-0839r1, September 1994

[15]   M. Bever, E. Mayer: *Ein Multicast-Synchronisationsprotokoll zur Unterstützung kooperativer Anwendungen*, GI/ITG Fachtagung „Kommunikation in Verteilten Systemen KiVS'93", München, März 1993

[16]   E. Biersack, C.J. Cotton, D.C. Feldmeier, A.J. McAuley, W.D. Sincoskie: *Gigabit Networking Research at Bellcore*, IEEE Network, vol. 6, no. 2, pp. 42-49, March 1992

[17]   Bellcore TA-NWT-001110: *Broadband ISDN switching system generic requirements*, 1994

[18]   E. Biersack: *A Simulation Study of Forward Error Correction in ATM Networks*, Computer Communication Review, vol. 22, no. 1, pp. 36-47, January 1992

[19]   K.P. Birman, T.A. Joseph: *Exploiting virtual synchrony in distributed systems*, Proc. 11th ACM Symposium on Operating Systems Principles, pp. 123-138, Austin, TX, November 1987

[20]   J.F. Blinn: *What's the Deal with the DCT?*, IEEE Computer Graphics & Applications, July 1993

[21]   P.T. Brady: *A Technique for Investigating On-Off Patterns of Speech*, Bell System Technical Journal, vol. 44, pp. 1-22, January 1965

[22]   P.T. Brady: *A Statistical Analysis of On-Off Patterns in 16 Conversations*, Bell System Technical Journal, vol. 47, pp. 73-91, 1969

[23]   R. Braudes, S. Zabele: *Requirements for Multicast Protocols*, Request for Comments RFC 1458, May 1993

[24]   T. Braun: *Ein paralleles Transportsubsystem für zellenbasierte Hochgeschwindigkeitsnetze*, Fortschrittberichte VDI, Reihe 10: Informatik/Kommunikationstechnik, Nr. 264, 1993

[25]   Bretecher, Vilain: *The Intelligent Network in a Broadband context*, ISS'95 XV International Switching Symposium Berlin, April 23-28, 1995

[26]   K. Bullington, J.M. Fraser: *Engineering Aspects of TASI*, Bell System Technical Journal, vol. 38, pp. 353-364, 1959

[27]   A. Carone, B. Heinrichs, K. Jakobs: *High Performance Transfer Service to Support Multi-media Group Communications*, Computer Communications, Special Issue on Group Communications, vol. 16, no. 9, pp. 539-547, September 1993

[28]   Chao, Ghosal, Saha, Tripathi: *IP on ATM Local Area Networks*, IEEE Communications Magazine, August 1994

[29]   T. Chiang, D. Anstassiou: *Hierarchical Coding of Digital Television*, IEEE Communications Magazine, vol. 32, no. 5, pp. 38-45, May 1994

[30]   D. Cheriton: *VMTP: Versatile Message Transaction Protocol Specification*, Preliminary Version 0.7, February 1988

[31]   H.S. Chin, J.W. Goodge, R. Griffiths, D.J. Parish: *Statistics of Video Signals for Viewphone-Type Pictures*, IEEE Journal on Selected Areas in Communications, vol. 7, no. 5, pp. 826-832, June 1989

[32]   W.H. Chen: *A Fast Computational Algorithm for the Discrete Cosine Transformation*, IEEE Communication Magazine, vol. 15, no. 11, 1977

[33]   I. Cidon, Y. Ofek: *Metaring: A Full-Duplex Ring with Fairness and Spatial Reuse*, Technical Report, T.J. Watson Research Center, Yorktown Heights, 1991

[34]   D.D. Clark, M.L. Lambert, L. Zhang: *NETBLT: A High Throughput Transport Protocol*, Proc. ACM SIGCOMM'87, pp. 353-359, August 1993

[35]   D.E. Comer: *Internetworking with TCP/IP Volume I; Principles, Protocols, And Architecture*, Second Edition, Prentice-Hall International Editions, 1991

[36]   J. Crowcroft, K. Paliwoda: *A Multicast Transport Protocol*, ACM SIGCOMM'88, Computer Communcation Review, vol. 18, no. 4, pp. 247-256, August 1988

[37]   Crowley et al.: *MMConf: An infrastructure for building shared multimedia applications*, Proc. Conference on Computer-Supported Cooperative Work, pp. 329-342, Los Angeles, October 1990

[38]   Y.K. Dalal, R.M. Metcalfe: *Reverse Path Forwarding of Broadcast Packets*, Communications of ACM, vol. 21, no. 12, December 1978

[39]   P.B. Danzig: *Finite Buffers and Fast Multicast*, Performance Evaluation Review, vol. 17, pp. 108-117, May 1989

[40]   P. Davids, T. Meuser, O. Spaniol: *FDDI Performance: Measurements and Experiences of the FDDI network at Technical University Aachen,* Information Network and Data Communication IV, IFIP Transactions C-6, North-Holland, pp. 439-450, 1992

[41]   P. Davids, T. Meuser, O. Spaniol: *FDDI: status and perspectives,* Computer Networks and ISDN Systems, vol. 26, no. 6-9, March 1994

[42]   S. Deering: *Distance Vector Multicast Routing,* Request for Comments RFC 1075, 1988

[43]   S. Deering: *Host Extensions for IP Multicasting,* Request for Comments RFC 1112, August 1989

[44]   S. Deering: *Multicast Routing in a Datagram Internetwork,* Thesis Report No. STAN-CS-92-1415, December 1991

[45]   J. DeHart, M. Gaddis, R. Bubenik: *Connection Management Access Protocol (CMAP) Specification Version 2.1.1,* May, 1992

[46]   A. Demers, S. Keshav, S. Shenker: *Analysis and Simulation of a Fair Queueing Algorithm,* Computer Communications Review, vol. 19, no. 4, 1989

[47]   Deutsche Telekom: *General considerations and architecture for ATM project network management,* ATMDOK 001, Februar 1993

[48]   M. de Prycker, R. Peschi, T. van Landegem: *B-ISDN and the OSI Protocol Reference Model,* IEEE Network Magazine, vol. 7, no. 2, March 1993

[49]   *DQDB Metropolitan Area Network P.802.6_/D15,* IEEE, February 1990

[50]   N.M. van Dijk: *A note on monotonicity results in multicasting,* Operations Research Letters, no. 11, pp. 323-328, 1992

[51]   J. Eberspächer: *Editorial Hochgeschwindigkeitsnetze,* Informationstechnik und Technische Informatik 35, S. 3-8, August 1993

[52]   ECMA 165: *Private Telecommunication Network Inter Exchange Signalling Protocol - Circuit mode Basis Services (QSIG-BC),* 1994

[53]   J. Escobar, C. Partridge: *A Proposed Segmentation and Re-assembly (SAR) Protocol for Use with Asynchronous Transfer Mode (ATM),* Proc. IFIP Workshop on Protocols for High-Speed Networks II, San Jose, North-Holland, pp. 353-368, 1991

[54]   *FDDI,* International Standard ISO 9314-1, 2, 3, 1989

[55]   S. Floyd, V. Jacobson: *Random Early Detection Gateways for Congestion Avoidance,* IEEE/ACM Transactions on Networking, vol. 1, no. 4, pp. 397-413, August 1993

[56]   R. Fox: *TCP Big Window and NAK Option*, Request for Comments RFC 1106, Network Working Group, June 1989

[57]   A.G. Fraser: *Early Experiments with Asynchronous Time Division Networks*, IEEE Network Magazine, vol. 7, no. 1, pp. 12-26, January 1993

[58]   M. Ghanbari:. *Two-Layer coding of Video Signals for VBR Networks*, IEEE Journal on Selected Areas in Communications, vol. 7, no. 5, pp. 771-781, June 1989

[59]   K. Gradischnig: *Trends of signalling protocol evolution in ATM networks*, ISS '95 XV International Switching Symposium Berlin, April 23-28, 1995

[60]   B. Ohlmann et. al.: *Experiences from implementing an Object Oriented Call Model*, ISS '95 XV International Switching Symposium Berlin, April 23-28, 1995

[61]   D.H. Greene, J.B. Lyles: *Reliability of Adaptation Layers*, Proc. Protocols for High-Speed Networks III, Elsevier Science Publishers B.V. (North-Holland), p. 185-200, 1993

[62]   J.G. Gruber: *A Comparison of Measures and Calculated Speech Temporal Parameters Relevant to Speech Activity Detection*, IEEE Transaction on Communications, vol. 30, no. 4, pp. 728-738, April 1982

[63]   R. Händel, M.N. Huber, S. Schröder: *ATM Networks - Concepts, Protocols, Applications*, Addison-Wesley, 1994

[64]   C.L. Hedrick: *Routing Information Protocol*, Request for Comments RFC 1058, June 1988

[65]   B. Heinrichs: *DYCAT: A Flexible Transport System Architecture*, Proc. IEEE International Conference on Communications ICC'93, pp. 1331-1335, Geneva/Switzerland, May 23-26, 1993

[66]   B. Heinrichs: *Transfersysteme zur Hochleistungskommunikation*, Dissertation, Springer-Verlag Berlin Heidelberg, 1994

[67]   B. Heinrichs: *AMTP: Towards a High Performance and Configurable Multipeer Transfer Service*, in Architecture and Protocols for High Speed Networks (Edited by O. Spaniol, A. Danthine, W. Effelsberg), Kluwer Academic Press. pp. 141-160, 1994

[68]   B. Heinrichs, K. Jakobs, K. Lenßen, W. Reinhardt, A. Spinner: *Euro-Bridge: Communication Services for Multimedia Applications*, Electronics, Communication Engineering Journal, pp. 45-50, February 1993

[69]   B. Heinrichs, K. Jakobs, T. Meuser: *XTP, VMTP or TCP/IP?*, Proc. Silicon Valley Networking Conference'92, April 1992

[70]   B. Heinrichs, K. Jakobs, T. Meuser: *DYCAT - A Modular Approach to Specification and Implementation of High Speed Transfer Systems*,

Proc. 2nd International Conference on Broadband Services Systems and Networks, Brighton, UK, 3-5 November 1993

[71]   B. Heinrichs, R. Karabek, W. Mers: *Optimierung von Transfersystemen*, Tagungsband GI/ITG-Fachtagung „Kommunikation in Verteilten Systemen KiVS'93", S. 369-383, Springer-Verlag, München, März 1993

[72]   B. Heinrichs, T. Meuser, O. Spaniol: *High Speed Interconnection of Workstations: Concepts, Problems and Experiences*, Proc. IFIP International Conference on Decentralized and Distributed Systems ICDDS'93, North-Holland, Palma de Mallorca, 13-17 September 1993

[73]   B. Heinrichs, S. Neuhauser: *Transfer Routing: A QOS-driven Routing and Multicast Architecture*, 6th IEEE Workshop on LANs and MANs, San Diego, October, 1993

[74]   B. Heinrichs, M. Rupprecht: *XTP - Efficient Parallel Software Implementation based on a Petri Net Specification Technique*, Proc. IFIP Conference on Broadband Communications, North-Holland, pp. 373-384, 1992

[75]   B. Heinrichs, O. Spaniol: *Report on XTP related Activities at RWTH*, XTP Research Affiliate Annual Report 1992, pp. 93-103, December 1992

[76]   D. Heyman, A. Tabatabai, T.V. Lakshman: *Statistical Analysis and Simulation Study of Video Teleconference Traffic in ATM Networks*, IEEE Global Telecommunications Conference GLOBECOM'91, December 1991

[77]   *HIPPI-FP High Performance Parallel Interface - Framing Protocol*, Preliminary Draft Proposed American National Standard for Information Systems, February, 1992

[78]   M.G. Hluchyj: *Closed-Loop Rate-Based Traffic Management*, ATM Forum Contribution 94-0438r1, July 1994

[79]   M.G. Hluchyj: *Closed-Loop Rate-Based Traffic Management*, ATM Forum Contribution 94-0438r2, September 1994

[80]   L. Hughes: *Multicast response handling taxonomy, Computer Communications*, vol. 12, no. 1, pp. 39-46, February 1989

[81]   D. Hunt: *Credit-Based FCVC Proposal for ATM Traffic Management (Revision R1)*, ATM Forum Contribution 94-0168r1, May 1994

[82]   V. Jacobson, R. Braden, D. Borman: *Congestion Avoidance and Control*, Computer Communcations Review, vol. 18, no. 4, 1988

[83]   V. Jacobson, R. Braden, D. Borman: *TCP Extensions for High Performance,* Internet Draft, February 1991

[84]   V. Jacobson, R. Braden, L. Zhang: *TCP Extensions for High-Speed Paths*, Request for Comments, RFC 1185, October 1990

[85]   R. Jain: *Congestion Control in Computer Networks: Issues and Trends*, IEEE Network Magazine, May 1990

[86]   R. Jain: *Myths about Congestion Management in High-Speed Networks,* DEC-TR-726, October 1990

[87]   R. Jain: *Congestion Control and Traffic Management in ATM Networks: Recent Advances and A Survey*, ATM Forum Contribution 95-0177, January 1995

[88]   K. Jakobs: *Point to Multipoint Communication in Interconnected High-Speed Networks*, Proc. International Workshop on Advanced Communications and Applications for High Speed Networks, pp. 433-440, Munich, March 16-19, 1992

[89]   N. Jayant: *Signal Compression: Technology Targets and Research Directions*, IEEE Journal on Selected Areas in Communications, vol. 10, no. 5, pp. 796-818, June 1992

[90]   M.F. Kaashoek, A.S. Tanenbaum: *Fault Tolerance Using Group Communication*, ACM Operating System Overview, vol. 25, no. 2, pp. 71-74, April 1991

[91]   P. Karn, C. Partridge: *Improving Round-Trip Estimates in Reliable Transport Protocols*, Computer Communication Review, vol. 18, no. 4, pp. 175-187, August 1988

[92]   G. Karlson, M. Vetterli: *Packet Video and its Integration into the Network Architecture,* IEEE Journal on Selected Areas in Communications, vol. 7, no. 5, pp. 739-751, June 1989

[93]   M.F. Kaashoek, R. van Renesse, H. van Staveren, A.S. Tanenbaum: *FLIP: An Internetwork Protocol for Supporting Distributed Systems*, ACM Transactions on Computer Systems, vol. 11, no. 1 pp. 73-106, February 1993

[94]   K. Keimer: *Fehlerbehandlung in ATM-Basierten Kommunikationssystemen*, Diplomarbeit, Lehrstuhl für Informatik IV, Rheinisch-Westfälische Technische Hochschule Aachen, Juli 1994

[95]   C.A. Kent, J.C. Mogul: *Fragmentation Considered Harmful*, Proc. ACM SIGCOMM'87, pp. 390-401, 1987

[96]   F. Kishino, K. Manabe, Y. Hayashi, H. Yasuda: *Variable Bit-Rate Coding of Video Signals for ATM Networks,* IEEE Journal on Selected Areas in Communications, vol. 7, no. 5, pp. 801-806, June 1989

[97]   H.T. Kung, R. Morris: *Credit-Based Flow Control for ATM Networks*, IEEE Network, vol. 9, no. 2, pp. 40-48, March/April 1995

[98]   O. Kyas: *ATM-Netzwerke: Aufbau - Funktion - Performance*, DATA-COM-Verlag, 1993

[99]   G. Le Lann, G. Bres: *Reliable Atomic Broadcast in Distributed Systems with Omission Faults*, ACM Operating System Overview, vol. 25, no. 2, pp. 80-86, April 1991

[100]   D. LeGall: *MPEG: A Video Compression Standard for Multimedia Applications*, Communications of the ACM, vol. 34, no. 4, pp. 305-313, April 1991

[101]   M. Liou: *Overview of the p x 64 kbit/s Video Coding Standard*, Communications of the ACM, vol. 34, no. 4, April 1991

[102]   E. Lyghounis, I. Poretti, G. Monti: *Speech Interpolation in Digital Transmission Systems*, IEEE Transactions on Communications, vol. 22, no. 9, September 1974

[103]   B.A. Makrucki: *Explicit Forward Congestion Notification in ATM Networks*, Proceeding of TriComm'92, February 1992

[104]   F. Mattern, H. Mehl: *Diskrete Simulation - Prinzipien und Probleme der Effizienzsteigerung durch Parallelisierung*, Informatik-Spektrum, S. 198-210, 1989

[105]   P. Martini, T. Meuser: *Service Integration in FDDI*, Proc. 15th Conference on Local Computer Networks, Minneapolis, Minnesota, September 30 - October 3, 1990

[106]   E. Mayer: *An Evaluation Framework for Multicast Ordering Protocols*, SIGCOMM'92, Baltimore, USA, August 1992

[107]   T. Meyer-Boudnik, W. Effelsberg: *MHEG Explained*, IEEE Multimedia, pp. 26-38, Spring 1995

[108]   D.L. Mills: *Network Time Protocol (Version 3) - Specification, Implementation and Analysis*, Network Working Group, Request for Comments RFC 1305, March 1992

[109]   P. Minet, E. Anceaume: *Atomic Broadcast in one Phase*, ACM Operating System Overview, vol. 25, no. 2, pp. 87-90, April 1991

[110]   D. Minoli, R. Keinath: *Distributed Multimedia Through Broadband Communications*, Artech House, 1994

[111]   S. Minzer, H. Bussey, R. Porter, G. Ratta: *Evolutionary Trends in Call Control*, ISS '95 XV International Switching Symposium Berlin, April 23-28, 1995

[112]   J. Moy: *OSPF Version 2*, Request for Comments RFC 1247, July 1991

[113]   J. Moy: *Multicast Extension to OSPF*, Internet Draft, Proteon Inc., Expriation date: January 1994, July 1993

[114]   M. Nomura, T. Fujii, N. Ohta: *Basic Characteristics of Variable Bit Rate Video Coding in ATM Networks,* IEEE Journal on Selected Areas in Communications, vol. 7, no. 5, pp. 753-750, June 1989

[115]   Y. Oren: *Credit-Groups - a Generalization of Credit Based Flow Control,* ATM Forum Contribution 94-0545, June 1994

[116]   J. Palme: *Standards for Asynchronous Group Communication,* Computer Communications Special Issue on Group Communications, vol. 16, no. 9, pp. 532-538, September 1993

[117]   C. Partridge: *Gigabit Networking,* Addison Wesley, 1994

[118]   G.M. Parulkar: *The Next Generation of Internetworking,* Computer Communications Review, vol. 20, no. 1, 1990

[119]   P. Pancha, M. El Zarki: *Priorized Transmission of Variable Bit Rate MPEG Video,* IEEE Global Telecommunications Conference GLOBE-COM'92, Orlando, Florida, pp. 1135-1139, December 1992

[120]   D. Pearson (Editor): *Image Processing,* Essex Series in Telecommunications and Information Systems, McGraw-Hill, 1991

[121]   W.B. Pennebacker, J.L. Mitchell: *JPEG: Still Image Data Compression Standard,* Van Nostrand Reinhold New York, 1993

[122]   R. Perlman: *Interconnections: Bridges and Routers,* Addison-Wesley, Reading, Massachusets, 1992

[123]   T.F. La Porta, M. Schwartz: *Architectures, Features, and Implementation of High-Speed Transport Protocols,* IEEE Network, pp. 14-22, May 1991

[124]   T.F. La Porta, M. Schwartz: *Performance Analysis of MSP: A Feature-Rich High-Speed Transport Protocol,* Proc. IEEE INFOCOM'93, pp. 513-520, 1993

[125]   T. La Porta, M. Veeraraghava: *An Experimental Signaling Architecture and Modular Signaling Protocols,* ISS '95 XV International Switching Symposium Berlin, April 23-28, 1995

[126]   J. Postel, editor: *Transmission Control Protocol Specification,* ARPA-NET Working Group Requests for Comments 793, DDN Network Information Center, SRI International, Menlo Park, CA, September 1981

[127]   J. Postel, editor: *Internet Control Message Protocol,* ARPANET Working Group Requests for Comments 792, DDN Network Information Center, SRI International, Menlo Park, CA, September 1981

[128]   D. Powell, editor: *Delta-4: A Generic Architecture for Dependable Distributed Computing,* Research Reports ESPRIT Project 818/2252 Delta-4, vol. 1, Springer-Verlag, 1991

[129]   K.K. Ramakrishnan, R. Jain: *A Binary Feedback Scheme for Congestion Avoidance in Computer Networks with a Connectionless Network Layer*, ACM Transactions on Computer Systems, vol. 8, no. 2, pp. 158-181, 1990

[130]   K.K. Ramakrishnan, R. Jain: *A Binary Feedback Scheme for Congestion Avoidance in Computer Networks*, SIGCOMM'88 und Computer Communications Review, vol. 18, no. 4, 1988

[131]   J.F. de Rezende, A. Mauthe, D. Hutchison, S. Fdida: *M-Connection Service: A Multicast Service for Distributed Multimedia Applications*, TRANSFER, vol. 8, no. 4, pp. 2 - 20, July/August 1995

[132]   I.E. Richardson, M.J. Riley: *ATM Cell Loss Effects on a Progressive JPEG Video CODEC*, Proc. 3rd International Conference on Broadband Islands, pp. 155-166, Hamburg, 7-9 June, 1994

[133]   L. Roberts: *Enhanced PRCA (Proportional Rate-Control Algorithm)*, ATM Forum Contribution 94-0735, August 1994

[134]   L. Roberts: *New Pseudocode for Explicit Rate plus EFCI support*, ATM Forum Contribution 94-0974, October 1994

[135]   A.A. Rodriguez, K. Morse: *Evaluating Video Codecs*, IEEE Multimedia, pp. 25-33, Fall 1994

[136]   M. Rossmann: *Evaluation of Rate Control Mechanisms for ABR Services in ATM Networks*, Diplomarbeit, Universität-Gesamthochschule Paderborn, Fachbereich 17, Oktober 1995

[137]   S. Sathaye: *Flow Controlled Virtual Connections Proposal for ATM Traffic Management (Revision R2)*, ATM Forum Contribution 94-0632r2, September 1994

[138]   S. Sathaye: *ATM Forum Traffic Management Specification Version 4.0*, Draft Version 3.0, ATM Forum Contribution 95-0013r2, April 1995

[139]   K. Sauer, J. Wagner: *Enhanced B-ISDN Signalling Architecture Supporting Features for Multimedia Services*, ISS '95 XV International Switching Symposium Berlin, April 23-28, 1995

[140]   H. Schulzrinne, S. Casner: *RTP: A Real-Time Transport Protocol*, Internet-Draft, July 1993

[141]   V.E. Seferidis: *Video Coding for ATM Networks*, PhD-Thesis, University of Essex, March 1993

[142]   N. Shacham, P. McKenney: *Packet Recovery in High-Speed Networks Using Coding and Buffer Management*, Proc. IEEE INFOCOM'90, pp. 124-131, 1990

[143]   W. Stallings: *ISDN and Broadband ISDN*, Macmillian, New York, 1992

[144]   R. Steinmetz: *Multimedia-Technologie: Grundlagen, Komponenten und Systeme*, Springer-Verlag, September 1993

[145]   R. Steinmetz: *Human Perception of Audio-Visual Skew*, in Architecture and Protocols for High Speed Networks (Edited by O. Spaniol, A. Danthine, W. Effelsberg), Kluwer Academic Press. pp. 235-252, 1994

[146]   J. Suzuki, M. Taka: *Missing Packet Recovery Techniques for Low-Bit-Rate Coded Speech*, IEEE Journal on Selected Areas in Communications, vol. 7, no. 5, pp. 707-717, June 1989

[147]   A.S. Tanenbaum, M.F. Kasshoek, H.E. Bal: *Parallel programming using shared objects and broadcasting*, IEEE Computer, vol. 25, no. 8, pp. 10-19, August 1992

[148]   S. Todd, G.G. Langdon, J. Rissanen: *Parameter Reduction and Context Selection for Compression of Gray-Scale Images*, IBM Journal of Research and Development, vol. 29, no. 2, pp. 185-193, March 1985

[149]   C. Topolcic: *Experimental Internet Stream Protocol, Version 2 (ST-II)*, Request for Comments RFC 1190, CIP Working Group, October 1990

[150]   P.E. Tischer, A.J. Maeder, R.T. Worley: *Bit Plane Compression of Grey Scale Images*, Technical Report, Department of Computer Science, Monash University, Australia, 1982

[151]   T. Vaughan: *Multimedia: Making It Work*, Osborne McGraw-Hill, 1993

[152]   W. Verbiest, C. Pinnoo: *A Variable Bit Rate Codec for Asynchronous Transfer Mode Networks,* IEEE Journal on Selected Areas in Communications, vol. 7, no. 5, pp. 761-770, June 1989

[153]   *VMTP: Versatile Message Transaction Protocol*, Protocol Spec., Preliminary Version 0.7, February 1988

[154]   G.K. Wallace: *The JPEG Still Picture Compression Standard*, Communications of the ACM, vol. 34, no. 4, April 1991

[155]   Z. Wang, J. Crowcroft: *A New Congestion Control Scheme: Slow Start and Search (Tri-S)*, Computer Communication Review, vol. 21, no. 1, January 1991

[156]   A.C. Weaver: *Xpress Transport Protocol Version 4*, Transfer, vol. 7, no. 5, pp. 10-25, December 1994

[157]   T.C. Wright: *The synchronous digital hierarchy standard*, Proc. 2nd IEE National Conference on Telecommunications, pp. 297-302, England, 1989

[158]   *XTP Protocol Definition*, Revision 3.6, Protocol Engine Incorporated, January 1992

[159]   Y. Yatsuzuka: *Highly Sensitive Speech Detector and High-Speed Voi-ceband Data Discriminator in DSI-ADPCM*, IEEE Transactions on Communications, vol. 30, no. 4, pp. 739-750, April 1982

[160]   M. Yong: *CELP Speech Coder Using Novel LPC Interpolation and Fast Codebook Search Method*, IEEE Global Telecommunications Conference GLOBECOM'91, Phoenix, Arizona, December 1991

[161]   L. Zhang, S. Deering, D. Estrin, S. Shenker, D. Zappala: *RSVP: A New Resource ReSerVation Protocol*, IEEE Network Magazine, vol. 7, no. 5, pp. 8-18, September 1993

[162]   L. Zhang: *Why TCP Timers don't work well*, Computer Communication Review, vol. 16, no. 4, 1986

ITU-T und CCITT-Dokumente

[163]   ITU-T Recommendation I.451 (Q.931): *ISDN User Network Interface Layer 3 Specification for Basic Call Control*, CCITT Bue Book, 1988

[164]   ITU-T Recommendation I.321: *B-ISDN Protocol Reference Model and Its Application*, Geneva 1991

[165]   ITU-T Recommendation I.211: *B-ISDN Service Aspects,* Geneva Meeting, May 23-25, 1990

[166]   ITU-T Recommendation H.261: *Video Codec for Audiovisual Services at p x 64 kbit/s*, March 1993

[167]   ITU-T Recommendation I.361: *B-ISDN ATM Layer Specification,* March 1993

[168]   ITU-T Recommendation I.362: *B-ISDN ATM Adaptation Layer (AAL) Functional Description*, March 1993

[169]   ITU-T Recommendation I.363: *B-ISDN ATM Adaptation Layer (AAL) Specification*, March 1993

[170]   ITU-T Recommendation I.364: *Support of Broadband Connectionless Data Service on B-ISDN*, March 1993

[171]   ITU-T Recommendation I.371: *Traffic Control and Congestion Control in B-ISDN*, March 1993

[172]   ITU-T Recommendation G.703: *Physical/Electrical Characteristics of Hierarchical Digital Interfaces*, March 1993

[173]   ITU-T Recommendation G.707: *Synchronous Digital Hierarchy Bit Rates*, March 1993

[174]   ITU-T Recommendation Q.2100: *B-ISDN Signalling ATM Adaptation Layer (SAAL) Overview Description*, March 1993

[175]   ITU-T Recommendation Q.2110: *B-ISDN Signalling ATM Adaptation Layer (SAAL) - Service Specific Connection Oriented Protocol (SSCOP)*, March 1993

[176]   ITU-T Recommendation Q.2120: *B-ISDN Meta-signalling Protocol*, March 1993

[177]   ITU-T Recommendation Q.2130: *B-ISDN Signalling ATM Adaptation Layer (SAAL) - Service Specific Coordination Function for support of Signalling at the User-to-Network Interface (SSCF at UNI)*, March 1993

[178]   ITU-T Recommendation Q.2140: *B-ISDN Signalling ATM Adaptation Layer (SAAL) - Service Specific Coordination Function for support of Signalling at the Network-Node Interface (SSCF at NNI)*, March 1993

[179]   ITU-T Recommendation I.350: *General Aspects of Quality of Service and Network Performance in Digital Network, including ISDN*, March 1993

[180]   ITU-T Recommendation E.800: *Terms and Definitions related to Quality of Telecommunications Services*, March 1993

[181]   ITU-T Recommendations X.400-X.800: *Data Communication Networks, Message Handling System*, 1993

[182]   ITU-T Recommendations I.150: *B-ISDN Asynchronous Transfer Mode Functional Characteristics*, 1993

[183]   ITU-T Recommendations G.709: *Synchronous Multiplexing Structure, Rev. 2*, Geneva, 1993

[184]   ITU: Draft Recommendation E.177: *B-ISDN Routing, Version 4*, Geneva, 1993

[185]   ITU-T Draft Recommendation Q.293x: *User-Network Interface Layer 3: Generic Concepts for the Support of Multipoint and Multiconnection Calls*, Geneva, April/May 1995

[186]   ITU-T Draft Recommendation Q.27AA: *Overview of B-ISDN NNI Signalling Capability Set 2, Step 1*, TD 2/11-58, Geneva, April/May, 1995

[187]   ITU-T Recommedation Q.2931: *B-ISDN Digital Subscriber Signalling System No. 2, User Network Interface Layer 3 Specification for Basic Call/Connection Control*, 1995

[188]   Delayed Contribution D.923: *Proposal for a new Recommendation: MTP Level 3 for broadband and high-speed signalling links*, ITU-T, SG11, Geneva, September 1993

[189]   ITU-T Recommendation Q.2761: *B-ISDN, Functional description of the B-ISDN User Part (B-ISUP) of Signalling System No. 7*, September 1994

[190]   ITU-T Recommendation Q.2762: *B-ISDN, General Functions of Mes-
         sages and Signals of the B-ISDN User Part (B-ISUP) of Signalling
         System No. 7*, September 1994

[191]   ITU-T Recommendation Q.2763: *B-ISDN, Signalling System Bo. 7
         User Part (B-ISUP), Formats and Codes*, September 1994

[192]   ITU-T Recommendation Q.2764: B-ISDN, *Signalling System No. 7
         User Part (B-ISUP), Basic Call Procedures*, September 1994

[193]   ITU-T Draft Recommendation Q.52, March 94

[194]   ITU-T Draft Recommendation Q.2650: *B-ISDN, Interworking
         between Signalling System No. 7 Broadband ISDN User Part (B-
         ISUP) and Digital Subscriber Signalling System No. 2 (DSS2)*,
         Geneva, September 1994

[195]   ITU-T Draft Recommendation Q.2660: *B-ISDN, Broadband ISDN
         User Part (B-ISUP) to Narrowband ISDN User Part (N-ISUP) Inter-
         working*, Geneva, September 1994

[196]   ITU-T Draft Recommendation Q.2961: *B-ISDN, Digital Subscriber
         Signalling System No. 2 (DSS 2), Support of Additional Traffic Param-
         eters*, Mai 1995

[197]   ITU-T Draft Recommendation Q.2962: *B-ISDN, Digital Subscriber
         Signalling System No. 2 (DSS 2), Connection Characteristics Negotia-
         tion During Establishment Phase, TD 2/11-107*, Mai 1995

[198]   ITU-T Draft Recommendation Q.2963: *B-ISDN, Digital Subscriber
         Signalling System No. 2 (DSS 2), Connection Modification, TD 2/11-
         51*, Mai 1995

[199]   ITU-T Draft Recommendation Q.2964: *B-ISDN, Digital Subscriber
         Signalling System No. 2 (DSS 2), Look-Ahead, TD 2/11-95*, Mai 1995

[200]   ITU-T Draft Recommendation Q.2971: *B-ISDN, Digital Subscriber
         Signalling System No. 2 (DSS 2), Point-to-Multipoint Call/Connection
         Control, WD 2-2*, Mai 1995

[201]   ITU-T Draft Recommendation Q.298x: *B-ISDN, Digital Subscriber
         Signalling System No. 2 (DSS 2), Point-to-Point Multiconnection Call
         Control, TD 2/11-65*, Mai 1995

[202]   ITU-T Draft Recommendation Q.27BB: *B-ISDN, Broadband ISDN
         User Part (B-ISUP), Network Node Interface Specification for Point-
         to-Multipoint Call/Connection Control, TD 2/11-61*, Mai 1995

[203]   ITU-T Draft Recommendation Q.27CC: *B-ISDN, Broadband ISDN
         User Part (B-ISUP), Multiconnection call, TD 2/11-105*, Mai 1995

[204]   ITU-T Draft Recommendation Q.27DD: *B-ISDN, Broadband ISDN
         User Part (B-ISUP), Look-Ahead for NNI, Delayed Contribution
         D.1639-2/11*, Mai 1995

[205]   ITU-T Draft Recommendation Q.27EE: *B-ISDN, Broadband ISDN User Part (B-ISUP), Modification Procedures, TD 2/11-142,* Mai 1995

[206]   ITU-T Draft Recommendation Q.27FF: *B-ISDN, Broadband ISDN User Part (B-ISUP), Support of Additional Traffic Parameters, TD 2/11-92,* Mai 1995

[207]   ITU-T Draft Recommendation Q.27GG: *B-ISDN, Broadband ISDN User Part (B-ISUP), Support of negotiation During Setup Phase, TD 2/11-93,* Mai 1995

[208]   CCITT Recommendations X.400-X.430: Data Communication Networks, Message Handling System, 1984

[209]   CCITT Recommendations X.400-X.430: Data Communication Networks, Message Handling System, 1988

[210]   CCITT Recommendations X.500-X.521: Data Communication Networks, Directory, 1988

[211]   CCITT Recommendation M.3010: *Principles for a Telekommunications Management Network,* 1990

ISO Spezifikationen

[212]   ISO/IEC JTC1/SC21 N6359 Information Retrieval, Transfer & Management for OSI: *Final Text of DIS 10164-4, Information Technology - Open Systems Interconnection - Systems Management - Part 4: Alarm Reporting Functions,* 1991

[213]   ISO/IEC JTC1: *Information Technology - Digital Compression and Coding of Continuous-Tone still Images,* Draft International Standard ISO/IEC DIS 10918, 1992

[214]   ISO/IEC JTC1: *Information Technology - Coding of Moving Pictures and Associated Audio for Digital Storage Media up to about 1.5 Mbit/s,* Draft International Standard ISO/IEC DIS 11172, 1992

[215]   ISO/IEC JTC1/SC6 N806: *Proposed Draft Text for a High Speed Transport Service (HSTS) Definition,* December 1992

[216]   ISO/IEC JTC1/SC6 N7734: *Information Technology - Telecommunications and information exchange between systems - Transport service definition for Open Systems Interconnections,* 1993

[217]   ISO/IEC JTC1/SC6 N827: *From Best Effort to Enhanced QOS,* July 1993

[218]   ISO/IEC JTC1: *Information Technology - (MPEG-2) Generic Coding of Moving Pictures and Associated Audio, Systems,* Draft International Standard ISO/IEC DIS 13818-1, November 1994

[219]   ISO/IEC JTC1: *Information Technology - (MPEG-2) Generic Coding of Moving Pictures and Associated Audio, Video,* International Standard ISO/IEC DIS 13818-2, November 1994

[220]   ISO/IEC JTC1/SC6 N7788: *Second Working Draft on the Guidelines for Enhanced Transport Mechanisms,* 1992

[221]   ISO/IEC JTC1/SC6 N8333: *Late U.S. National Body Response to SC6 N8008, Request for National Body Comments on SC6 N7445, Proposed Addendum to ISO/IEC 8072 for Multipeer Data Transmission Transport Service,* September 1993

[222]   ISO/IEC JTC1/SC6 N7855: *Liaison Contribution from CCITT Study Group VII to ISO/IEC JTC1/SC6 Regarding „Multicast/Multipeer Work Program",* 11 January 1993

[223]   ISO/IEC JTC1: *Draft International Standard ISO/IEC DIS 8073, Information technology - Telecommunications and information exchange between systems - Connection oriented transport protocol specification [Revision of second edition 1988],* 1991

[224]   ISO/IEC JTC1/SC6/WG4: *High Speed Transport Protocol (HSTP),* Working Draft, July 1992

[225]   ISO/IEC JTC1/SC6/WG4 N806: *Proposed Draft Text for a High Speed Transport Service (HSTS) Definition,* September 1992

[226]   ISO/IEC JTC1/SC6/WG4 N828: *Contribution to the Architecture of Multicast Transport,* August 1993

[227]   ISO/IEC JTC1/SC6/WG4 N829: *Multicast Extensions to class 4 procedure of the protocol for providing the connection-mode transport service (ISO/IEC 8073: 1992),* August 1992

9   Glossar

Druck: Druckhaus Beltz, Hemsbach
Verarbeitung: Buchbinderei Schäffer, Grünstadt

Rückgabe spätestens am